高等职业教育电子商务类专业系列教材

U0816246

商务数据分析

SHANGWU SHUJU FENXI

主　编　吕忠民　徐诗瑶　王召义
副主编　张　航　凌　洁

新形态教材

本书另配：教学资源

中国教育出版传媒集团
高等教育出版社·北京

内容提要

本书是高等职业教育电子商务类专业基础课程教材。

本书基于商务数据分析需求场景出发，以分析项目为载体，以工作任务为目标，通过完成工作任务，掌握数据分析的流程、数据分析的方法，并通过处理项目中的真实数据，循序渐进地掌握从 Excel 到 Power BI 的数据采集、数据清洗、数据建模和数据可视化的操作技能。

本书设计了岗位需求分析、互联网话题分析、产品分析、用户数据分析、运营分析、库存业务数据分析、市场数据分析、直播舆情分析八个常用数据分析的项目，通过项目分析实战，让读者掌握 Excel 高阶数据处理和可视化的技能，并顺利过渡到 Power BI 的基本应用和数据建模、可视化看板制作、动态交互视图实现等高阶技能。本书内容通俗易懂，案例丰富，实用性强，每个项目都配有操作视频，以二维码的形式提供在教材相关内容旁。此外本书另配有教学资源，供教师教学使用。本书既可用于职教本科、高等职业教育电子商务类相关专业中数据分析课程教学，也可以作为初级数据分析师、Power BI 初学者的自学参考书。

图书在版编目（CIP）数据

商务数据分析 / 吕忠民，徐诗瑶，王召义主编. —
北京：高等教育出版社，2023.6
ISBN 978-7-04-059585-7

Ⅰ.①商… Ⅱ.①吕… ②徐… ③王… Ⅲ.①电子商务－数据处理－高等职业教育－教材 Ⅳ.①F712.3

中国国家版本馆CIP数据核字（2023）第022383号

策划编辑 蒋 芬 宋 浩 **责任编辑** 宋 浩 蒋 芬 **封面设计** 张文豪 **责任印制** 高忠富

出版发行	高等教育出版社	**网　　址**	http：//www.hep.edu.cn
社　　址	北京市西城区德外大街4号		http://www.hep.com.cn
邮政编码	100120	**网上订购**	http://www.hepmall.com.cn
印　　刷	上海当纳利印刷有限公司		http://www.hepmall.com
开　　本	787 mm × 1092 mm　1/16		http://www.hepmall.cn
印　　张	19.5		
字　　数	438千字	**版　　次**	2023年6月第1版
购书热线	010-58581118	**印　　次**	2023年6月第1次印刷
咨询电话	400-810-0598	**定　　价**	40.00元

本书如有缺页、倒页、脱页等质量问题，请到所购图书销售部门联系调换

版权所有　侵权必究

物 料 号　59585-00

FOREWORD 前言

在全球经济复苏的大环境下，数字经济以数据带动产业高水平融合、以创新驱动企业数字化转型、以智能引领经济高质量发展，成为撬动经济增长的新杠杆，成为各国抢占未来发展主动权的关键选择。“十四五”时期，我国数字经济转向高质量发展，步入健康发展新阶段，要素链、产业链、价值链、制度链在相互作用中走向深度耦合。

国务院于2021年12月12日印发的《“十四五”数字经济发展规划》（以下简称《规划》），顺应数字经济时代需求，紧扣数字经济特征优势，从要素、产业、融合、治理等方面系统布局，为“十四五”时期推动数字经济健康发展提供了重要指引。

伴随着数字经济的迅猛发展，许多与数字相关的职业也如雨后春笋般应运而生。2022年6月我国人力资源和社会保障部公示新增18个新职业岗位，这18个新职业中，近半数是在数字经济发展中催生的，如商务数据分析师、数据安全工程技术人员、数据库运行管理员等，这更加说明随着社会数字化程度的不断加深，数字素养会成为未来社会需要的基本素养，数据分析的场景也会更为多元化。

同时随着大数据时代的到来，数据爆炸式的增长，常用的办公软件Excel颇有不堪重负之势，BI类数据分析专业工具应运而生。在众多的BI分析类软件当中，微软Power BI的市场占有率一直位于第一，对于熟悉微软办公软件的用户，其学习门槛也相对较低。

在打磨本书过程中，抓稳抓牢职业教育类型的特点，契合现代职业教育体系，培养更多高素质技术技能人才是本书编写团队的宗旨，本书内容与结构的设计思路如下：

（1）分析多场景的典型工作任务。根据国家发展战略对于数字人才的需求，针对数据分析领域的多场景应用，结合数据分析BI软件的普及和发展，本书编写团队深入企业调研，仔细分析企业在数据化转型过程中的市场分析、客户管理、运营管理以及其他业务分析场景下的典型工作任务及要求。

（2）分析相应的能力要求。针对工作任务及职能要求，分析总结出适应企业数字化转型阶段所需要的能力要求，重点训练数据化运营分析、精细化管理和数据可视化等技能。

（3）结合高等职业教育学生的认知规律。以基础知识作储备，以项目背景作铺垫，以真实案例作引导，在目标指引下，一步步地将任务分解并实现，并考虑到技能的养成需要复盘和刻意练习，以任务拓展的方式帮助学生熟练掌握技能。

（4）形成本书的设计思路。内容设计结合实际生活，从个人就业行业岗位决策到热门话题分析，再到企业真实项目，通过循序渐进的项目设计和任务式的学习清单，让学生在完成项目任务的同时，掌握数据采集与处理的方案制定、基础数据清洗、数据分析、数据可视化与数据分析报告的撰写等数据分析的技能，养成良好的职业素养，能够在纷繁复杂的数据中明辨真相、去伪存真，为将来步入数据分析和数据运营等职业岗位打下坚实的基础。

本书采用项目任务教学的方式组织内容，每个项目都设计了接近学生角色的项目实习生，通过实习生和企业导师的对话，还原真实项目的需求，拆解任务，最终在实习生的示范操作下，完成项目实训任务。本书有机融入了思政元素。在每个项目的对话总结里，巧妙融入了有关职业道德和行业规范等思政元素，引发学生的思考。

本书具有以下特点：

（1）项目设计有梯度，遵循规律易上手。

（2）案例场景覆盖全，分析方法易落地。

（3）分析思路设计细，层层拆解易理解。

（4）软件技巧涉猎广，举一反三可拓展。

（5）思政元素处处有，无形融入润心田。

本书由武汉职业技术学院吕忠民和安徽商贸职业技术学院徐诗瑶、王召义担任主编，河北工业职业技术大学张航和安徽商贸职业技术学院凌洁担任副主编，武汉职业技术学院张琴，山西金融职业学院张峰伟，安徽商贸职业技术学院高蕾、江楠、耿雪婷以及慕研数据分析事务所陈海城等参与编写。具体编写分工如下：项目一由王召义编写；项目二由张航负责编写；项目三由张琴和江楠编写；项目四由徐诗瑶和高蕾编写；项目五和项目六由吕忠民编写；项目七由凌洁和耿雪婷编写；项目八由张峰伟和陈海城编写。全书最后由吕忠民总纂定稿。

由于编者水平有限，书中疏漏之处在所难免，恳请专家、同人和广大读者提出宝贵意见，以便我们今后进一步修订完善。

编　者

2023年4月

CONTENTS
目 录

资源导航

项目一

岗位需求分析

- 任务一　岗位需求数据采集
- 任务二　岗位需求数据处理
- 任务三　岗位需求数据可视化展现

学习目标

(1) 了解数据的主要来源及用途。

(2) 熟知数据采集方法及工具，独立完成数据采集。

(3) 掌握常见的数据处理方法，能够根据数据处理目标对数据进行清洗、加工、修正。

(4) 具备法律意识，能够遵守个人隐私和数据保密等相关法律法规，在数据采集过程中做到不侵权、不违法，在数据统计与处理过程中具有严谨的工作态度。

项目背景

随着计算机网络技术的迅速发展，网络招聘平台现已成为招聘者发布信息和应聘者获取信息的主要渠道。网络招聘信息一方面能够直接反映用人单位对人才基本条件、能力和素质的要求，为应聘者提供求职参考；另一方面也能反映出社会和各行业对人才需求的现状及未来趋向，有利于高校有针对性地调整人才培养方案，改革相关课程。

直播电商顾名思义就是以直播的方式，进行商品的推销。近年来，直播电商发展如火如荼。2020年5月11日，人力资源和社会保障部对10个拟发布新职业进行公示，其中“互联网营销师”职业下增设“直播销售员”工种，传递出直播电商人才培养步入快车道的信号。2022年2月第49次《中国互联网络发展状况统计报告》显示，截至2021年12月，我国网络直播用户规模达7.03亿，占网民整体的68.2%；其中，直播电商用户规模达4.64亿，占网民整体的44.9%。此时，全面了解、分析直播电商人才需求现状，既能为广大求职者提供就业指导，又能推动高校人才培养建设。

引导案例

项目经理娜姐：

婷婷，我们服务的一家家居用品企业旗舰店，准备招聘直播岗位人才，想要了解目前直播岗位人才需求状况。你思考一下，可以从哪些方面去实现企业的需求。

实习生婷婷：

经理，了解直播岗位人才需求状况，最好的途径是采集招聘网站上的招聘信息，对招聘信息进行数据分析及挖掘，就可以了解直播岗位人才的需求状况。

项目经理娜姐：

对直播岗位人才需求进行分析需要围绕企业网络招聘信息开展，第一，要采集网络招聘信息；第二，对采集的数据进行预处理，确保数据分析的准确性；第三，使用数据分析方法对数据进行分析处理，获取想要的信息；第四，要把分析结果以图表的形式呈现出来，供企业查阅。你仔细思考一下，形成一个具体的方案。

实习生婷婷：

经理，我们可以使用八爪鱼采集器采集招聘网站上的招聘信息，然后使用数据分析工具对其进行数据清洗、加工，最后形成直播岗位人才需求报告。直播岗位人才需求报告完成后，请经理再给我指导。

分析目标

项目经理娜姐：

我建议你后续的分析围绕这三个目标进行：

（1）掌握数据的主要来源及用途，这个阶段的分析重点是对数据源的确定，重点选择影响力比较大的招聘网站，比如智联招聘、前程无忧等网站。

（2）对采集的数据进行清洗、加工、修正，确保得到一个完美的数据集。

（3）选择合适的数据分析方法，对数据进行处理，得到有价值的数据信息。使用统计图和统计表对直播岗位人才现状进行数据可视化展现，图文并茂地向客户展示数据分析结果。

任务分解

本项目是典型的数据分析在决策方面的应用场景，通过数据分析了解直播岗位在人才市场的情况，为企业进行岗位规划选择提供参考。岗位规划选择时一般会考虑岗位需求状况、薪资待遇、企业分布、能力要求等具体数据，因此该项目可拆解成三个任务，分别为岗位需求数据采集、岗位需求数据处理、岗位需求数据可视化展现。

整个岗位需求分析思路流程如图 1-1 所示。

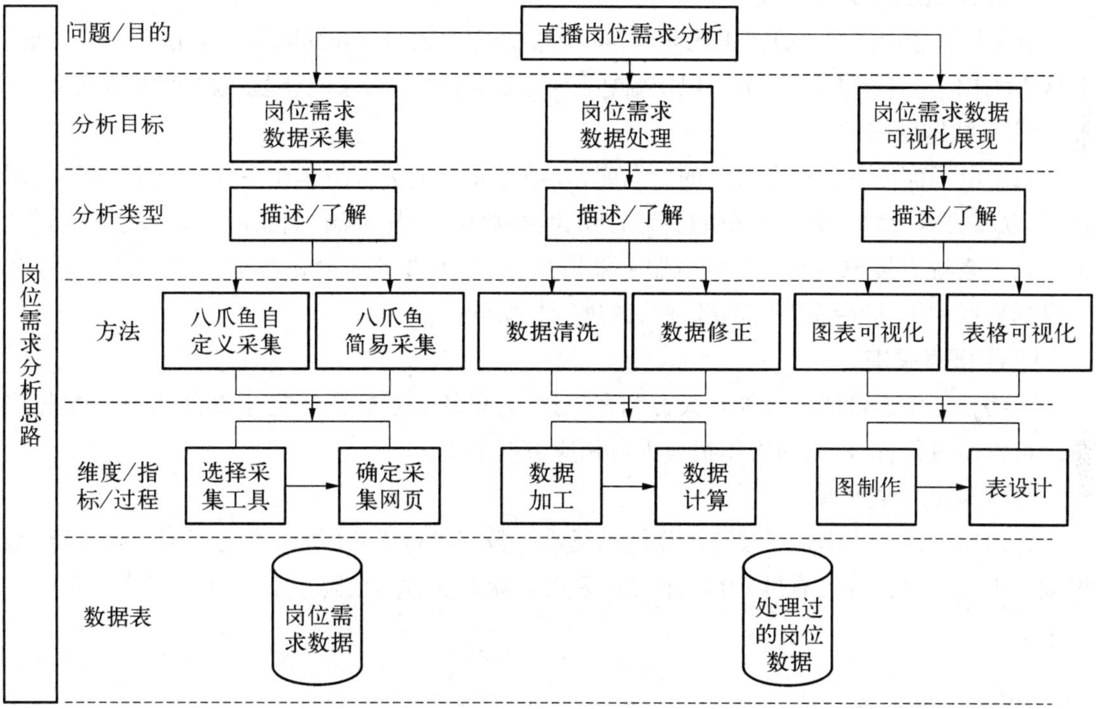

图 1-1　岗位需求分析思路流程图

任务一　岗位需求数据采集

岗位需求分析从岗位需求数据采集开始，需要了解数据采集方法及数据采集工具的使用。

知识储备

数据采集又称数据获取，是利用设备或技术手段从现实环境与网络中获取数据并放入系统内部进行使用，其中从网络中获取数据是主流手段。

一、数据采集方法

根据需求不同,数据采集方法也多种多样,大致可以分为以下几类。

(一)网页数据采集

在采集行业及竞争对手的数据时,电子商务平台上的一些公开数据,例如商品属性数据(商品结构和标题、品牌、价格、销量、评价),可以直接进行摘录或使用火车采集器、八爪鱼采集器等爬虫采集工具进行采集。对于淘宝、京东等电子商务平台卖家,平台提供类似生意参谋、京东商智等工具,对店铺及平台的市场数据进行网页式呈现,同样可以采用采集工具进行采集。

(二)系统日志数据采集

在系统日志中记录了访客IP地址、访问时间、访问次数、停留时间、访客来源等数据。通过对这些日志信息进行采集、分析,可以挖掘电子商务企业业务平台系统日志数据中的潜在价值。

(三)数据库采集

每个电子商务平台都有自己的数据库,在数据库中记录着访客在平台上的注册时间、用户名、联系方式、地址,以及订单的交易时间、购买数量、交易金额、商品加购等信息。通过数据库采集系统直接与企业业务后台服务器链接,将企业业务后台每时每刻产生的大量业务记录到数据库中,最后由特定的处理系统进行数据分析。

(四)报表采集

一些独立站点可能没有如每天咨询客户数、订单数等数据指标统计功能,在进行数据采集时可以通过每日、每周的工作报表进行相应数据采集。

(五)调查问卷采集

在对用户需求、习惯、喜好、产品使用反馈等数据进行采集时,常常会用到调查问卷,数据采集人员通过设计具有针对性的问卷,采用实际走访、电话沟通、网络填表等方式进行信息采集。

二、数据采集步骤

数据采集是一项繁琐而又有难度的工作,如何快速、准确地进行数据采集是数据分析人员的必备技能。

(一)确定采集范围及人员分工

在进行数据采集前,首先需要对数据采集目标进行分析,明确数据采集的指标范围和时间范围。接着明确这些数据需要从哪些途径及部门采集,最后确定参与部门和人员分工。

(二)建立必要的数据指标规范,并完成数据采集

在进行数据采集前,还需要用数据指标对数据进行唯一性标识,并且贯穿在之后的数据查询、分析和应用过程中。建立数据指标规范是为了使后续工作有可以遵循的原则,也为庞杂的数据分析工作确定可以识别的唯一标识。比如,UV(Unique Visitor)也被称为独立访客或独立访客数,如果不规范使用,在后期数据分析时,就可能出现数据不完整或重复计算等现象,从而使结果产生偏差。

（三）数据检查

数据采集后还需要进行数据的检查，确保数据的完整性、准确性、规范性。

1. 完整性检查

完整性即记录数据保持完整。完成数据采集后，对数据进行复查或计算合计数据，并将其和历史数据进行比较。同时还要检查字段的完整性，保证核心指标数据完整。

2. 准确性检查

在数据录入的过程中，可能会有个别数据出现录入错误，可以通过平均、求和等操作与原始数据进行比对，如发现比对结果不匹配，则需要检查出相应的错误数据。

3. 规范性检查

检查采集的数据是否规范，如是否存在多个商品标识编码相同或同一数据出现多个数据指标等情况。

在进行数据检查的过程中，数据采集人员需要及时记录并通报出现的问题，避免在后续工作中出现同样的问题，降低工作效率。

三、数据采集工具

数据采集工具主要分为编程类采集工具和可视化采集工具两类。编程类采集工具需要利用各类编程语言对网页内容实现抓取，主流的编程类采集工具主要有Python、Java和PHP等。可视化采集工具集成了很多常用的功能，也能支持复杂的网页结构类型，可以满足大部分用户的数据采集需求，且具有可视化的操作界面，是新手入门的较好选择。较有代表性的可视化采集工具有八爪鱼采集器、火车采集器、生意参谋和店侦探。

（一）八爪鱼采集器

八爪鱼采集器是最简单易用的采集软件，适合新手使用。八爪鱼采集器的优点是提供了常见抓取网站的模板，如果不会写采集规则，就直接用采集模板，八爪鱼采集器界面如图1–2所示。它基于浏览器内核实现可视化抓取数据，所以可能存在卡顿、采集数据慢的现象。

（二）火车采集器

火车采集器是一款专业的互联网数据抓取、处理、分析、挖掘软件，可以灵活迅速地抓取网页上分布散乱的数据信息，并通过一系列的分析处理，准确挖掘出所需数据。火车采集器是目前最受欢迎的网页数据采集软件，火车采集器界面如图1–3所示。它的优势是采集不限网页，不限内容，同时还是分布式采集，效率会高一些。不过它在规则和操作设置方面不灵活，对新手用户来说上手也有点困难，需要有一定的网页知识基础。

（三）生意参谋

生意参谋是淘宝网官方提供的综合性网店数据分析平台，为淘宝/天猫平台卖家提供流量、商品、交易等网店经营全链条的数据展示、分析、解读、预测等功能，不仅是店铺和市场数据的重要来源渠道，而且是淘宝/天猫平台卖家的重要数据采集工具。生意参谋界面如图1–4所示。通过生意参谋，数据采集人员不仅可以采集自己店铺的各项运营数据（流量、交易、服务、产品等），而且可以通过市场行情板块获取淘宝/天猫平台的行业销售经营数据。

图 1-2　八爪鱼采集器界面

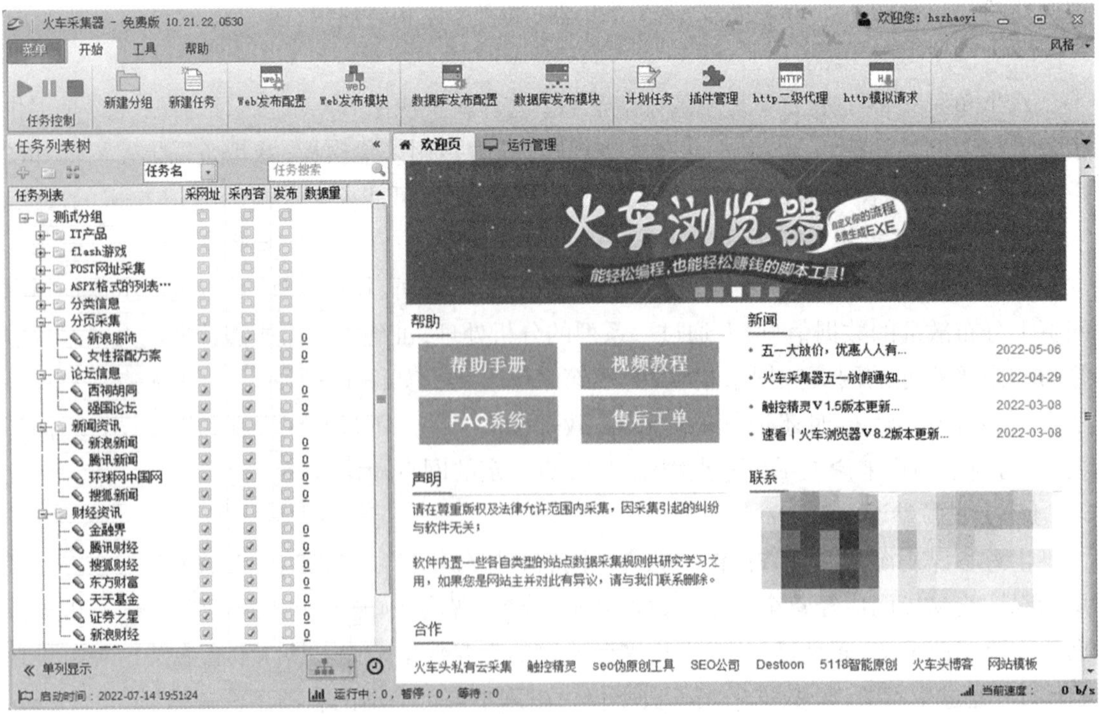

图 1-3　火车采集器界面

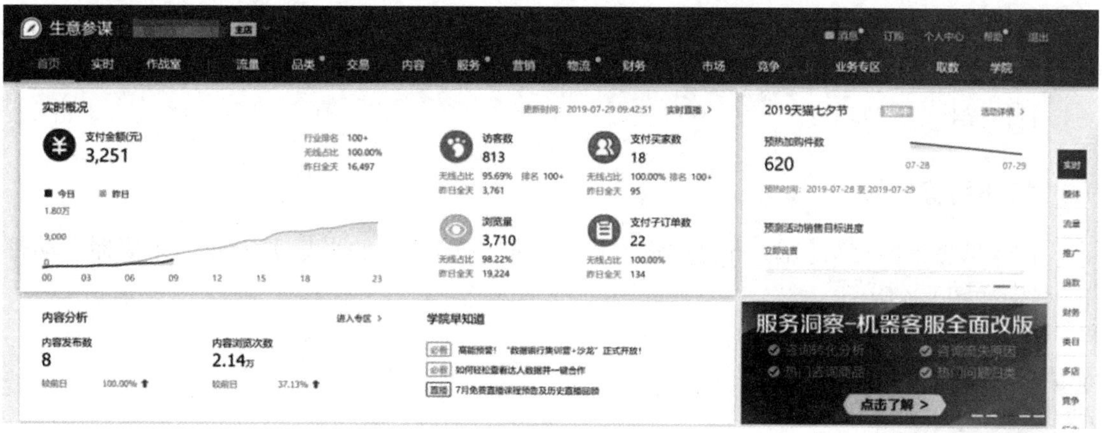

图 1-4　生意参谋界面

（四）店侦探

店侦探是一款专门为淘宝/天猫平台卖家提供数据采集、数据分析的工具，店侦探界面如图 1-5 所示。通过对各个店铺、商品运营数据的采集分析，可以快速掌握竞争对手店铺的销售数据、引流途径、广告投放、活动推广、买家购买行为等数据信息。

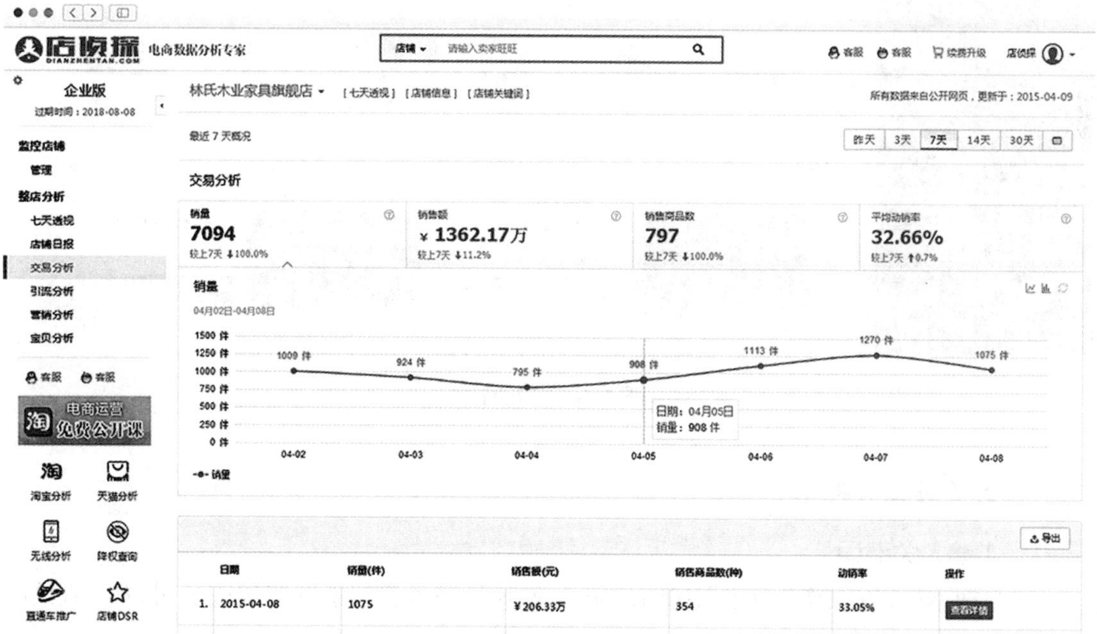

图 1-5　店侦探界面

任务操作

在前程无忧网站首页，输入职位名称，得到目标职位信息。本次任务操作使用八爪鱼采集器采集职位具体信息。采集字段包括：职位名称、职位薪资、工作地点等。本次任务操作

数据采集

时间为2022年2月8日，八爪鱼版本为V8.4.6。如果因为网页改版造成网址或步骤无效，无法有效收集到相关目标数据，请根据实际情况调整采集策略。

具体操作步骤如下：

一、打开目标网页

在八爪鱼界面首页【输入框】中输入目标网址，单击【开始采集】，八爪鱼采集器自动打开网页，如图1-6所示。

图1-6　打开网页

二、输入关键词并搜索

（一）输入关键词

选中搜索框，在操作提示框中单击【输入文本】，输入要搜索的职位或公司，如“直播电商”等，如图1-7所示。

（二）搜索职位

选中【搜索】按钮，在操作提示框中单击【点击该按钮】，如图1-8所示。出现搜索结果列表页，如图1-9所示。

图 1-7　输入关键词

图 1-8　搜索职位

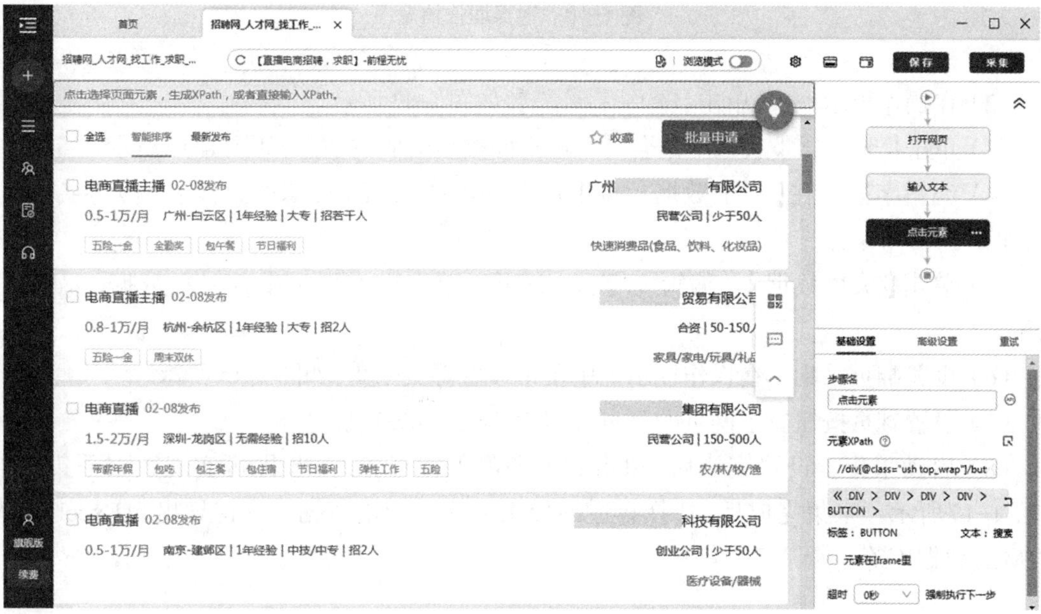

图 1-9　搜索结果列表页

三、建立【循环列表】

采集所有职位列表中的数据。

（1）选中页面上第1个职位名称，在操作提示框中单击最后1个DIV（目的是选中整个职位区块，包含所有字段），如图1-10所示。

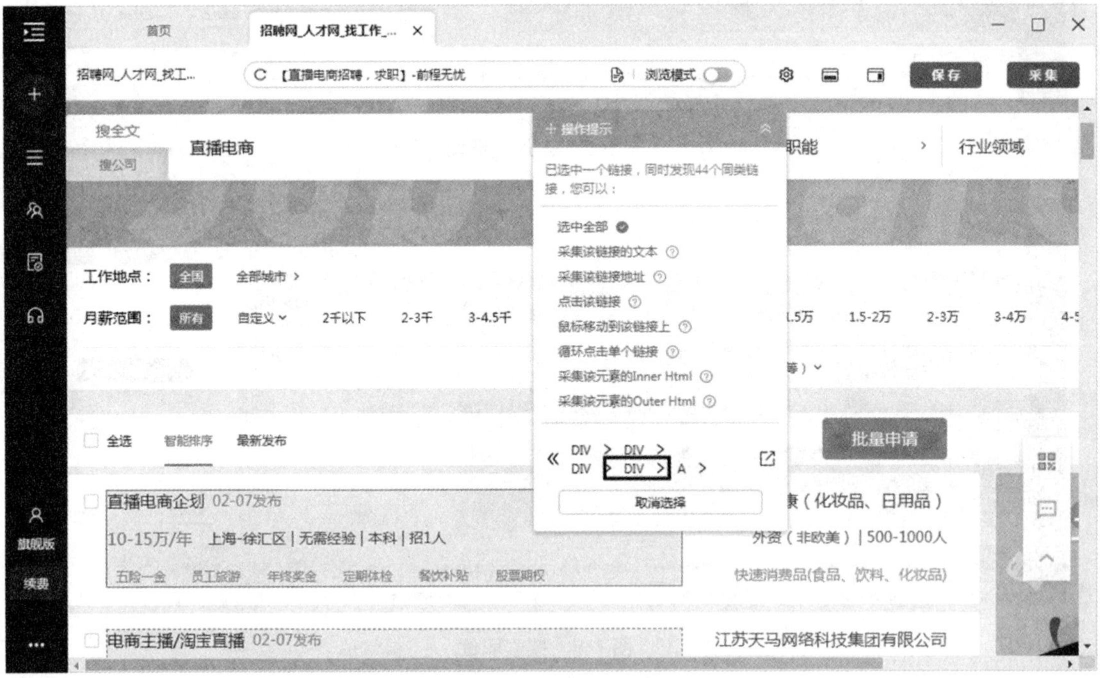

图1-10 选择职位信息

（2）在操作提示框中，单击【选中子元素】，如图1-11所示。

（3）单击【选中全部】，八爪鱼会自动选择同类型的职位信息，如图1-12所示。

（4）编辑字段。在【当前数据预览】页面，删除多余字段，修改字段名，移动字段顺序等，如图1-13所示。

（5）单击【采集数据】。编辑完字段，就可以单击操作提示中的采集数据，如图1-14所示。

（6）设置翻页采集。在操作提示框中单击设置翻页采集，如图1-15所示。

（7）设置翻页按钮。本网页的翻页按钮为“>”，如图1-16所示。

（8）启动采集。设置完毕后，单击右上角的保存任务，采集即可实现数据采集功能，如图1-17所示。采集完成后，选择合适的导出方式来导出数据。支持导出为Excel、CSV、HTML、数据库等。

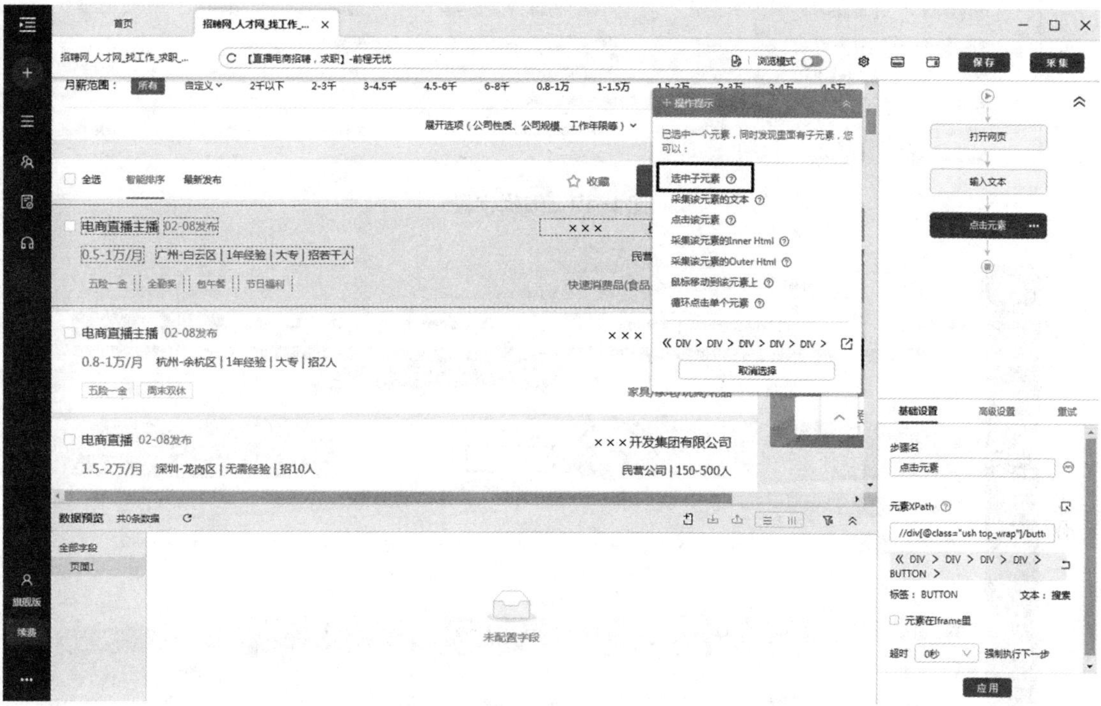

图 1-11　选中子元素

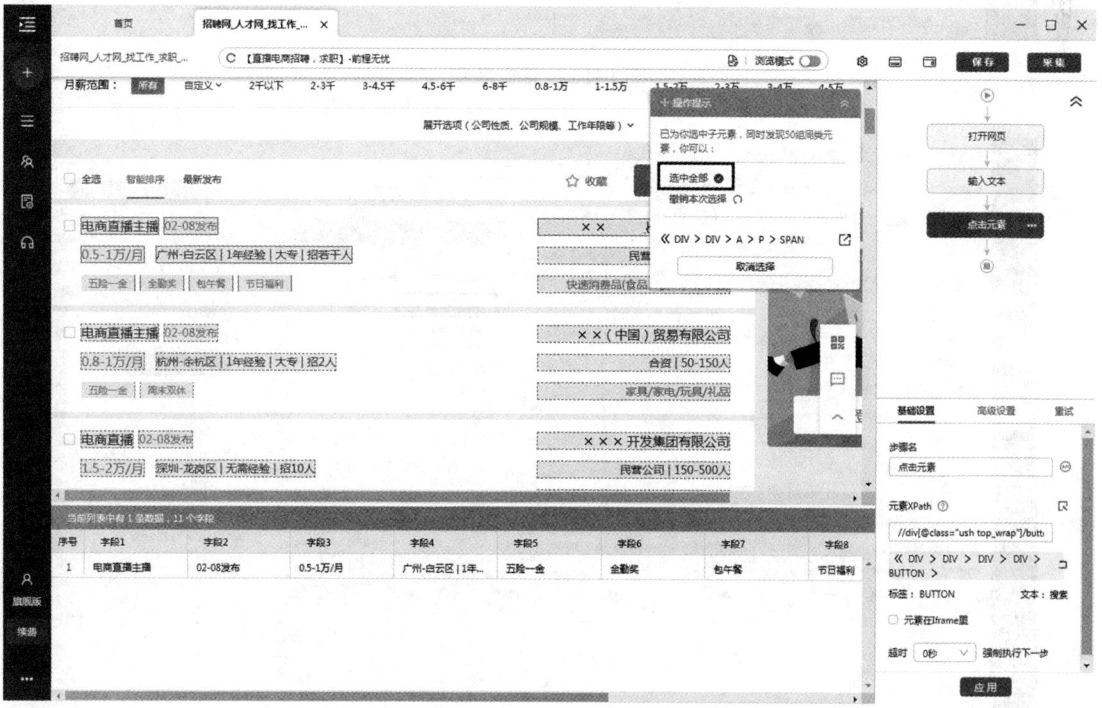

图 1-12　选中全部

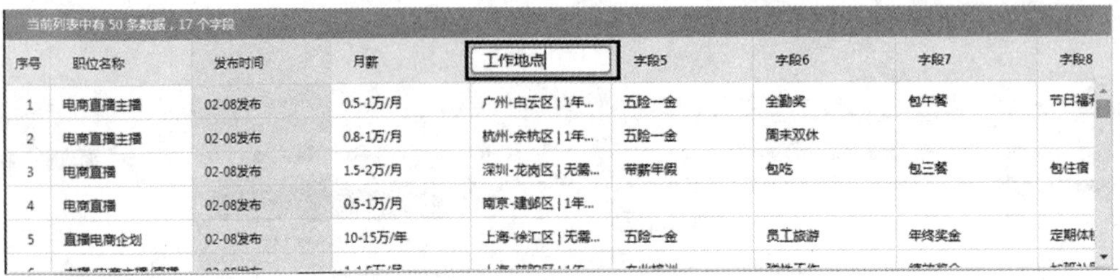

图 1-13　编辑字段

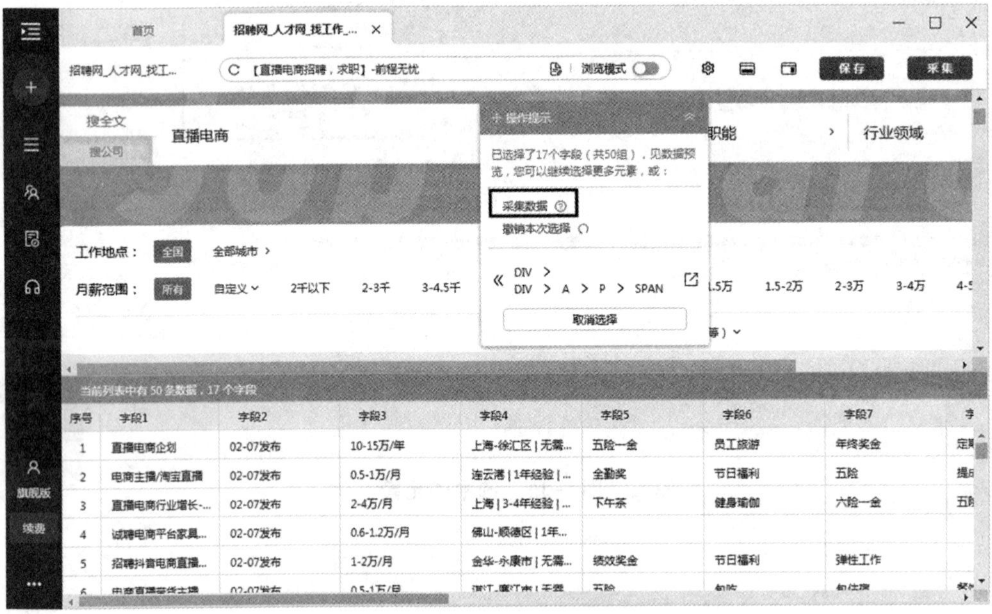

图 1-14　采集数据

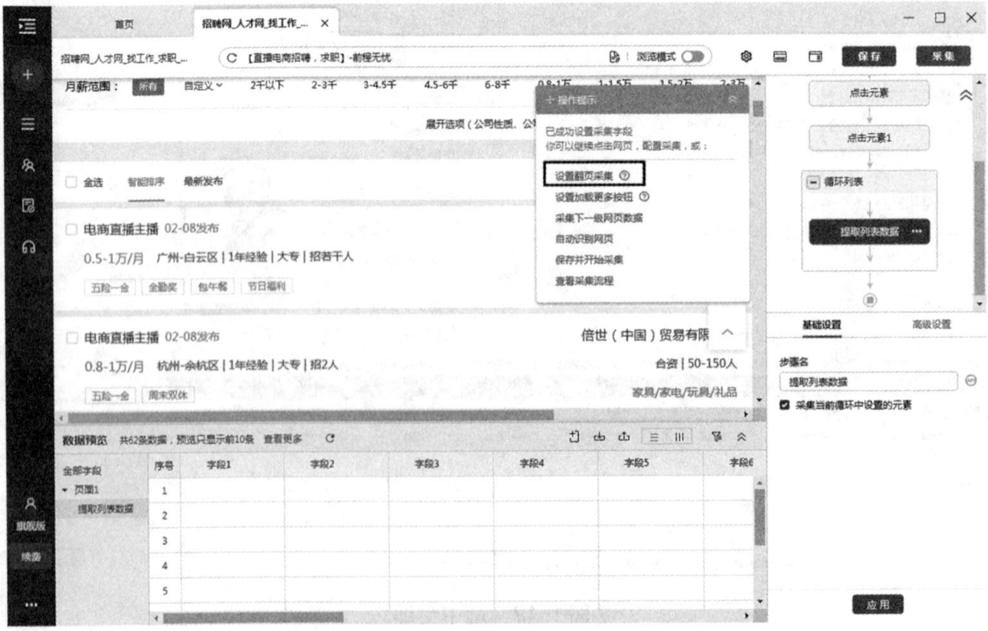

图 1-15　设置翻页采集

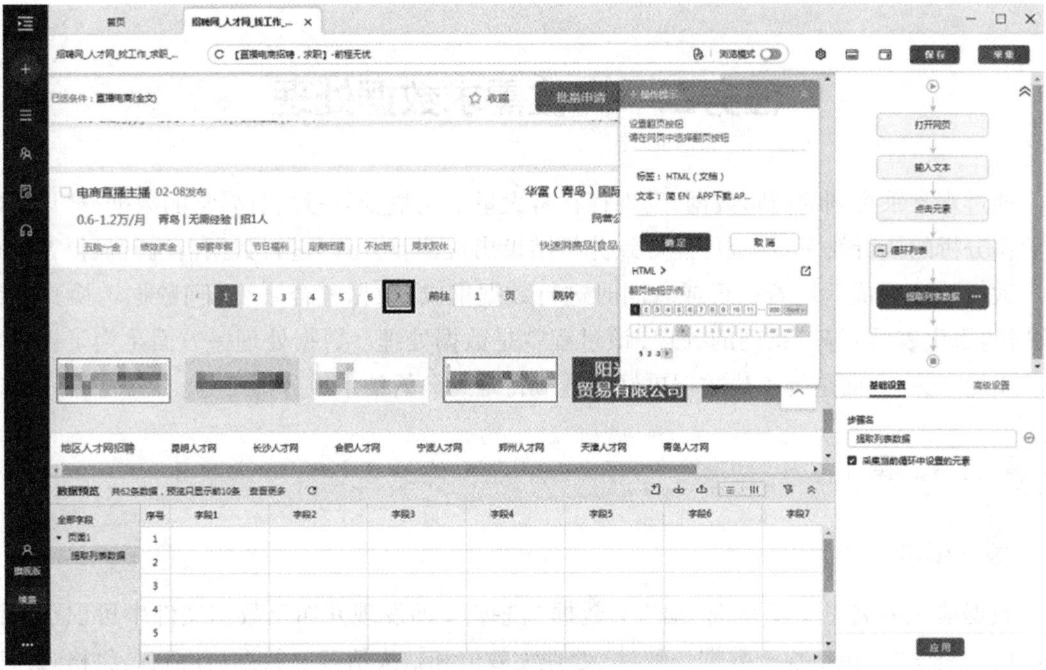

图1-16 设置翻页按钮

图1-17 启动采集

任务二　岗位需求数据处理

通过观察采集到的招聘数据，发现存在着大量不完整、不一致、有异常的数据，严重影响到数据分析的执行效率，甚至可能导致分析结果出现偏差，所以进行数据清洗就显得尤为重要。数据清洗完成后接着进行或者同时进行数据集成（数据整合）、变换（数据转换）、规约（数据的简化表示）等一系列的处理，该过程就是数据处理。数据处理一方面是为了提高数据的质量，另一方面是为了让数据更好地适应特定的分析技术或分析工具。

知识储备

一、数据清洗

数据清洗顾名思义就是把“脏”的数据“洗掉”，即发现并纠正数据文件中可识别错误的最后一道程序，包括检查数据一致性、处理无效值和缺失值等。数据清洗就是将格式错误的数据进行纠正处理，将错误的数据纠正或删除，将缺失的数据补充完整，将重复多余的数据删除。

（一）需要清洗的数据的主要类型

（1）残缺数据。这一类数据主要是一些应该有的信息缺失，如供应商的名称缺失、分公司的名称缺失、客户的区域信息缺失、业务系统中主表与明细表不能匹配等。

（2）错误数据。这一类数据产生的原因是业务系统不够健全，在接收输入后没有进行判断就直接写入后台数据库造成的，比如数值数据输成全角数字字符、字符串数据后面有一个回车操作、日期格式不正确、日期越界等。

（3）重复数据。对于这一类数据，特别是二维表中会出现这种情况——将重复数据记录的所有字段导出来，让客户确认并整理。

（二）数据清洗的内容

1. 一致性检查

一致性检查是根据每个变量的合理取值范围和相互关系，检查数据是否合乎要求，发现超出正常值域范围、逻辑上不合理或者相互矛盾的数据。例如，用1—7级量表测量的变量出现了0值，体重出现了负数，都应当视为超出正常值域范围。SPSS、SAS和Excel等计算机软件都能够根据定义的取值范围，自动识别每个超出范围的变量值。具有逻辑上不合理或者相互矛盾的答案可能以多种形式出现。例如，许多调查对象说自己开车上班，填的数据报告又显示没有汽车；或者调查对象说自己是某品牌的重度购买者和使用者，但同时又在熟悉程度量表上给了很低的分值。发现不一致时，要列出问卷序号、记录序号、变量名称、错误类别等，便于进一步核对和纠正。

2. 无效值和缺失值的处理

由于采集、编码和录入误差，数据中可能存在一些无效值和缺失值，需要给予适当的处理。常用的处理方法有：估算、整列删除、变量删除和成对删除。

（1）估算。处理无效值和缺失值最简单的办法就是用某个变量的样本均值、中位数或众数代替无效值和缺失值，但这样做时没有充分考虑数据中已有的信息，误差可能较大。另一种办法就是根据调查对象对其他问题的答案，通过变量之间的相关分析或逻辑推论进行估计。例如，某一产品的拥有情况可能与家庭收入有关，可以根据调查对象的家庭收入推算拥有这一产品的可能性。

（2）整列删除。由于很多列都可能存在缺失值，这就需要剔除缺失值过多的样本，这种做法的结果可能导致有效样本量大大减少，无法充分利用已经收集到的数据。因此，这种方法只适合关键变量缺失，或者含有无效值或缺失值的样本比重很小的情况。

（3）变量删除。如果某一变量的无效值和缺失值很多，而且该变量对于所研究的问题不是特别重要，则可以考虑将该变量删除。这种做法可减少可供分析的变量数目，但没有改变样本量。

（4）成对删除。成对删除是用一个特殊码（通常是9、99、999等）代表无效值和缺失值，同时保留数据集中的全部变量和样本。但是，在具体计算时只采用有完整答案的样本，因而不同的分析因为涉及的变量不同，其有效样本量也会有所不同。这是一种保守的处理方法，可最大限度地保留数据集中的可用信息。

采用不同的处理方法可能对分析结果产生不同的影响，尤其是当缺失值的出现并非随机且变量之间明显相关时。因此，在数据分析中应当尽量避免出现无效值和缺失值，保证数据的完整性。

（三）数据清洗的方法

数据清洗从数据的准确性、完整性、一致性、唯一性、适时性、有效性几个方面来处理数据的缺失值、错误值、不一致性数据、重复记录等问题。数据清洗一般须针对具体应用，因而难以归纳统一的方法和步骤，但是根据数据不同的问题可以给出相应的数据清洗方法。

1. 缺失值（不完整数据）的解决方法

大多数情况下，缺失值必须手工填入（即手工清理）。当然，某些缺失值可以从自身数据源或其他数据源推导出来，这就可以用平均值、最大值、最小值或更为复杂的概率估计代替缺失的值，从而达到清洗的目的。

2. 错误值的检测及解决方法

用统计分析的方法识别可能的错误值或异常值，如偏差分析、识别不遵守分布或回归方程的值，也可以用简单规则库（常识性规则、业务特定规则等）检查数据值，或使用不同属性间的约束、外部的数据来检测和清理数据。

3. 重复记录的检测及消除方法

数据集中属性值相同的记录被认为是重复记录，通过判断记录间的属性值是否相等来检测记录是否相等，相等的记录合并为一条记录（即合并/清除）。合并/清除是消重的基本方法。

4. 不一致性（数据源内部及数据源之间）数据的检测及解决方法

从多个数据源集成的数据可能有语义冲突，可定义完整性约束用于检测不一致性，也可通过分析数据发现联系，从而使得数据保持一致性。

二、数据加工

一般情况下，数据经过清洗后，依然无法满足数据分析需求，还要经过进一步的加工处理，最终形成简洁、规范、清晰的样本数据。这个过程通常包括数据抽取、数据转换、数据计算。

（一）数据抽取

数据抽取是指对数据库中现有字段进行整合加工，以生成数据分析所需要的新的字段。它包括字段拆分、字段合并、字段匹配。

1. 字段拆分

字段拆分是指为了截取某一字段中的部分信息，将该字段拆分成两个或多个字段。

2. 字段合并

字段合并是指将若干字段合并成一个新的字段，或者将字段值与文字、数字等组合形成新的字段。

3. 字段匹配

从具有相同字段的关联数据库中获取所需数据，称为字段匹配。字段匹配要求源数据库与关联数据库至少存在一个关联字段，根据关联字段实现批量查询、匹配对应的数据。另外，也可以通过条件表达表进行筛选，把满足要求的数据筛选、匹配。

（二）数据转换

不同来源的数据可能存在不同的结构，数据转换主要指将数据转换成规范、清晰、又易于分析的结构。

1. 结构转换

在数据分析中，根据不同的业务需求，需要对数据（或抽样数据）进行结构转换。主要是指一维数据表与二维数据表之间的转换。

2. 行列转换

在分析数据报表时，常常要从不同的维度观察数据，例如从时间的维度查看汇总数据，或从地区的维度查看汇总数据，就要把行列数据进行转换（又称转置）。

（三）数据计算

有时候数据库中没有我们需要的字段，需要通过现有字段进行计算之后才能获得。

1. 简单计算

简单计算是指对数据值进行加、减、乘、除等运算并产生新的字段。另外还可以根据业务需求，进行关系运算与逻辑运算。

2. 日期、时间数据计算

在企业管理中，经常会涉及日期和时间数据的分析管理，它也是数据库中的一类重要数据。日期、时间数据计算在分析员工工龄、财务账期、考勤管理等方面都有应用。

三、数据修正

在一段较长的时间内，由于普通的、持续的、决定性等基本因素的作用，数据总体往往呈现出逐渐向上或向下变动的趋势，明显的向上趋势如图1−18所示。

在这样的趋势中，也不排除受一些偶然因素或不规则因素的影响，出现与整体趋势相差较远的极端数据，如图1−19中箭头所对应的数据所示。

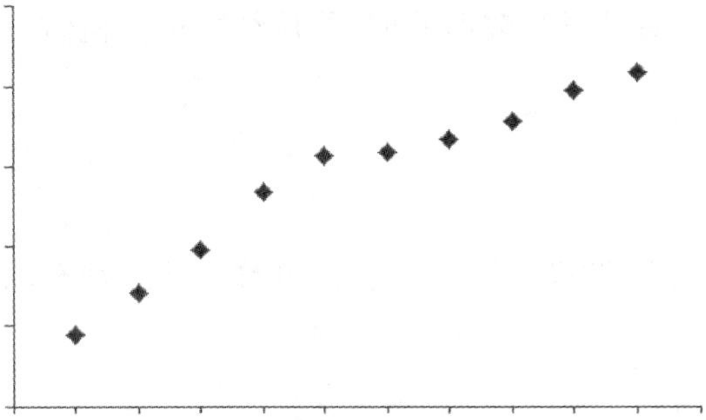

图1−18　明显的向上趋势

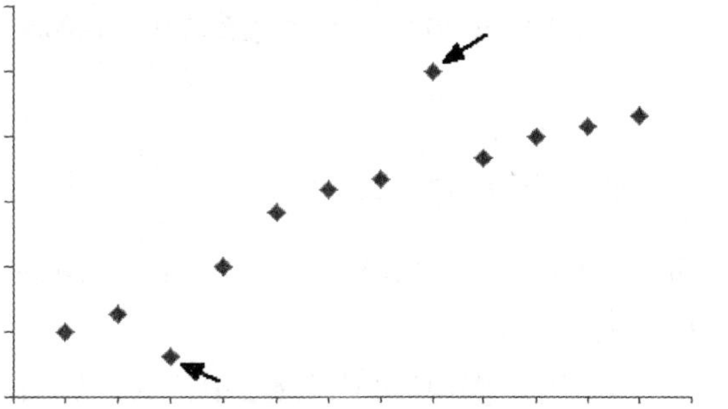

图1−19　局部的数据异动

移动平均法是数据修正中最常用的一种方法。移动平均法就是从时间数列的第一位数值开始，按一定项数求平均数，逐项移动，形成一个新的动态数列。例如，当产品需求既不快速增长也不快速下降，且不存在季节性因素时，移动平均法能有效地消除预测中的随机波动因素。

移动平均法可以分为：简单移动平均和加权移动平均。

（一）简单移动平均

简单移动平均的各元素的权重都相等。简单移动平均的计算公式如下：

$$F_t=\frac{A_{t-1}+A_{t-2}+A_{t-3}+\cdots+A_{t-n}}{n}$$

其中，F_t表示对下一期的预测值，n是移动平均的时期个数，A_{t-1}是前一期实际值，A_{t-2}，A_{t-3}和A_{t-n}分别表示前两期、前三期和前n期的实际值。

（二）加权移动平均

加权移动平均给固定跨越期限内的每个变量值予以不相等的权重。其原理是：历史各期产品需求的数据信息对预测未来期内的需求量的作用是不一样的。除了以n为周期的周期性变化外，远离目标期的变量值的影响力相对较低，故应给予较低的权重。

加权移动平均的计算公式如下：

$$F_t=\omega_1 A_{t-1}+\omega_2 A_{t-2}+\cdots+\omega_n A_{t-n}$$

其中，ω_1表示第$t-1$期实际销售额的权重，ω_2表示第$t-2$期实际销售额的权重，ω_n表示

第 $t-n$ 期实际销售额的权重，n 是预测的时期数，且 $\omega_1+\omega_2+\cdots+\omega_n=1$。

在运用加权移动平均时，权重的选择是一个应该注意的问题。经验法和试算法是选择权重的最简单的方法。一般而言，近期的数据更能预示未来的情况，因而权重应大些。例如，根据前一个月的利润和生产能力比起根据前几个月的利润和生产能力，能更好地估测下一个月的利润和生产能力。但是，如果数据是季节性的，则权重也应是季节性的。

任务操作

使用Excel 2016打开采集到的岗位招聘信息，对其进行数据处理，为后续数据分析做好基础工作。

一、缺失数据的处理

数据源中，单元格如果出现空值，就认为数据存在缺失。缺失数据的处理方法通常有以下3种：

（1）用样本均值（或众数、中位数）代替缺失值。

（2）将有缺失值的记录删除。

（3）保留该记录，在要用到该值作分析时，将其临时删除（最常用方法）。

首先来解决如何发现缺失数据，仅靠眼睛来查找缺失数据显然是不现实的，一般我们用【定位条件】来查找缺失数据的单元格。下面将“学历”字段中的空值均替换为“大专”。

（1）选择“学历”所在的列。

（2）选择【查找和选择】-【定位条件】命令，如图1-20所示。

（3）在【定位条件】对话框中，选中【空值】单选项，如图1-21所示。

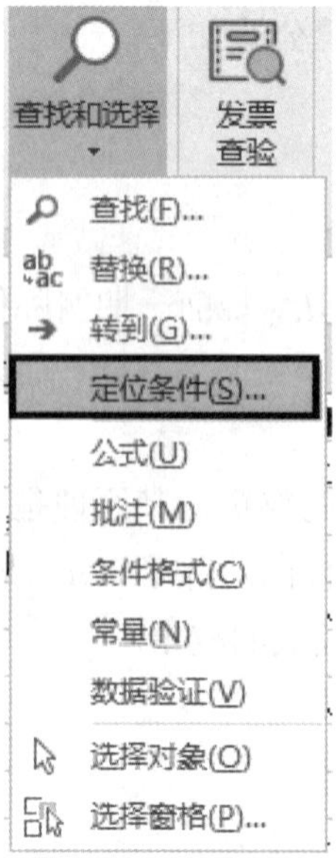

图1-20 选择【定位条件】命令

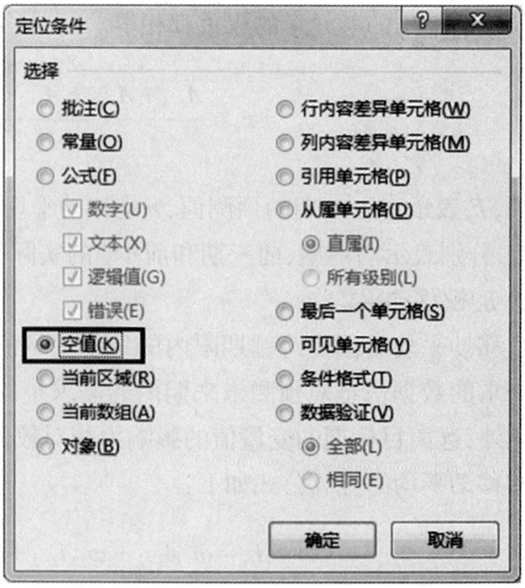

图1-21 选择【空值】选项

（4）单击【确定】按钮后，所有的空白单元格呈选中状态，如图1–22所示。

	A	B	C	D	E	F	G
1	关键词	城市	招聘岗位	薪资	所在地	工作经验	学历
2	主播运营	北京	主播运营经理（职位编	1.5万/月	北京	3-4年经验	本科
3	主播运营	北京	主播运营（职位编号:	2万/月	北京	3-4年经验	本科
4	主播运营	北京	主播运营	1.5万/月	北京-朝阳区	1年经验	
5	主播运营	北京	主播运营	1.3万/月	北京	5-7年经验	本科
6	主播运营	北京	主播运营经理	1.5万/月	北京	1年经验	大专
7	主播运营	北京	店铺新媒体运营主管/	1.2万/月	北京-海淀区	2年经验	本科
8	主播运营	北京	短视频主播/新媒体运	2万/月	北京-朝阳区	无需经验	
9	主播运营	北京	PG9616-平台主播运营	1.5万/月	上海-杨浦区	1年经验	本科
10	主播运营	北京	TME-QQ音乐直播运营(	2万/月	北京	3-4年经验	本科
11	主播运营	北京	imo-海外运营（独联体	1.5万/月	广州-番禺区	2年经验	本科
12	主播运营	北京	新媒体整合营销-[直播	1.2万/月	北京	无需经验	本科
13	主播运营	北京	直播运营	1-1.5万/月	北京	1年经验	大专
14	主播运营	北京	校园招聘-直播运营管	6-8千/月	杭州	无需经验	
15	主播运营	北京	直播运营	1-2万/月	北京-石景山区	1年经验	大专
16	主播运营	北京	直播运营	6-8千/月	北京-朝阳区	3-4年经验	中专
17	主播运营	北京	直播运营	6-8千/月	北京-西城区	无需经验	本科
18	主播运营	北京	抖音直播运营	7-9千/月	北京-朝阳区	2年经验	
19	主播运营	北京	直播运营	0.7-1万/月	北京-朝阳区	1年经验	本科
20	主播运营	北京	直播运营（圣桐）	6-8千/月	北京-通州区	1年经验	本科

图1–22　查找所有空白单元格

（5）输入替代值“大专”，按Ctrl+Enter组合键确认，结果如图1–23所示。

	A	B	C	D	E	F	G
1	关键词	城市	招聘岗位	薪资	所在地	工作经验	学历
2	主播运营	北京	主播运营经理（职位编	1.5万/月	北京	3-4年经验	本科
3	主播运营	北京	主播运营（职位编号:	2万/月	北京	3-4年经验	本科
4	主播运营	北京	主播运营	1.5万/月	北京-朝阳区	1年经验	大专
5	主播运营	北京	主播运营	1.3万/月	北京	5-7年经验	本科
6	主播运营	北京	主播运营经理	1.5万/月	北京	1年经验	大专
7	主播运营	北京	店铺新媒体运营主管/	1.2万/月	北京-海淀区	2年经验	本科
8	主播运营	北京	短视频主播/新媒体运	2万/月	北京-朝阳区	无需经验	大专
9	主播运营	北京	PG9616-平台主播运营	1.5万/月	上海-杨浦区	1年经验	本科
10	主播运营	北京	TME-QQ音乐直播运营(	2万/月	北京	3-4年经验	本科
11	主播运营	北京	imo-海外运营（独联体	1.5万/月	广州-番禺区	2年经验	本科
12	主播运营	北京	新媒体整合营销-[直播	1.2万/月	北京	无需经验	本科
13	主播运营	北京	直播运营	1-1.5万/月	北京	1年经验	大专
14	主播运营	北京	校园招聘-直播运营管	6-8千/月	杭州	无需经验	大专
15	主播运营	北京	直播运营	1-2万/月	北京-石景山区	1年经验	大专
16	主播运营	北京	直播运营	6-8千/月	北京-朝阳区	3-4年经验	中专
17	主播运营	北京	直播运营	6-8千/月	北京-西城区	无需经验	本科
18	主播运营	北京	抖音直播运营	7-9千/月	北京-朝阳区	2年经验	大专
19	主播运营	北京	直播运营	0.7-1万/月	北京-朝阳区	1年经验	本科
20	主播运营	北京	直播运营（圣桐）	6-8千/月	北京-通州区	1年经验	本科

图1–23　统一输入新的数据

二、删除多余重复记录

删除多余重复记录的操作较简单，只需要单击数据表的任意位置，再单击【数据】–【删除重复项】按钮即可。重复记录的判断依据是一个或多个包含重复值的列，选择列不同，删除的重复值也不同，如图1–24所示。

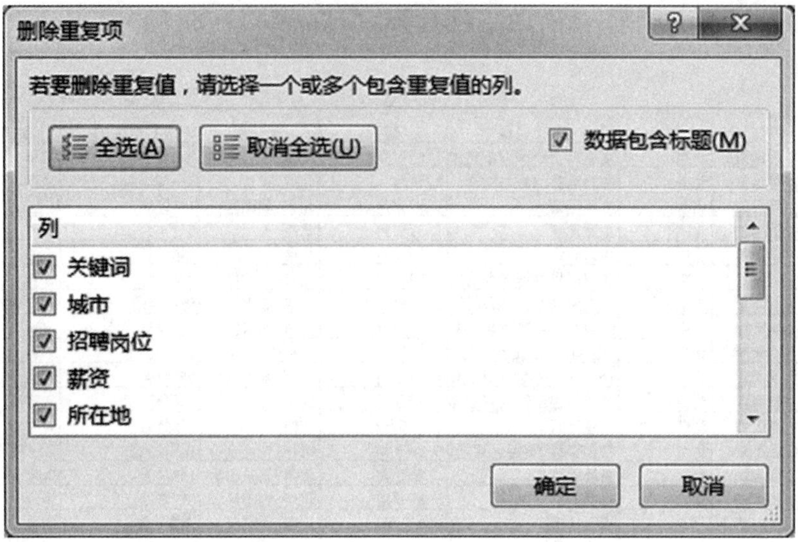

图 1-24　删除重复项

三、字段分列

将聚集到同一个单元格的市、区信息分开，以便分析城市间的职位差异。

（1）选择“所在地”的数据，如图 1-25 所示。

	A	B	C	D	E	F	G
1	关键词	城市	招聘岗位	薪资	所在地	工作经验	学历
2	主播运营	北京	主播运营经理（职	1.5万/月	北京	3-4年经验	本科
3	主播运营	北京	主播运营（职位编	2万/月	北京	3-4年经验	本科
4	主播运营	北京	主播运营	1.5万/月	北京-朝阳区	1年经验	大专
5	主播运营	北京	主播运营	1.3万/月	北京	5-7年经验	本科
6	主播运营	北京	主播运营经理	1.5万/月	北京	1年经验	大专
7	主播运营	北京	店铺新媒体运营主	1.2万/月	北京-海淀区	2年经验	本科
8	主播运营	北京	短视频主播/新媒(	2万/月	北京-朝阳区	无需经验	大专
9	主播运营	北京	PG9616-平台主播	1.5万/月	上海-杨浦区	1年经验	本科
10	主播运营	北京	TME-QQ音乐直播运	2万/月	北京	3-4年经验	本科
11	主播运营	北京	imo-海外运营（独	1.5万/月	广州-番禺区	2年经验	本科

图 1-25　选择“所在地”列

（2）单击【数据】-【分列】按钮，要将字段“所在地”中的市和区分列出来，所以选中【分隔符号】单选项，如图 1-26 所示。

（3）单击【下一步】按钮，在分隔符号栏，选择“其他”，输入“ ”，如图 1-27 所示。

（4）单击【下一步】按钮，确定目标区域的起点单元格 F1，如图 1-28 所示。

（5）单击【完成】按钮，分列的结果如图 1-29 所示。

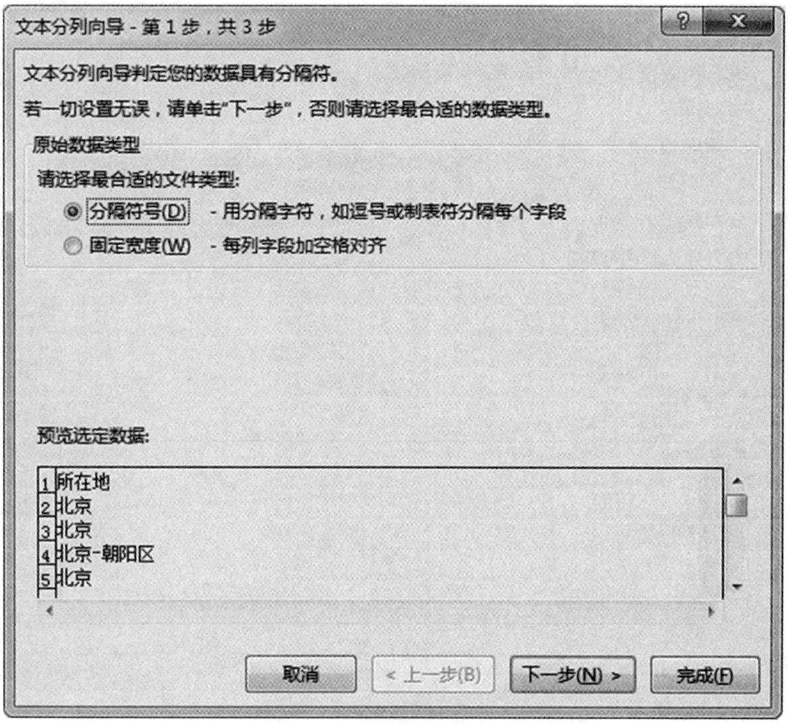

图 1–26 选中【分隔符号】单选项

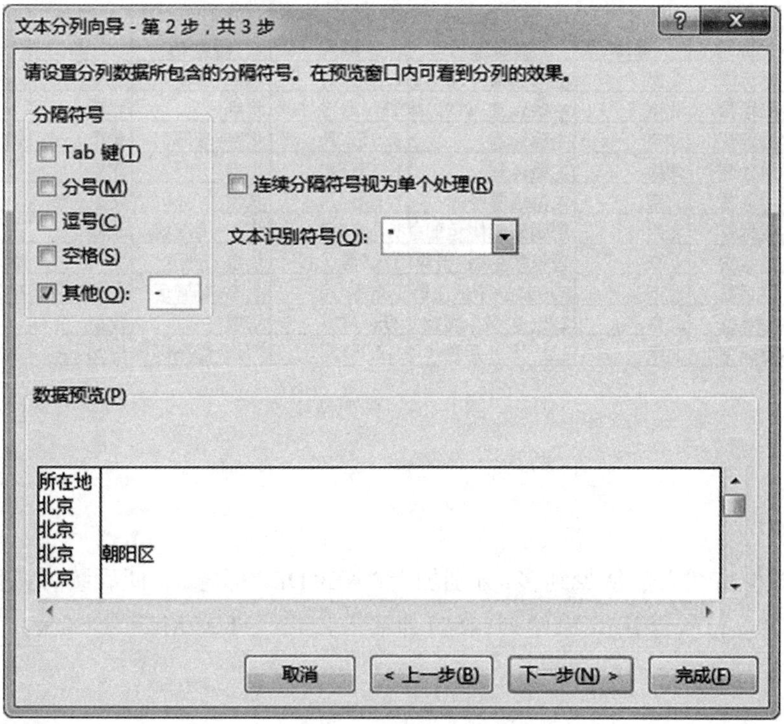

图 1–27 确定分隔符号

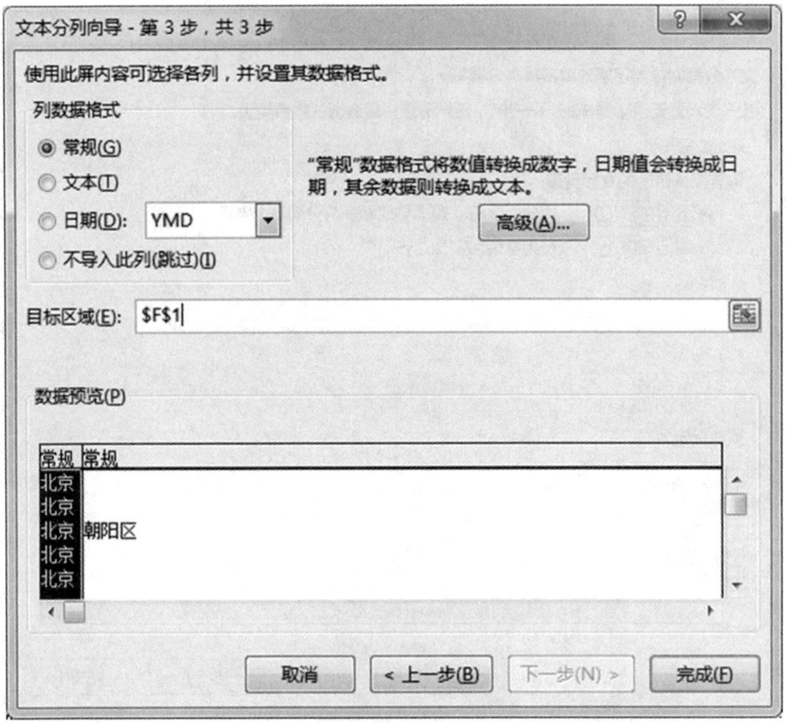

图 1-28　确定目标区域

	A	B	C	D	E	F	G
1	关键词	城市	招聘岗位	薪资	所在地	市	区
2	主播运营	北京	主播运营经理（职	1.5万/月	北京	北京	
3	主播运营	北京	主播运营（职位编	2万/月	北京	北京	
4	主播运营	北京	主播运营	1.5万/月	北京-朝阳区	北京	朝阳区
5	主播运营	北京	主播运营	1.3万/月	北京	北京	
6	主播运营	北京	主播运营经理	1.5万/月	北京	北京	
7	主播运营	北京	店铺新媒体运营主	1.2万/月	北京-海淀区	北京	海淀区
8	主播运营	北京	短视频主播/新媒	2万/月	北京-朝阳区	北京	朝阳区
9	主播运营	北京	PG9616-平台主播	1.5万/月	上海-杨浦区	上海	杨浦区
10	主播运营	北京	TME-QQ音乐直播运	2万/月	北京	北京	
11	主播运营	北京	imo-海外运营（独	1.5万/月	广州-番禺区	广州	番禺区

图 1-29　分列结果

四、字段合并

将公司规模按照人数从少到多，分别加上"ABCDE"标志，方便后续可视化绘图时自动排序。使用"&"符号合并L、M两列，在N列输入公式："=L2&M2"，即可完成字段合并，如图1-30所示。

L	M	N
公司类型	公司规模	合并结果
民营公司	10000人以上	民营公司：10000人以上
外资（欧美）	500-1000人	外资（欧美）：500-1000人
外资（非欧美）	150-500人	外资（非欧美）：150-500人
民营公司	1000-5000人	民营公司：1000-5000人
民营公司	150-500人	民营公司：150-500人
民营公司	1000-5000人	民营公司：1000-5000人
民营公司	150-500人	民营公司：150-500人
合资	500-1000人	合资：500-1000人
民营公司	10000人以上	民营公司：10000人以上
上市公司	5000-10000人	上市公司：5000-10000人
上市公司	5000-10000人	上市公司：5000-10000人
民营公司	10000人以上	民营公司：10000人以上

图1-30　字段合并

五、数据计算

计算直播岗位的薪资平均水平，分为以下几个步骤：

（1）对“薪资”列进行拆分，得到薪资区间的下限和上限，如图1-31所示的A、B两列。

（2）计算薪资区间（a，b）的组中值 $\frac{a+b}{2}$，如图1-31所示的D列。

（3）用组中值（D列）和对应薪资区间的频数（C列）计算总薪资（E列）。

（4）用总薪资除以频数之和得到平均工资，如图1-31所示。

	A	B	C	D	E
1	薪资下限(a)	薪资上限(b)	频数:薪资	组中值	总薪资
176	4000	4500	2	4250	8500
177	3500	5000	2	4250	8500
178	3000	5000	2	4000	8000
179	3500	4000	1	3750	3750
180	3000	4500	13	3750	48750
181	3600		2	3600	7200
182	3600		1	3600	3600
183	3000	4000	1	3500	3500
184	2500	3000	1	2750	2750
185	2000	3000	4	2500	10000
186	1500	2500	1	2000	2000
187	1500	2000	4	1750	7000
188			62		
189			3069		35971250
190			平均工资	11720.8374	

图1-31　数据计算

六、数据修正

数据修正

对岗位数据中的岗位发布时间和所招聘的人数进行按月统计，得到如图1–32所示的招聘人数，用移动平均法对岗位数据中的招聘人数进行数据修正，为预测招聘人数提供数据基础。

在图1–32的招聘人数数据表中选择单元格区域A1：B13，单击【插入】–【散点图】–【仅带数据标记的散点图】按钮，如图1–33所示。

	A	B
1	月份	招聘人数
2	1	420
3	2	463
4	3	400
5	4	480
6	5	522
7	6	650
8	7	567
9	8	549
10	9	583
11	10	650
12	11	668
13	12	727

图1–32　招聘人数

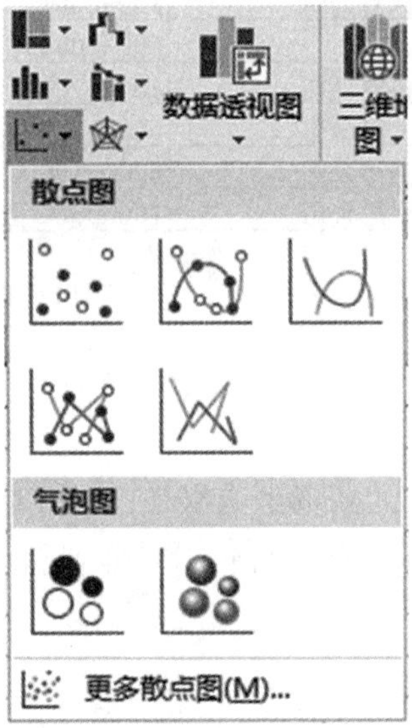

图1–33　插入散点图

结果得到如图1–34所示的散点图，从散点图可以直观地看出，第3个点明显偏小，而第6个点明显偏大，这可能是由于不确定性因素的影响造成的。在这种情况下，可以通过移动平均法对数据作修正，尽量排除不确定性因素对数据造成的影响。

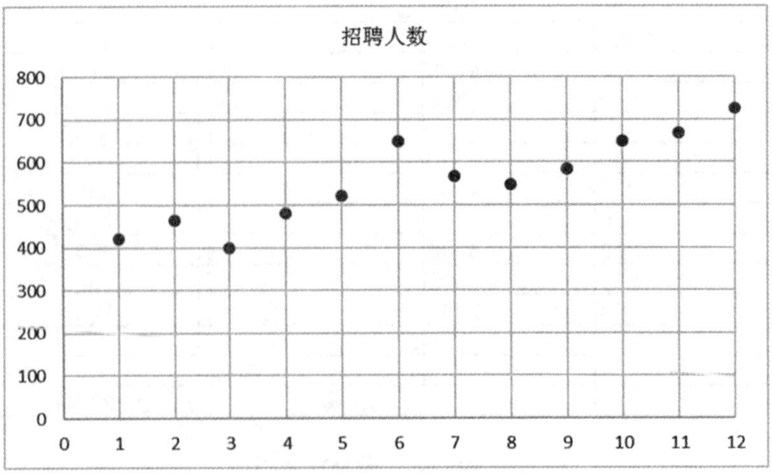

图1–34　原始数据的散点图

（1）计算前三项招聘人数的平均值，如图1-35所示。

（2）向后移动一行，计算三项移动平均数，直至最后一行也计算在内，如图1-36所示。

A	B	C
月 份	招聘人数	三项移动平均数
1	420	
2	463	=AVERAGE(B2:B4)
3	400	
4	480	
5	522	
6	650	
7	567	
8	549	
9	583	
10	650	
11	668	
12	727	

图1-35　计算前三项招聘人数的平均值

A	B	C
月 份	招聘人数	三项移动平均数
1	420	
2	463	427.6666667
3	400	447.6666667
4	480	467.3333333
5	522	550.6666667
6	650	579.6666667
7	567	588.6666667
8	549	566.3333333
9	583	594
10	650	633.6666667
11	668	681.6666667
12	727	

图1-36　计算三项移动平均数

（3）修正后的数据散点图，如图1-37所示。

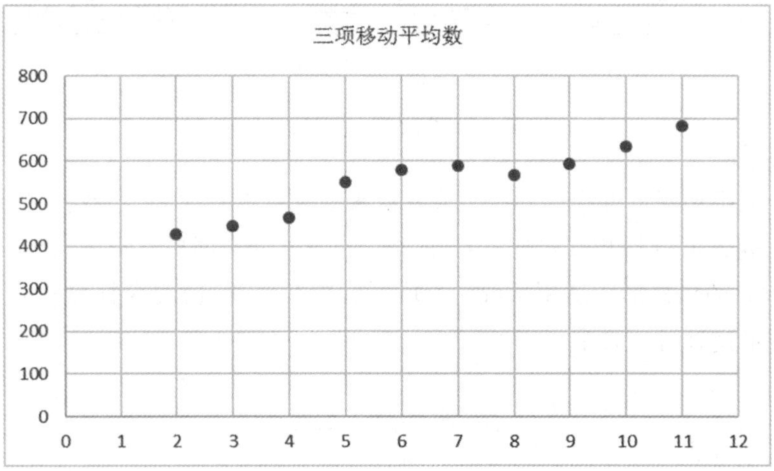

图1-37　修正后的数据散点图

任务三　岗位需求数据可视化展现

数据可视化就是将相对隐晦的数据通过可视的、交互的图表方式加以展示，进而形象地、直观地将数据背后隐藏的信息和规律表示出来。步入大数据时代后，各行各业对数据越来越重视，随之而来的就是对数据进行一系列的整合、挖掘、可视化分析，这为数据可视化注入了无限的活力，也就导致视觉的元素越来越多样化。

知识储备

一、图表可视化

通过图表的视觉效果，可以直接查看数据的差异和发展趋势，并能对有关数据进行对比，反映变量的变化趋势及其相互关系。图1–38是Excel中的图表类型。

图表符号	图表类型	典型用途
	条形图	在水平方向上比较不同类型的数据
	柱形图	在竖直方向上比较不同类型的数据
	折线图	按类别显示一段时间内数据的变化趋势
	饼图	在单组中，描述部分与整体的关系
	XY 散点图	描绘两种相关数据的关系
	面积图	强调一段时间内数值的相对重要性
	圆环图	以一个或多个数据类别来比较部分与整体的关系
	雷达图	表明数据或数据频率相对于中心的变化
	曲面图	当第三个变量变化时，描绘另外两个变量的变化轨迹
	气泡图	突出显示值的聚合，类似散点图
	股价图	综合了柱形图和折线图，专门用来反映股票价格变化

图1–38　图表类型

（一）柱形图

柱形图是利用相同宽度条形的长短或高低来表现数据的大小与变动。柱形图可以清楚地表现各种不同数值资料相互对比的结果。柱形图可分为简单柱形图（图1–39）和复合柱形图（图1–40）。简单柱形图适用于说明一段时间内一个变量，复合柱形图适用于说明两个或两个以上变量及其对比关系。

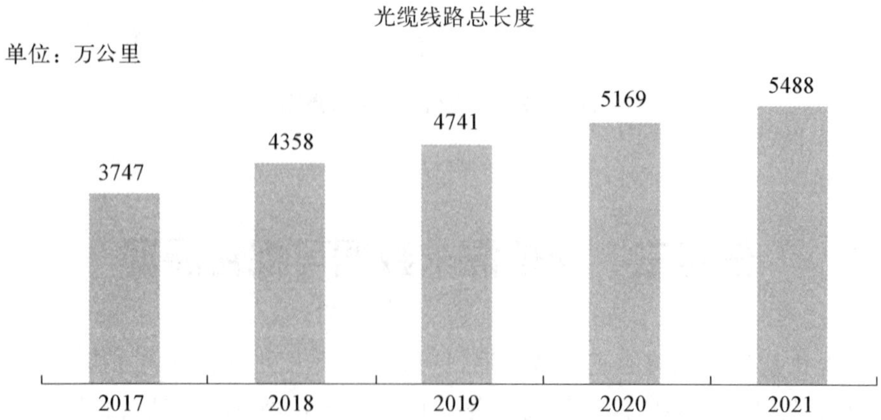

图1–39　光缆线路总长度

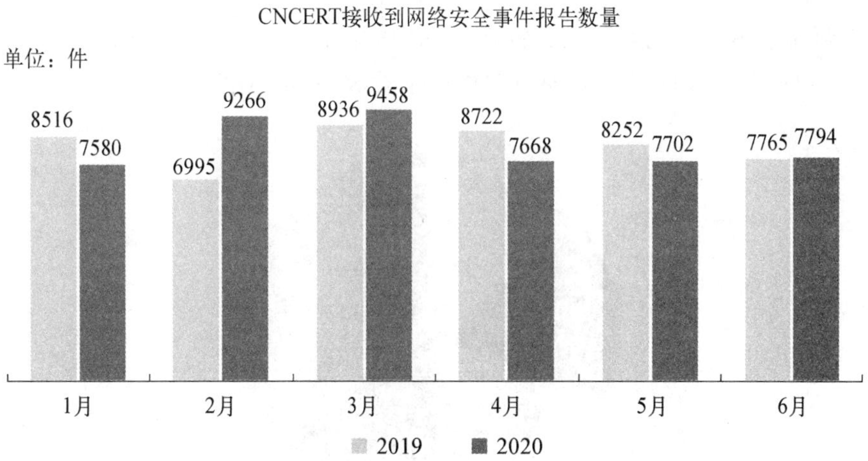

图 1-40　CNCERT 接收到网络安全事件报告数量

（二）折线图

折线图是利用线段的升降来说明变量的变动情况，主要用于表示变量的变化趋势、分配情况和依存关系。折线图可分为简单折线图和复合折线图。简单折线图用于描述一段时间内单个变量的历史状况及发展趋势，复合折线图用于描述两个或两个以上变量一段时间内的历史状况及发展趋势，如图 1-41 所示。

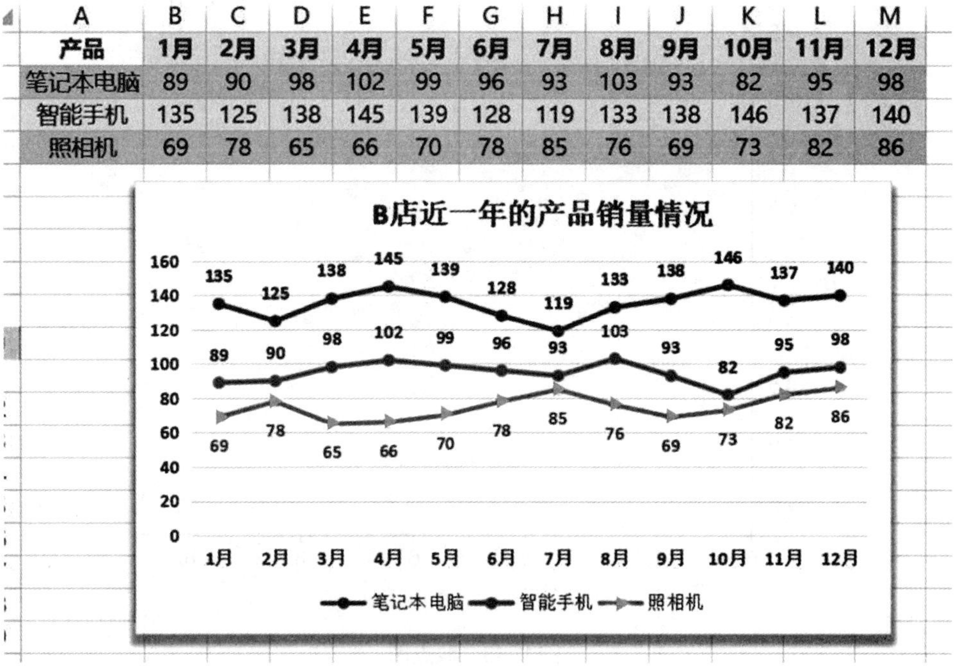

A	B	C	D	E	F	G	H	I	J	K	L	M
产品	1月	2月	3月	4月	5月	6月	7月	8月	9月	10月	11月	12月
笔记本电脑	89	90	98	102	99	96	93	103	93	82	95	98
智能手机	135	125	138	145	139	128	119	133	138	146	137	140
照相机	69	78	65	66	70	78	85	76	69	73	82	86

图 1-41　销量情况

（三）饼图

饼图主要用于表现不同类目的数据在总和中的占比。每个扇形的弧度表示数据所占的比例，如图1-42所示。饼图适合表现数据相对于总数的百分比关系。

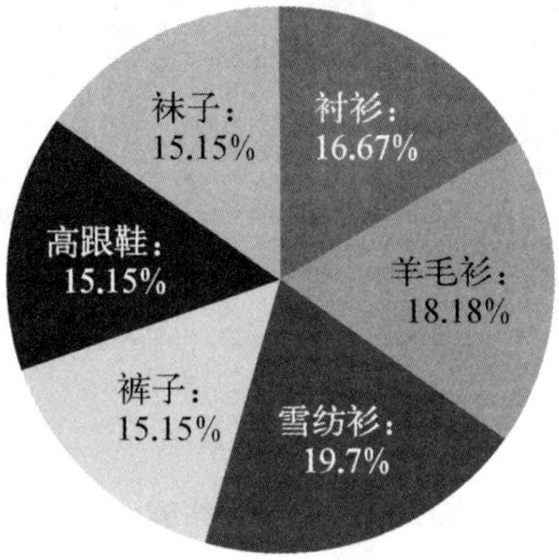

图1-42　饼图

（四）散点图

散点图一般用于发现两个连续变量或多个变量之间的关系，通常可以通过散点图大致看出变量之间的相关关系，当存在大量数据点时结果更为精准，如图1-43所示。

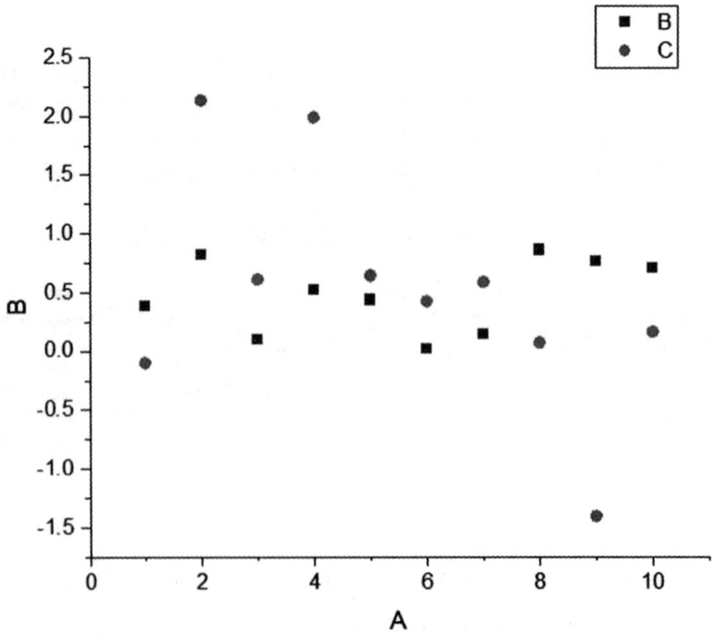

图1-43　散点图

（五）词云图

词云图也叫文字云，是对文本中出现频率较高的“关键词”予以视觉化的展现。词云图过滤掉大量的低频低质的文本信息，使浏览者只要看一眼就可领略文本的主旨，如图1–44所示。

图1–44　词云图

二、表格可视化

（一）简单列表

简单列表是指将总体按照某一个标志分组。由微波食品购买地点调查所得到的资料，形成频数分布表，如表1–1所示。第一列是购买地点，第二列给出了频数，即统计出来回答问题的频数，第三列是所占的比例数。

表1–1　微波食品购买地点的频数分布表

购买地点	频　数	频　率（%）
小区附近专卖店	591	31.98
超市里专卖店	798	43.18
所有的便利店	459	24.84
合计	1848	100.00

简单列表中的变量可以是定性变量，也可以是定量变量。定量变量又分为连续变量和离散变量。在一定区间内可以任意取值的变量叫作连续变量，其数值是连续不断的，相邻两个数值可作无限分割，即可取无限个数值。例如，生产零件的规格尺寸，人体测量的身高、体重、胸围等都为连续变量，其数值只能用测量或计量的方法取得。离散变量是指其数值只能用自然数或整数单位计算。例如，企业个数、职工人数、设备台数等，只能按计量单位数计数，这种变量的数值一般用计数方法取得。

对于连续变量，简单列表必须采用组距式分组（即用表示一定范围的一个区间作为一个组）；而对于离散变量可以采取单项式分组（即用一个具体的数位表示一个组）。表1–2和表1–3分别是对连续变量和离散变量的简单列表。

表1–2　某企业平均工资情况

按工资收入分组（元）	人数（人）	比例（%）
3 000元以下	30	10.63
3 000 ～ 4 000	88	31.20
4 000 ～ 5 000	98	34.75
5 000 ～ 6 000	30	10.63
6 000 ～ 7 000	26	9.22
7 000以上	10	3.57
合计	282	100.00

表1–3　某地区居民家庭住房数分布表

购买地点	人数（人）	频率（%）
0	50	10.25
1	318	65.16
2	90	18.44
3及以上	30	6.15
合计	488	100.00

在编制简单列表时应该注意“比例”一栏计算的基数问题。因为对调查资料整理时发现，并非所有的调查者都要回答全部问题，对同一问题，被调查者可能有多种回答，还存在着拒绝回答的情况，如何科学计算“比例”是我们要注意的问题。一般可采用“作出回答的人数”作为基数，选择“需要回答此问题的人数”作为基数，也可以采用“被调查者数而非答案的总数”作为基数。

（二）交叉列表

交叉列表是指将总体按照两个或两个以上的标志分组，目的是结合对其他问题的回答来考察对某一个问题的答案。如表1–4为以性别和婚姻状况分类，统计对衣服支出水平的交叉列表。

表 1-4 以性别和婚姻状况分类，统计对衣服支出水平的交叉列表

衣服支出水平	男性		女性	
	婚姻状况		婚姻状况	
	已婚	未婚	已婚	未婚
高	35%	40%	25%	60%
低	65%	60%	75%	40%
合计	100%	100%	100%	100%
个案数	400	120	300	180

简单列表可以回答很多调研问题，但是对每个问题的单独分析不够深入，因为问题是相关联的，而交叉列表可以就每个问题做不同因素组合的深入分析，所以在实践中应用极其广泛。虽然人们可以就一个问题结合多种因素进行分析，但过多的变量会使分析过于复杂，因此，一般交叉列表针对两种因素进行分析。把要分析的资料分成纵横两个方面，形成二维数据。分析时既可以对每个数据计算百分比，也可以按行或列进行计算，由于这些百分比要从各行或各列的总和中计算出来，因而交叉列表通常被称为列联表，它是进行统计分析的重要基础。

任务操作

图表能简洁、形象、系统地说明各种相关的数字资料，是一种较好的数据分析表现形式。本次任务以直播岗位数据为例，介绍图表的数据可视化展示。

一、柱形图

（1）用Excel打开表1-5学历统计表，选择“学历”列，菜单栏选择【插入】，单击【数据透视图】，如图1-45所示。

表 1-5 学历统计表

学历	频数	比例（%）
无要求	294	9.63
本科	578	18.94
大专	1944	63.70
高中	110	3.60
中专	126	4.13
合计	3052	100.00

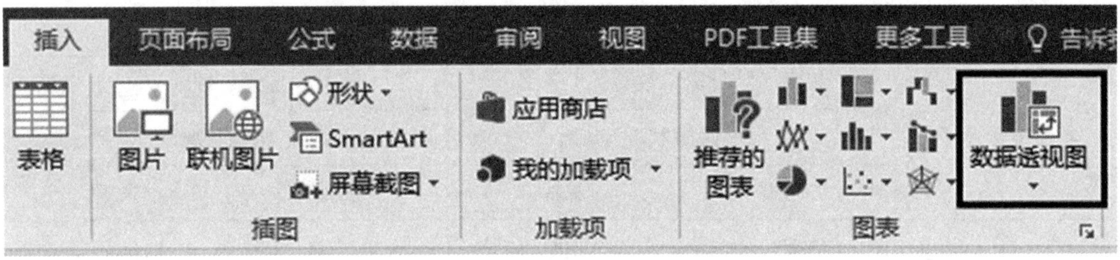

图1-45　插入数据透视图

（2）把学历分别拖入轴区域和值区域，如图1-46所示，即可生成柱形图，如图1-47所示。

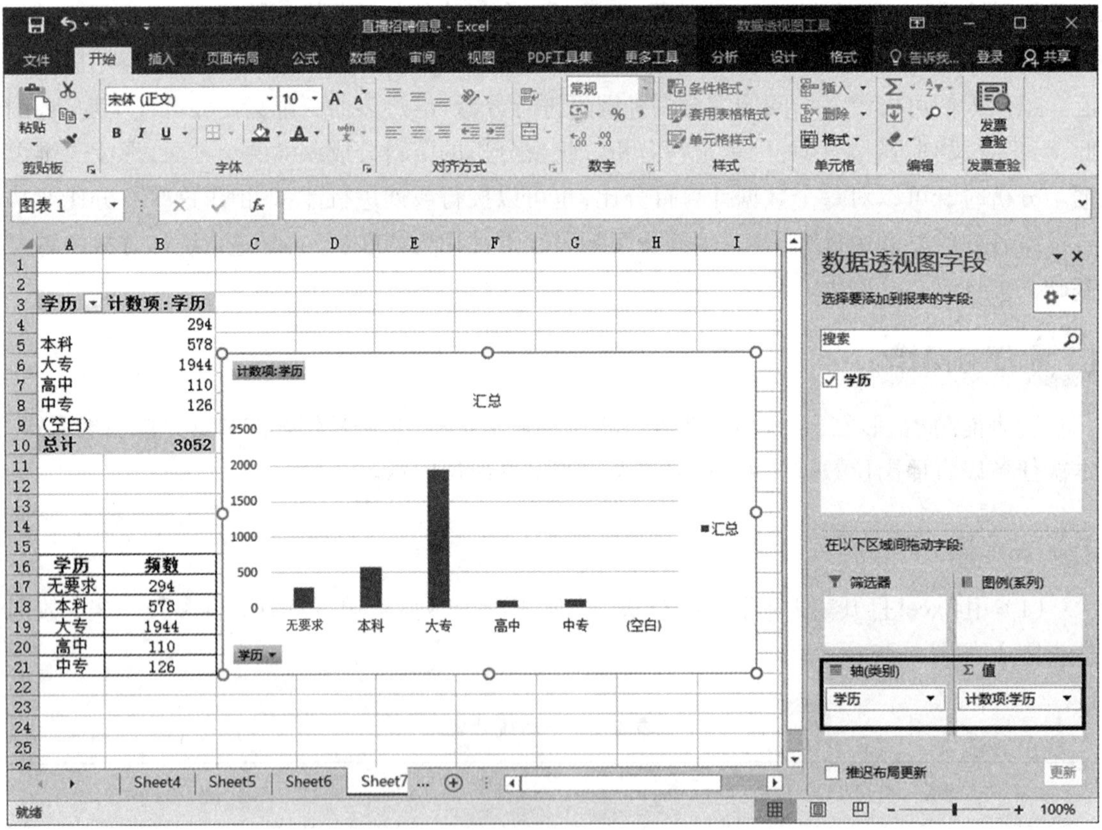

图1-46　选择数据区域

调研数据中，对学历的要求最多的是大专，约为63.70%（1 944/3 052），这显示了直播行业对学历的要求并不高，同时也反映出高职院校相关专业在直播人才培养方面的就业前景较好。

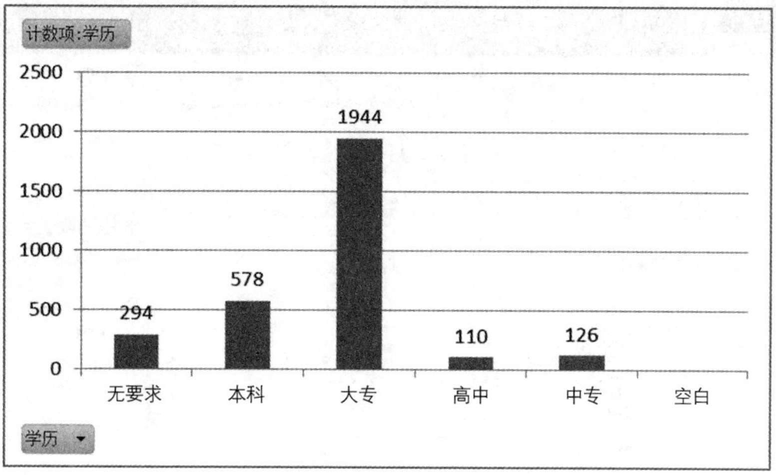

图1–47　柱形图

二、饼图

（1）用Excel打开表1–6公司规模统计表，选择“公司规模”列，菜单栏选择【插入】，单击【数据透视表】，把公司规模字段分别拖入行区域和值区域，如图1–48所示。

表1–6　公司规模统计表

公司规模	频　数	比例（%）
少于50人	419	14.17
50 ～ 150人	971	32.84
150 ～ 500人	727	24.59
500 ～ 1 000人	369	12.48
1 000 ～ 5 000人	244	8.25
5 000 ～ 10 000人	56	1.89
10 000人以上	171	5.78
合计	2 957	100.00

（2）选择整个表格，菜单栏选择【插入】，单击【饼图】，选择二维饼图，如图1–49、图1–50所示。

调研数据中，公司规模为50 ～ 150人占比32.84%，公司的规模为150 ～ 500人，占比24.59%，两者合计占比57.43%，都是属于中小型企业。这意味着，高校要积极与中小型企业开展校企合作，中小型企业可提供的实习实训岗位更多，也更需要学生去实习实训。

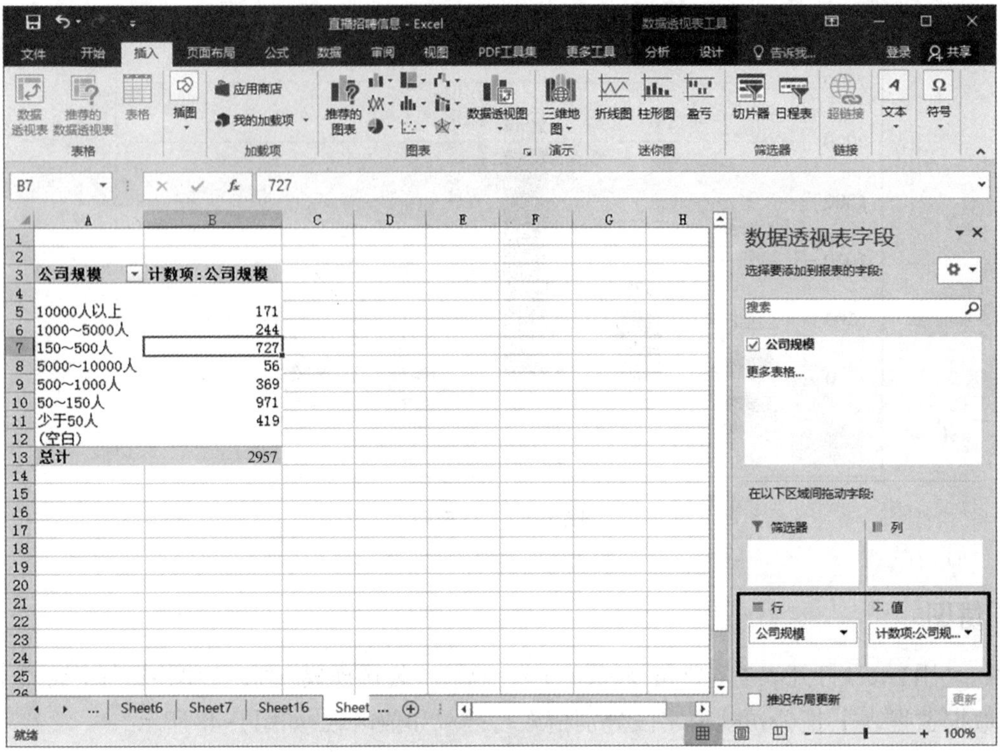

图 1–48　数据透视表

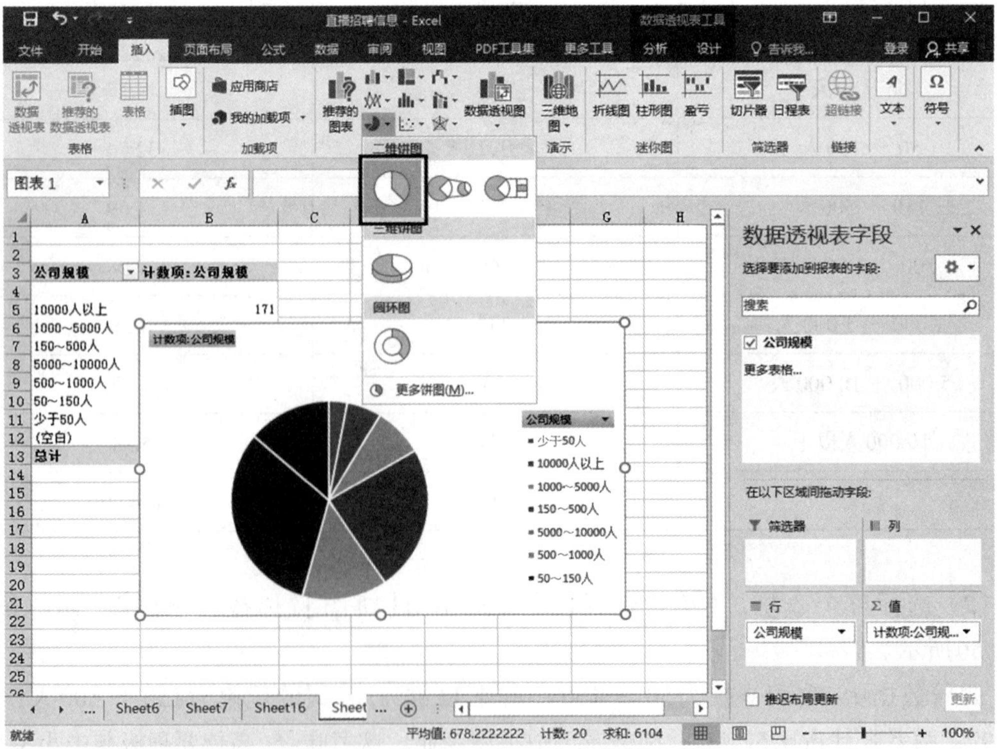

图 1–49　插入二维饼图

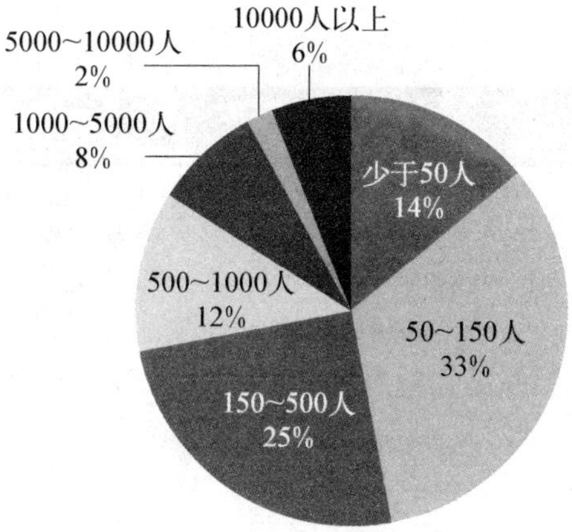

图1-50　公司规模饼图

三、条形图

由于各企业的薪资表达单位不统一，薪资区间交叉多，所以取每个薪资区间的组中值作为该区间的数值代表。例如薪资区间为（10 000，20 000），则组中值为（10 000+20 000）÷2=15 000。最后以组中值为基准，对薪资进行分组处理，结果如表1-7所示。

表1-7　薪资分组

薪资区间（元）	频　数
10 000以下	1570
10 000 ～ 20 000	1182
20 000 ～ 30 000	164
30 000 ～ 40 000	41
40 000 ～ 50 000	21
50 000以上	12
合计	2 990

选择表格区域，菜单栏选择【插入】，单击【条形图】，选择二维条形图的簇状条形图，如图1-51所示。最终形成薪资条形图，如图1-52所示。

调研数据中，岗位薪资多在20 000元以下，这与行业大多数岗位的实际收入相匹配，比如主播岗位中，除了头部主播，多数薪资在20 000元以下。根据数据分组的平均数值计算方法，可以得到直播电商岗位的平均工资为：11 720元。由此可见直播电商的薪水待遇还是不错的，对于待就业的学生来讲，是一个非常棒的信息。

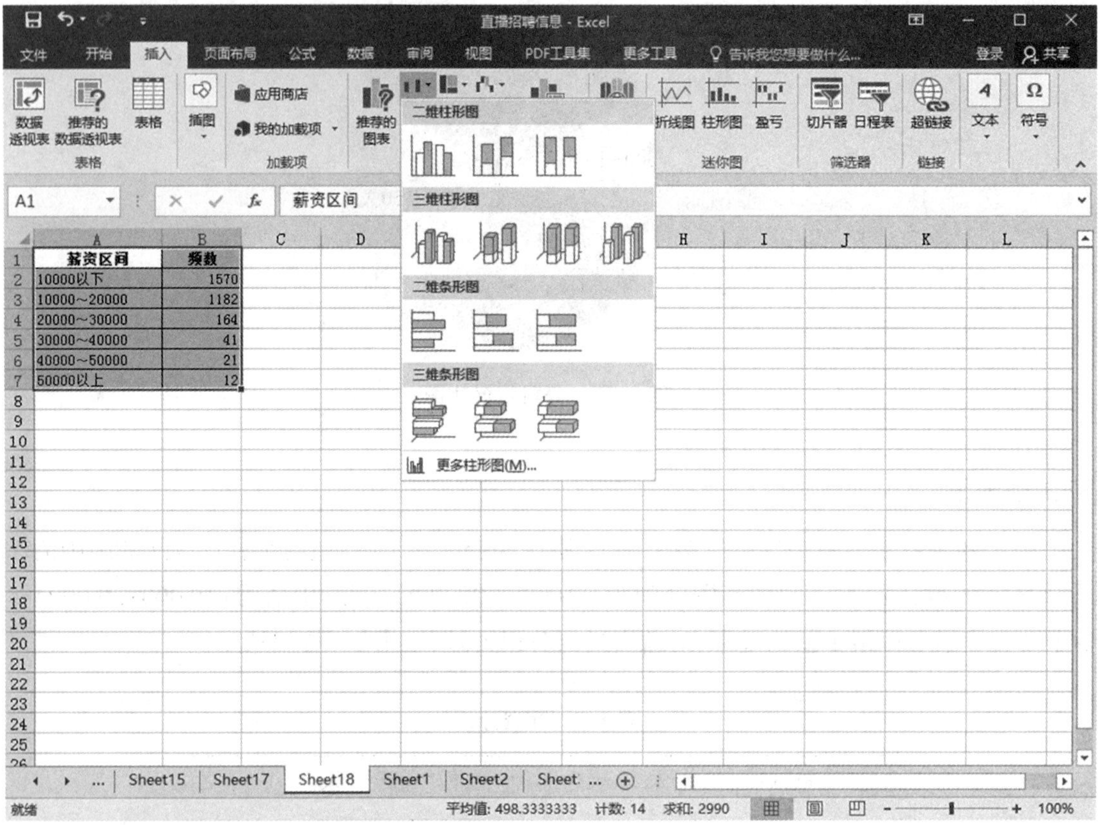

图 1–51　插入二维条形图

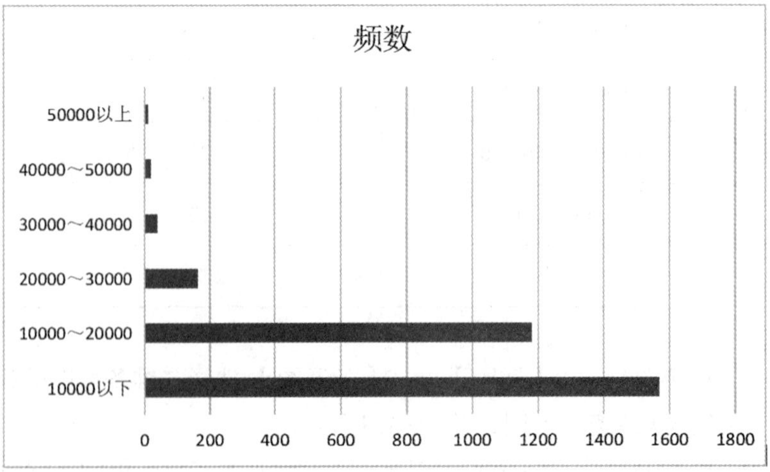

图 1–52　薪资条形图

要点归纳

（1）网页数据采集是商务数据分析中最常见的一种数据采集方式，其采集工具有八爪鱼采集器、火车采集器、生意参谋和店侦探等。

（2）数据处理包括数据清洗、数据加工、数据修正。

（3）数据可视化就是将相对隐晦的数据通过可视的、交互的图表方式加以展示，进而形象地、直观地将数据背后隐藏的信息和规律表示出来。

任务拓展

项目经理娜姐：

数据采集过程中应遵守Robots协议（互联网行业数据抓取的道德协议），同时需要注意对数据涉及的知识产权和隐私信息进行保护。另外，在数据采集时，不要频繁地请求网页，防止给数据提供者的服务器造成不良影响。在使用采集的数据时，需要注意是否涉及商业利益和相关法律。

实习生婷婷：

经理，我明白了。我没有以破坏性的速度抓取信息。而且在抓取前我检查了目标网站，查找与数据抓取相关的服务条款，没有显示“不允许抓取”，所以，本次数据采集是合法合规的。

项目经理娜姐：

你做得很好。后续工作把数据可视化展现给客户看，并汇报数据分析结果及建议。

实习生婷婷：

经理，你放心，我明天就完成数据可视化，并总结分析结果，给客户提供切实可行的建议。

岗位需求数据分析已经进行了详细介绍，请你采集某岗位数据，并对数据进行处理及可视化展示，代替婷婷完成这项任务。

要求：

（1）岗位数据不少于10 000条。

（2）岗位数据用图表进行可视化展示。

（3）要有明确的数据分析结果及结论和提出有价值的建议。

项目二

互联网话题分析

- 任务一　数据分析及问题确定
- 任务二　数据获取及数据说明
- 任务三　数据分析及可视化
- 任务四　数据分析报告撰写

学习目标

(1) 了解数据获取的渠道、掌握采集数据的技术。

(2) 通过数据清洗和处理操作，掌握对基础的数据进行加工、整理、分析的技术。

(3) 通过数据分析操作，培养耐心、细致的工作态度。

(4) 通过可视化图表的设计，培养创新和设计的能力，掌握对数据分析结果进行可视化展示的技术。

(5) 根据受众需求，培养撰写数据分析报告的能力。

项目背景

随着大数据时代的到来，国家政府与公共部门、企业、学校及社会各界所产生的数据已经成为国家战略性资源，“互联网+”作为全新形式从信息技术手段上，整合互联网上广泛存在的各项数据信息，对经济建设、文化建设、社会管理、城市服务等领域进行分析以及决策。我国人口众多，互联网信息访问量巨大，其中针对热点话题的数据信息更加集中，影响范围更加广泛，因此，针对热点话题的数据获取及分析处理就显得至关重要。

通过本项目的学习，能够根据不同工作任务需求，获取来自不同渠道的新的信息进行综合利用，并将评估信息以完整的数据分析报告形式进行呈现，能够综合运用课程的相关知识对热点话题进行分析处理和解决相关问题。

引导案例

周老师：

如今数据分析已经在政府治理、企业管理、个人决策等方面起到了巨大的作用，你平日里是否有思考过我们身边有哪些问题是可以进行数据分析的。

学生晓玲：

老师，我曾经了解过数据分析在实际生活中的应用，通过数据分析报告可以深入地了解特定问题。我也想针对某一个具体的问题进行数据分析，但是并不清楚应该如何操作。

周老师：

数据分析确实可以提高我们对特定问题的认知情况。实现数据分析的过程围绕三个方面展开：第一，为什么要进行数据分析；第二，数据分析应当怎么做；第三，数据分析应当得到什么样的结果。你再想想，我们可以分几个步骤解决这些问题。

学生晓玲：

我认为“为什么要进行数据分析”涉及数据分析需要解决的具体问题，“数据分析应当怎么做”涉及数据分析过程中具体的操作步骤，“数据分析应当得到什么样的结果”涉及数据分析操作结束后应该选择什么样的方式，以及我们应该如何向其他人介绍我们的数据分析工作，让人们对数据分析结果了解的更加清楚透彻。

分析目标

周老师：

晓玲关于数据分析工作的理解所表述的三个方面是没有问题的，那么我建议后续的工作可以围绕以下四个目标展开：

（1）了解网络信息，迅速判断当前热点话题变化趋势。这个阶段的分析重点是了解互联网热点信息，确定进行数据分析的主题与背景。

（2）明确数据信息及其来源。这个阶段主要解决数据获取和采集问题，从海量数据中寻找需要的数据，提供数据说明，为后续的数据分析工作作支撑。

（3）结合采集数据，进行数据分析和阶段性成果展示。这个阶段的目标能进行指标的计算和数值分析，为业务决策提供数据支持，并通过不同的形式解释数据变化和发展状态。

（4）结合数据分析结果和可视化图表，根据需求场景撰写数据分析报告，展示数据分析结果和结论。

任务分解

晓玲对照分析目标，将此项目分解为四个任务：

任务一：主要进行分析选题的确定，通过获取互联网访问的热点数据，分析热点话题，明确数据分析的问题、目标和背景。

任务二：主要进行数据获取与数据说明，通过网络渠道完成数据采集，解释数据结构，进行数据说明，为进一步决策提供依据。

任务三：主要进行数据分析与可视化，从经济环境、国内产业结构及人口结构等方面进行整合分析，通过Power BI实现数据可视化展示。

任务四：主要进行主题分析报告的撰写，根据前期分析结果及可视化图表，结合不同经济政策实施情况，展示数据分析结果。

整个分析思路流程如图2-1所示。

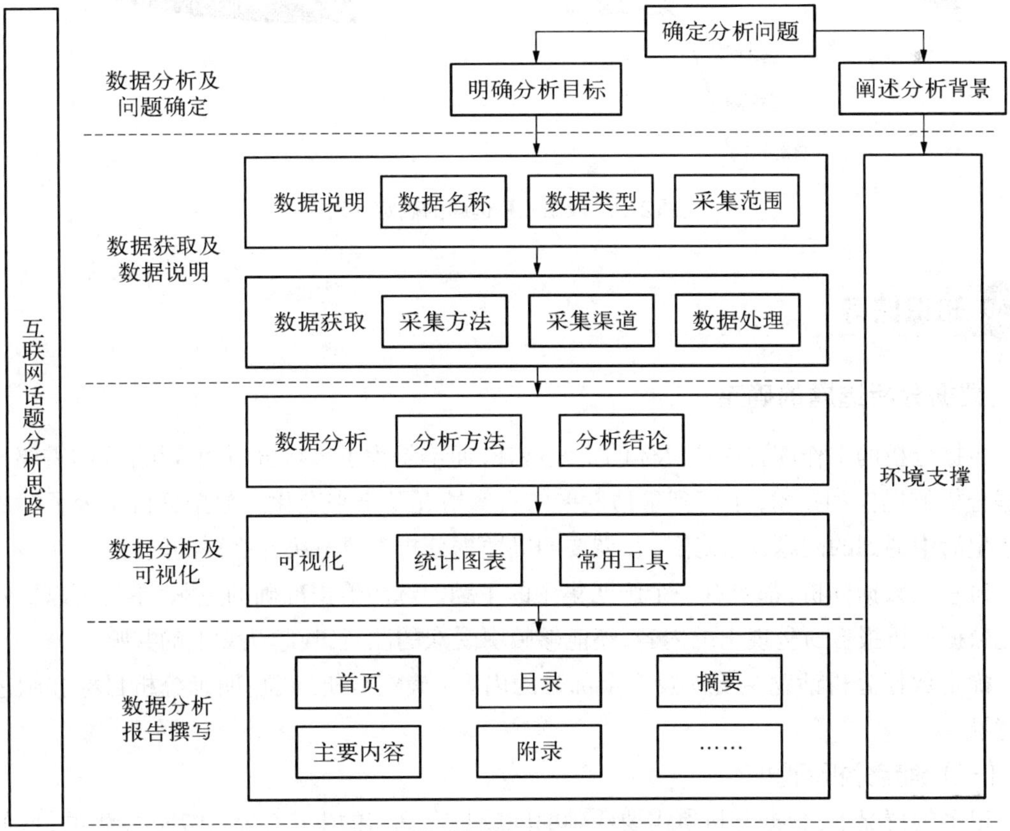

图2-1　互联网话题分析思路流程图

任务一　数据分析及问题确定

数据分析是指用适当的统计分析方法对收集来的大量数据进行分析，将它们加以汇总、理解并消化，以求最大化地开发数据的功能，发挥数据的作用。数据分析是为了提取有用信息和形成结论而对数据加以详细研究和概括总结的过程。但数据分析不是单纯的应用数学思维和方法对数据进行研究，数据分析的最终目的是阐释现象、解决问题。

这一阶段任务的重点在于通过信息收集，盘点热点话题，确定分析问题，为此，晓玲制定了数据分析选题的确定计划，如图2-2所示。

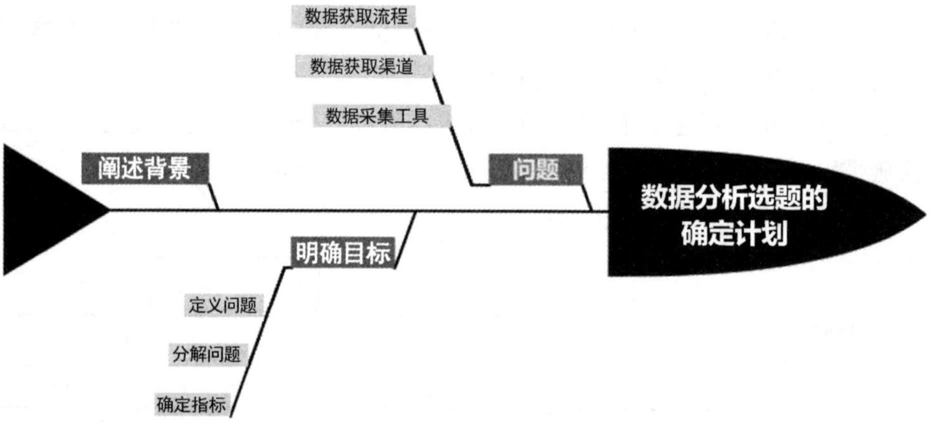

图2-2　数据分析选题的确定计划

知识储备

一、数据分析选题的确定

数据分析的工作需要围绕具体的主题展开，而不是为了进行分析而分析，我们需要通过数据分析的操作和技术，了解到事情发展的真实情况及未来变化。数据分析是为了解决工作或生活中遇到的问题，所以第一步就要明确数据分析需要解决什么样的问题。

每一次数据分析，都要有一个鲜明集中的主题。选用恰当准确的主题，不仅可以更好地深化数据分析报告所呈现出的内容，还能够吸引受众的注意，唤起认知上的共鸣。

确定数据分析话题主要涉及三个部分的内容：确定分析问题、明确分析目标和阐述分析背景。

（一）确定分析问题

很多的情况下，数据分析所需要明确的问题是在真实的生产生活中实际发生的，比如在超市中经常会有本属于不同类型的商品作为一个组合捆绑销售，如服装和洗涤用品。超市的管理人员通过观察消费者的购买行为，发现了一些行为规律，通过有针对性的数据分析工作，可以成功利用分析结论指导实践。企业的业绩如果一直保持高速增长，可以通过数据分析总结成功的经验并指导接下来的经营。反之，如果过去的一段时间，企业的经营没有保持预期的增长，甚至更加糟糕，也可以通过数据分析发现其中存在的问题，比如“在过去的一年内为什么A店的利润下滑了25%”“为什么B商品的定价较低反而销量更少”“为什么我们的仓库中滞留了大量的C商品”，等等。这些疑问均可以作为进行数据分析的出发点，即分析问题。

（二）明确分析目标

当确定问题之后，就可以开始明确进行数据分析所需要达成的目标。在实际生活中遭遇到的问题仅仅是表象，最终需要明确数据分析的目标。明确数据分析的目标主要包括以下三个步骤：首先，我们需要正确定义问题，在解决问题之前，要先认清问题的本质。如果问题的定义都是错的，那么解决问题的方向可能就不对。例如“在过去的一年内为什么A店的利润下滑了25%”关注点应该是“为什么A店的利润下滑了25%”，而不是“一年内利润下滑了25%”。

小提示：

获取热点话题的渠道

正在学习数据分析知识的同学们，可能还没有接触到实际的工作任务，我们可以通过网络渠道了解当前人们关注的热点话题，并进行相关的数据分析工作，下面介绍几个可以获取热点话题的渠道，可供大家学习参考。

渠道一：政府信息网

了解热点信息的常用渠道之一就是官方发布的文章、新闻等内容信息。这些内容通常代表了当前社会各界最关心的事情，也可以代表当前及未来的一个阶段政府的工作重心，除此之外，每年年末还会有官方机构发布年度热词，如国家语言资源监测与研究中心每年都会通过电视和网络公布年度字词、年度网络用语、流行语、新词语等。这些词语通常都是结合具体事件而产生的，因此也可以作为获取话题的出发点。

渠道二：搜索引擎

搜索引擎会根据用户的搜索行为确定过去一段时间的热点搜索排名，如百度公司旗下的百度热搜、百度指数均是通过数亿用户海量的真实数据为基础，通过专业的数据挖掘方法，计算关键词的热搜指数。除此之外，这些搜索引擎也会在年末发布热词，统计过去一年里搜索量最高的关键词与关键事件。

渠道三：企业发布

除了以上两种渠道之外，包括微博、知乎和抖音等社交平台凭借其庞大的用户基数也会成为最主要的舆论阵地，用户的点击量影响着各大互联网社交和媒体平台最受关注的热点话题。这些平台具有较高的时效性，大多数话题跟当下最新时事相关。

其次，我们还需要学会合理地分解问题，抓住主要矛盾。学会将大问题分解为小问题。例如，究竟是A店商品的销量受到了影响，还是A店商品的利润受到了影响。把问题进行细分以后，将会产生许多子问题。对于一家销售型的企业来讲，如何提高店铺销量；如何提高消费者的店铺访问流量；如何提升广告、展位等宣传方式的营销效果；如何提高客户重复购买率；如何优化产品在不同区域的布局等。最终涉及可以分析的目标有很多，所以我们需要抓住主要矛盾，将问题细分之后我们最终需要解决的主要问题可能是："如何提高某个具体商品的订单量"。

最后，我们需要围绕着需要解决的主要问题确定具体目标，如调查分析影响具体商品销售情况的因素都包括哪些层面，确定其中可以用于进行数据分析的方向作为子目标。比如：商品所在市场情况分析、商品自身销售情况分析、竞争爆款销售分析等目标。

（三）阐述分析背景

背景资料可以对分析的主题进行更好地诠释，吸引受众，使受众更容易理解这些数据的实际意义，了解进行数据分析的背景是把握数据分析方向的关键。一个内容完整的数据分析背景涉及三个方面：首先，需要让受众了解数据分析涉及的行业或领域，对此进行简单的介绍，并可以引用各类权威数字和报告，说明行业或领域现状。其次，需要重新审视分析问题，阐述清楚问题发生的场景是什么；问题的关键是什么；起作用的因素有哪些。最后，阐明进行这次数据分析的价值或者意义。

任务操作

一、确定数据分析的问题

（一）收集话题

确定数据分析问题

每年新年前夕由官方发布的新年贺词中包含了对过去一年的总结，也代表了过去一年人民群众关心的事情。通过查阅2021年新年贺词文章内容发现，2021年新年贺词全文1 428个字，为了了解整段文字内容的中心思想，可以绘制词云图突出显示文章中的重要词汇，了解文章表达重点。打开微词云网站后选择【导入单词】-【分词筛词后导入】，将整段文本，复制到下面的文本框中，选择【开始分词】，如图2-3所示，分词后勾选所有显示数量大于1的具有实际含义的词汇。

小提示：

本例使用制作词云图的网站是微词云网站，其他可实现类似功能的网站也可以选择。在分词结束后仅保留具有实际含义的词汇进行展示即可。

选择一个合适的图形后即可生成词云图，如图2-4所示。观察词云图我们可以发现，涉及"人民""疫情"和"发展"作为重点词汇存在于新年贺词中，因此涉及2020年"新型冠状

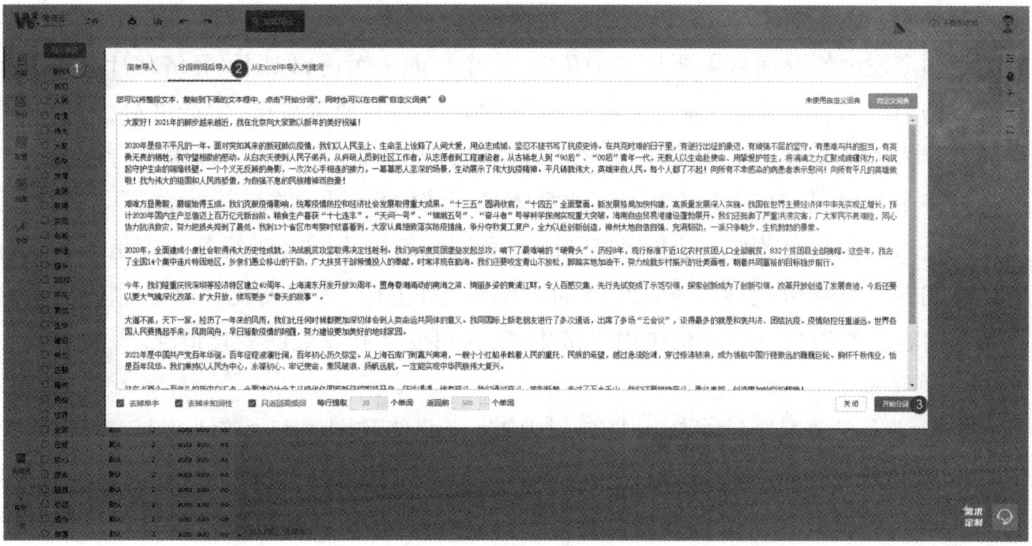

图2-3　文章分词

病毒肺炎”(简称“新冠肺炎”疫情)[①]、我国发展和人民生活可以作为我们进行数据分析的选题方向。

（二）确定问题

“新冠病毒”感染属于社会各界在2020年整年都在持续关注的话题，因此其可以作为一个选题方向。除此之外，2020年作为我国实现全面建成小康社会、打赢脱贫攻坚战的关键之年，我国的经济发展和社会生活情况也备受社会各界乃至国际舆论的关注。考虑到2020年经济和社会发展情况定然受到疫情的影响，可以以此作为我们学习数据分析的出发点。

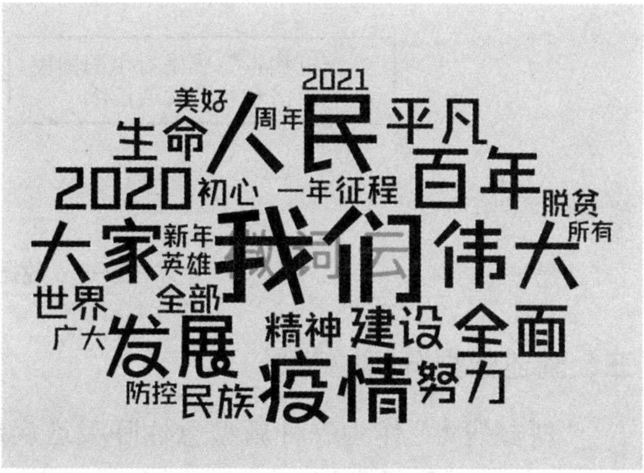

图2-4　词云图

二、明确数据分析的目标

（一）定义问题

近十年，我国的经济运行一直都保持着稳定的增长速度。因此，分析2020年我国经济和社会发展情况受“新冠病毒”感染的影响，分析重点应该是在“新冠病毒”感染的影响下，我国的经济和社会发展情况相比于过去几年之间的变化情况。在具体的分析过程中，更多地需要进行纵向比较，梳理不同时间节点下影响经济和社会发展的各个方面所产生的变化，结合实际情况得出分析结论。

① 2023年1月7日，将“新型冠状病毒肺炎”更名为“新型冠状病毒感染”(简称“新冠病毒”感染)。

（二）分解问题

衡量国家发展情况通常需要从多个角度、多个层面去考虑，以国民经济和社会发展相关的统计数据为例，自2020年“新冠病毒”感染开始，国内的消费需求、生产供给、市场物价和社会就业等方面皆存在不同程度的变化。站在政府的角度，不仅要关注单一行业或者单一地区的经济生产状况，还需要考虑国家的整体经济结构现状，判断“新冠病毒”感染对我国经济发展是否产生显著影响，以及后疫情时代我国政府推出的经济复苏政策是否真正有效等方面的问题。具体可包括以下几个方面：国内经济生产、人口变化和就业、财政金融、对外经济等内容。本项目重点分析国内经济生产、人口变化和就业的变化情况。

（三）确定指标

国内经济生产情况统计指标主要有：国内生产总值和国内三大产业发展；人口变化情况统计指标主要有：我国总人口数量变化、城镇人口数量、农村人口数量和人口性别比例，除此之外还有衡量就业情况的相关统计指标。因此数据分析的目标主要分为以下几个方面，如图2–5所示。

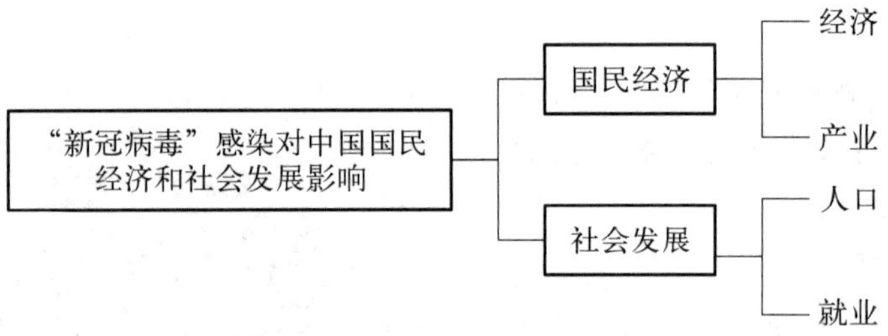

图2–5　数据分析目标

三、阐述数据分析的背景

“新冠病毒”作为一种新型急性呼吸道疾病，具有极强的传染性。2020年第一季度为“新冠病毒”感染暴发期，全国范围内大部分城市严格控制人员流动，疫情导致国内部分经济活动中断，从供求两端干扰资源配置和经济运行，进而对国民经济增长、就业和物价产生影响。其中，首当其冲的是用人数量较多的制造业和服务业，在2020年的上半年大量的工厂和用人单位因为疫情原因停止生产经营，甚至倒闭。

与此同时，2020年是我国脱贫攻坚决战决胜之年，2020年的预定目标为实现农村贫困人口全部脱贫，贫困县全部摘帽，历史性地消除绝对贫困。除此之外，2020年是具有里程碑意义的一年，我们将全面建成小康社会，实现第一个百年奋斗目标。“新冠病毒”感染的出现毫无疑问地影响了2020年我国的经济建设、政治建设、文化建设、社会建设、生态文明建设。

总之，“新冠病毒”感染自暴发以来，对我国经济运行和人民生活产生了巨大影响。从微观视角看，消费需求受到抑制，生产供给受到限制，社会经济生活受到干扰；从宏观视角看，总需求尤其是消费需求大幅下滑，总供给尤其是第三产业受到较大冲击，人口结构优化和就业方面承受较大压力。因此，可以2020年为关键时间节点，分析“新冠病毒”感染对我国经济和社会发展造成的主要影响。

四、总结分析

通过完成数据采集操作，有下列三点发现：

（1）在确定选题时，需要注意选题是否具体、选题所用的数据是否可以获得、选题是否有价值和选题是否有大量的文献资料可以参考和学习。

（2）在通过分解法确定分析目标时，需要注意一定要将目标进行完全分解，相互独立且完全穷尽，避免遗漏关键目标。除此之外，要根据业务的实际情况，抓住其中关键问题进行重点分析。

（3）在完善分析背景时，需要明确每个段落有一个明确的主旨（中心思想），按照一定的逻辑进行组织，避免缺少重点和逻辑性的叙述。

任务二　数据获取及数据说明

在确定需要进行数据分析的问题之后，就需要有针对性地采集所需要的数据，并且为了能够在后续的工作中规范使用数据，还需要针对采集的数据进行数据说明。一方面明确自己需要采集的数据类型和时间范围，另一方面向受众进行数据分析工作的补充解释，提高受众的认知。

这一阶段任务的重点在于通过明确数据类型以进行数据说明、最终通过网络及软件采集目标数据，为此，晓玲制定了数据获取及数据说明分析思路，如图2-6所示。

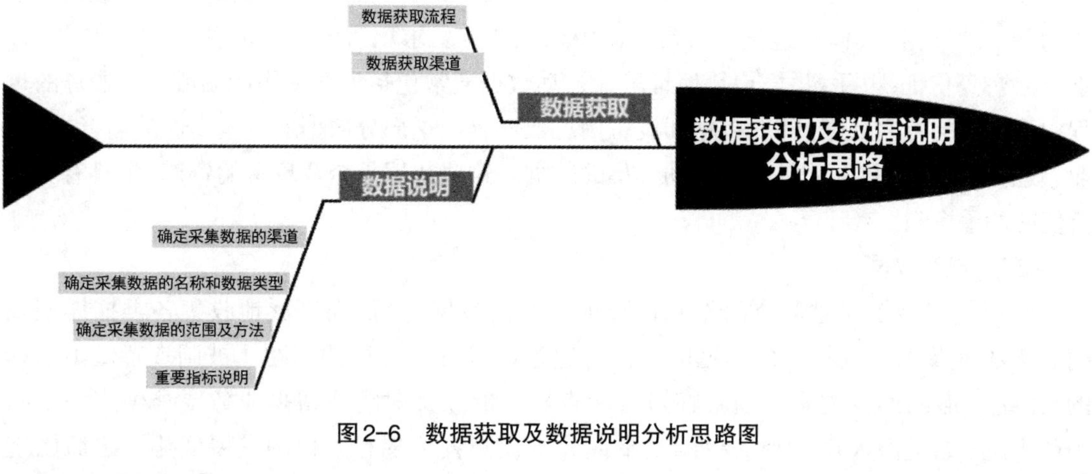

图2-6　数据获取及数据说明分析思路图

知识储备

一、数据获取流程

通常在进行数据分析工作时，首先需要解决的问题就是获取数据。下面介绍在进行数据采集时的工作流程。

数据采集流程总的来说可以分为四个步骤：明晰数据来源、选择采集工具、设计采集流程、数据清洗与加工。在确定研究主题和研究目的之后，首先就需要调查了解所需要的具体数据包括哪些。具体可以通过查阅相关文献和调查研究，明确在分析过程中需要哪些数据，以及提供或获取该数据的渠道。在选择数据来源时，尽量选择来自官方发布的一手数据，在使用二手数据时也需要保证数据的严谨性。

在明晰数据来源后，我们可以针对不同数据类型，综合考虑采集速度、采集准确度、操作便捷度等因素，综合选择合适的数据采集工具。数据采集工具的类型和用途可回顾本书项目一内容。之后，在了解人工获取数据操作流程的基础上设计数据的采集流程，从输入数据源开始，制作采集任务，运行任务完成数据采集。数据采集完成后，可以将采集到的数据导出。

最后，在进行数据审核的校验过程中，处理残缺数据、错误数据、重复数据及格式不一致的数据，并可以针对实际情况对数据进行一定的计算、分类等操作，使其更好地用于分析及统计。

二、数据获取渠道

大数据时代，各行各业的决策正在从“业务驱动”转变为“数据驱动”。用于进行分析的数据通常有三种获取途径，包括自有数据、调查数据及网络数据。

（一）自有数据

自有数据通常指在每日的业务过程中逐渐产生的数据信息。一般来说，可以根据数据的属性将其分为主动数据和被动数据。主动数据通常指在信息数据收集过程中由数据对象主动分享的数据，具体可包括在日常生活中根据业务要求填写的身份信息等，如：姓名、性别、年龄、身份证号、手机号、户籍地址等。被动数据通常包括人在使用产品或办理业务的过程中展示出的行为数据、环境数据和设备信息数据等。这部分数据通常是由产品运营方、企业、政府部门利用数据采集技术主动收集的数据。这些数据是企业珍贵的资产，是具有分析价值的一手资料。

（二）调查数据

调查数据是指通过调查问卷及调查项目获得数据，全面而广泛地收集各类抽样调查的原始数据及相关资料。最常见的形式是通过设置各式各样的问题让被调查者做出选择的、系统记载的调查内容。通常在进行调查数据的收集时需要根据业务要求确定一个明确的主题，如全国人口普查的目的是掌握分析预测各地现有人口的发展变化。之后围绕着调查主题设置问题，并要确保问题合理、逻辑性强、表达清楚、长度适中，使被调查者愿意作答。

（三）网络数据

网络数据主要分布于网页中的不同位置，我们可以通过不同的软件采集互联网的数据，之后将数据存储到本地文件用于后续的分析工作，有些网站的数据是直接显示或者通过链接的方式保存在构成网页的HTML文件里，有些网站本身是数据发布网站，可以提供下载渠道。

需要注意的是，针对同一个主题，网络中会包含不同来源、不同格式、不同内容的数据信息，这可能是在统计和发布这些数据的过程中会因为统计方法的弊端和人为因素导致数据源与实际情况产生差异。错误的数据源会直接导致错误的数据分析结果。因此，在进行数据采集工作时，需要尽量选择官方数据，这在分析政府和公共部门数据时尤为重要。官方数据来源代表了数据的权威性，是数据分析的可靠依据。下面简单介绍几个常用的官方数据发布渠道。

1. 国家统计局

国家统计局的官方网站是国家统计局对外发布信息，服务社会公众的唯一网络窗口，如图2-7所示。通过先进的网络技术汇集了海量的全国各级政府各年度的国民经济和社会发展的统计信息，建立了以统计公报为主，统计年鉴、阶段发展数据、统计分析、经济新闻、主要统计指标排行等为辅的多元化统计信息资料库。目前，在线资料已达上万份。通过专业的索引页面，帮助使用者在最短的时间内找到自己所需要的资料，大大减少了数据需求者在查询数据时所消耗的时间。

图2-7　国家统计局网页

2. 中国政府网数据板块

中华人民共和国中央人民政府门户网站（以下简称“中国政府网”）由国务院办公厅主办，中国政府网运行中心负责运行维护。中国政府网是国务院和国务院各部门，以及各省、自治区、直辖市人民政府在国际互联网上发布政府信息和提供在线服务的综合平台。其中数据板块是基于政府统计公报的内容，结合基础的可视化图表进行表述，并且直接链接数据对应的统计公报，方便浏览者使用，如图2-8所示。

图 2-8　中国政府网数据板块网页

3. 其他分类信息网站

从事不同行业的研究人员也可以从官方渠道获取相关细分行业数据，如：中国互联网络信息中心、中国信通院、国土资源部等。接下来以中国互联网络信息中心为例进行简单介绍。中国互联网络信息中心网站主要负责国家网络基础资源的运行管理和服务，承担国家网络基础资源的技术研发和保障安全工作，开展互联网发展研究并提供咨询，会经常发布一些有价值的互联网信息报告，适合互联网研究人员学习使用，如图 2-9 所示。

图 2-9　中国互联网络信息中心网站网页

三、数据说明

数据说明是为了提供关于处理数据的描述和数据采集要求的技术信息。具体包括：采集数据的信息系统的名称、采集数据的名称和数据类型、数据采集的范围及方法、重要指标的说明等内容。其中了解采集数据的信息系统的名称是为了说明数据来源，了解采集数据的名称和数据类型是为了明确采集数据的具体内容和数据结构，除此之外，了解数据采集的范围及方法是为了明确数据采集过程中涉及的数据量以及数据采集工具，最后了解重要指标的说明是为了明确数据分析中所包含的重要指标的详细描述或注意事项。

任务操作

一、数据说明

（一）确定采集数据的渠道

此次分析是整合国民经济和社会发展相关历史数据，并在各流程进行数据收集，完成数据建模，对不同场景的问题进行多维度探索式分析，通过图表直观地呈现当前国民经济和社会发展动态。因此，数据分析所涉及的数据来源应当以政府官方发布的经济数据、社会发展数据为主。所以，数据来源主要考虑以下几个途径：国家统计局官方网站、政府发布的国民经济和社会发展公报，以及地方政府公布的相关统计数据。

（二）确定采集数据的名称和数据类型

通过查阅相关文献及历史资料可以发现，分析2020年“新冠病毒”感染对国民经济发展的影响主要可以从以下几个方面进行分析：国内生产总值、国内三大产业发展、城镇化发展情况和社会人口及就业情况，分析需要的指标和相应的数据类型如表2-1所示。

表 2-1　国民经济和社会发展报表

序　号	字　段　名	数 据 类 型
1	年份	日期型
2	GDP 总量	数值型
3	GDP 总量环比增长	数值型
4	前三产业增加值	数值型
5	前三产业值占比	数值型
6	三大产业总值比重	数值型
7	全国总人口	数值型
8	城镇常住人口	数值型
9	城镇新增就业人口比例	数值型

续 表

序 号	字 段 名	数 据 类 型
10	人口性别比例	数值型
11	城乡人口比例	数值型
12	城镇新增就业人口	数值型

（三）确定数据采集的范围及方法

通过查阅相关文献及历史资料可以发现，分析2020年“新冠病毒”感染对国家经济发展的影响可以以5年内的相关数据为主，具体应当为2016年至2020年的上文提及的可衡量国民经济运行情况的数据。且由于官方发布的数据大多数为标准格式，较容易采集，因此我们选择Power BI作为数据采集工具，Power BI作为轻量化数据分析工具，可以轻松采集来自本地文件或者网络上的表格格式数据，并且具有一定的数据分析和可视化图表生成能力，方便输出数据分析报告。

（四）重要指标说明

此次数据分析工作的主要目的和作用是使用可衡量国民经济运行情况的数据进行学习研究，以下说明来源于2020年的统计年鉴。

（1）三次产业分类依据国家统计局2018年修订的《三次产业划分规定》。第一产业是指农、林、牧、渔业（不含农、林、牧、渔专业及辅助性活动）；第二产业是指采矿业（不含开采专业及辅助性活动），制造业（不含金属制品、机械和设备修理业），电力、热力、燃气及水生产和供应业，建筑业；第三产业即服务业，是指除第一产业、第二产业以外的其他行业。

（2）按照我国国内生产总值（GDP）数据修订制度和国际通行做法，在第四次全国经济普查后，对2018年及以前年度的GDP历史数据进行了系统修订。

二、准备数据

准备数据

（一）获取数据

打开浏览器，访问国家统计局的【统计数据】模块，选择【年度数据】-【国民经济核算】-【国内生产总值】，然后下载数据到电脑中，数据下载界面如图2-10所示。之后按照类似的方式在此网页中完成三次产业构成、总人口、城镇就业人员等相关数据的下载。

（二）连接数据

打开Power BI，在向导菜单中选择【从Excel导入数据】或者从【主页】-【获取数据】进入数据链接【导航器】，在【导航器】对话框中，勾选所需数据表后，单击【转换数据】按钮，如图2-11所示。

（三）检查表格格式

在导航器界面中，发现在数据列表中，标题文字存在于最左侧一列，除此之外上下共存在六行无用数据，所以需要将导入的数据表格进行初步过滤。首先单击【转换】选项卡中的

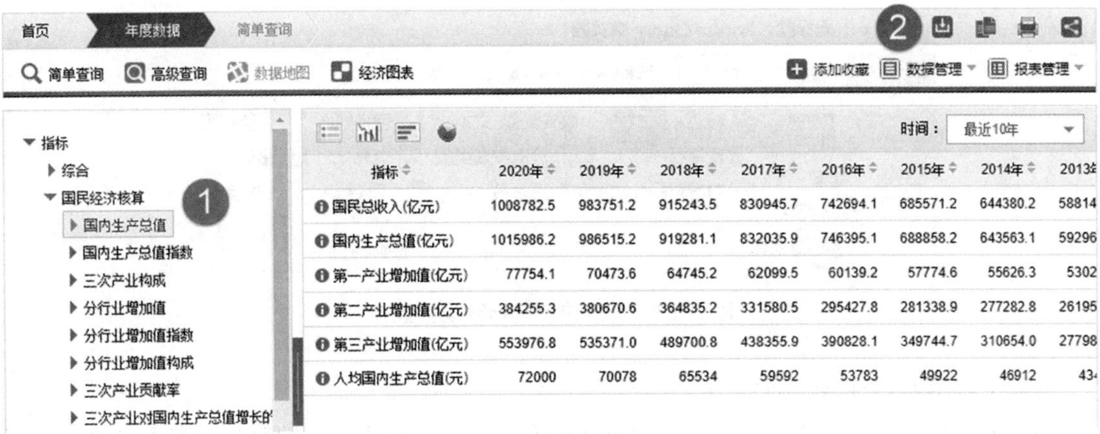

图 2–10　数据下载界面

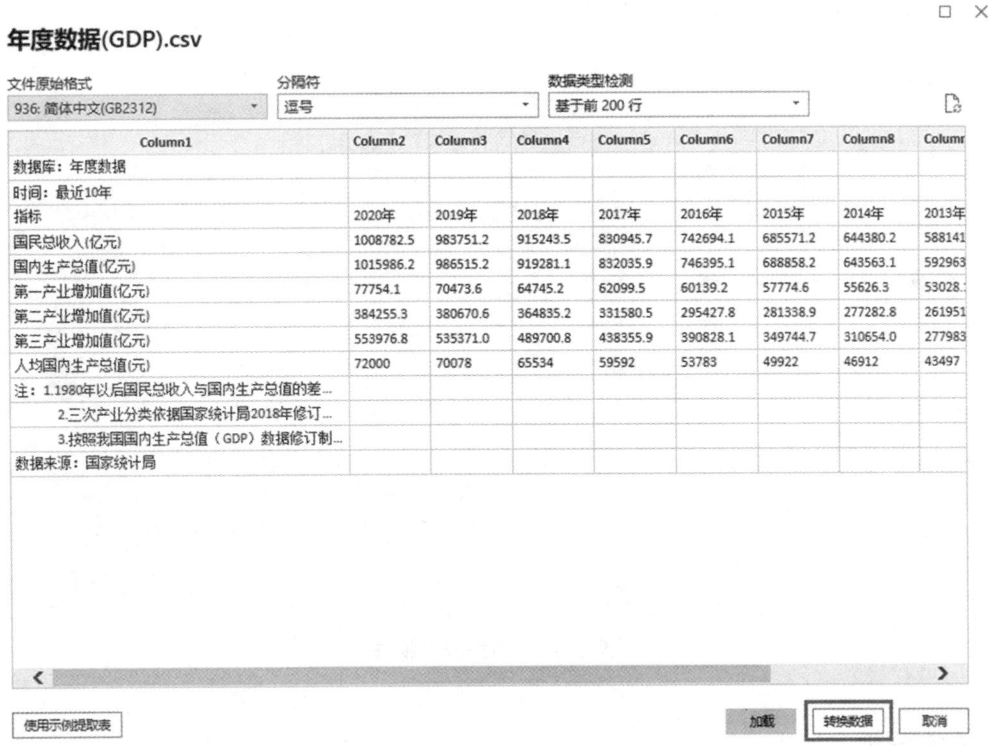

图 2–11　导入数据

【转置】，然后选择【将第一行用作标题】，这样的表格是含有准确标题的表格，之后分别删除数据为空的几列表格即可，如图 2–12 所示。

（四）检测数据类型

将导入的每张表分别用快捷组合键【Ctrl+A】全选，并在【转换】选项卡中单击【检测数据类型】，实现批量设置数据类型，避免后续操作中因为数据类型导致出错。完成以上操作后，仔细检查表格内容是否存在标题错误、表格空列等。

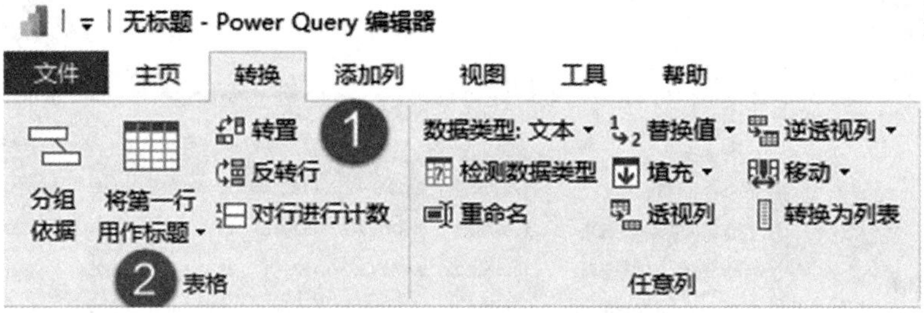

图 2-12　表格转置及标题设置操作

（五）完成数据采集工作

检测数据类型操作完毕后，单击左上角的【关闭并应用】按钮即可保存数据操作，数据导入操作如图 2-13 所示。重复上述操作流程，继续获取“三次产业构成”“总人口”“城镇就业人口”相关数据，完成数据采集工作。

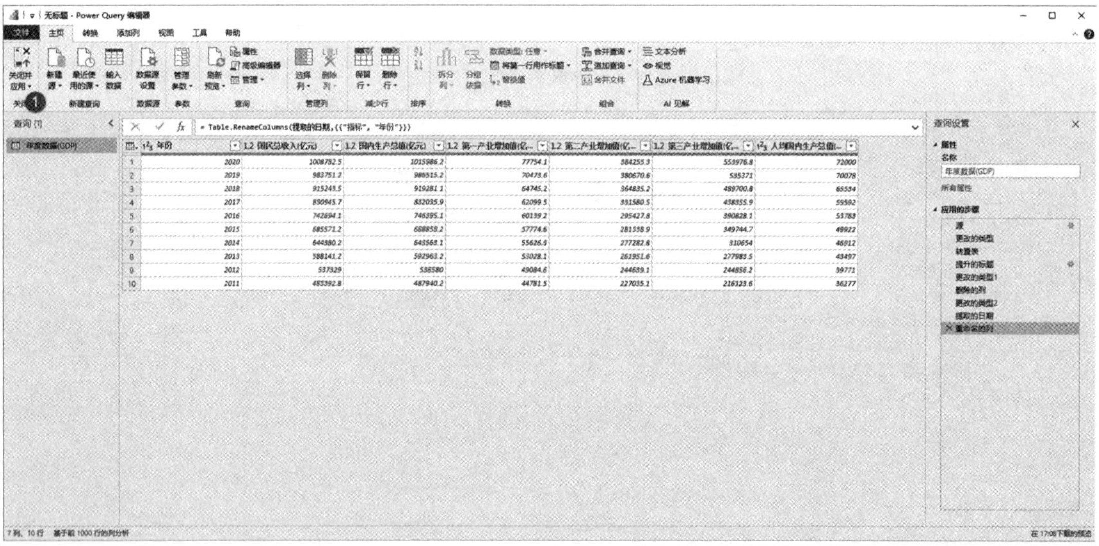

图 2-13　数据导入操作

三、总结分析

通过完成数据采集工作，我们有下列几点发现：

（1）在进行数据采集操作前，一定要先明确采集的目标数据以及类型。

（2）在采集数据的同时，一定要关注数据库中针对采集数据特定的数据说明，数据说明中包含数据的统计或者计算方式等注意事项。

（3）完成数据采集工作后，一定要将保存好的数据与前期完成的数据说明进行比对，确保采集到的数据符合数据分析的工作要求。

任务三　数据分析及可视化

数据分析的概念有广义和狭义之分。广义的数据分析是指一切与了解数据结构、理解数据规律的相关操作与逻辑分析；而狭义的数据分析是指用适当的统计、分析方法对收集来的大量数据进行分析，仅指在完成数据采集、清洗和整理之后为了得出分析结果进行的数据分析实践操作。如无特殊说明，本任务下的数据分析均指狭义的数据分析。数据可视化是对数据的视觉表示的研究，输入数据，输出数据的一种表达形式，目的是帮助人们更好地理解数据并洞悉蕴含在数据中的现象和规律。

这一阶段任务的重点在于需要借助不同的指标对前期采集到的数据进行分析，得出结论，采用合适的图表进行可视化处理，并对外展示分析结果，为此，晓玲制定了数据分析与可视化分析计划，如图2-14所示。

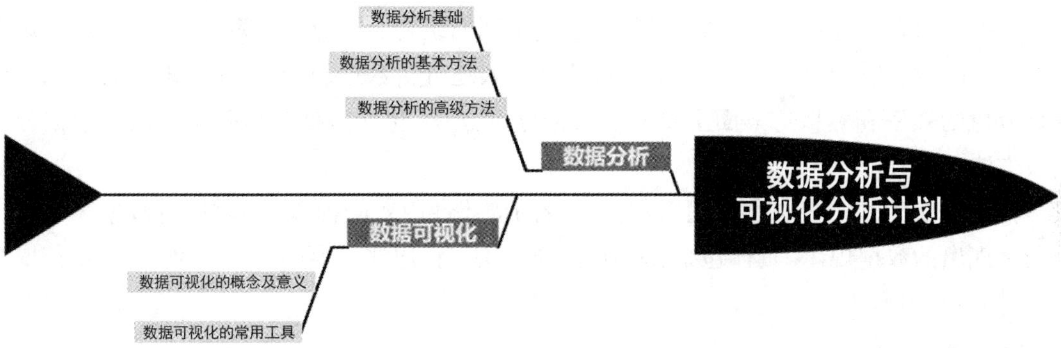

图2-14　数据分析与可视化分析计划

知识储备

一、数据分析基础

数据也称为观测值，是实验、测量、观察、调查等的结果。数据分析中所处理的数据大体上可分为两类：定性数据和定量数据。可以用数值尺度来记录的数据称为定量数据，比如人口数量、国内生产总值等；只能归入某一类而不能用数值进行测度的数据称为定性数据，比如性别、地域、行业等。除此之外，数据分析还涉及如下概念：维度、粒度、度量和量纲，具体定义如表2-2所示。

数据分析的目的是将数据转变成有效的信息，从杂乱无章、数量庞大的数据中，了解所研究对象的形成和发展的内在规律，并能有效指导接下来的社会生产生活。在实际应用中，数据分析可帮助人们做出判断，以便采取适当行动。

表 2-2　数据分析专有名词及定义

序号	名词	定　义
1	维度	可指定不同值的对象的描述性属性或特征，维度不可以数值的大小反映程度，维度属于分类数据，如性别、地域、日期、渠道分类、商品名称等
2	粒度	粒度是维度的分析单位，如分析国内地域的销售分布，可以选择省份作为粒度，如广东省、浙江省等
3	度量	可以用数字大小来衡量程度且具有同等距离的字段，同时也称为指标，属于定量数据的一种。度量可分为绝对度量和相对度量，绝对度量反映的是规模大小的指标，如销售额、访客数等。相对度量反映的是质量的好坏，如转化率、利润率、退款率等
4	量纲	物理量的基本属性，如长度、质量、时间和温度等，单位是衡量物理量的大小或数量的标准，如时间的单位包括年、月、日、小时、分钟、秒等

二、数据分析的基本方法

数据分析方法是在数据分析过程中，通过不同的组合、比较或计算的操作分析数据规律的方法，在分析数据时使用分析方法可以快速有效地分析数据，从数据中获取信息可以提高数据分析的效率和效果。下面主要介绍数据分析方法，包含数据分析基本方法和数据分析高级方法。

数据分析的基本方法主要是对数据本身的描述性内容的提取，通过挖掘数据表象得出其所呈现出的数据规律，具体包括：对比法、拆分法、排序法、分组法、交叉法、降维法、增维法、指标法和图形法。

（一）对比法

对比法是最基本的分析方法。将同一指标或维度下的数据进行直接的比较可以快速发现问题，如国家统计局官方网站统计的2020年第一季度居民人均可支配收入为8 561元，而2019年第四季度居民人均可支配收入为30 733元，通过对比法可以直接发现，2020年第一季度居民人均可支配收入有一个较为明显的下降，下降幅度约为72%。对比法分为横向和纵向两个方向，横向对比是指跨维度的对比，用于分析不同事物的差异，纵向对比是指在同一个维度不同阶段的对比，比如基于时间维度，上例即为纵向对比。

（二）拆分法

拆分法是将某个问题拆解成若干个子问题，通过研究该若干个子问题从而找到问题的症结点并解决问题。比如在研究2020年第一季度居民人均可支配收入降低的问题时，可以将可支配收入降低问题拆分成工资性收入问题、经营性收入问题、财产性收入问题、转移性收入问题四个子问题，通过分析这四个子问题从而解决居民人均可支配收入降低的问题。

（三）排序法

排序法是基于某一个指标或度量值的大小，将观测值进行递增或递减排列，每一次排列只能基于某一个指标。排序法是从对比法中衍生的一种常用方法，通过将一组数据以统一标准进行排序，可以快速定位关键信息。

（四）分组法

分组法来源于统计学，用于发现事物的特征，是非常重要的分析方法。分析时可以按类型、结构、时间阶段等维度进行分组，观察分组后的数据特征，从特征中洞察信息。

（五）交叉法

交叉法是对比法和拆分法的结合，将有一定关联的两个或两个以上的维度和度量值排列在统计表内进行对比分析，在小于等于三维的情况下，可以灵活使用图表进行展示。当维度大于三维时，选用统计表展示。比如，在研究居民人均可支配收入时，经常将人口分布和人均可支配收入的四种构成作为维度，收入金额作为指标进行分析。

（六）降维法

降维法是在数据集指标过多及分析干扰因素太多时，通过找到并分析核心指标提高分析精度，或者通过主成分分析、因子分析等统计学方法，将数据由高维转换成低维的方法。比如，在分析经济运行数据时，根据业务问题的核心提取主要的三大产业数据对应的核心指标进行分析。

（七）增维法

增维法是在数据集的字段过少或信息量不足时，为了便于分析师分析，通过计算衍生出更加直观的指标。比如，在分析城镇就业情况时，将城镇新增就业人口除以城镇常住人口得到的新指标，定义为城镇新增就业人口比例，此指标可以更加客观地反映就业增长情况。

（八）指标法

指标法又称为描述性统计方法，是分析的基本方法之一，通过汇总值、平均值、标准差等一系列统计指标研究分析数据，描述数据的集中趋势、离散趋势、偏度、峰度。指标法更适用于多维的数据。

（九）图形法

图形法是分析的基本方法之一，通过柱形图、折线图、散点图等一系列统计图形，直观地分析数据。图形法适用于低维的数据。

三、数据分析的高级方法

数据分析的高级方法是指在实际的数据分析操作过程中总结出来的方法论，它们融入了统计方法、市场营销方法、数据清洗方法、数据挖掘方法等，许多方法是多种基本方法的组合，包括：SWOT分析法、描述性统计法、数据标准化、熵值法、漏斗分析法、矩阵分析法、多维分析法、时间序列分析法、相关性分析法、杜邦分析法等。下面我们介绍几种常见的高级分析方法。

（一）漏斗分析法

漏斗分析法是按照事件发展的过程分析问题，属于数据分析中的方法，多用于商业分析。如分析网店的用户流失情况，定位用户流失原因。从店铺访问到浏览商品，再到放入购物车以及生成订单、支付订单和完成交易几个步骤，在每一个环节中都会存在一定的用户流失情况，通过对比相邻两个环节之间的流量情况，判断流量损失最严重的环节，如图2-15所示。

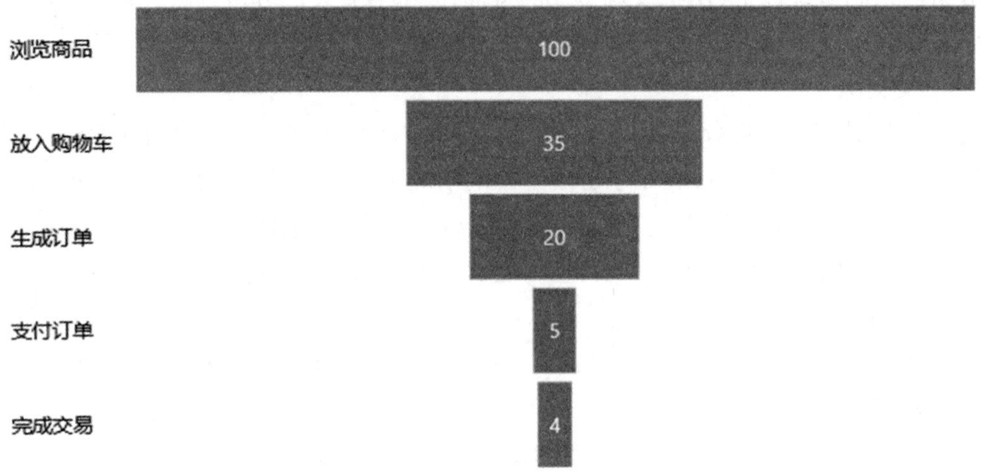

图2-15 网店的用户流失漏斗分析图

漏斗分析法的使用通常分为以下三个步骤：

第一步：梳理关键节点，绘制流程与路径。根据业务场景的设定规则或节点的定义，绘制事件的流程。比如，电商购物、APP获客（通过手机APP获取客人）等场景下都有一些通用的流程与路径描述模板，借助这些模板，可以快速定义关键节点、绘制出漏斗的大致轮廓。

第二步：收集各环节的痕迹数据，进行数据分析。针对整个漏斗形成的过程，首先要进行指标的定义和数据的收集。指标的定义不外乎从行为、时间、比率等角度入手，指标对应数据的获取可以通过爬虫、埋点等方式。收集到相应数据后就可以开始进行数据分析了。基于数据分析，用Excel等工具绘制出漏斗图，标上相应的指标数据。

第三步：确定需要优化的节点。通过在关键指标上与同类用户的平均水平、行业平均水平等进行比较，分析差距、找到自身的薄弱环节；通过与自身历史同期水平进行比较，确定某一流程中需要优化的节点，采取措施进行有针对性的整改。

（二）矩阵分析法

矩阵分析法是把事物按照两个维度分成四个象限，矩阵图上各元素间的关系用数据进行量化，使整理和分析结果更加精确，是一种纵横交叉的逻辑研究方法。比如在工程管理上，可以按照任务的紧急和重要程度，将任务分为重要并紧急、重要不紧急、不重要紧急和不重要不紧急这四类，将所有的任务分到符合条件的象限上。如在已经知道过去一段时间内各个地区的利润和销量的前提下，需要判断哪些地区是利润和销量都较高，是可以重点发展的地区，通过如图2-16所示的矩阵分析可知，处在第一象限中的法国和加拿大是可以重点发展的重要市场。

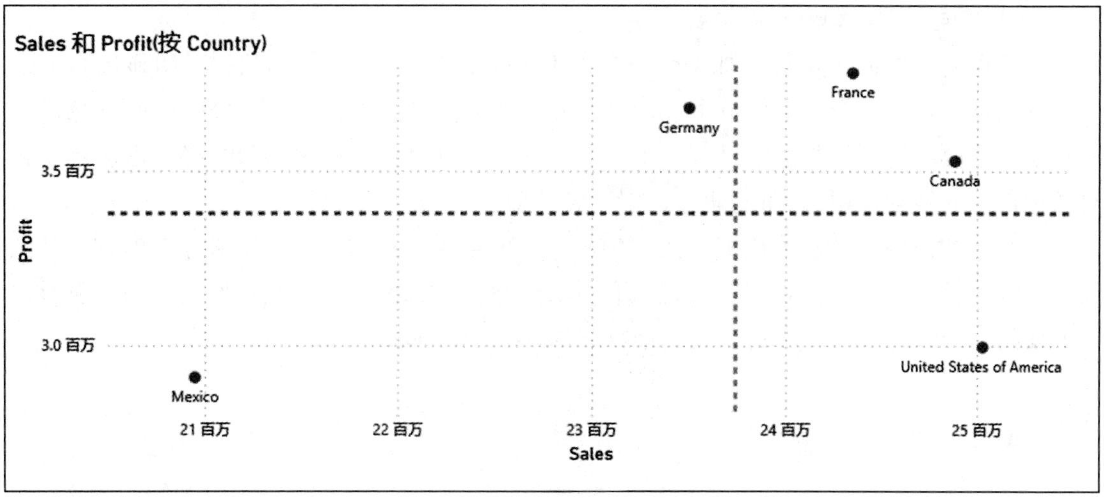

图2-16　矩阵分析法示例

（三）ABC分类法

ABC分类法又称帕累托分析法，是项目管理中常用的一种方法。它是根据事物在技术或经济方面的主要特征，进行分类排队，分清重点和一般，从而有区别地确定管理方式的一种分析方法。在ABC分类法中，先将目标数据列倒序排序，然后做累积百分比统计，最后将得到的累积百分比按照下面的比例值划分为A、B、C三类。

A类因素：发生累计频率在0% ～ 80%，是主要影响因素。

B类因素：发生累计频率在80% ～ 90%，是次要影响因素。

C类因素：发生累计频率在90% ～ 100%，是一般影响因素。

详细的案例及操作方法详见项目六中的库存结构分析。

（四）杜邦分析法

杜邦分析法最初是杜邦公司发明的一种用来评价公司盈利能力和股东权益回报水平，从财务角度评价企业绩效的一种经典分析方法。其基本思想是将企业净资产收益率逐级分解为多项财务比率乘积，这样有助于深入分析比较企业经营业绩。其核心是通过逐级分解指标，不断地探究对问题产生影响的最终因素是什么，例如，利润是由销售额和成本构成的，而成本又是由商品成本、物流成本、场地成本、人工成本、广告成本构成的，通过逐级分解明确影响利润的主要因素，如图2-17所示。

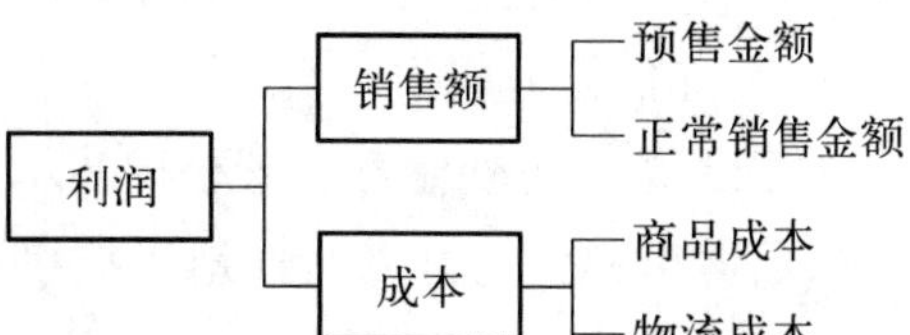

图2-17　杜邦分析法示例

四、数据可视化的概念及意义

数据可视化是指将数据以图形图像形式表示，并利用数据分析和开发工具发现其中未知信息的处理过程，旨在借助于图形化手段，清晰有效地传达与沟通信息。数据可视化具有以下意义。

（一）数据可视化有助于阅读数据

大数据时代的到来使得现如今获取数据不再是难题，但是庞大的数据量明显提高了采集后的数据处理和分析的工作难度。当需要分析数据信息时，选择具有针对性的图表数据，能够快速获取所想要的数据信息。由于每个人的工作时间是有限的，因此，必须迅速建立起对数据信息的清晰认识，从而使业务工作省时、高效。

以我国的国内生产总值数据为例，2016至2020年我国的国内生产总值分别为74.6万亿元、83.2万亿元、91.9万亿元、98.7万亿元和101.6万亿元人民币，这种文本加数字的呈现形式不方便阅读，相比之下，图表的形式更加直观，如图2-18所示。

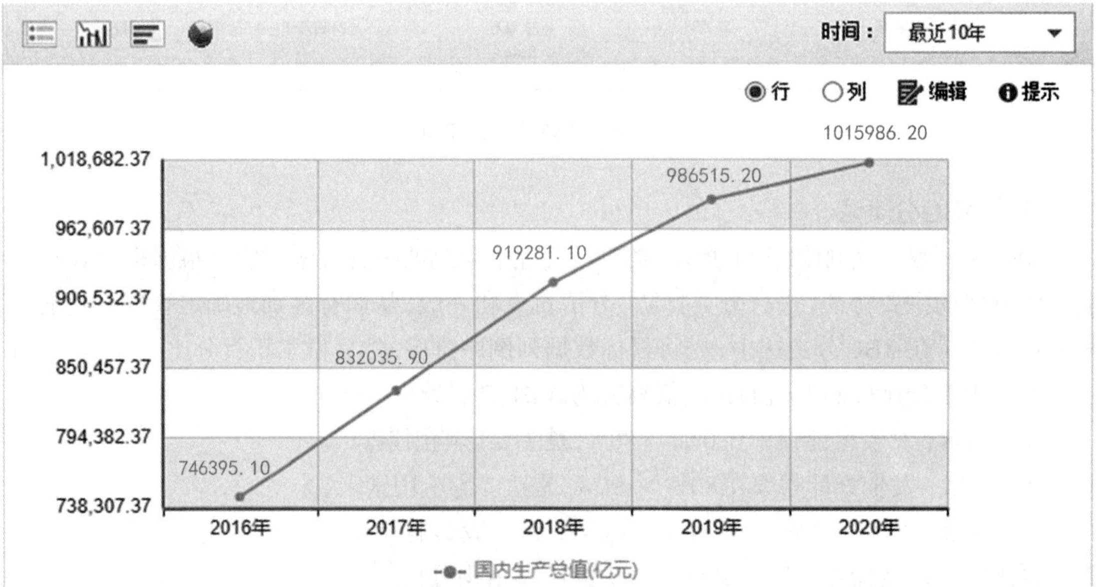

图2-18　2016至2020年中国国内生产总值

（二）数据可视化有助于指出问题和趋势

借助数据可视化，可以清晰地指出数据的发展趋势和存在的问题。结合具体的图表可以有针对性地分析数据的变化趋势和演变情况；借助正确的数据可视化，可以快速地剖析影响政府工作或公司经营的关键指标以及其未来的发展方向，使管理层更加快速方便地做出决策，降低人力成本。

（三）数据可视化方便分享和演示

数据可视化允许创造性地讲故事，在人的脑海中描绘图像。图像为创建数据可视化提供了视觉辅助。因此，使用一些有效的可视化图像，有助于制定清晰的业务决策。线性图表可以创建一个简化的项目或点列表，而3D体积图表可以模拟三维空间效果，对不同类型的数据可视化掌握得越好，从整体上得到的数据可视化结果就越好，并且这些数据可视化结果可以广泛共享，促进业务部门之间相互了解，加强部门合作。

五、数据可视化的常用工具

在日常生活中，可以实现数据可视化的工具有很多，大体上可以分为以下两种类型：报表类工具和BI分析工具。

（一）报表类工具

报表类工具包括Excel、水晶报表、思迈特软件（Smartbi）、FineReport、ActiveReports报表等。这些软件借助基础数据报表生成折线图、柱状图、环形图等不同形式的图表实现数据的图表化，可以增加数据的可读性，并实现相关的数据分析。此类软件操作简单，易上手。

（二）BI分析工具

BI分析工具包括Tableau、Power BI和QlikView等。其中，Tableau是全球知名度很高的数据可视化工具，是一个非常强大、安全、灵活的分析平台，支持多人协作。可以通过Tableau软件、网页、甚至移动设备来随时浏览已生成的图表，或将这些图表嵌入到报告、网页或软件中。Power BI是微软公司开发的商业分析工具，可以很好地集成微软的Office办公软件。用户可以自由导入任何数据，如文件、文件夹和数据库，并且可以使用Power BI软件、网页、手机应用来查看数据。QlikView的主要用户是企业用户，企业用户可以用QlikView轻松地分析内部数据，并且使用QlikView的分析和企业报告功能来做决策。

综合考虑，本书选择Power BI作为数据分析和可视化工具。Power BI作为微软公司开发的软件，其操作界面及使用习惯和常用的Office办公软件大体一致，比较适合读者熟悉上手。除此之外，Power BI开发了个人免费使用版本Power BI Desktop，此软件占用空间内存较小，对电脑的硬件配置要求较低，适合笔记本电脑安装使用。

任务操作

一、构建年份维度表

在计算国内生产总值增长值等指标时，需要调用时间函数，因此，在数据建模阶段我们需要构建一个时间维度表，并将此表和对应的指标表格进行关联。

（一）新查询添加

在Power Query查询编辑器界面，选中“年度数据（GDP）”，选择“年份”字段列后单击鼠标右键，在弹出对话框内，选择【作为新查询添加】，如图2-19所示。

（二）转换表

在列表视窗下，单击最左边的【到表】按钮，将列表转换为数据表后，列表字段名命名为“年份”，完成后关闭应用，返回Power BI主界面，如图2-20所示。

（三）建立数据模型

在Power BI的模型界面，在【模型】视窗中，单击【管理关系】，将“年份”表和另外四张数据表建立关联关系，如图2-21所示。

图2-19　新查询添加

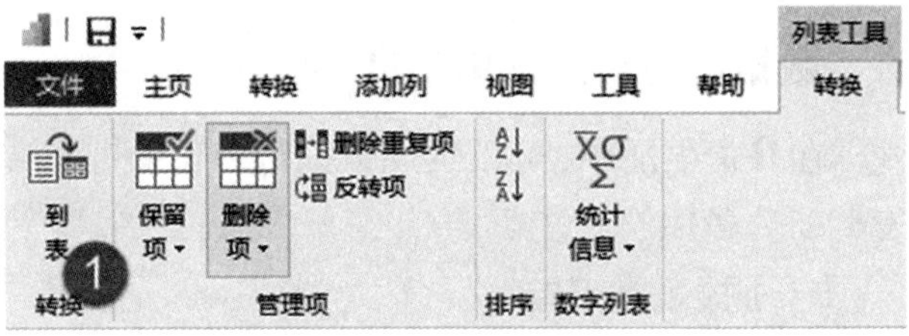

图2-20　将列表转换为数据表

二、建立度量值

（一）建立快速度量值

在“年度数据（GDP）”表中建立“国内生产总值同比增长率”“第一产业增加值同比增长率”“第二产业增加值同比增长率”“第三产业增加值同比增长率”等几个基本度量值。在【主页】选项卡中选择【快度量值】；之后，计算选择“年增率变化”、基值选择“国内生产总值（亿元）的总和”、日期选择“年份”，期间数填“1”，然后选择

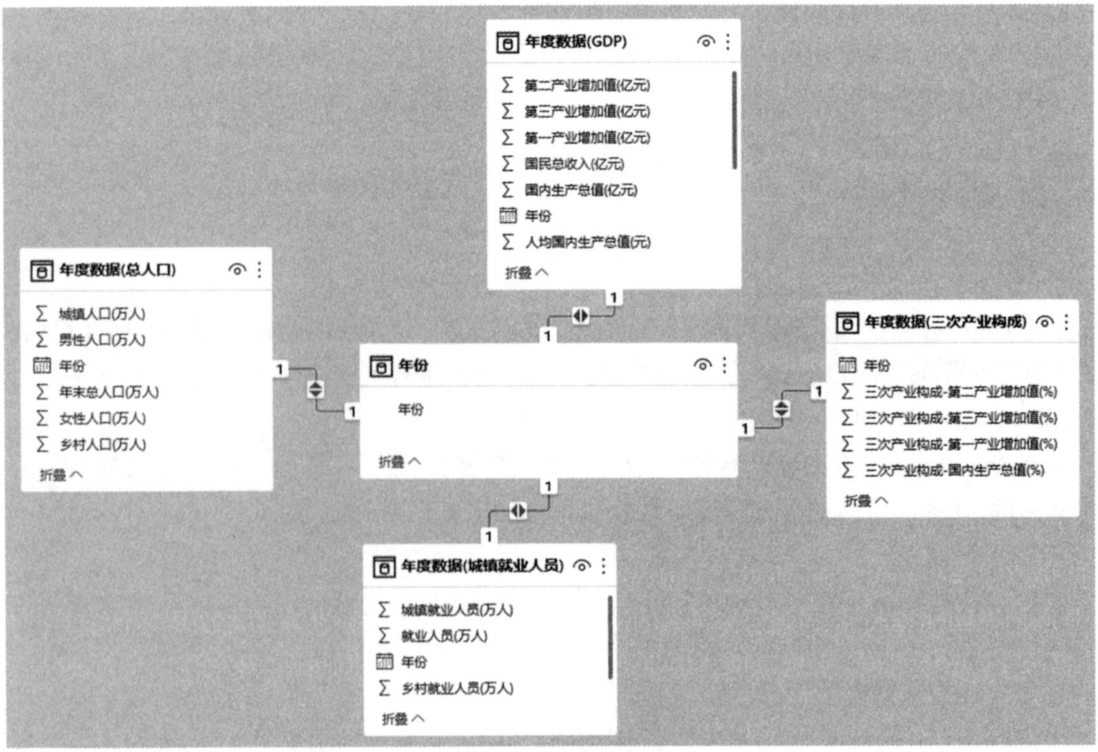

图2-21　建立数据模型

【确定】生成度量值；最后将度量值重新命名为“国内生产总值同比增长率”即可。“第一产业增加值同比增长率”“第二产业增加值同比增长率”“第三产业增加值同比增长率”几个度量值的建立方式类似，如图2–22所示。

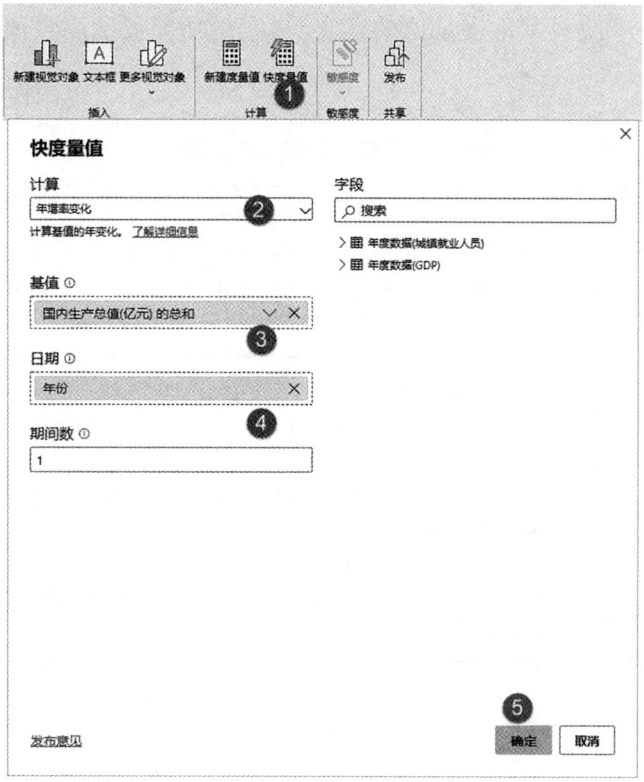

图2–22　建立国内生产总值同比增长率度量值

（二）建立其他度量值

在“年度数据（GDP）”表中建立“国内生产总值增加值”度量值，在【主页】选项卡中选择【新建度量值】，先建立度量值“上期末国内生产总值汇总”，公式如下：

上期末国内生产总值汇总 = CALCULATE（SUM（'年度数据（GDP）'[国内生产总值（亿元）]），DATEADD（'年份'[年份]，–1，YEAR））

DATEADD函数说明：

注释：用于返回移动一定间隔的时间段。

语法：DATEADD（日期列，移动数量，移动粒度）。

参数：第一个参数为日期列，或者可以返回日期的表达式；第二个参数为整数，正数向前移动，负数向后回溯；第三个参数为粒度，YEAR/QUARTER/MONTH/DAY。

返回：单列日期值的表。

本项目数据源中最早的数据是2011年，因此2011年的上期末国内生产总值汇总为空白。

之后选择【新建快速度量值】，在生成的对话框中“计算”选择【减法】，“基值”选择“国内生产总值（亿元）”，【要减去的值】选择“上期末国内生产总值汇总”，最后选择【确定】生成度量值，并将度量值重命名为“国内生产总值增长值（亿元）”即可。

参照上述的方式完成其他度量值的建立，过程中所需要的度量值名称及其公式如表2-3所示。

表 2-3　新建度量值名称及其公式

度量值名称	公　　式
上期末城镇就业人员汇总	CALCULATE（SUM（'年度数据（城镇就业人员）'[城镇就业人员（万人）]），DATEADD（'年份'[年份]，-1，YEAR））
上期末乡村就业人员汇总	= CALCULATE（SUM（'年度数据（城镇就业人员）'[乡村就业人员（万人）]），DATEADD（'年份'[年份]，-1，YEAR））
城镇就业人口数量增加值	SUM（'年度数据（城镇就业人员）'[城镇就业人员（万人）]）-[上期末城镇就业人员汇总]
乡村就业人口数量增加值	SUM（'年度数据（城镇就业人员）'[乡村就业人员（万人）]）-[上期末乡村就业人员汇总]

三、数据可视化

（一）新建仪表板

新建一个展示页后添加一个文本框并置顶，输入文本【“新冠病毒”感染对中国国民经济和社会发展的影响】，如图2-23所示。

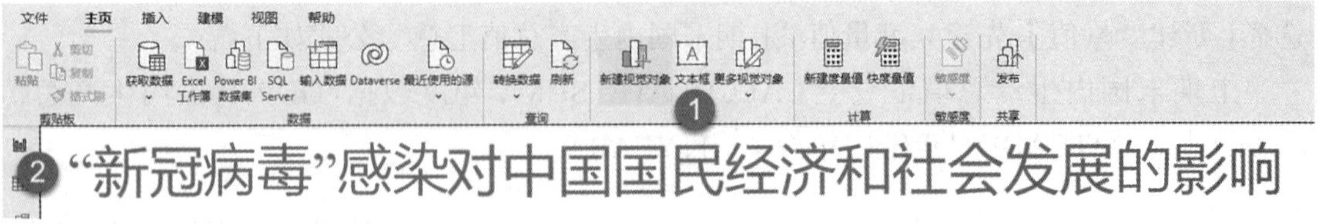

图2-23　新建标题

（二）新建2020年国内生产总值（GDP）总量图表

在【字段】栏中，勾选“年度数据（GDP）”表中的“国内生产总值（亿元）”字段后，选择【卡片图】，将“年份”字段添加到【筛选器】并单选“2020年1月1日”，之后在【可视化】栏中找到【格式选项卡】，关闭类别标签并添加标题“2020年国内生产总值（亿元）”，如图2-24所示。最终效果如图2-25所示。

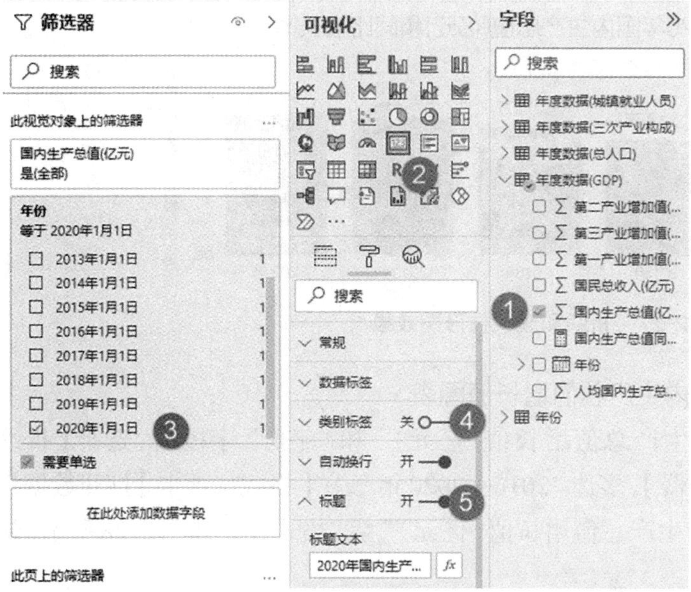

图2–24　卡片图设置

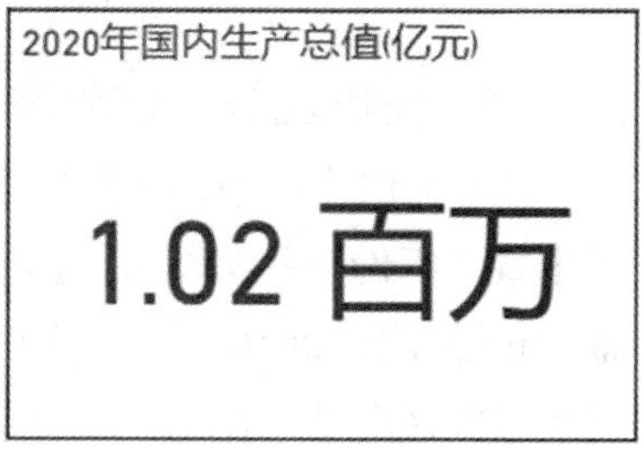

图2–25　卡片图效果

（三）新建2016—2020年国内生产总值（GDP）和增长速率图表

在【字段】栏中，“年度数据（GDP）”表中勾选“国内生产总值（亿元）”“国内生产总值同比增长率”和“年份”字段后，选择【折线和簇状柱形图】，将“年份”字段添加到【筛选器】后，多选“2016—2020年”，在【格式选项卡】打开数据标签，并正确设置行值和列值的字段后，将标题设置为“2016—2020年国内生产总值（亿元）和同比增长率”，如图2–26所示，最终效果如图2–27所示。

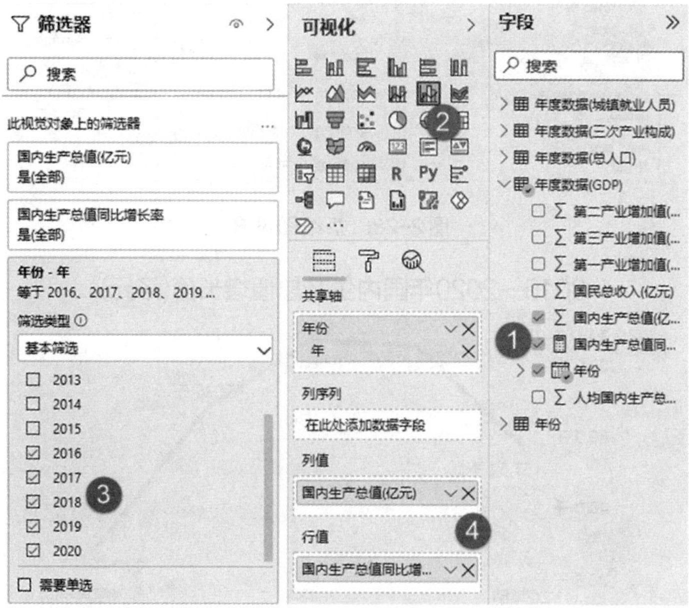

图2–26　折线和簇状柱形图设置

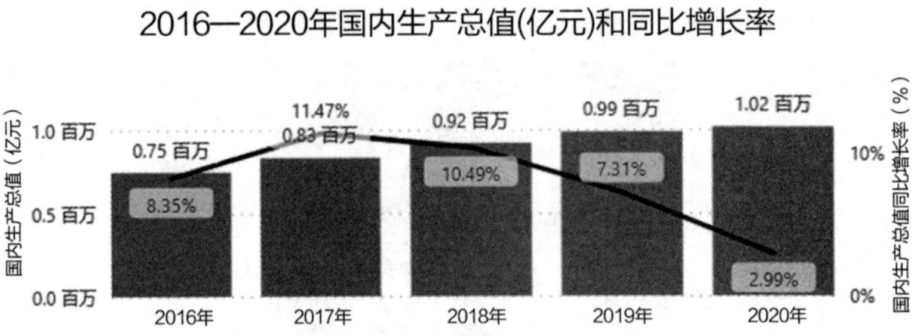

图2-27　折线和簇状柱形图效果

（四）新建2016—2020年国内生产总值增长值图表

在【字段】栏中，勾选“国内生产总值增长值（亿元）”和“年份”字段后，选择【折线图】，将“年份”字段添加到【筛选器】，多选“2016—2020年”，在【格式选项卡】打开数据标签，输入标题“2016—2020年国内生产总值增长值（亿元）”后，格式设置如图2-28所示，最终效果如图2-29所示。

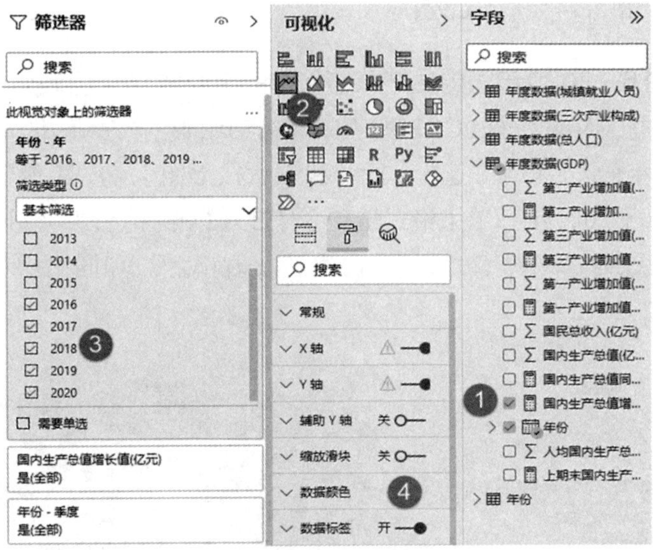

图2-28　折线图设置

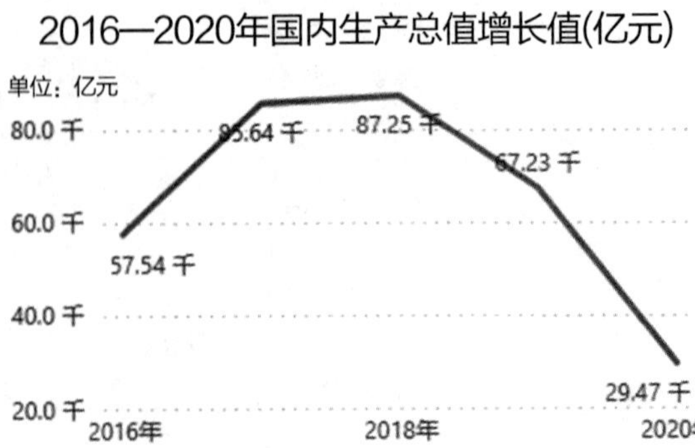

图2-29　折线图效果

（五）新建2016—2020年第一、第二、第三产业增加值图表

在【字段】栏中，勾选“第一产业增加值（亿元）”“第二产业增加值（亿元）”“第三产业增加值（亿元）”和“年份”字段后，选择【簇状柱状图】，将“年份”字段添加到【筛选器】，多选“2016—2020年”，在【格式选项卡】打开数据标签，并输入标题“2016—2020年第一、第二、第三产业增加值（亿元）”，格式设置如图2-30所示，最终效果如图2-31所示。

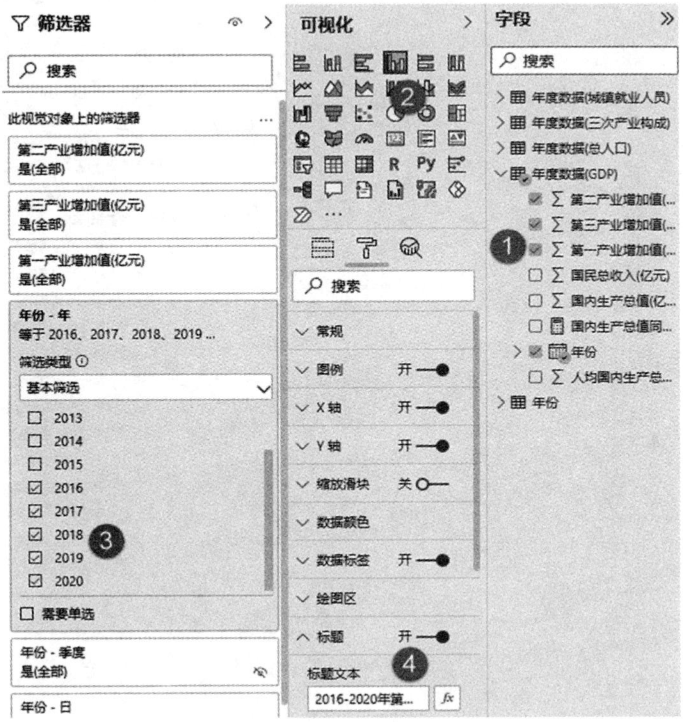

图2-30　簇状柱状图设置

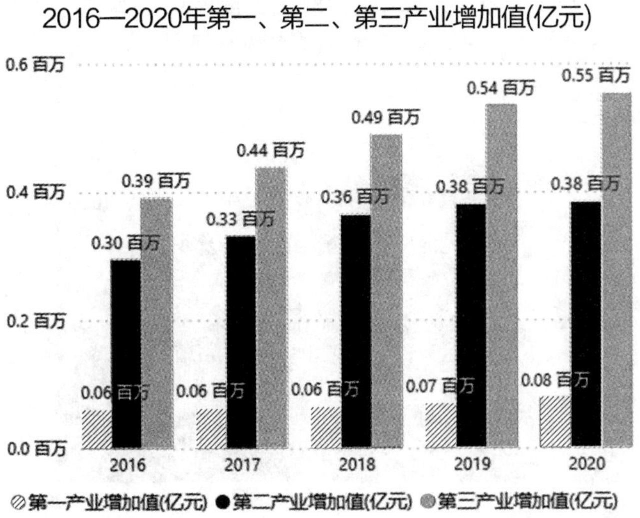

图2-31　簇状柱状图效果

（六）新建2016—2020年三次产业增长速率图

在【字段】栏中，勾选“第一产业增加值同比增长率”“第二产业增加值同比增长率”“第三产业增加值同比增长率”和“年份”字段后，选择【分区图】，将“年份”字段添加到【筛选器】，多选“2016—2020年”，在【格式选项卡】打开数据标签，输入标题“2016—2020年第一、第二、第三产业增加值同比增长率”后，格式设置如图2-32所示，最终效果如图2-33所示。

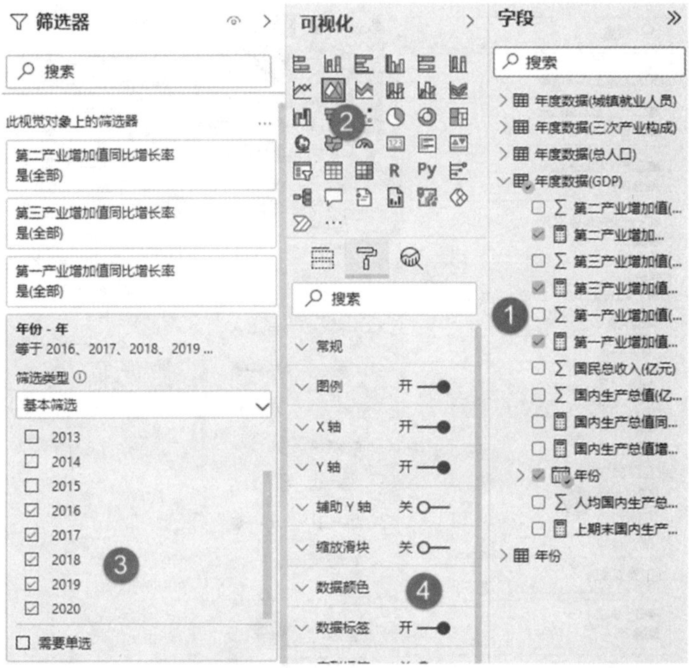

图2-32　分区图格式设置

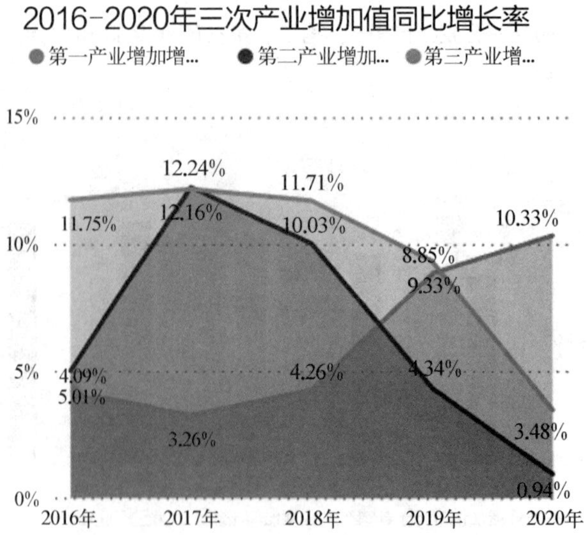

图2-33　分区图效果

（七）新建2016—2020年三次产业增加值占国内生产总值比重图表

在【字段】栏中，勾选"年度数据（三次产业构成）"表格中的"三次产业构成-第一产业增加值占比（%）""三次产业构成-第二产业增加值占比（%）""三次产业构成-第三产业增加值占比（%）"和"年份"字段后，选择【堆积面积图】，将"年份"字段添加到【筛选器】多选"2016—2020年"，在【格式选项卡】打开数据标签，输入标题"2016—2020年三次产业增加值占国内生产总值比重"，删除X轴标题，将Y轴标题更改为"三次产业构成（%）"，格式设置如图2-34所示，最终效果如图2-35所示。

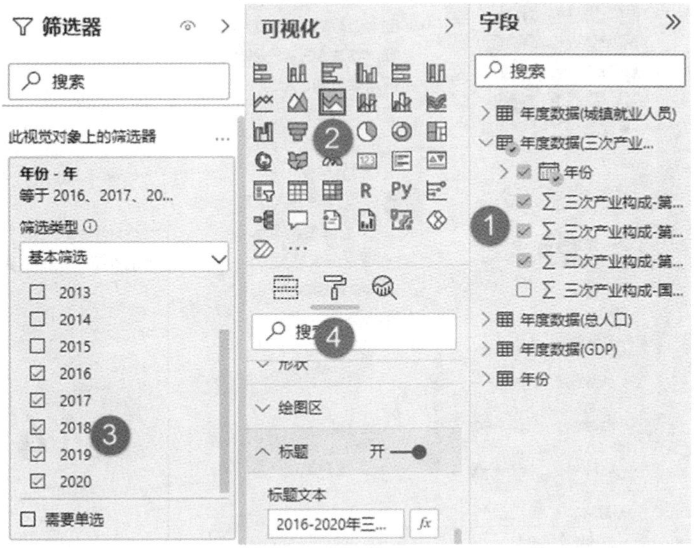

图2-34 堆积面积图设置

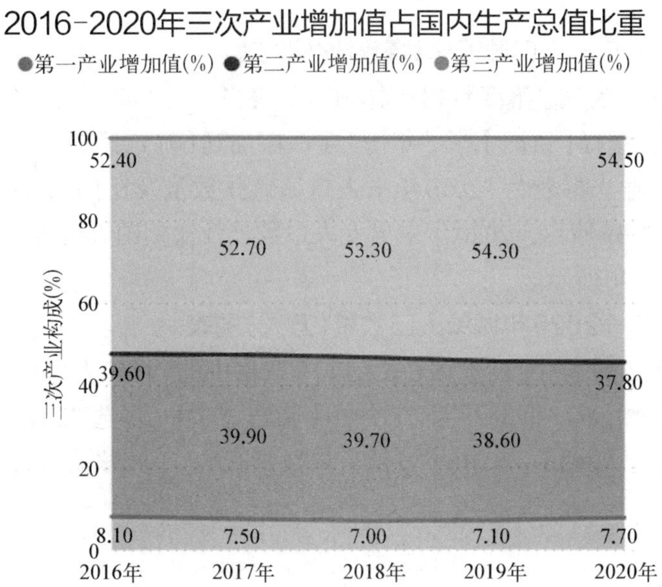

图2-35 堆积面积图效果

（八）新建2020年全国总人口数（万人）图表

在【字段】栏中，勾选“年度数据（总人口）”表格中的“年末总人口（万人）”字段后，选择【卡片图】，将“年份”字段添加到【筛选器】中，并单选“2020年”。在【格式选项卡】关闭类别标签、将数据标签的单位设置为无，输入标题为“2020年全国总人口数（万人）”，格式设置如图2-36所示，最终效果如图2-37所示。

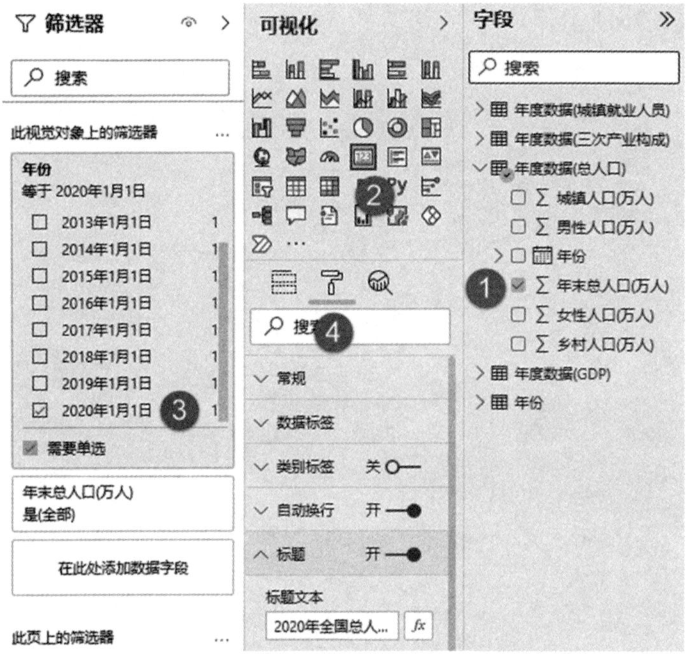

图2-36　卡片图设置

图2-37　卡片图效果

（九）新建2020年末人口城镇化数量及比例图表

在【字段】栏中，勾选“年度数据（总人口）”表格中的“城镇人口（万人）”和“乡村人口（万人）”字段后，选择【饼图】，将“年份”字段添加到【筛选器】中，单选“2020年”，之后在【格式选项卡】，输入标题为“2020年末人口城镇化数量及比例”，格式设置如图2-38所示，最终效果如图2-39所示。2020年末男女人口数量及比例图表也可以使用类似的方法完成，最终效果如图2-40所示。

（十）新建2016—2020年城镇人口数量（万人）图表

在【字段】栏中，勾选“年度数据（总人口）”表格中的“城镇人口（万人）”和“年份”字段后，选择【环形图】，将“年份”字段添加到【筛选器】中，多选“2016—2020年”，在【格式选项卡】输入标题“2016—2020年城镇人口数量（万人）”，格式如图2-41所示，最终效果如图2-42所示。

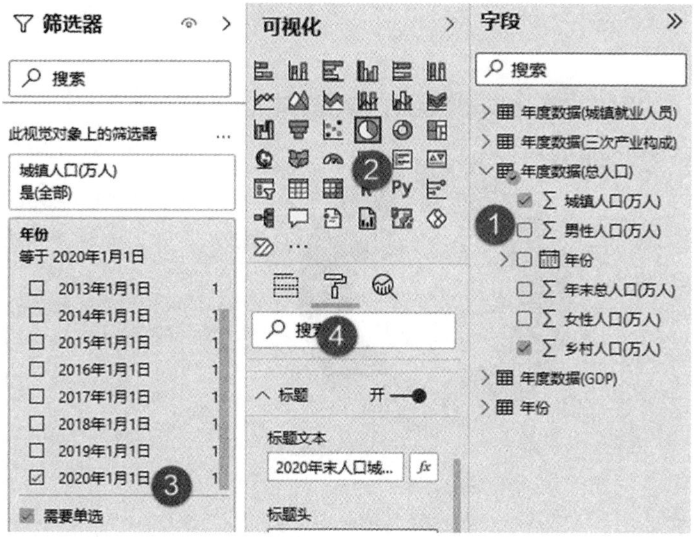

图 2–38　饼图设置

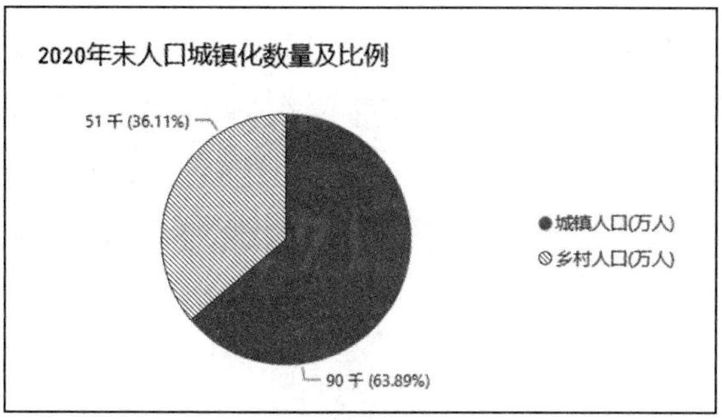

图 2–39　饼图效果一

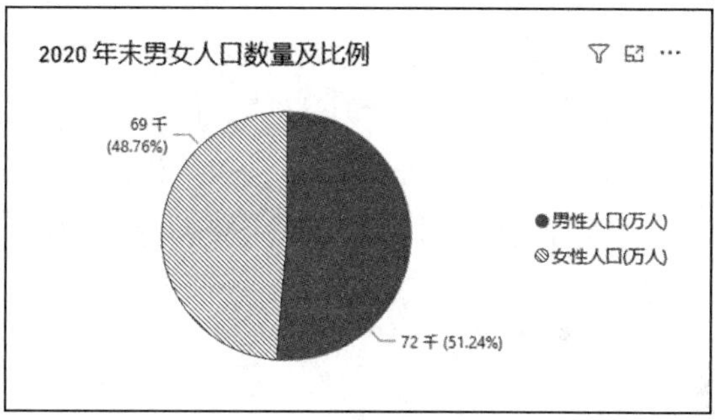

图 2–40　饼图效果二

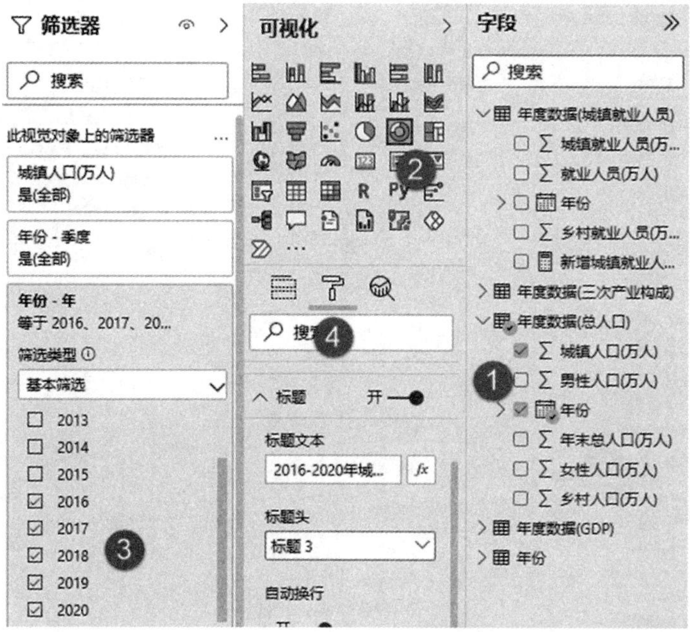

图 2–41　环形图设置

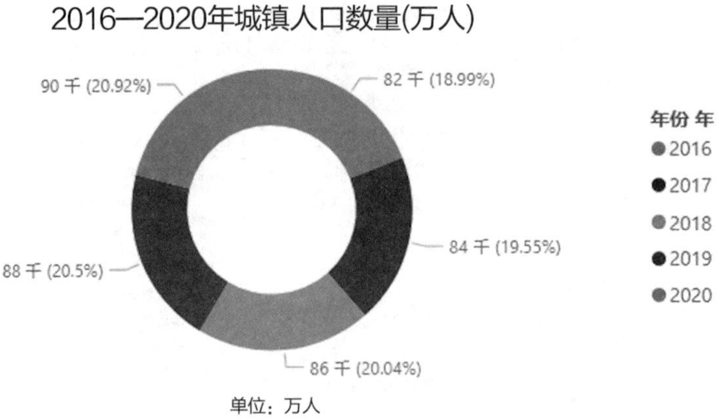

图2-42　环形图效果

(十一)新建2016—2020年就业人口数量(万人)及结构图表

在【字段】栏中，勾选“年度数据(城镇就业人员)”表格中的“城镇就业人员(万人)”“乡村就业人员(万人)”和“年份”字段后，选择【堆积条形图】，在【筛选器】-【年份】中多选“2016—2020年”。在【格式选项卡】中，输入标题“2016—2020年就业人口数量(万人)及结构”并打开数据标签和标签总数，格式设置如图2-43所示，最终效果如图2-44所示。

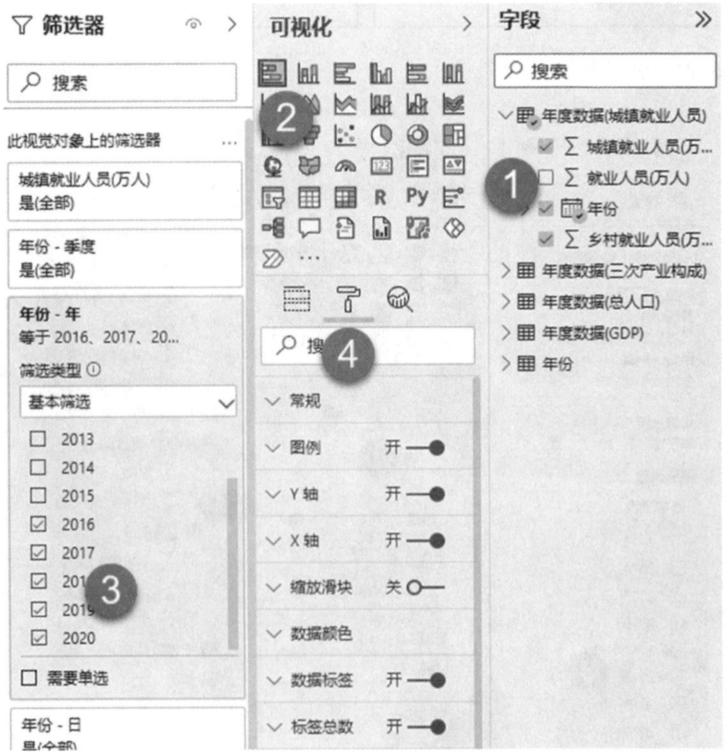

图2-43　堆积条形图设置

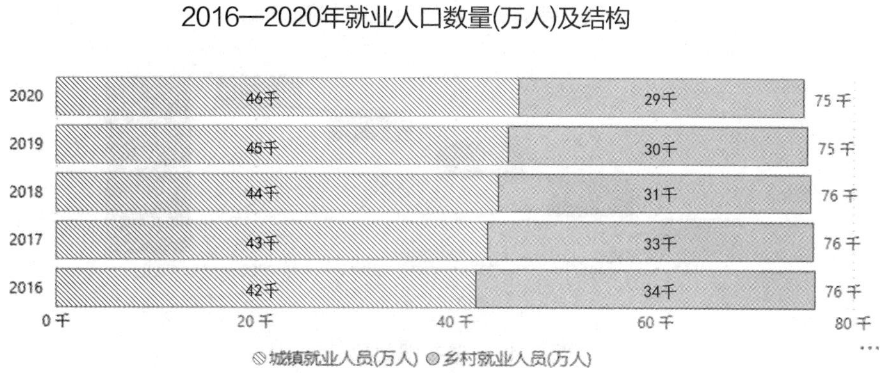

图2-44　堆积条形图效果

（十二）新建2016—2020年城镇及乡村就业人口数量增加值图表

在【字段】栏中，勾选"年度数据（城镇就业人员）"表格中的"城镇就业人口数量增加值"和"年份"字段后，选择【瀑布图】，在【筛选器】-【年份】中多选"2016—2020年"。在【格式选项卡】中，输入标题【2016—2020年城镇就业人口数量增加值（万人）】，并打开数据标签，设置如图2-45所示。最终效果图如图2-46所示。

使用相同的方法可以制作"2016—2020年乡村就业人口数量增加值（万人）"图表。最终效果图如图2-47所示。

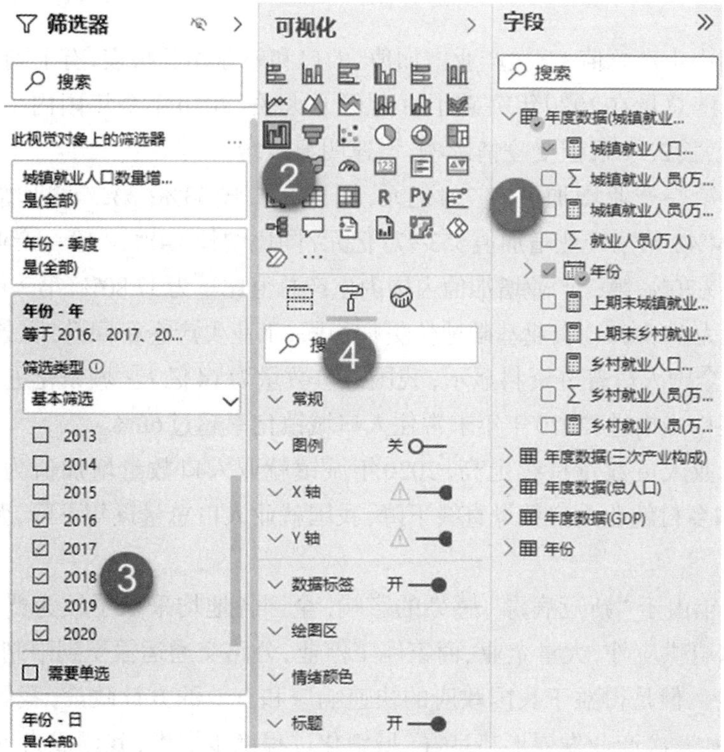

图2-45　瀑布图设置

图2-46 瀑布图效果一

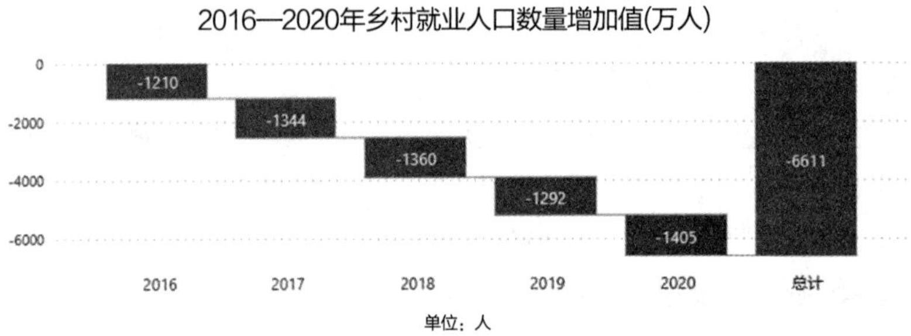

图2-47 瀑布图效果二

四、总结分析

通过观察国内生产总值、三次产业增加值、人口和就业相关报表，有下列几点发现：

（1）我国经济总量在2020年突破了百万亿元大关，2020年全年国内生产总值达101.6万亿元，比上年增长2.99%，但受疫情影响，增速明显放缓。

（2）2020年第一产业增加值77 754亿元，同比增长10.33%；第二产业增加值384 255亿元，同比增长0.94%；第三产业增加值553 977亿元，同比增长3.48%。第一产业增加值占国内生产总值比重为7.70%，第二产业增加值占国内生产总值比重为37.80%，第三产业增加值占国内生产总值比重为54.50%。农业基础地位更加稳固，工业生产企稳回升，服务业成长壮大。

（3）第七次全国人口普查资料显示，我国人口数量为14亿人；城镇化进程逐步推进，城乡区域协调发展稳步推进，2020年年末常住人口城镇化率超过60%。

（4）城镇就业人员数量持续走高，2020年城镇就业人口数量增加值为1 022万人。但2016年以来我国乡村就业人口数量直线下降，我国就业人口总量逐年下降，劳动力数量呈现总体下降趋势。

总之，2020年由于“新冠病毒”感染的影响，全国各地均采取了较为严厉的管制措施，除生活必需的水电供应外，大量企业、商家停工停业，公路交通运输受到限制，居民出行和消费行为大幅减少。但是得益于我国政府的快速响应和有效的方针政策，我国的经济仍然保持着增长的态势，三次产业发展形势良好，城镇化进程稳步推进，我国成为2020年世界上唯一一个实现正增长的主要经济体。

任务四　数据分析报告撰写

数据分析报告是根据数据分析原理和方法，运用数据来反映、研究和分析事物的现状、问题、原因、本质和规律，并得出结论，提出解决办法的一种分析应用文体。数据分析报告通过对相关数据全方位的科学分析，来评估项目的可行性，为决策方提供科学、严谨的判断依据。

这一阶段任务的重点是对前期任务得到的结果进行整理，最终以报告的形式输出，为此，晓玲制定了如图2-48所示的计划。

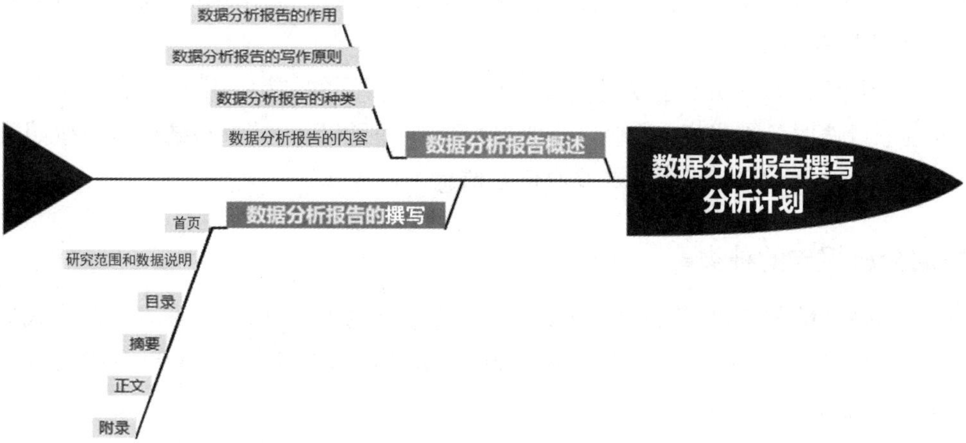

图2-48　数据分析报告撰写分析计划

知识储备

一、数据分析报告的作用

数据分析报告实质上是一种沟通与交流的形式，主要目的是将分析结果、可行性建议以及其他有价值的信息传递给管理人员。它需要对数据进行适当的包装，让阅读者能对结果做出正确的理解与判断，并可以根据其做出有针对性、操作性、战略性的决策。数据分析报告主要有三个方面的作用，即展示分析结果、验证分析质量，以及为决策者提供参考依据。

（1）以某一种特定的形式，将数据分析结果清晰地展示给决策者，使得他们能够迅速理解所分析、研究问题的基本情况、得出的结论与提出的建议等内容。

（2）验证分析质量是指通过报告中对数据分析方法的描述、对数据结果的处理与分析等几个方面来检验数据分析的质量，并且让决策者能够感受到这个数据分析过程是科学且严谨的。

（3）数据分析报告得到的结论与建议可以作为决策者在决策方面的一个重要参考依据。其中报告的结论与建议或其他重要章节将会被决策者重点阅读，辅助其最终决策。

二、数据分析报告的写作原则

一份完整的数据分析报告，应当围绕目标确定范围，遵循一定的前提和原则，系统地反映存在的问题及原因，从而进一步找出解决问题的方法。数据分析报告的写作需要遵循以下三个原则。

（1）条理清晰。数据分析报告的撰写内容是包括从分析标题、分析过程到分析结论的一套完整的数据分析流程内容，因此，需要按照基本的逻辑进行信息展示，如发生了什么事情，为什么会发生，应当如何解决，未来会如何发展。

（2）规范严谨。数据分析报告中所使用的名词术语一定要规范，标准统一，前后一致，要与业内公认的术语一致，在分析过程中所采用的数据、软件、方法也应当科学合理，确保所得到的分析结果真实可靠。

（3）可读性强。数据分析报告中的展示结果和所得到的结论一定要符合浏览者的阅读思维，应该重点选取关键指标，科学专业地进行分析，所得到的结果与结论也应按照问题重要性的高低来分级阐述，方便浏览者获取重要信息。

三、数据分析报告的种类

因为数据分析报告的对象、内容、时间、方法等情况的不同，所以存在着不同形式的报告类型。按照报告的内容进行分类可以将分析报告分为综合分析报告、专题分析报告和日常分析汇报三种情况。

综合分析报告一般是全面评价一个地区、单位、部门业务或其他方面发展情况的一种数据分析报告。此类分析报告的内容涉及的分析维度较为全面，主要是从宏观角度反映指标之间的关系，并站在全局高度反映总体特征，做出总体评价。

专题分析报告是针对确定的专题或问题进行的一种数据分析报告，具有一定的针对性，最终目的是为管理者提供决策建议和意见。比如：销量异常分析、用户流失分析、店铺诊断分析、竞品分析报告等内容。

日常分析汇报通常是数据分析业务的日常展现，报告的内容一般涉及日常计划执行情况。例如：公司的日常运营报告、日常销售报告、产品运营周报等。其中，按照报告的汇报周期可分为日报、周报、月报、季报、年报等形式。

四、数据分析报告的内容

在撰写数据分析报告之前，一般会经历6个步骤：目标确定、数据获取、数据清洗、数据整理、描述分析、洞察结论，最后才是撰写数据分析报告。

这种报告是决策者认识事物、了解事物、掌握信息、搜集相关信息的主要工具之一，数据分析报告通过对事物数据全方位的科学分析，来评估其环境及发展情况，为决策者提供科学的依据，降低决策风险。

数据分析报告展示最常用的形式为Word和PPT。这里以PPT为例示范一下报告结构，对于一个专题分析报告应该包括如下几个部分：

（1）首页：表明报告的标题、作者及所在部门、联系方式、交付时间。

（2）目录：包括各组成部分的小标题。

（3）摘要：简单介绍数据分析的背景、所解决的问题和重点结论，还包括研究对象、研究范围、数据说明。

（4）正文：分析方法、分析结论、说明图表及讨论。

（5）附录：包括因篇幅或其他原因不方便在正文中进行展示的内容或说明。

（6）鸣谢：主要向数据分析或报告撰写过程中提供帮助的政府部门、企业或个人表示感谢。

（7）引用：包括数据分析或报告撰写过程中涉及的文献、著作和其他参考资料。

任务操作

一、数据分析报告的撰写

（一）首页

首页，又称为标题页，分析报告的首页应当表明报告的标题、作者及所在工作单位、联系方式、汇报时间，如图2-49所示。其中，标题应当具有高度的概括性，用较少的文字集中、准确、简洁地进行表述。

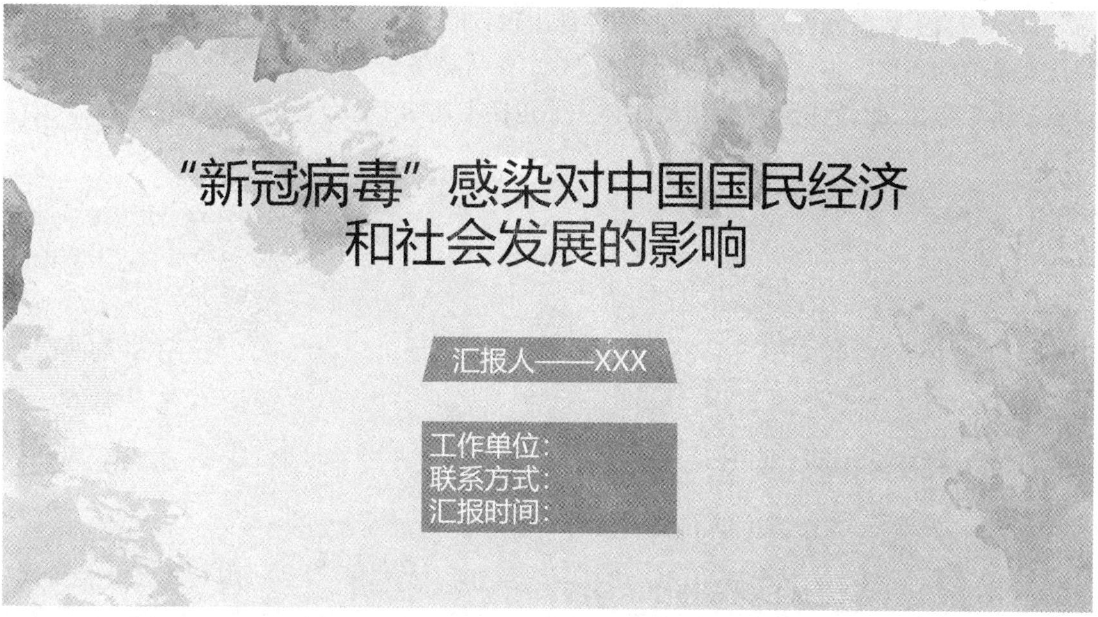

图2-49 首页

（二）研究范围和数据说明

研究范围和数据说明是针对数据分析报告的重要说明，其中，研究范围由研究对象和研究内容构成，数据说明部分包括数据来源、数据统计时间和重要指标说明，如图2-50所示。

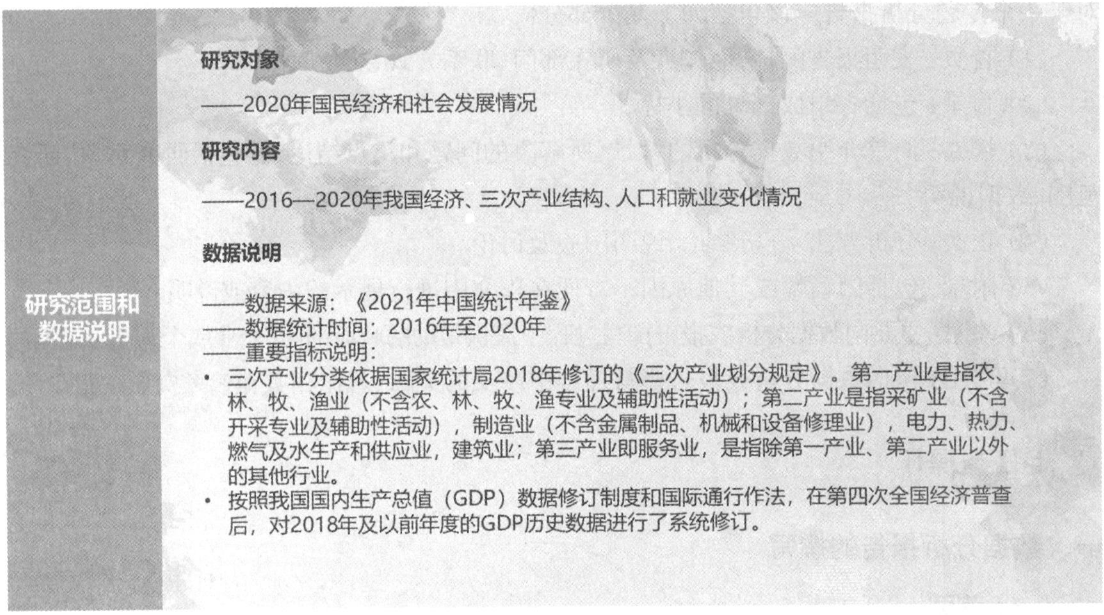

图2-50 研究范围和数据说明

（三）目录

目录包括数据分析报告组成部分的小标题，可以帮助读者快捷方便地找到所需要的内容。目录相当于数据分析的大纲，它可以体现出报告的分析思路。因此，要在目录中列出报告主要章节的名称。本章节完成的分析报告，主要从经济、产业、人口和就业四个方面进行数据分析工作，因此，数据分析报告的主体主要包括上述四个部分，如图2-51所示。

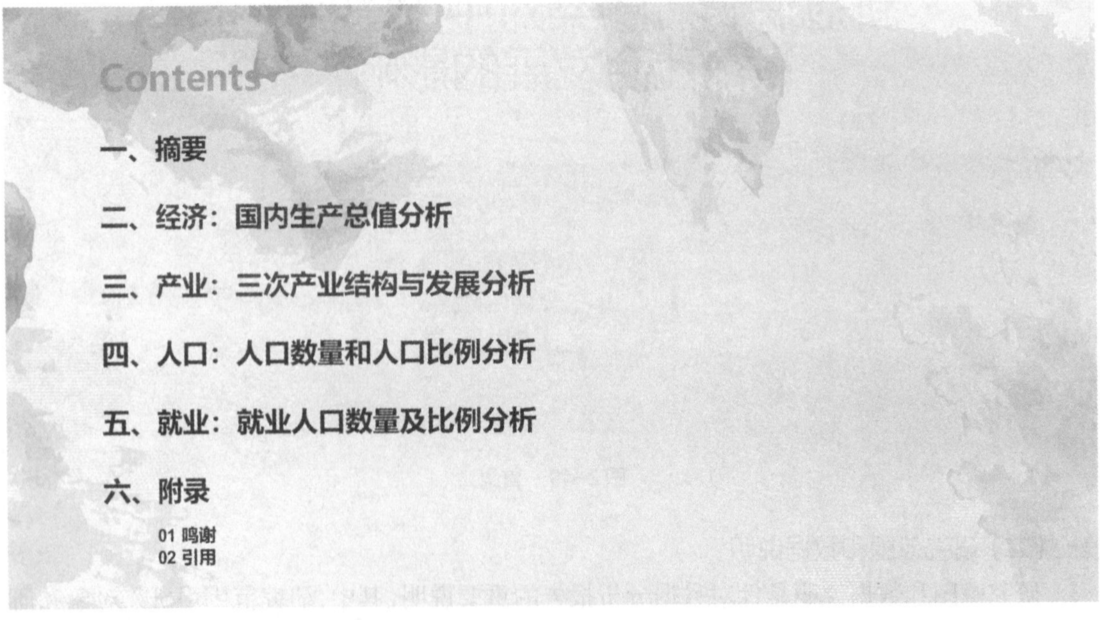

图2-51 目录

（四）摘要

摘要是分析报告的一个重要组成部分，主要包括为何要进行此次分析，有何意义，通过此次分析要解决什么问题，达到何种目的，如何开展此次分析，主要通过哪几个方面开展。首先，需要写明此次分析涉及的背景，重点在于“新冠病毒”感染对我国经济产业发展的影响；其次，简单介绍四部分分析所得出的重点结论；最后，要针对分析过程中涉及的研究对象、研究范围和研究数据进行说明，如图2-52所示。

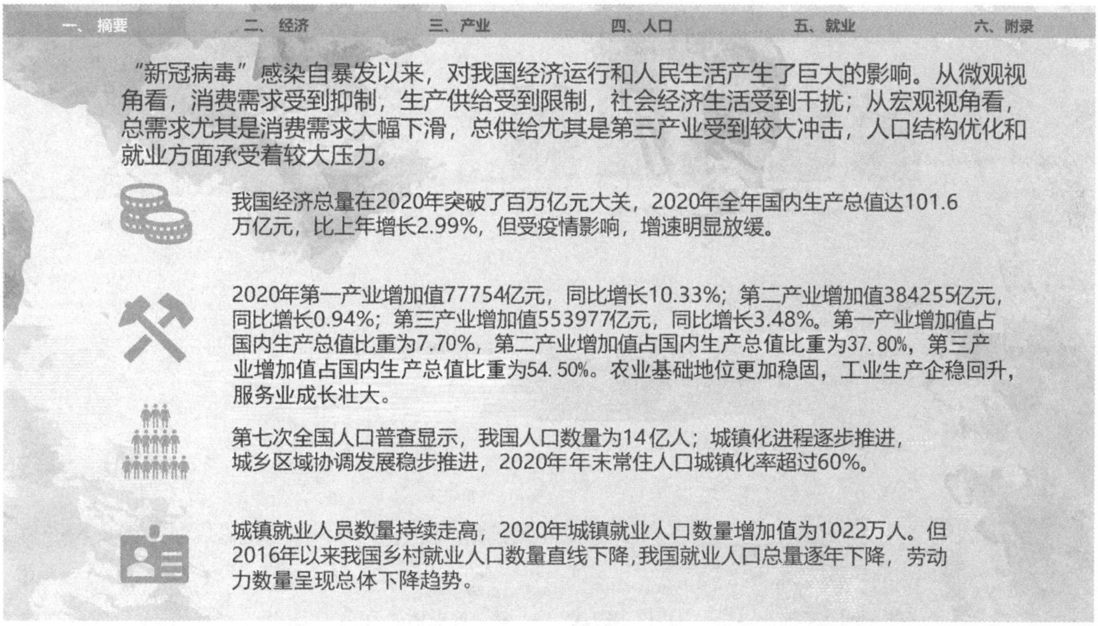

图2-52　摘要

（五）正文

正文是整个报告的核心部分，它系统全面地表述数据分析的过程与结果。撰写报告正文时，应根据之前分析目标确定的每项分析内容，利用各种数据分析方法，一步步地展开分析，通过图表及文字相结合的方式，形成报告正文，方便阅读者理解。如图2-53、图2-54、图2-55、图2-56所示。

（六）附录

通常情况下附录会包括鸣谢和引用板块，主要内容是针对数据分析中涉及相关内容的补充说明，有时也含有正文中提及的资料，从而向读者提供一条深入研究数据分析报告的途径。如图2-57所示。

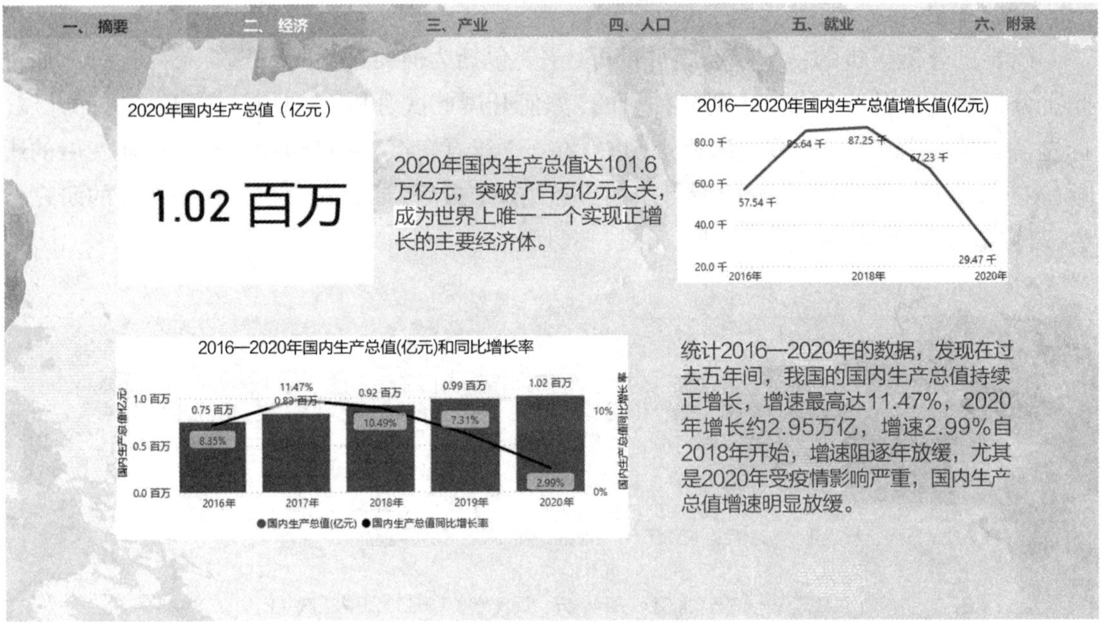

图2-53　正文——经济板块

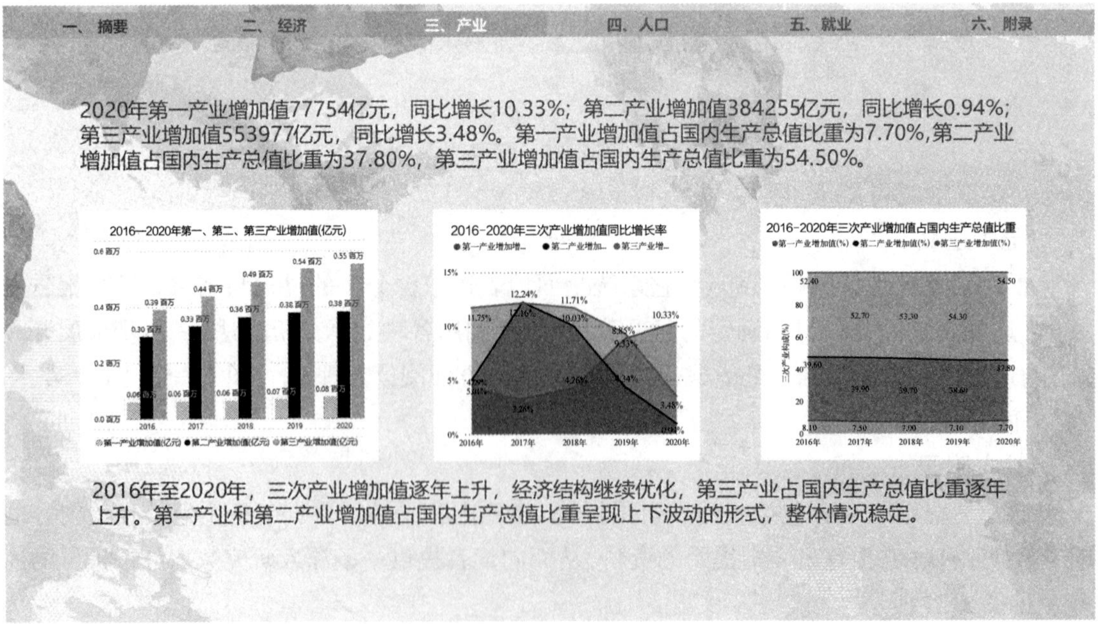

图2-54　正文——产业板块

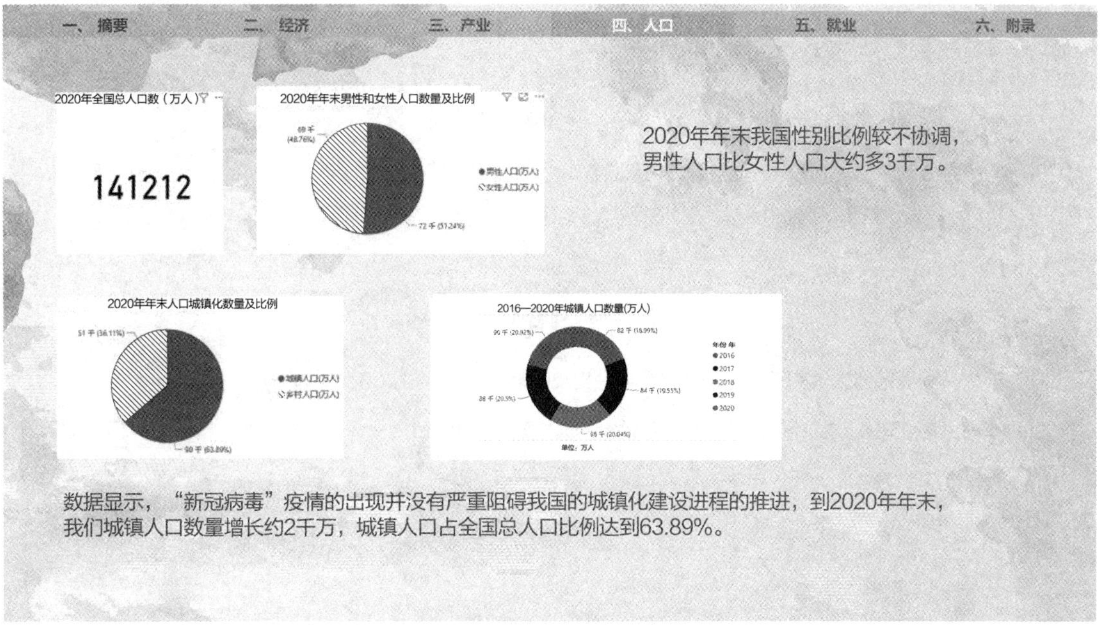

图2-55　正文——人口板块

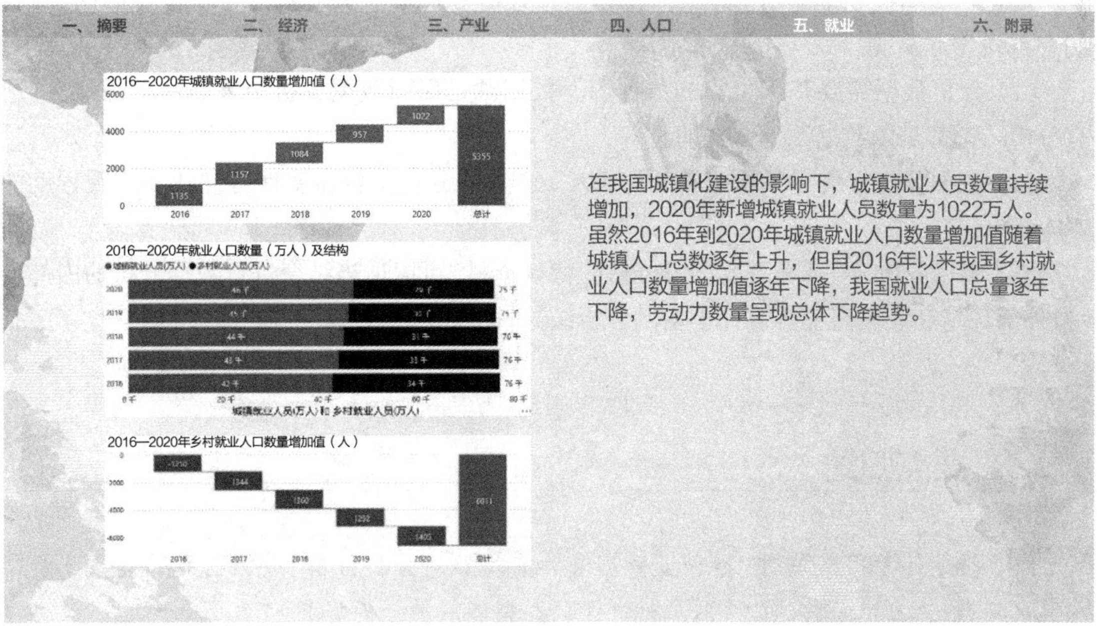

图2-56　正文——就业板块

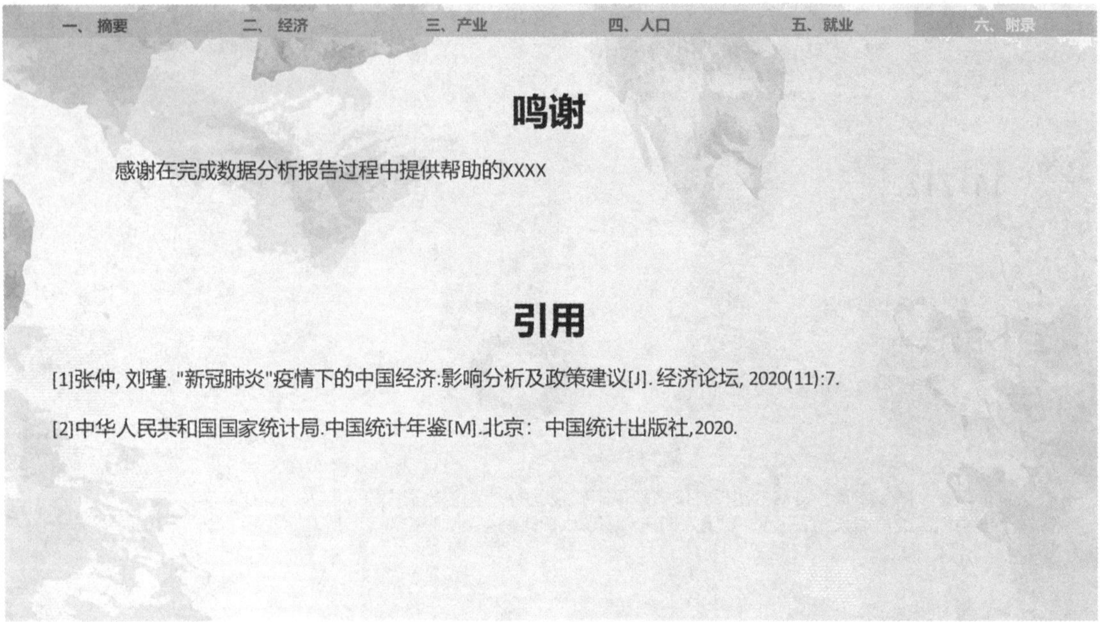

图2–57　附录

二、总结分析

通过2020年“新冠病毒”感染对中国国民经济和社会发展影响的分析报告的撰写，我们有下列几点发现：

（1）分析数据需要基于可靠的数据源。数据源是保障数据分析结果的基础，输出的所有分析结论都是以数据源为依托的。

（2）数据分析报告尽量图表化，风格统一。数据分析报告需要保持样式和美观程度的基本统一。

（3）阐述分析结论时，需要参考分析的背景资料，可以适当结合进行数据分析的内部环境、外部环境和政策环境等方面丰富的分析结论，提高分析结论的可靠性。

要点归纳

（1）在进行数据采集时，要保证数据量具有足够的分析价值、数据面足够支撑分析需求。灵活、快速自定义数据的多种属性和不同类型能满足分析需求。

（2）进行数据分析工作时要同时注重数据趋势分析和数据对比分析，数据趋势分析更多的是需要明确数据的变化，以及对数据变化的原因进行分析。而数据对比分析是给数据提供参考系，说明数据变动的幅度。

（3）可视化数据图表制作可以使数据变得更有意义，而且数据可视化也可以使数据变得更容易理解，结合数据可视化图表可以高效地向受众传递数据信息。但图表也不要太多，过多的图表会让人无所适从。

（4）好的分析报告一定要有逻辑性，通常要遵照发现问题、问题原因、解决问题的顺序进行阐述，逻辑性强的分析报告也更有说服力。

任务拓展

周老师：

晓玲，你做得真不错，不仅能够找到准确的数据采集渠道，还可以灵活应用可视化图表，进行数据情况的展示，最后输出数据分析报告。当问题发生变化时，需要有针对性地明确分析目的和分析背景，在此之后确定数据分析流程所需要的实际数据。需要注意的是即使分析问题相同，分析过程也需要与时俱进，结合分析背景进行相应调整。

学生晓玲：

老师，我明白了。无论是特定专题分析，还是日常数据分析，都需要根据当时分析工作的实际需要重新确定分析问题和分析目标，进而完成后续的数据采集、数据清洗、数据整理、数据分析、数据可视化和数据分析报告的撰写等环节。

周老师：

说得太好了。你看，又有新任务来了。世界在发展，时代在变化，我们的国家经过了2021年一整年的时间也向前迈进了一步，在过去的一年里国家的经济、政治、文化、社会和环境都在不断变化。你可以通过数据分析进行具体阐述吗？

学生晓玲：

老师，我只要能够采集到可反映国家经济、政治、文化、社会和环境发展变化的数据，就能进行有针对性的数据分析，向大家展示我国正不断向前发展的成果。

话题分析的数据分析方法已经进行了详细介绍，请你结合2023年的新年贺词，代替晓玲完成这项任务。

要求：

（1）PPT不少于6页内容（标题页和目录页除外）。

（2）要有数据可视化展示。

（3）要有明确的结论（可设置结论页）。

项 目 三

产品分析

学习目标

(1) 了解并熟悉产品分析的维度和常见的主要指标，理解产品销售排行榜，掌握利用筛选器对产品进行分类管理。

(2) 掌握并利用波士顿矩阵方法对产品进行重新定位，能根据分析结果，推荐不同的营销策略。

(3) 掌握价格带分析方法，合理制定产品价格。

(4) 养成用动态的、发展的、联系的、全面的视角看待问题的习惯，理解产品分析的方法，培养商业化思维。

项目背景

新零售即企业以互联网为依托，通过运用大数据、人工智能等先进技术手段，对商品的生产、流通与销售过程进行改造升级，进而重塑业态结构与生态圈，并对线上服务、线下体验以及现代物流进行深度融合的零售新模式。新零售的本质是围绕“人”“货”“场”三个核心提升运营效率，实现聚焦目标客户群，注重客户体验至上，产品个性化定制，线上线下融合的精准营销。

京东旗下生鲜超市七鲜(7-FRESH)，其商品覆盖常规超市商品种类中的生鲜、美食、烘焙、百货、母婴等多种类别。除此之外，也有新零售超市应该有的融合业态，特别在餐饮小吃方面，引进了铁板烧、水饺、烧饼、凉皮、肉夹馍、烤鸭、卤味等档口。特色之一的海鲜餐厅，则设置了称重区、加工间和取餐区。将酒吧、烘焙、餐饮等业态聚集在一个门店内，彰显了零售门店的包容性和产品的多样性。

产品分析是新零售行业的重要分析模块之一，通过对产品的相关数据进行收集、整理、分析，可以了解产品的整体销售情况、利润情况、产品结构，利用波士顿矩阵进行产品的分类、产品排行榜(热销榜、滞销榜)等，从而调整店铺的运营策略，以保证业绩的平稳上涨。

引导案例

店长杰哥：

小雨，我们学校的“校区乐购”，是智能商务学院教师自行研发的一个集电脑网站、微信公众号与小程序（含直播）以及APP于一体，多店铺、多校区定位的B2C新零售电商平台，为学生提供真实的运营环境，实现“做中学”和“学中做”。目前，为了满足学生的个性化需求，增加了店铺产品种类，但销量并没有上升，同比增长只有3%，而在同时期的新零售同比增长为12%。这一店铺整体销售额不高，利润率很低。你思考一下，怎么做才能改善这种情况。

实习生小雨：

杰哥，这种情况可能是多方面的原因，增加了店铺商品的产品种类，但销量没有提升，我们应该先从产品的角度去分析是否存在问题，我来跟“校区乐购”的负责人进行进一步的沟通，了解一下店铺产品相关的具体数据，看能不能找出问题，给店长提供一个合理的优化方案。

店长杰哥：

是的，在产品销量出现问题的时候，我们首先应该从产品本身去寻找问题，那接下来小雨你思考一下，我们应该从产品的哪些方面进行分析呢？

实习生小雨：

我们可以先收集“校区乐购”2021年全年的销售数据，统计品类销售情况，对各品类销售额进行趋势分析，然后利用波士顿矩阵来研究产品的定位问题，找出我们“校区乐购”热销的产品有哪些，滞销的产品有哪些。另外，产品的定价也是直接影响产品销量的主要因素之一，我们也可以尝试产品价格带的分组。

分析目标

店长杰哥：

小雨进步很快啊，知道运用不同的产品数据进行分析，那么，建议你后续的分析，围绕以下三个目标展开：

（1）掌握产品销售指标信息，迅速判断当前销售趋势。这个阶段的分析重点是对销售数据的多维度展现，还原销售体系的原貌。对产品销售排行榜进行分析，分析出产品热销榜，销量好的产品，分清热销产品、一般产品或滞销产品，从而有区别地确定营销方式。

（2）进行产品线分析。通过观察产品的销售变化曲线，进行产品的波士顿矩阵分析，对产品进行不同的定位（明星产品、现金牛产品、问题产品、瘦狗产品），针对不同定位的产品采取不同的营销策略。

（3）分析店铺产品价格带，确定店铺消费者的受众层次。根据店铺产品价格带分析对店铺产品结构进行合理设置，并确定不同产品的定价策略。

任务分解

小雨根据杰哥提出的三个分析目标，找到“校区乐购”的负责人要来了3份与产品有关的数据报表，分别是2021年1—12月每月订单报表、成本报表和产品计划报表。根据其数据记录内容，小雨梳理成3个数据结构表，如表3-1、表3-2、表3-3所示。

表 3-1　2021 年 1—12 月每月订单报表

序号	字段名	数据类型
1	商品名称	字符型
2	订单号	字符型
3	销售数量	整数
4	下单日期	日期型
5	订单状态	字符型

表 3-2　成本报表

序号	字段名	数据类型
1	品类	字符型
2	商品名称	字符型
3	采购价	数值型
4	销售价格	数值型

表 3-3　产品计划报表

序号	字段名	数据类型
1	品类	字符型
2	商品名称	字符型
3	销售价格	数值型
4	预估全年销量	整数
5	预估全年销售额	数值型

在观察了3个数据结构表之后，小雨对照分析目标，将项目拆分为产品销量分析、产品线分析以及产品价格带分析三项任务。

任务一：主要进行产品销量分析，通过对产品作维度分析，掌握产品分析需要的数据指标；利用产品销售排行榜的分析方法，找出店铺的热销产品和滞销产品。

任务二：主要进行产品线分析，通过波士顿矩阵分析，将产品划分为四个象限（明星产品、现金牛产品、问题产品、瘦狗产品），并针对不同定位的产品采取差异化的营销策略。

任务三：主要进行产品价格带分析，对产品价格带分组，得出客户偏好的价格区间。

整个产品分析思路流程如图3-1所示。

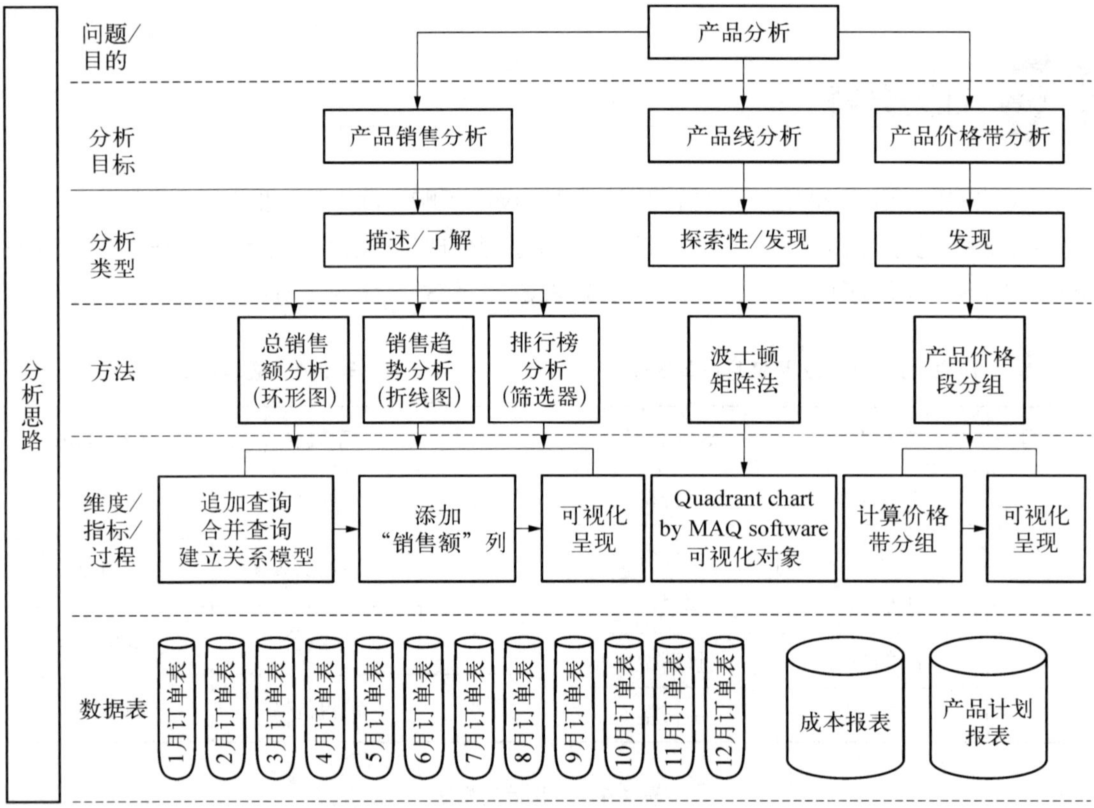

图3-1　产品分析思路流程图

任务一　产品销售分析

开展产品销售分析，可以建立销售情况仪表盘，通过该仪表盘可以查看企业整体销售状况，包含当前总的销售数量、各品类的销售量、总销售额、销售时间、销售数据指标等，另外从品类、产品、时间等多个维度查看产品销售的趋势变化。

这一阶段任务的重点在于通过描述分析，研究销售现状，发现产品及品类销售问题。为此，小雨找到“校区乐购”的负责人获取了2021年1—12月每月的订单报表、成本报表，并对其进行产品销售分析以及品类的趋势销售额分析，找出店铺的热销产品和滞销产品。

最后，小雨制定了产品销售分析计划，如图3-2所示。

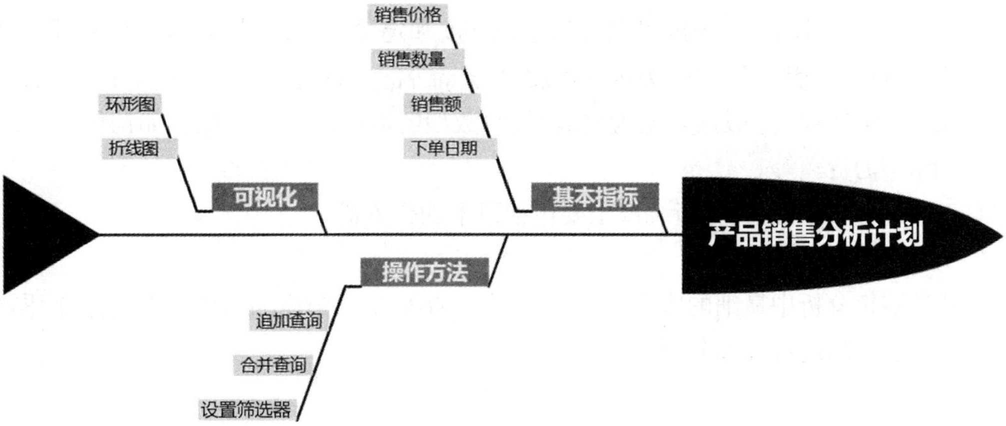

图3-2　产品销售分析计划

知识储备

一、产品

产品是指被人们使用和消费，并能满足人们某种需求的任何东西，包括有形的物品、无形的服务或它们的组合。

产品一般可以分为五个层次：即核心产品、基本产品、期望产品、附加产品、潜在产品。核心产品是指整体产品提供给购买者的直接利益和效用；基本产品是指核心产品的宏观化；期望产品是指顾客在购买产品时，一般会期望得到的一组特性或条件；附加产品是指超过顾客期望的产品；潜在产品是指产品或开发物在未来可能产生的改进和变革。

二、产品分析

产品分析的主要数据来自销售数据和产品基础数据，从而产生以分析结构为主线的分析思路。主要分析的数据有产品的类别结构、品牌结构、价格结构、毛利结构、结算方式结构、产地结构等结构性指标，以及产品广度、产品深度、产品淘汰率、产品引进率、产品置换率、重点产品、畅销产品、滞销产品、季节产品等多种指标，通过对这些指标的分析，可以指导企业结构的调整，加强所经营产品的竞争能力和合理配置。

产品分析是依据业务系统提供的数据进行相关的项目分析，进而产生有价值的结果，以此来指导企业的经营活动。业务系统给企业提供了大量的数据，但如何利用这些数据进行分析并得到有价值的结果来指导企业的经营活动，是摆在所有企业面前的需要不断探索的课题。

三、产品分析维度

维度是指企业要从什么样的角度对产品进行分析，也就是分析哪些方面的内容，比如产品、客户、区域、时间等。维度可以分为定性维度和定量维度，根据数据类型来划分，数据类型为字符型（文本型）的数据，为定性维度，如产品名称、品类、订单号、订单状态、地区、客户性别等都是定性维度；数据类型为数值型、整数型的数据，为定量维度，如销售数量、销售额、客户年龄、消费额等。

对于产品分析来说，其分析维度主要包括以下四个方面。

1. 产品

产品是零售分析中最细的维度之一，大部分的指标都依附产品来做明细的记录，同时很多维度也通过产品进行交叉分析。

2. 客户

客户是销售对象，包括会员。客户所在地和区域有关联。

3. 区域

区域是地理位置。从全球视角看：洲—国家—地区；从国家视角看：区—省/市—县/区—镇/乡/村，一般按正式行政单位划分。

4. 时间

进行数据分析时，时间是非常重要的维度，分析的角度有公历角度和农历角度。其中，公历角度：年—季度—月—日—时段（每2小时为一个段）；星期、公历节假日。农历角度：年—节气—日—时刻；农历节假日。

四、销售数据指标

销售数据指标指明了对于某个维度所要进行分析的点，比如数量、周转率、连带率、售罄率、毛利率等。

销售数据指标主要包括以下内容。

（一）产品销售数据指标

销售数量：客户消费的产品的数量。

含税销售额：客户购买产品所支付的金额。

交易次数：客户在POS点上支付一笔交易记录作为一次交易。

客单价：客户在一次交易中支付的金额总和称为客单价。客单价=销售额 ÷ 交易次数

退货率：退货率=退货金额 ÷ 进货金额（一段时间）。这是用于描述经营效率或存货管理情况的指标，与时间有关。

售罄率：售罄率=销售数量 ÷ 进货数量

库销比：库销比=库存数量 ÷ 上一周期销售数量

连带率：连带率=销售件数 ÷ 交易次数

平均单价：平均单价=销售金额 ÷ 销售件数

（二）产品利润数据指标

毛利：毛利=实际销售额−销售成本

净利：净利=去税销售额−去税成本

毛利率：销售毛利率是毛利占实际销售额的百分比，也简称为毛利率，其中毛利是实际销售额与销售成本的差。毛利率=（毛利 ÷ 实际销售额）× 100%

（三）产品周转数据指标

周转率：周转率和统计的时间段有关。周转率=（销售吊牌额 ÷ 库存金额）× 100%

周转天数：周转天数=库存金额 ÷ 销售吊牌额

（四）产品促销数据指标

促销次数：促销次数在宏观上，是指一个销售单位在一段时间内发动促销的次数，或某个供应商的产品在一段时间内参与促销的次数；在微观层面上，是表示一个单品在一段时间内参与促销的次数。

平均折扣：平均折扣=销售金额 ÷ 销售吊牌额

五、事实表和维度表的定义

事实表是数据仓库结构中的中央表，它包含联系事实与维度表的数字度量值和键。事实数据表包含描述业务（例如产品销售）内特定事件的数据。

维度表是维度属性的集合，是分析问题的一个窗口，是人们观察数据的特定角度，是考虑问题时的一类属性，属性的集合构成一个维度。

一个典型的例子是，把逻辑业务比作一个立方体，产品维度、时间维度、地点维度分别作为不同的坐标轴，而坐标轴的交点就是一个具体的事实。也就是说事实表是多个维度表的一个交点。而维度表是分析事实的一个窗口。

任务操作

一、准备数据

（一）连接到源数据

产品销售分析准备数据

打开Power BI，在【文件】–【获取数据】–单击【Excel工作簿】或者从【主页】–【报表】–单击【从Excel导入数据】。选中所需要导入的Excel数据表后，自动弹出“导航器”，单击勾选所要分析的数据表（2021年1—12月每月订单报表、成本报表）后，单击【转换数据】按钮，如图3–3所示，进入Power Query编辑器。

（二）清洗数据

1. 检查表格格式

自动跳转进入Power Query编辑器界面后，检查所有表格的格式，查看表格是否有标题，再查看标题栏是否需要修改。如没有标题可单击【主页】选项卡中【将第一行用作标题】，选中所要修改的那列标题栏，双击标题可以更改标题，如图3–4所示。

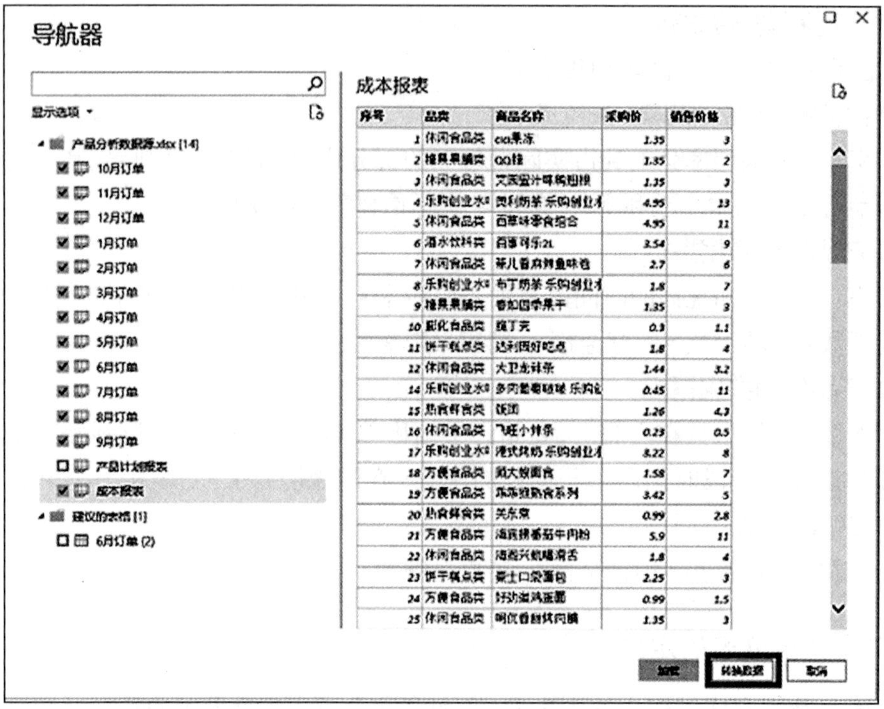

图3-3 转换数据

图3-4 检查表格格式和修改标题栏

2. 检查和修改字段的数据类型

表格格式单击【转换】选项卡中【检测数据类型】或者选中所要修改数据类型的那列标题栏前面的标识符，单击进去进行修改。将“订单号”字段格式改为文本型。单击“订单号”标题选中“订单”这列，单击“订单号”标题栏前面的“123”符号，在下拉框中选择文本类型，如图3-5所示。

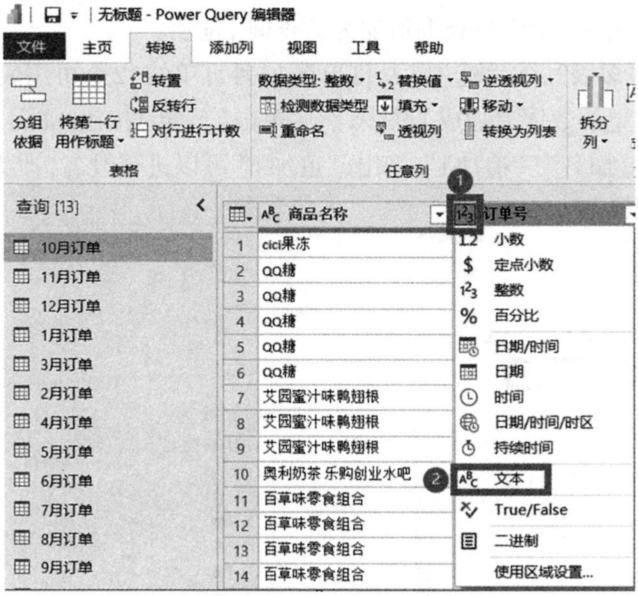

图3-5　检查和修改字段的数据类型

3. 删除不需要的列

单击右键选择【删除】，对表中出现的不需要的列或空列进行删除，选中需要删除的列，如图3-6所示。

修改完成后单击【主页】选项卡中【关闭并应用】进入Power BI页面。

图3-6　删除列

4. 追加查询

单击【主页】选项卡中【转换数据】进入Power Query编辑器，单击1—12月订单中任意一个月的数据表后，在Power Query编辑器中的【主页】选项卡中单击【追加查询】下拉按钮，在弹出的下拉列表中选择【将查询追加为新查询】选项。

勾选“三个或更多表”，然后选中1月订单至12月订单的12个可用表添加至要追加的表中，目的是将所有订单的数据追加成1张表，然后单击【确定】按钮，如图3-7所示。

默认创建的新追加名为“追加1”，双击“追加1”可以进行改名，改为“2021年1—12月订单报表”，如图3-8所示。

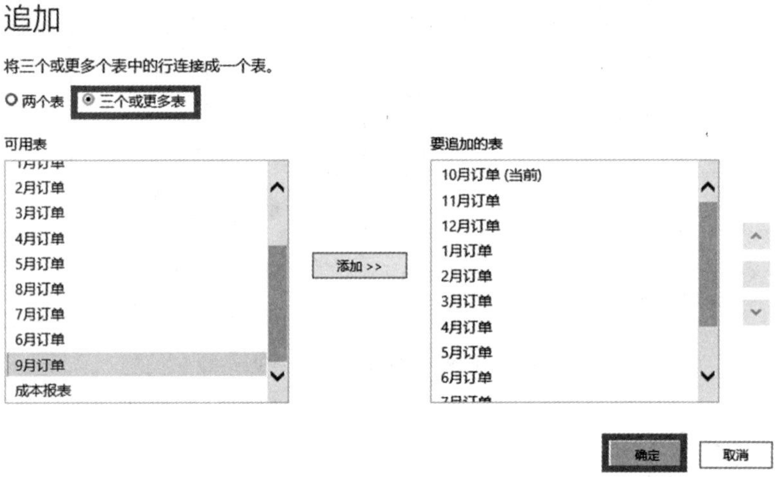

图3-7　勾选要追加的表

	商品名称	订单号	销售数量	下单日期	订单状态
1	cici果冻	2021100134813	5	2021/10/1	交易完成
2	QQ糖	2021100191064	2	2021/10/1	交易完成
3	QQ糖	2021100157081	1	2021/10/1	交易完成
4	QQ糖	2021100134813	1	2021/10/1	交易完成
5	QQ糖	2021100118865	1	2021/10/1	交易完成
6	QQ糖	2021100128200	4	2021/10/1	交易完成
7	艾园蜜汁味鸭翅根	2021100177432	1	2021/10/1	交易完成
8	艾园蜜汁味鸭翅根	2021100145912	6	2021/10/1	交易完成
9	艾园蜜汁味鸭翅根	2021100120859	1	2021/10/1	交易完成
10	奥利奶茶 乐购创业水吧	2021100128015	1	2021/10/1	交易完成
11	百草味零食组合	2021100134813	1	2021/10/1	交易完成
12	百草味零食组合	2021100128200	6	2021/10/1	交易完成
13	百草味零食组合	2021100118865	1	2021/10/1	交易完成
14	百草味零食组合	2021100105771	1	2021/10/1	交易完成
15	百事可乐2L	2021100152921	6	2021/10/1	交易完成
16	百事可乐2L	2021100118512	2	2021/10/1	交易完成

图3-8　重命名

5. 合并查询

单击“成本报表”后，在Power Query编辑器中的【主页】选项卡中单击【合并查询】下拉按钮，在弹出的下拉列表中单击【将查询合并为新查询】选项。

在打开的“合并”对话框中，将“成本报表”和“2021年1—12月订单报表”进行合并，分别单击“成本报表”和“2021年1—12月订单报表”中的“商品名称”列，将它们设置为匹配列，然后单击【确定】按钮，如图3-9所示。

图3-9　按商品名称列匹配创建合并表

默认创建的新查询名为“合并1”，同时在查询合并表的最后一列“Table”类型的数据，如图3-10所示。

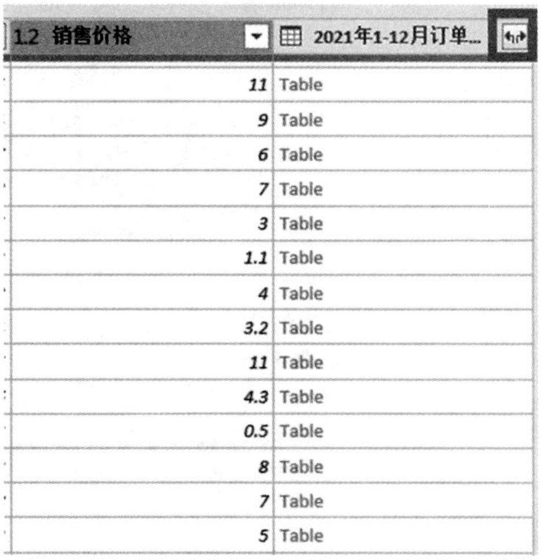

图3-10　合并表

单击“Table”类型这一列列名右侧的按钮，展开“Table”字段，勾选“销售数量”“下单日期”，取消勾选“使用原始列名作为前缀”复选框，展开后，两张表的字段合并完毕，在【文件】选项卡中单击【关闭并应用】，如图3-11所示。

6. 建立关系模型

通过观察数据字段，发现需要分析产品总销售情况，因此可以通过“商品名称”字段建立关系。将“合并1”和“2021年1—12月订单报表”通过“商品名称”字段建立关系。

单击【模型视图】按钮，打开模型视图，如图3-12所示。

在模型视图中，将“合并1”的“商品名称”字段拖拽到“2021年1—12月订单报表”的“商品名称”字段上，在弹出的【创建关系】中，单击【确定】，如图3-13所示。

图3-11 展开“Table”字段

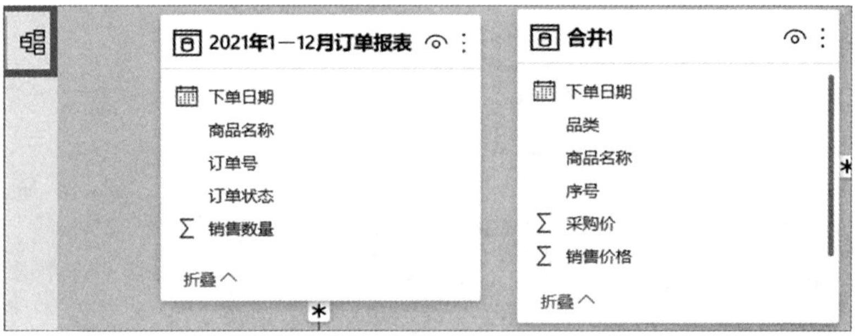

图3-12 模型视图

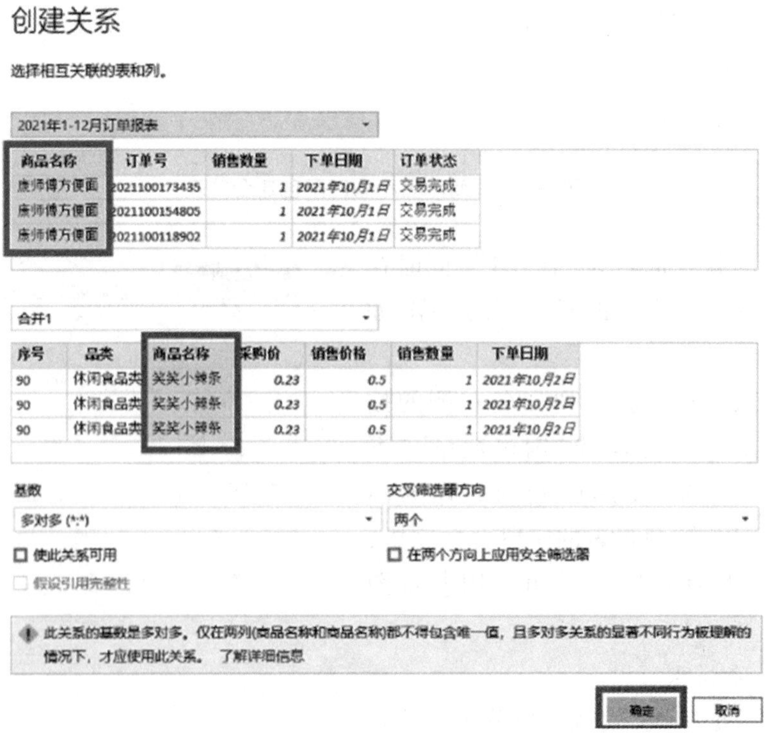

图3-13 创建关系模型

7. 统计品类销售情况

在【主页】选项卡中单击【转换数据】进入Power Query编辑器页面，单击“合并1”数据表，在【添加列】选项卡中单击【自定义列】按钮。

在弹出的对话框中设置“新列名”为“销售额”，输入自定义列公式“=[销售价格]×[销售数量]”，如图3-14所示。

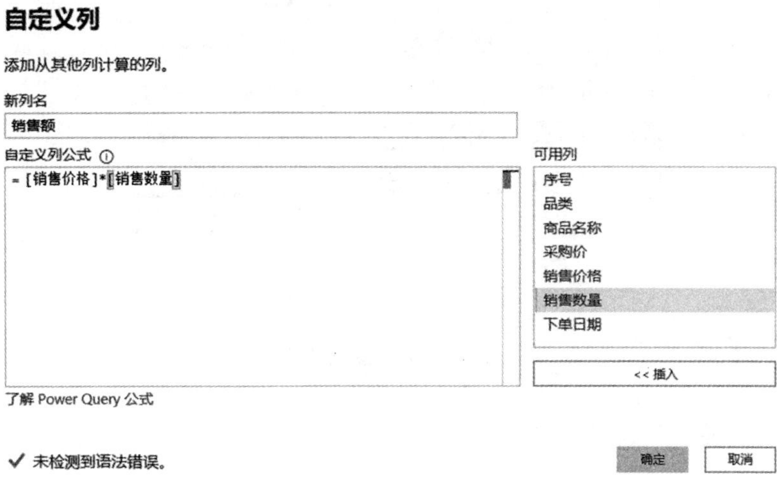

图3-14　新建列——“销售额”

单击【确定】按钮后，将“销售额”字段的数据类型更改为小数。在【主页】选项卡中单击【关闭并应用】按钮，回到报表视图页面。

二、数据可视化呈现

(一) 各品类销售额可视化呈现

品类销售额/趋势分析可视化

选择可视化里面的“表格”对象，然后将“品类”和“销售额”设置为表格的值，选择销售额下面的倒三角形箭头可以对数据进行升序或降序的排列，如图3-15所示。

图3-15　表格可视化展现

将“表格”对象转换为“环形图”对象，设置“环形图”对象格式，选择【可视化】选项卡下面的【格式】，将标签样式设置为“类别，总百分比”，如图3-16所示。

图3-16 环形图格式设置

设置好的“环形图”如图3-17所示。

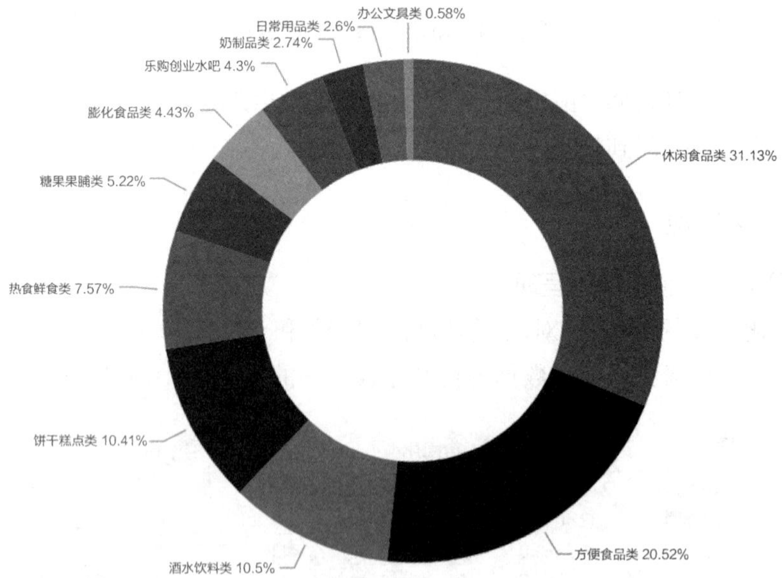

图3-17 各品类销售额占比

（二）各品类销售额趋势分析可视化呈现

新建一个“表格”对象，勾选“合并1”的“下单日期”“品类”“销售额”字段，并将“下单日期”字段设置在“品类”和“销售额”字段的上方，如图3-18所示。

将“表格”对象转换为“折线图”对象，将下单日期粒度细化到月，就可以直观地看见各品类的销售情况及销售趋势，如图3-19所示。

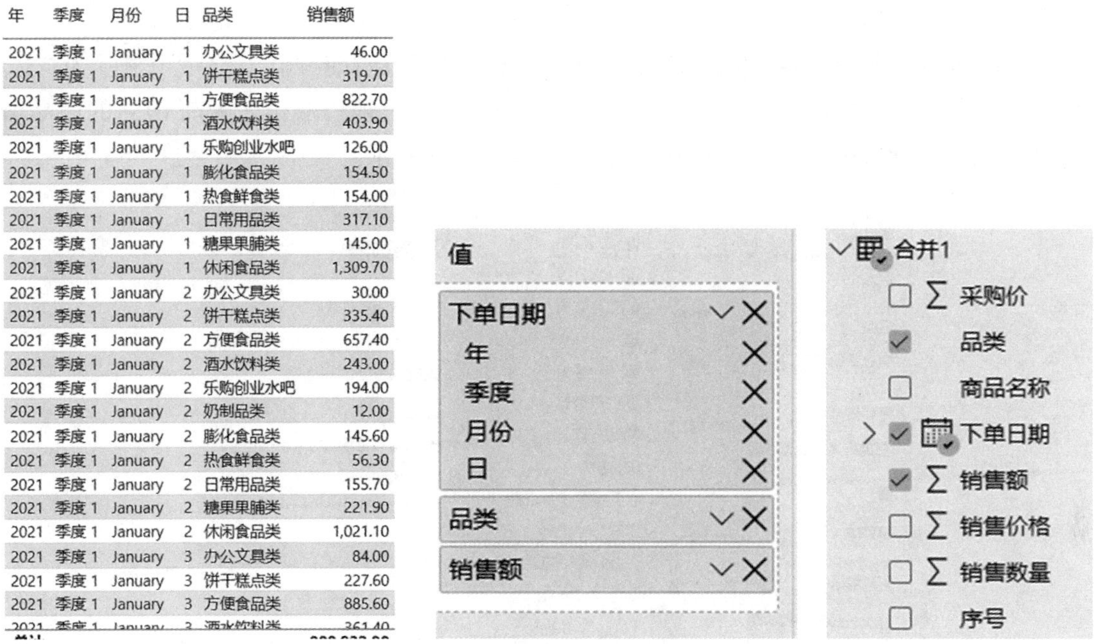

年	季度	月份	日	品类	销售额
2021	季度1	January	1	办公文具类	46.00
2021	季度1	January	1	饼干糕点类	319.70
2021	季度1	January	1	方便食品类	822.70
2021	季度1	January	1	酒水饮料类	403.90
2021	季度1	January	1	乐购创业水吧	126.00
2021	季度1	January	1	膨化食品类	154.50
2021	季度1	January	1	热食鲜食类	154.00
2021	季度1	January	1	日常用品类	317.10
2021	季度1	January	1	糖果果脯类	145.00
2021	季度1	January	1	休闲食品类	1,309.70
2021	季度1	January	2	办公文具类	30.00
2021	季度1	January	2	饼干糕点类	335.40
2021	季度1	January	2	方便食品类	657.40
2021	季度1	January	2	酒水饮料类	243.00
2021	季度1	January	2	乐购创业水吧	194.00
2021	季度1	January	2	奶制品类	12.00
2021	季度1	January	2	膨化食品类	145.60
2021	季度1	January	2	热食鲜食类	56.30
2021	季度1	January	2	日常用品类	155.70
2021	季度1	January	2	糖果果脯类	221.90
2021	季度1	January	2	休闲食品类	1,021.10
2021	季度1	January	3	办公文具类	84.00
2021	季度1	January	3	饼干糕点类	227.60
2021	季度1	January	3	方便食品类	885.60

图3-18 表格可视化展现

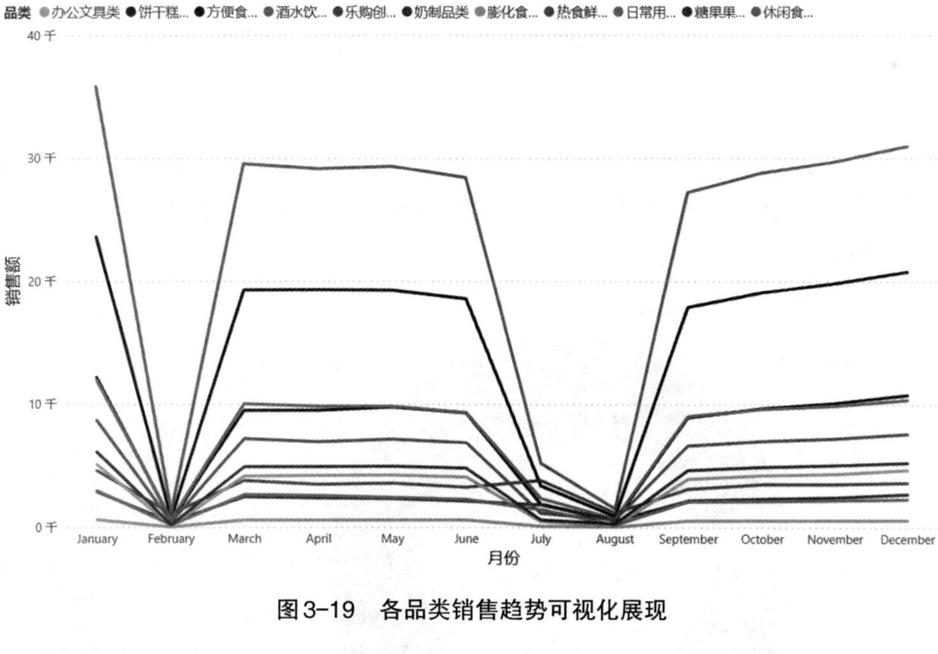

图3-19 各品类销售趋势可视化展现

(三)产品热销榜分析可视化呈现

1. 更改图例

选中图3-17所示的环形图，将图例由原来的“品类”字段更改为“商品名称”字段。将“合并1”报表中的“商品名称”字段拖拽至图例，然后单击“品类”字段后面的“×”，将“品类”字段删掉，如图3-20所示。

2. 设置筛选器

单击“商品名称”字段，在【筛选类型】下拉框中选择为“前N个”，显示项显示为“上，10”。把“合并1”中的“销售额”拖拽至按值。表示筛选出销售额排名为前10名的商品名称即畅销商品。设置好后单击“应用筛选器”，如图3-21所示。

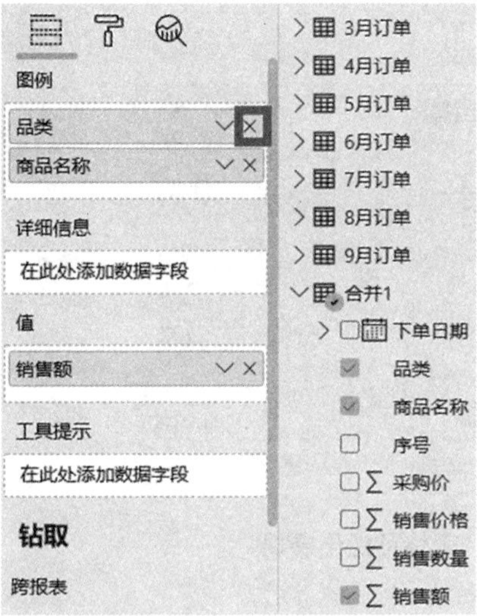

图3-20　更改图例

图3-21　应用筛选器

3. 可视化展现

可以直观地看出“校区乐购”的畅销产品前10名如下：康师傅方便面、宇仔大刀肉、乐事薯片、巧克力、三利和臭豆腐、旺旺雪饼、百事可乐2L、自嗨锅、麻辣王子鱼卷、统一方便面，如图3-22所示。

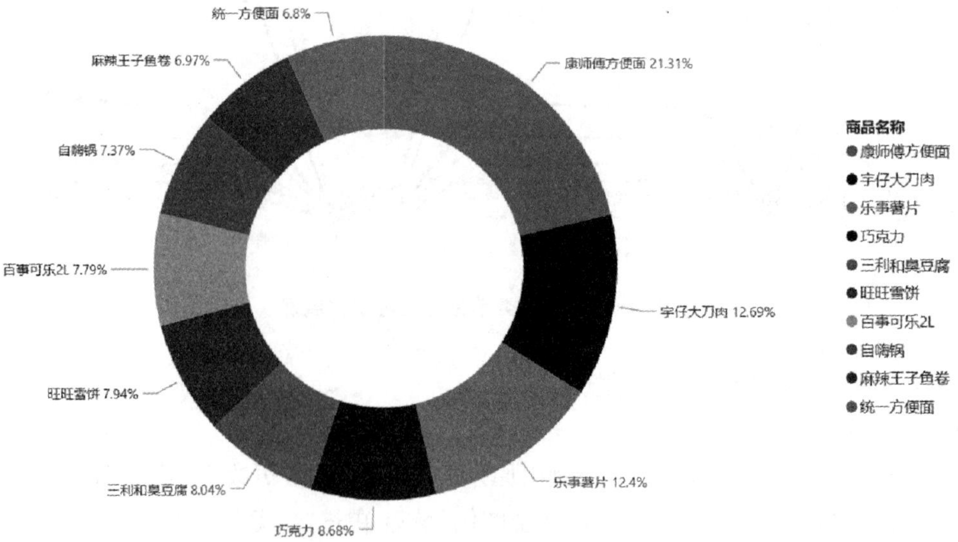

图3-22　产品热销前10名排行榜

（四）产品滞销榜分析可视化呈现

1. 新建“环形图”可视化对象

单击“环形图”可视化对象，将“合并1”报表中的“商品名称”字段拖拽至图例栏，“销售额”字段拖拽至值。

2. 设置筛选器

单击“商品名称”字段，筛选类型在下拉框中选择为“前N个”，显示项显示为“下，10”。把“合并1”中的“销售额”拖拽至按值。表示筛选出销售额排名最后10名的商品名称即滞销商品。设置好后单击“应用筛选器”。

3. 可视化展现

可以很直观地看到“校区乐购”的滞销商品前10名排序如下：野塘藕片、爽哒哒魔芋爽、小卫龙辣条、开口爽藕片、久久丫甜辣薄豆干、芒果芦荟乐购创业水吧、香辣王山椒味鱼仔、笑笑小辣条、三蒸三晒台式Q梅、脆丁壳，如图3-23所示。

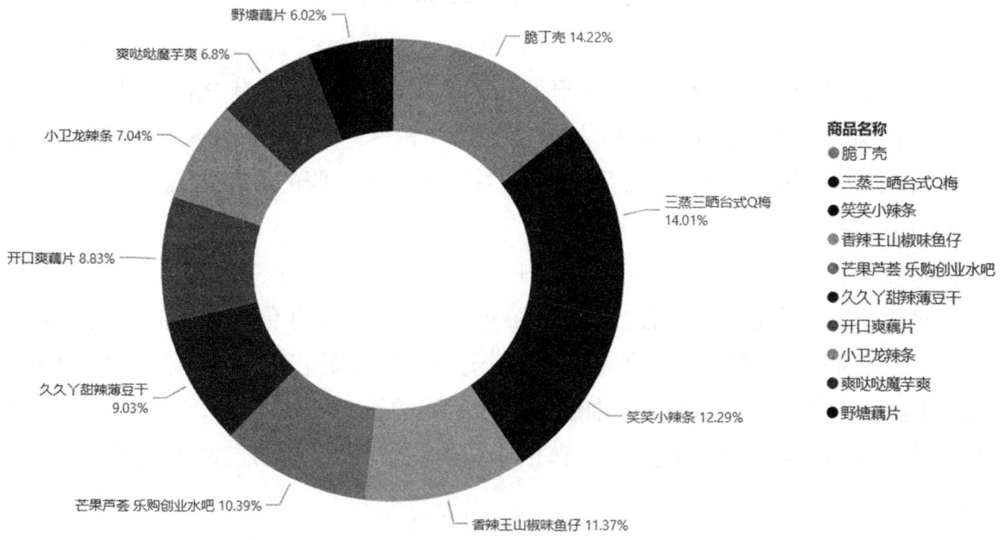

图3-23　滞销商品前10名排行榜

三、产品的销售分析结果

“校区乐购”校园生活新零售服务平台提供了办公文具类、糕点饼干类、方便食品类、酒水饮料类、乐购创业水吧、奶制品类、膨化食品类、热食鲜食类，日常用品类、糖果果脯类、休闲食品类，共110种产品。产品品类丰富齐全，从总的销售额占比上来看，休闲食品类31.13%，方便食品类20.52%，酒水饮料类10.5%，饼干糕点类10.41%，热食鲜食类7.57%，这五类占比达80.13%的销售总额。排名最后三名的分别是奶制品类占比2.74%，日常用品类占比2.50%，办公文具类占比0.58%。从全年的销售趋势可以看出，2月、7月、8月销量很低，因为这时期属于学校全体师生放寒暑假时间，而开学后的一个月销量达到高峰期。

针对“校区乐购”的畅销商品及滞销商品采取不同的营销策略。

（1）优先采购。店铺在制订采购计划时，应优先将畅销商品采购数量指标的制订和落实作为首要任务，要保证畅销商品供货的稳定，保证畅销商品不断档缺货，这是保证商品畅销的前提条件。

（2）优先存储。在配送中心，要将最佳库存量留给畅销商品，要尽可能使畅销商品在储存环节中物流线路最短，要尽量做好保管工作。

（3）优先上架。将店铺最好的区域、最吸引顾客的货架留给畅销商品，并保证店铺货架上有足够大的陈列空间陈列商品。

（4）优先促销。促销计划的制订及实施都应围绕畅销商品，畅销商品的促销应成为店铺促销活动的主要内容，各种商品群的组合促销也应突出其中的畅销商品。

任务二　产品线分析

经过第一阶段产品的销售分析，小雨了解了“校区乐购”近一年来的整体销售情况、品类的总的销售额以及品类的销售额趋势，也找出了“校区乐购”近一年的畅销商品及滞销商品，发现销售额上不去的原因除了2月、7月、8月学校放寒暑假的客观原因外，还应从产品线的角度，查找更深层面的原因。

根据数据分析的思路，将波士顿矩阵应用于产品分析，需要核算企业各种产品的销售增长率和市场占有率。通过观察“校区乐购”最近两个月（11月订单数据和12月订单数据）的数据，来计算店铺各种产品的销售增长率和市场占有率，然后将店铺的产品归类到四个象限内，根据四个象限内的产品的阵容分别制定一些不同的策略。

小雨认真学习了有关产品波士顿矩阵的分析方法，制定了任务二的产品线分析计划，如图3-24所示。

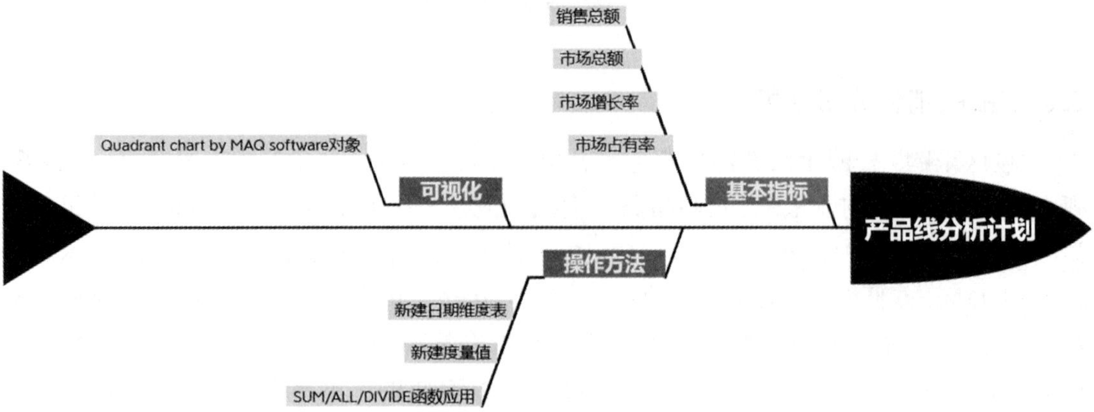

图3-24　产品线分析计划

知识储备

一、波士顿矩阵的概念

波士顿矩阵(BCG Matrix),又称为市场增长率-相对市场份额矩阵、波士顿咨询集团法、四象限分析法、产品系列结构管理法等。波士顿矩阵由美国著名的管理学家、波士顿咨询公司创始人布鲁斯·亨德森于1970年创作。波士顿矩阵认为一般决定产品结构的基本因素有两个:即市场引力与企业实力。

市场引力包括整个市场的销售量(额)增长率、竞争对手强弱及利润高低等。其中,最主要的是反映市场引力的综合指标——销售增长率,这是决定企业产品结构是否合理的外在因素。

企业实力包括市场占有率、技术、设备、资金利用能力等,其中,市场占有率是决定企业产品结构的内在要素,它直接显示出企业竞争实力。销售增长率与市场占有率既相互影响,又互为条件。市场引力大,市场占有率高,可以呈现产品发展的良好前景,企业也具备相应的适应能力,实力较强;如果仅有市场引力大,而没有相应的高市场占有率,说明企业尚无足够实力,则该种产品无法顺利发展。相反,企业实力强,而市场引力小的产品也预示了该产品的市场前景不佳。

二、波士顿矩阵的计算步骤

(1)核算企业各种产品的销售增长率和市场占有率。销售增长率可以用企业的产品销售额或销售量增长率,时间可以是一年或是三年以至更长时间;市场占有率,可以用相对市场占有率或绝对市场占有率,但是需要用最新资料数据。

基本计算公式:

企业某种产品绝对市场占有率=该产品企业销售量 ÷ 该产品市场销售总量

企业某种产品相对市场占有率=该产品企业市场占有率 ÷ 该产品市场占有份额最大者(或特定的竞争对手)的市场占有率

(2)绘制四象限图。以10%的销售增长率和20%的市场占有率为高低标准分界线,将坐标图划分为四个象限,然后把企业全部产品按其销售增长率和市场占有率的大小,在坐标图上标出其相应位置(圆心)。定位后,按每种产品当年销售额的多少,绘成面积不等的圆圈,按顺序标上不同的数字代号以示区别。定位的结果即将产品划分为四种类型。

三、波士顿矩阵的产品分类及营销策略

(1)明星产品(Stars)。明星产品是指处于高增长率、高市场占有率象限内的产品群,这类产品可能成为企业的现金牛产品,需要加大投资以支持其迅速发展。采用的发展战略是:积极扩大经济规模和市场机会,以长远利益为目标,提高市场占有率,加强竞争地位。明星产品的管理与组织最好采用事业部形式,由对生产技术和销售两方面都很内行的经营者负责。

（2）现金牛产品（Cash Cow），又称厚利产品。现金牛产品是指处于低增长率、高市场占有率象限内的产品群，已进入成熟期。其财务特点是销售量大，产品利润率高、负债比率低，可以为企业提供资金。由于其增长率低，也无须增大投资，因而成为企业回收资金，支持其他产品，尤其是明星产品投资的后盾。一是把设备投资和其他投资尽量压缩；二是采用榨油式方法，争取在短时间内获取更多利润，为其他产品提供资金。对于这一象限内的销售增长率仍有所增长的产品，应进一步进行市场细分，维持现存市场增长率或延缓其下降速度。对于现金牛产品，适合于用事业部制进行管理，其经营者最好是市场营销型人物。

（3）问题产品（Question Marks）。问题产品是处于高增长率、低市场占有率象限内的产品群。前者说明市场机会大，前景好，而后者则说明在市场营销上存在问题。其财务特点是利润率较低，所需资金不足，负债比率高。例如，在产品生命周期中处于引进期、因种种原因未能开拓市场局面的新产品即属此类问题的产品，对问题产品应采取选择性投资战略。因此，对问题产品的改进与扶持方案一般均列入企业长期计划中。对问题产品的管理组织，最好是采取智囊团或项目组织等形式，选拔有规划能力、敢于冒风险、有才干的人负责。

（4）瘦狗产品（Dogs），也称衰退类产品。瘦狗产品是处在低增长率、低市场占有率象限内的产品群。其财务特点是利润率低、处于保本或亏损状态，负债比率高，无法为企业带来收益。对这类产品应采用撤退战略：首先应减少批量，逐渐撤退，对那些销售增长率和市场占有率均极低的产品应立即淘汰；其次是将剩余资源向其他产品转移；最后是整顿产品系列，最好将瘦狗产品与其他事业部合并，统一管理。

任务操作

将波士顿矩阵应用于产品分析，只需要核算企业各种产品的销售增长率和市场占有率。销售增长率可以使用企业的产品销售额或销售量增长率，时间可以是一月、一季度、一年或三年甚至更长时间。市场占有率可以使用相对市场占有率或者绝对市场占有率。

本例将以“校区乐购”的2021年11月订单数据和2021年12月订单数据这两个月的数据来进行举例说明。

采用的计算公式：

销售增长率=（12月的销售额−11月的销售额）÷11月的销售额

市场占有率=销售占比=产品的销售额 ÷ 店铺的销售总额

一、数据准备工作

产品线分析数据准备工作

（一）连接到源数据

打开Power BI，在【文件】-【获取数据】-选中Excel工作簿，勾选“11月订单”“12月订单”“成本报表”三个数据表后，单击【转化数据】按钮，进入Power Query编辑器界面，检查数据格式，将“订单号”字段格式改为文本，检查确认“下单日期”字段为“日期格式”，“销售数量”字段为“整数格式”。

（二）数据的清洗、整理

1. 追加查询

在【主页】选项卡中单击11月订单，单击【追加查询】下拉按钮，在弹出的下拉列表中选择【将查询追加为新查询】选项，勾选“两个表”，然后第二张表下拉菜单中选择12月订单，目的是将11月和12月两个月的订单数据追加成一张表，然后单击【确定】按钮，如图3–25所示。

图3–25　追加合并

2. 合并查询

单击成本报表后，在【主页】选项卡中单击【合并查询】下拉按钮，在弹出的下拉列表中选择【将查询合并为新查询】选项，将“成本报表”和“追加1”两个表通过“商品名称”字段进行合并。

默认创建的新查询名为“合并1”，同时再查询最后一列“Table”类型的数据。单击“Table”类型这一列列名右侧的按钮，展开“Table”字段，勾选“销售数量”“下单日期”，取消勾选“使用原始列名作为前缀”复选框，展开后，两张表的字段合并完毕。

3. 新建列销售额

在【添加列】选项卡下单击【自定义列】，在弹出的自定义列对话框中编辑“销售额=[销售价格]×[销售数量]”。添加列成功后，将销售额的格式修改为“小数格式”，在【主页】选项卡中单击【关闭并应用】按钮。

4. 新建日期维度表

【主页】选项卡下单击【转换数据】按钮进入Power Query编辑器，选中“追加1”数据表中的“下单日期”这一列，在“下单日期”字段名称上右击，在弹出的快捷菜单中选中“作为新查询添加”选项，如图3–26所示。

这时转换到新建的查询，该查询的数据为“追加1”中的“下单日期”字段。该查询中的数据为列表格式，单击列表中的数据，在功能区会出现【列表工具】选项卡，在该选项卡中单击【到表】按钮，在弹出的“到表”对话框中无须设置参数，直接单击【确定】按钮即可，如图3–27所示。

将列表转换为表格后，会出现字段名“Column1”。双击“Column1”将其名字修改为“日期”。然后将该“日期”字段的数据类型改为“日期”格式，双击“下单日期”表名，将其改为“日期表”，至此日期维度表就创建成功，如图3–28所示。选择【主页】选项卡下的【关闭并应用】。

图 3–26　作为新查询添加

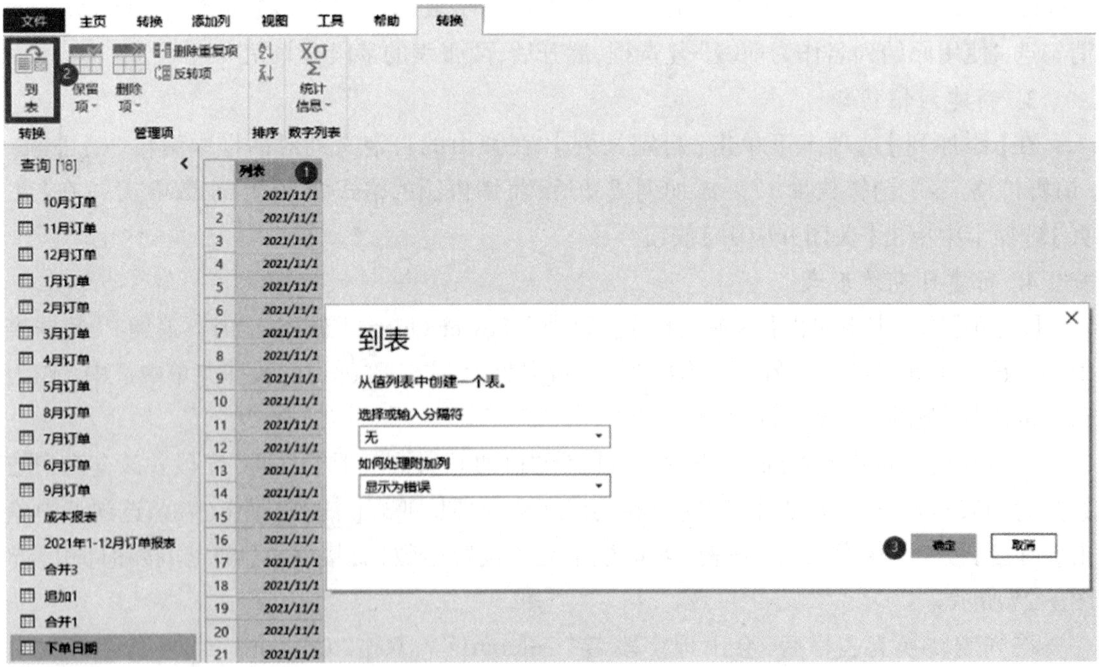

图 3–27　到表

5. 建立关系模型

回到模型视图，将日期维度表的“日期”分别拖拽到“追加1”“合并1”的“下单日期”字段创建关系。

6. 新建度量值

回到报表视图，选中“合并1”报表，然后选择【建模】-【新建度量值】，建立产品的销售总额、市场总额、11月销售总额、12月销售总额、市场增长率、市场占有率这些新的度量值。

（1）新建度量值“销售总额”，公式为：销售总额=SUM（[销售额]）

（2）新建度量值“市场总额”，公式为：市场总额=SUMX（ALL（'合并1'），'合并1'[销售额]）

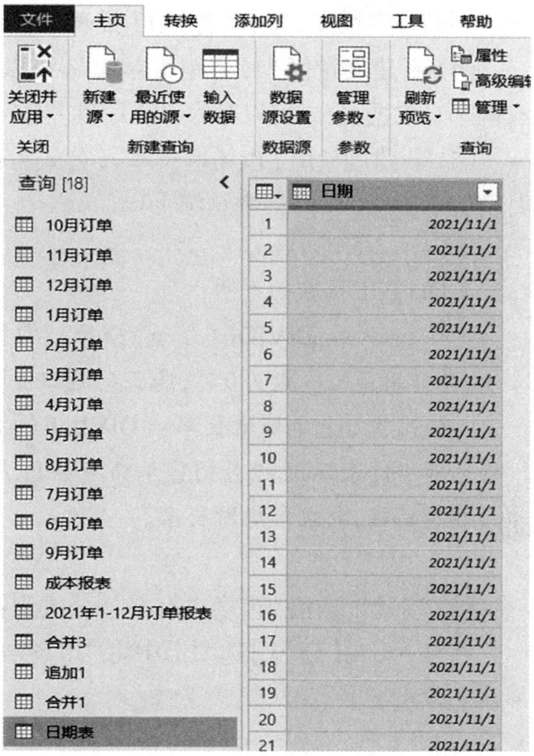

图3-28　创建成功的日期维度表

SUMX函数的说明：

函数功能：返回表中每一行计算的表达式之和。

函数语法：SUMX(<表名>,<表达式>)。参数说明如下：<表名>是在Power BI Desktop中任意加载完毕的表格；<表达式>是对表中每一行进行计算的表达式，一般指度量列名。

ALL函数的说明：

函数功能：返回表中所有的行，忽略上下文的筛选条件。

函数语法：ALL（<表名或列名>，[<列名>]）。

（3）新建度量值“11月销售总额”，公式为：11月销售总额=SUM（'11月订单合并表'[11月销售额]）

【主页】选项卡下单击【转换数据】进入Power Query编辑器，选择11月订单报表，然后在【主页】选项卡下单击【合并查询】按钮，在其下拉列表中选择【将查询合并为新查询】，将11月订单表与成本报表通过“商品名称”建立合并查询。

默认创建的新查询名为“合并2”，双击“合并2”进行改名，改名为“11月订单合并表”。同时再查询最后一列“Table”类型的数据。单击“Table”类型这一列列名右侧的按钮，展开“Table”字段，勾选“销售价格”，取消勾选【使用原始列名作为前缀】复选框，展开后，两张表的字段合并完毕。

【添加列】选项卡下单击“自定义列”，新列名为“11月销售额”；自定义列公式为：11月销售额=[销售数量]×[销售价格]，然后单击【确定】，最后关闭并应用。

回到报表视图，选中“合并1”报表，然后选择【建模】-【新建度量值】。

（4）新建度量值“12月销售总额”，可以和11月销售总额的操作方式一样，由于案例只有两个月数据，公式可以写为：12月销售总额=[市场总额]-[11月销售总额]。

（5）新建度量值“市场增长率”，公式为：市场增长率=DIVIDE([12月销售总额]-[11月销售总额],[11月销售总额])。

> DIVIDE 函数的说明：
>
> 函数语法：DIVIDE（分子，分母），它替代了常规的除法（“/”），可以理解为安全除法，其作用是当除数为0时，能正确返回值。
>
> 使用说明：市场增长率 = DIVIDE([12月销售总额]-[11月销售总额],[11月销售总额])，表示用12月销售总额减去11月销售总额得到的市场增量作为分子，除以11月销售总额，来求市场增长率。

（6）新建度量值“市场占有率”，公式为：市场占有率=[销售总额]÷[市场总额]。

注意，要在【建模】选项卡中将“市场增长率”和“市场占有率”设置为百分比格式（这一步非常重要）。

二、数据可视化呈现

产品线分析数据可视化

（一）完成数据表格可视化呈现

回到报表视图，选择可视化的表格，选中商品名称、销售总额、市场总额、市场占有率、市场增长率字段，如图3-29所示。

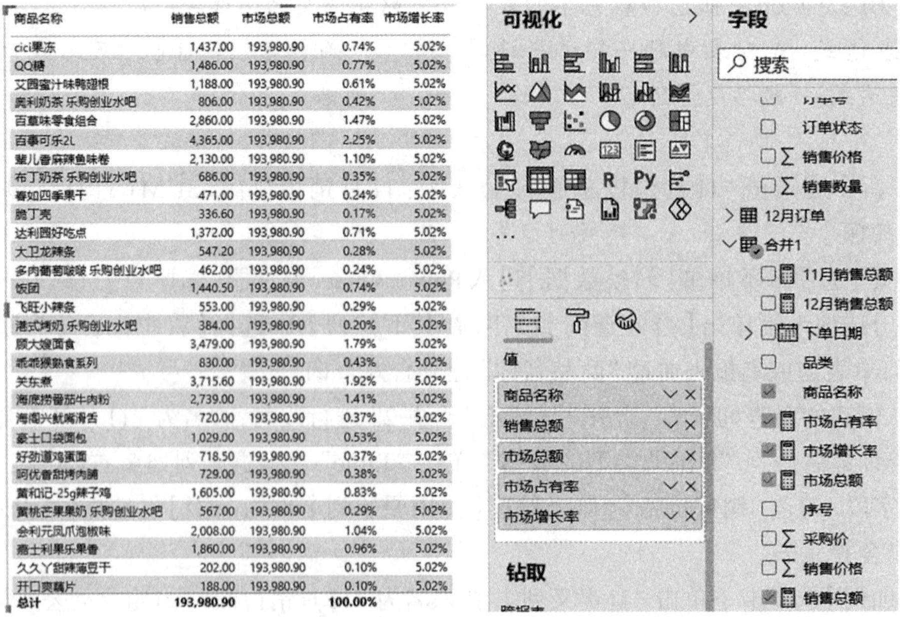

商品名称	销售总额	市场总额	市场占有率	市场增长率
cici果冻	1,437.00	193,980.90	0.74%	5.02%
QQ糖	1,486.00	193,980.90	0.77%	5.02%
艾园蜜汁味鸭翅根	1,188.00	193,980.90	0.61%	5.02%
奥利奶茶 乐购创业水吧	806.00	193,980.90	0.42%	5.02%
百草味零食组合	2,860.00	193,980.90	1.47%	5.02%
百事可乐2L	4,365.00	193,980.90	2.25%	5.02%
蜀儿香麻辣鱼味卷	2,130.00	193,980.90	1.10%	5.02%
布丁奶茶 乐购创业水吧	686.00	193,980.90	0.35%	5.02%
春如四季果干	471.00	193,980.90	0.24%	5.02%
脆丁壳	336.60	193,980.90	0.17%	5.02%
达利园好吃点	1,372.00	193,980.90	0.71%	5.02%
大卫龙辣条	547.20	193,980.90	0.28%	5.02%
多肉葡萄啵啵 乐购创业水吧	462.00	193,980.90	0.24%	5.02%
饭团	1,440.50	193,980.90	0.74%	5.02%
飞旺小辣条	553.00	193,980.90	0.29%	5.02%
港式烤奶 乐购创业水吧	384.00	193,980.90	0.20%	5.02%
顾大嫂面食	3,479.00	193,980.90	1.79%	5.02%
乖乖猴勤食系列	830.00	193,980.90	0.43%	5.02%
关东煮	3,715.60	193,980.90	1.92%	5.02%
海底捞番茄牛肉粉	2,739.00	193,980.90	1.41%	5.02%
海阔兴鱿嘴滑舌	720.00	193,980.90	0.37%	5.02%
豪士口袋面包	1,029.00	193,980.90	0.53%	5.02%
好劲道鸡蛋面	718.50	193,980.90	0.37%	5.02%
阿优香甜烤肉脯	729.00	193,980.90	0.38%	5.02%
黄和记-25g辣子鸡	1,605.00	193,980.90	0.83%	5.02%
黄桃芒果果奶 乐购创业水吧	567.00	193,980.90	0.29%	5.02%
会利元凤爪泡椒味	2,008.00	193,980.90	1.04%	5.02%
嘉士利果乐果香	1,860.00	193,980.90	0.96%	5.02%
久久丫甜辣薄豆干	202.00	193,980.90	0.10%	5.02%
开口爽藕片	188.00	193,980.90	0.10%	5.02%
总计	193,980.90		100.00%	

图3-29　表格可视化呈现

（二）波士顿矩阵图可视化呈现

1. 新建“Quadrant Chart by MAQ Software”可视化对象

获取在【可视化】-【...】-【获取更多视觉对象】-搜索“Quadrant Chart by MAQ Software”，单击并添加，如图3-30所示。

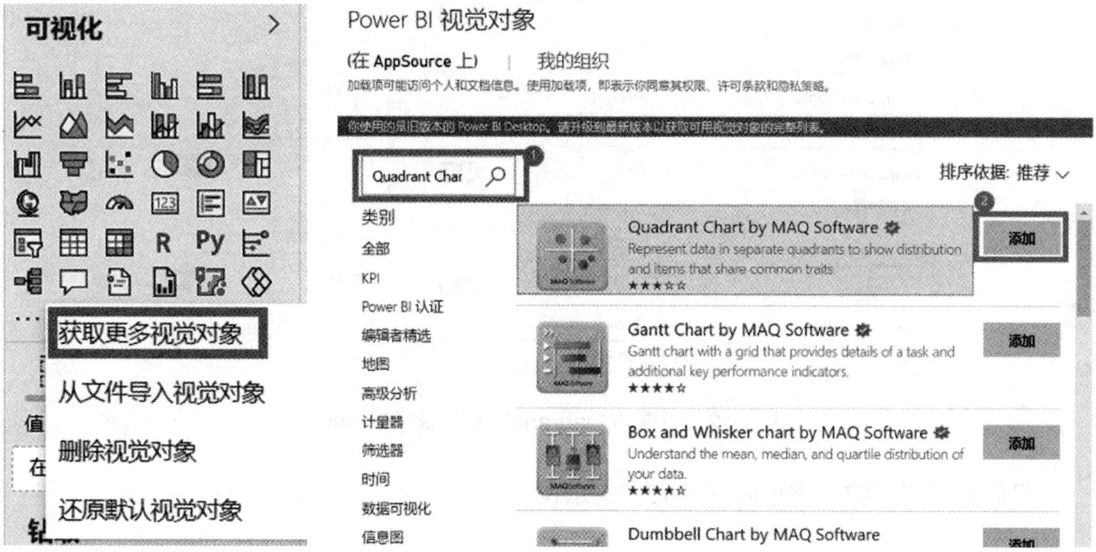

图3-30 搜索Quadrant Chart by MAQ Software

2. 设置波士顿矩阵图

将“X Axis（X轴）”设置为“市场增长率”，将“Y Axis（Y轴）”设置为“市场占有率”，“Radial Axis（半径）”不用设置，将“Legend Axis（图例）”设置为“商品名称”，切换到设置视觉对象的格式窗口进行设置，如图3-31所示。

图3-31 设置波士顿矩阵的X/Y轴

设置 “Quadrant” “X Axis” “Y Axis”，具体设置如图 3-32 所示。

图 3-32　设置 “Quadrant” “X Axis” “Y Axis”

最后设置好的波士顿矩阵，如图 3-33 所示。

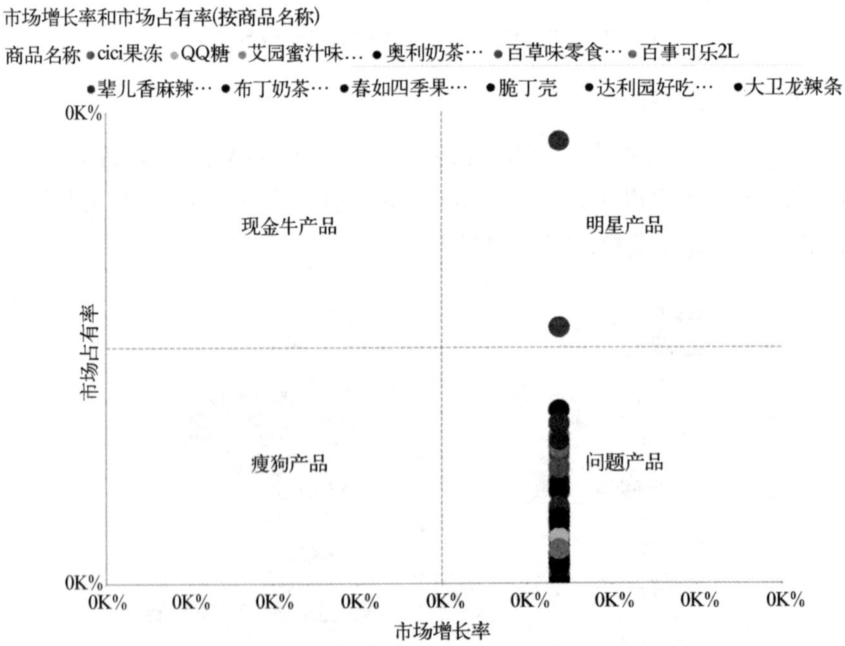

图 3-33　波士顿矩阵图

三、产品线分析结果

可以很明显地看出，“校区乐购” 的各产品的市场占有率很低，最高的康师傅方便面市场占有率仅为6.57%，最低的野塘藕片市场占有率仅为0.07%；各产品的市场增长率均为

5.02%。只有两个“明星产品”，分别为：康师傅方便面、宇仔大刀肉。没有现金牛产品和瘦狗产品，都是问题产品，很显然，这种产品结构的市场风险非常大。

任务三　产品价格分析

在经济学的语言中，价格是为获得所期望的某些东西而必须牺牲的货币量。价格存在的意义在于它能使社会资源得到有效配置，实现社会总体福利最大化，也就是说，价格指导着社会资源该如何使用。价格就像一只看不见的手，影响着市场的供需。供过于求时，价格降低，在成本不变的情况下，利润降低，这将指导生产者转向其他产品的生产；供不应求时，价格提高，利润提高，这将刺激生产者进行更多的投资，引导更多的资源进入这个行业。此外，较高的价格，也可能刺激技术革新和开发新技术的速度加快。因此，降低价格可以刺激需求，限制供给，而提高价格具有相反的作用。

产品的价格（Price）是4P理论中重要的一环，是消费者决定购买与否的主要因素，因此在产品分析中，价格分析占据着关键的地位。为了更好地了解客户的产品价格偏好，对产品价格带的分析非常重要，通过观察全年的产品计划表，统计出店铺2021年全年的产品销售价格数据，小雨找店长要来了全年产品计划表，通过对这些数据进行分组分析，得出客户偏好的价格区间，指导店铺今后产品结构、产品价格定位的调整与优化。

小雨学习了有关产品价格带分组的分析方法，制定了任务三的产品价格带分析计划，如图3-34所示。

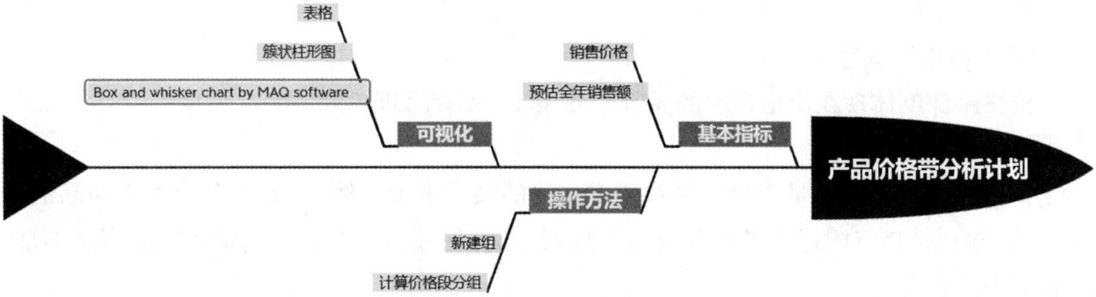

图3-34　产品价格带分析计划

知识储备

一、价格带分析

（一）价格带分析概述

价格带是指各个产品品种销售价格的上限与下限之间的范围。与价格带相关的几个概念是价格带“三度”（宽度、广度、深度）、价格线、价格点和价格区。

为了满足顾客对商品的需要，应该减少销售层次，缩小价格带。如果销售价格的种类很多,则必然导致消费者不需要的商品增加,使其选择商品成为困难,并失去了商店的特性。零售商观察竞争对手门店的商品,不能只看对方的商品陈列方式和陈列位置这种表面的事情,一定要看到更深层次的地方,去了解竞争对手门店的商品构成和价格分布。

在对竞争门店商品结构进行对比分析时,商品价格带分析方法可为市场调查提供简单而明确的分析结果。例如红葡萄酒,对方有五个规格,分别是100元、198元、280元、350元、498元,共计五种价格;同时我们也有五个规格的红葡萄酒,分别是150元、198元、200元、298元、398元共计五种价格。经过价格带的对比后,我们发现:

(1)对方的价格带(100～498元)比我们宽(150～398元)。

(2)对方的最低价格(100元)比我们的最低价格(150元)便宜。

(3)如果我们增加100元和400元价格的规格,那就会改变一些商品的品类定位。

(4)如果同一种商品我们的价格偏高时,需要查看该商品的销售排名。如果销售情况不好,就可以考虑淘汰这种商品;如果销售情况较好,消费者也需要,就可以把它作为牺牲品对待。

(二)价格带宽度

价格带宽度就是价格带中最高价和最低价的差值。上例红葡萄酒竞争门店的价格带宽度是398元,我们店的价格带宽度是248元,价格带的宽度决定了该类别产品满足消费者需求的价格范围大小。说明我们店能够满足的消费层次会稍低一些,也会让消费者感觉我们店的红葡萄酒更便宜些。

(三)价格带广度、价格线

价格带广度也可称作价格线,体现在价格带中的不重复销售价格的数量,每个不重复价格叫做一条价格线。

(四)价格带深度

价格带深度体现在价格带中的品牌数或SKU(库存管理单元)数。

(五)价格点

价格点是指在价格带中最容易被顾客接受的某一条价格线,确定了某个类别商品的价格点后,在此价格点附近多准备些商品并陈列丰满一些,就会给目标消费者造成商品丰富、价格适中的感觉。

(六)价格区

价格区是价格带中包含价格点的一个顾客主要购买的价格区间,这个区间远远小于价格带的范围。一个店铺可能不止一个价格区,好的店铺会有1个主价格点和1～2个次价格点对应一个价格区,这是最优的方案。

二、常用的定价策略

定价策略是指为实现定价目标在定价方面采取的谋略和措施。激烈的市场竞争使企业越来越重视定价策略,恰当地运用各种定价策略,是企业发展壮大,提高自身竞争力,最终取得成功的重要策略。

（一）市场细分定价策略

市场细分定价策略是指将购买者分为不同的群体，针对每一个细分市场上的用户，制定更有效的定价方案的定价策略。

1. 根据购买者的类型细分

要实现按购买者的类型细分，最关键的是要获取购买者的信息，然后通过购买者的相关信息鉴别顾客的类型。这种方式需要商家迅速、准确地将价格不敏感的顾客从庞大的潜在消费群体中分离出来。

2. 根据购买的地点细分

根据购买的地点细分，常见的定价方式有国际定价、产地交货价格、卖主所在地交货价格、运费补贴价格、统一交货价格、分区定价和基点定价等。

3. 根据购买的时间细分

根据购买的时间细分，常见的定价方式大致可分为旺季定价和淡季定价。对于那些服务成本随时间变化很大的行业来说，按时间细分是非常有效的，例如航空公司、船运公司和旅馆。

4. 根据购买的数量细分

当顾客在不同的细分市场购买不同数量的商品时，可以使用数量折扣进行细分定价。数量折扣的类型有四种：总额折扣、订单折扣、分步折扣和两部分定价法。

5. 根据商品的设计细分

根据商品的设计细分是最有效的细分。它是指通过设计出不同档次的商品或服务，来满足不同顾客的需要，从而实现对市场的细分。

6. 根据商品的捆绑细分

商品的捆绑是细分定价常用的策略，被捆绑的商品在满足不同购买者细分的需求时，彼此关联。此种定价方式大致可分为选择性捆绑、增值捆绑等。

7. 根据搭卖和测量细分

根据搭卖和测量细分定价的策略在对商品进行定价时常常用到，这是因为购买者通常更看重常用的商品。这两种定价策略是根据顾客对商品的使用频次来细分购买者的。

（二）营销组合中的定价策略

定价策略不能同店铺的其他营销策略分离。商品的价格可能会影响市场对这一商品的认识，也会影响与此商品一起出售的其他商品的市场情况，还会影响广告的效果和分销过程中人们对这个商品的注意程度。

（1）定价策略与产品线。一个商品的销售对它的替代品和互补品的销售有很大影响。如果希望获取最大的利润，则对某种商品定价时必须考虑它对其他商品的影响。

（2）定价策略与促销策略，是指企业为了使消费者更好地了解自己的商品而采取的一些措施。

（3）把价格作为促销手段。有效的价格促销是指在“普通”价格的基础上再给予折扣，激发顾客的购买欲望，影响顾客的消费行为，主要有试销、免费试用、特别包装、优惠券、折扣、批发折扣等形式。

（4）定价策略与分销策略。一种商品的分销方式显然会影响这种商品的定价方式。通常，分销方式会影响该商品的同类商品、该商品在消费者心中的形象以及该商品的细分市场。

任务操作

一、准备数据

（一）连接到源数据

打开Power BI，在【文件】-【获取数据】中选中Excel工作簿或者从【主页】-【获取数据】进入Excel工作簿，勾选“产品计划报表”数据表后，单击【转化数据】按钮。

（二）清洗数据

进入Power Query编辑器界面，检查“销售价格”“预估全年销量”“预估全年销售额”列的格式，确认“销售价格”“预估全年销量”“预估全年销售额”字段为“小数格式”。单击【主页】-【关闭并应用】。

二、计算价格带分组

在报表视图右侧字段框中找到“销售价格”字段，将鼠标指针停留在该字段上，右侧会出现“…”图表，单击“…”图标，在弹出的菜单中选中“新建组”选项，如图3-35所示。

在弹出的“组”对话框中可以看到销售价格的最小值是0.5元，最大值是45元，区间比较小，可以将“装箱大小”设置为“5”，如图3-36所示。

图3-35　新建组

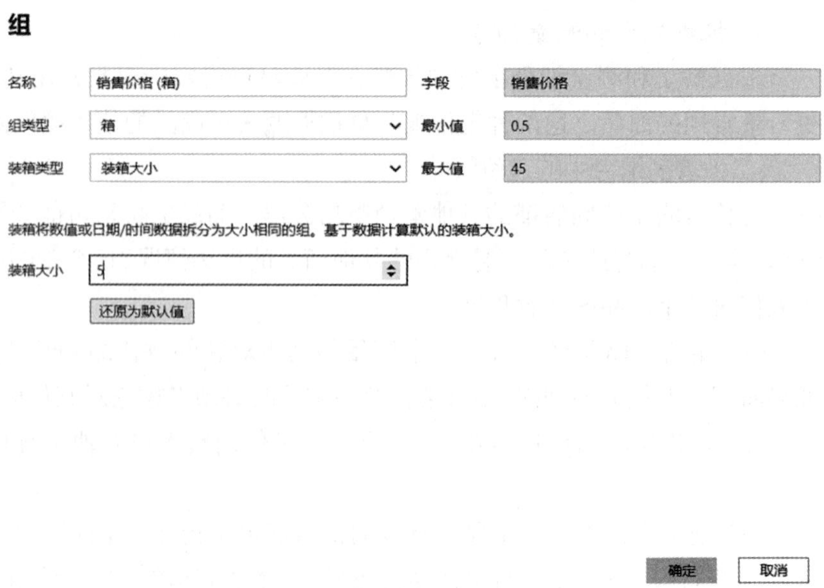

图3-36　设置装箱大小

重复以上操作，再创建一个组，将“装箱大小”设置为“3”。

三、数据可视化呈现

（一）簇状柱形图可视化呈现

在报表视图中勾选“销售价格（箱）”“销售价格（箱）2”“预估全年销售额”三个字段，点选可视化对象“表格”，如图3-37所示。

销售价格 (箱)	销售价格 (箱) 2	预估全年销售额
0.00	0.00	147,717.90
0.00	3.00	186,782.10
5.00	3.00	123,013.80
5.00	6.00	251,123.80
5.00	9.00	31,383.00
10.00	9.00	63,596.00
10.00	12.00	19,115.00
15.00	15.00	9,690.00
20.00	18.00	11,668.80
20.00	21.00	32,690.50
45.00	45.00	14,760.00
总计		**891,540.90**

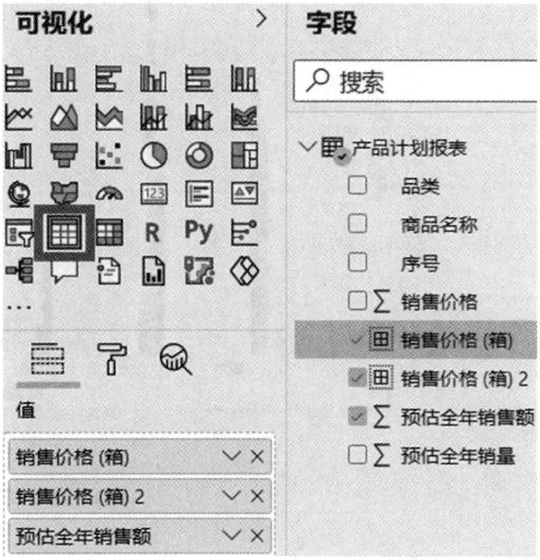

图3-37　表格可视化

将“表格”对象转换为“簇状柱形图”对象，选中“簇状柱形图”对象，将“轴”设置为“销售价格（箱）”和“销售价格（箱）2”，“值”设置为“预估全年销售额”。单击【格式刷】图标，展开“X轴”选项，将“类型”设置为“类别”，如图3-38所示。

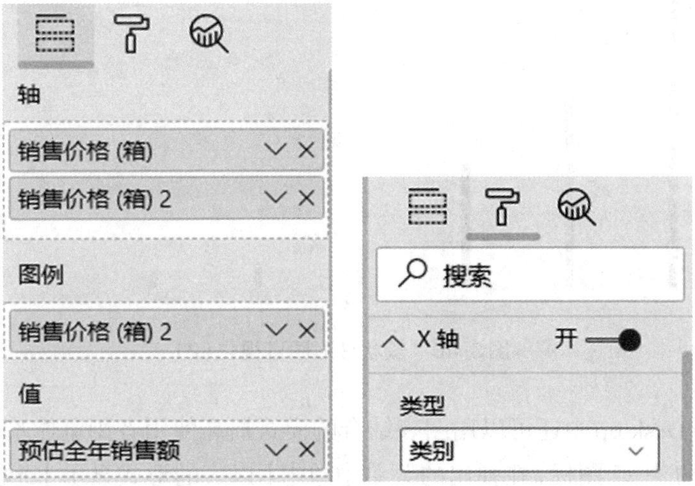

图3-38　轴、图例、值、X轴设置

设置完成后的效果如图3-39所示，可以看到产品的主流价格是0 ～ 10（元），进一步向下钻取，如图3-40所示。

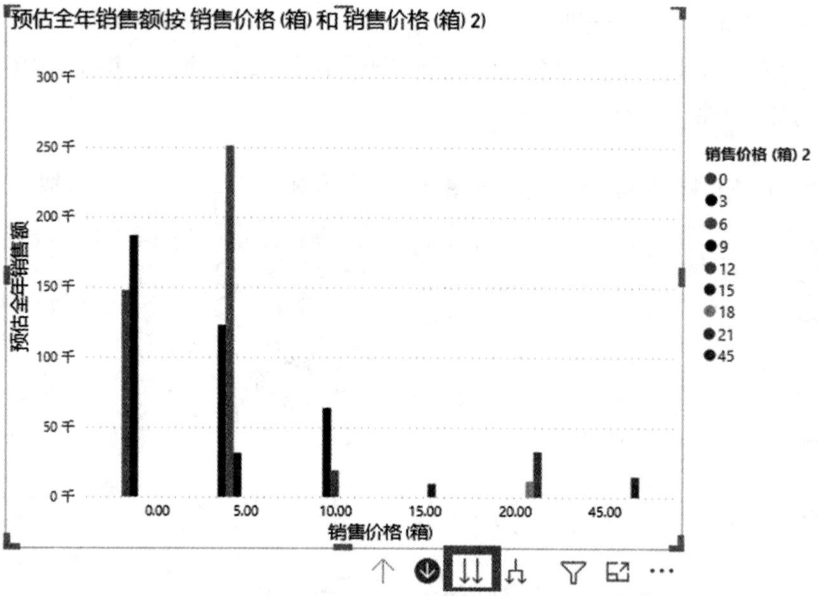

图3-39　簇状柱形图可视化（1）

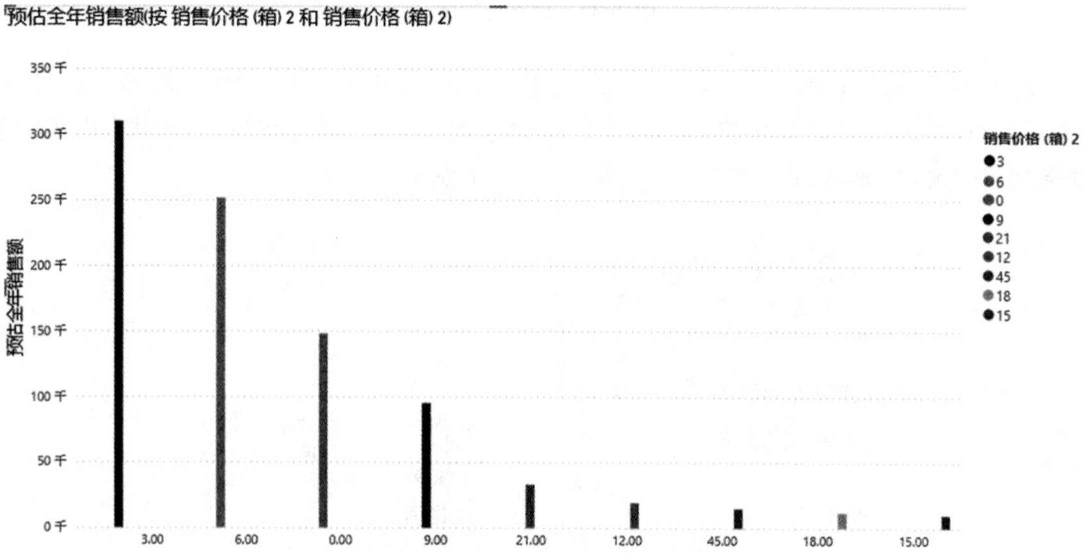

图3-40　簇状柱形图可视化（2）

在Power BI Desktop中还可以用图表结合的模式提高使用者浏览体验，单击“簇状柱形图”对象右上角的“…”图标，在弹出的菜单中单击【以表的形式显示】选项，最终效果图如图3-41所示。

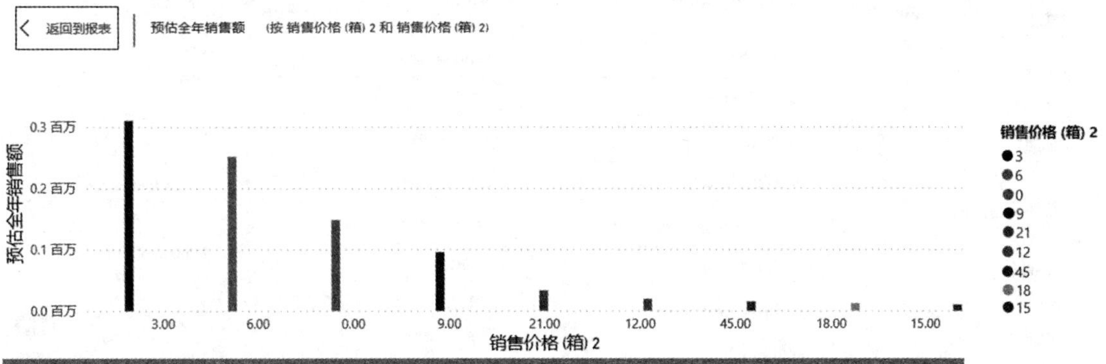

销售价格 (箱) 2	预估全年销售额
3.00	309,795.90
6.00	251,123.80
0.00	147,717.90
9.00	94,979.00
21.00	32,690.50
12.00	19,115.00
45.00	14,760.00
18.00	11,668.80
15.00	9,690.00

图3-41　最终效果图

(二) Box and whisker chart by MAQ Software可视化呈现

1. 新建“Box and whisker chart by MAQ Software”可视化对象

在【可视化】-【获取更多视觉对象】-搜索“Box and whisker chart by MAQ Software”,单击并添加。

2. 相关设置

选中可视化对象后进行以下设置:将“商品名称”字段拖拽至Axis;将“品类”“销售价格”字段拖拽至Axis category I;将“销售价格”字段拖拽至Value,如图3-42所示。

还可以进一步设置视觉对象格式,具体设置如图3-43所示。

最终效果图如图3-44所示。

鼠标光标放在某个品类,可以看到详细数据,包含最高值、最低值、平均值、中位值等。例如奶制品类最低价为2.50元(一款蒙牛早餐牛奶200 ml),最高价为45.00元(一款特仑苏箱装),中间的价格是14.88元。圆点的分布表示产品在该价位段的集中度,各大品牌在高价位SKU分布都比较稀疏。

图3-42　Axis/ Axis category I /Value设置

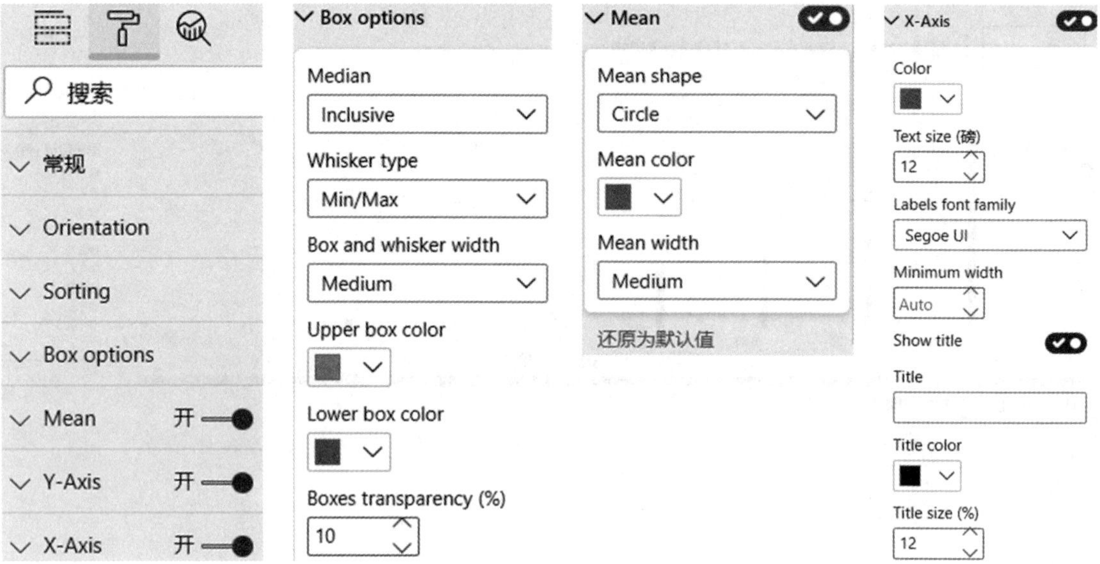

图3-43 设置视觉对象格式

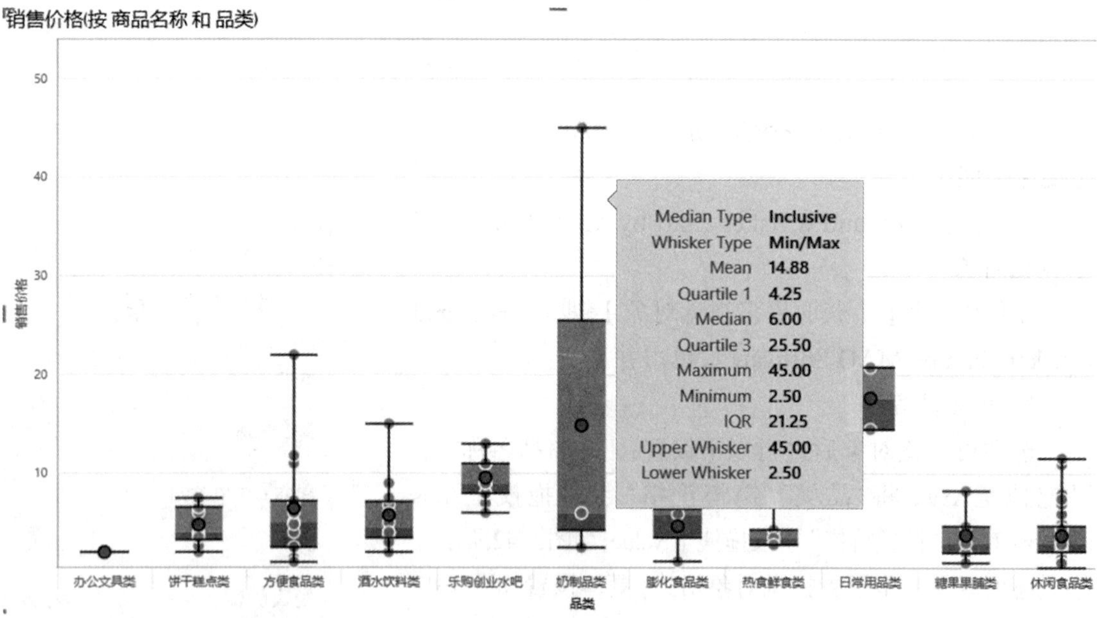

图3-44 最终效果图

四、产品价格分析结果

通过观察发现，在产品主流价格0～6元的区间，表现最好的价格段是3～6元。决策者要结合自身的市场策略，对产品售价做出判断，是要抢占现有市场，还是要另辟蹊径。企业要结合自身的因素以及宏观、微观市场环境来调整营销策略。

我们能清楚地看出每个品类的最高价、最低价、中位价等。“校区乐购”里面的这些品类中，奶制品类的价格宽度最宽，办公文具类的价格宽度最窄。奶制品类的产品价格最高，休闲食品类的产品价格最低，决策者需要根据自身店铺实际经营情况来进行品类的价格定价。

要点归纳

（1）从多维度进行产品销售数据统计分析，还原描述销售体系原貌，对店铺产品销售排行榜进行分析，分清热销产品、一般产品或滞销产品，掌握产品销售指标信息，迅速判断当前销售趋势，为实现精准营销及策划做好准备。

（2）通过观察产品的销售变化曲线，进行产品线分析，从销售增长率和市场占有率角度进行再组合，构建产品的波士顿矩阵，将产品划分为明星产品、现金牛产品、问题产品、瘦狗产品，使企业采取不同决策，以保证其不断地淘汰无发展前景的产品，保持问题产品、明星产品、现金牛产品的合理组合，实现产品及资源分配结构的良性循环。

（3）通过分析店铺产品价格带，确定店铺消费者的层次，根据产品价格带分析对店铺产品结构进行合理设置，并确定不同产品的定价策略。

任务拓展

店长杰哥：

小雨，我已看过你们交过来的产品分析报告，波士顿矩阵分析做得很不错，知识点都掌握得很好。产品分析是数据分析永远绕不开的一环，但是很多人在对产品进行分析的时候，会因为无从下手而产生很多疑问，比如：怎么分析不同产品对于用户的吸引力？如何衡量产品的比重？如何准确掌握产品更迭速度？如何对其进行有计划的投入？

典型例子比如某品牌手机，其旗下手机的品种档次很多，手机产品更迭速度快，为了实现品牌的差异化必然要不断推出新的品种，那究竟是要大量购入新的品种还是继续购入市场份额稳定的品种呢？如果投入的产品不受消费者欢迎，就容易血本无归，这也是很多店商需要面临的问题。

实习生小雨：

杰哥，你放心，作为一名准商务数据分析师，我会从多维度进行产品销售数据统计分析，还原描述销售体系原貌，对店铺产品销售排行榜进行分析，厘清热销产品、一般产品或滞销产品，掌握产品销售指标信息，迅速判断当前销售趋势，为实现精准营销及产品策划做好准备。

店长杰哥：

此外，产品的销售数据属于一个公司的核心商业机密数据，提醒你在收集数据的时候确保数据安全、合法、合理哦！

实习生小雨：

我一定会注重提升自身职业道德修养，在产品数据分析过程中坚持正确的道德观，将数据产权、用户利益和机构利益置于个人利益之上，保护数据资产的安全性，遵循数据的真实性、可靠性，不参与技术欺诈、数据造假、非法交易等行为，防止损害用户和机构利益。

店长杰哥：

如何利用波士顿矩阵分析数据，在前文已经做了详细的介绍，请你下载实训数据，代替小雨完成这项任务。

要求：

(1) 完成产品数据分析，将所有产品进行分类定位(明星产品、现金牛产品、问题产品、瘦狗产品)。

(2) 新建“Quadrant Chart by MAQ Software”可视化对象，实现波士顿矩阵图可视化呈现。

(3) 针对不同的产品定位给出相应的管理建议，比如企业要不断探索稳定现金牛产品，加强对明星产品的宣传促销，保证明星产品高市场占有率和高市场增长率；瘦狗产品如果在短期内没有发生转机的现象，尽量撤离或回收。这样就可以将企业有限的资源有效地分配到合理的产品结构中去，以保证企业收益。

项目四

用户数据分析

- 任务一　用户画像分析
- 任务二　用户价值挖掘

学习目标

(1) 了解用户画像概念，掌握设计用户标签的方法，熟悉用户画像构建的常见指标，培养从多维度进行用户画像分析的能力，锻炼逻辑思维能力。

(2) 了解并掌握用户价值挖掘的维度，掌握用户RFM模型的计算，了解用户价值类型的划分。

(3) 培养重视用户价值的职业精神，培养细心耐心的工作态度，培养爱岗敬业精神。

项目背景

商务数据分析的核心之一就是用户数据分析，不管对产品还是对运营来说，用户分析都是至关重要的。当今时代，“用户至上”的口号被一次次提及，但真正做到全方位了解自家用户的企业又有多少？

作为分析师，想要直接获悉用户的心理想法很难做到，但是可以收集用户的各项行为，通过用户行为分析用户心理，从而为未来决策搭建桥梁。

基于大数据分析用户行为，是当前各大电商企业运营的热门主题。通过对大量且实时的用户行为数据进行细致分析，了解自家用户的所需所想，可以帮助企业在运营、营销、产品开发等多个环节中进行决策驱动，完成用户数据的价值变现。

引导案例

项目经理娜姐：

婷婷，今天跟店长李姐汇报工作的时候，店长李姐看报表发现，我们最近在客户留存和推广方面的效果并不是很好。你能思考一下，我们怎么优化运营方案才能让我们的用户推广更有效率。

实习生婷婷：

经理，我想查看我们后台的用户数据，看能不能找出问题，再给店长提供一个优化运营方案。

项目经理娜姐：

婷婷，看来你找对了方向哦。用户分析是精准营销的基础和前提。用户分析首先要运用用户的数据，分析用户都有什么特征，其次根据用户的数据去思考适合推广的运营方案。

实习生婷婷：

我发现店铺网站后台的用户数据相对比较繁杂，会出现很多不同类型的用户，如果兼顾每一位用户呈现出的画像进行定制，会让推广方案复杂化，也缺乏精准度，因此，我们还应该对不同用户的价值进行分析。

分析目标

项目经理娜姐：

婷婷进步很快啊，能够结合具体的数据呈现结果想到针对不同类型的用户价值进行分析。那么我建议你后续的分析，可以围绕这两个目标进行：

（1）掌握用户画像信息，迅速判断店铺用户的属性，这个阶段的分析重点是对用户画像进行多维度展现。

（2）针对不同用户的价值进行挖掘和分类，这个阶段的分析重点是从不同分析维度对用户价值进行分析。

任务分解

任务一：用户画像分析

通过分析用户的年龄、性别、活跃时间等信息构建用户画像，为进一步优化运营策略提供数据支撑。

任务二：用户价值挖掘

提取数据进行用户价值挖掘，建立用户价值的RFM模型，并从模型的三个指标维度对店铺用户进行本质区分，挖掘不同用户的价值。项目四分析思路如图4-1所示。

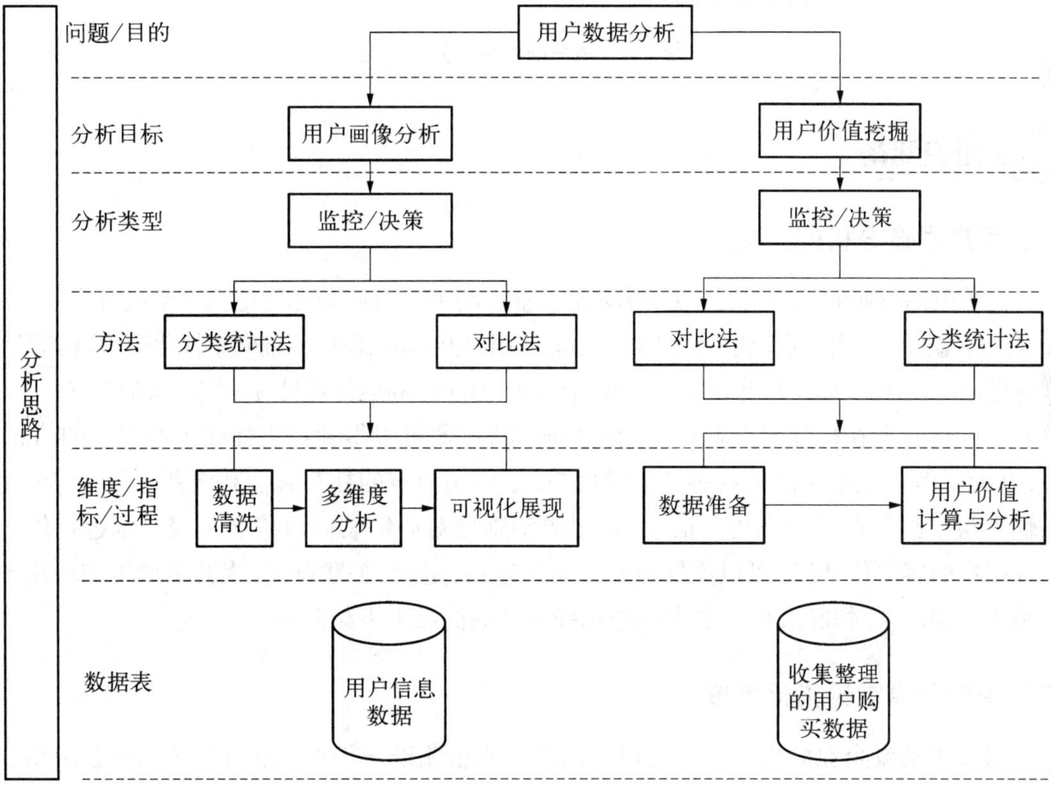

图4-1　项目四分析思路

任务一　用户画像分析

经过对店铺网站后台数据的整理，婷婷收集到较为详细的用户信息，并将其中涉及隐私的信息进行隐藏或删除，针对用户画像所涉及的维度及分析方法进行了学习与梳理，从而制定了任务一的分析计划，提取用户数据并完成数据清洗，从用户年龄分布、用户性别分布、用户活跃时间以及用户客单价进行分析，从多维度构建用户画像，为进一步优化运营策略提供数据支撑。用户画像步骤分析计划，如图4-2所示。

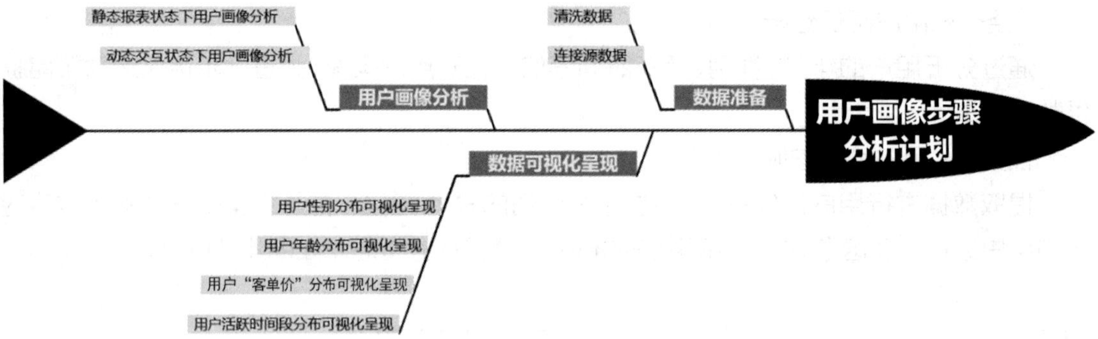

图4-2　用户画像步骤分析计划

知识储备

一、用户画像分析的意义

随着电商行业的迅速发展，越来越多的企业在淘宝、天猫、京东等电商平台进行店铺运营。而在这些电商平台内，同质化的产品面向相似的用户群，如何做好店铺间差异化运营，精准分析已有用户信息，构建用户画像，进而进行精准营销，对于电商运营者具有一定的价值意义。

电商运营者在构建出企业产品的用户画像后，便可以得到本店铺或企业用户的信息标签，从而了解占比最多的是何种类型的用户，了解用户群的社会属性和消费习惯，了解用户的性别与年龄分布等用户指标信息，可以更清晰地对店铺装修风格和客服话术进行优化；掌握用户的客单价情况，可以更好地开展商品选品、定价、关联营销，提升客单价和转化率；熟悉用户的活跃时间段，可以更有效地选择有利的商品上下架时间。

二、用户画像常见指标维度

洞察店铺或企业的用户画像可以帮助店铺或企业进一步了解熟悉用户，通过不同群体的情况制定出合适的差异化运营策略。

对于电商店铺的客户画像描绘，首先需要明确客户画像涉及的分析维度有哪些。

一般来说，描绘客户画像需要分析的维度主要有年龄、地域、消费层级、产品偏好、用户使用终端、用户性别等。

（一）用户年龄与用户性别

不同性别、不同年龄段的用户对于商品的偏好是不同的，分析用户数据中的年龄和性别数据，可以进一步了解不同性别和各年龄段用户在本店铺用户群中的占比。针对优势的用户群，推出更合适的商品，对于占比较少的年龄段用户要考虑该年龄段用户是否是本店铺的目标用户，如果是，则需要调整运营策略，提高这部分用户的点击率和转化率。

（二）产品偏好

在产品偏好的分析中需要结合用户的订单数据进行分析，了解不同用户群的商品偏爱特性，以便对这类商品进行关联营销，从而带动其他商品的销售。

（三）用户地域和使用的终端

在投放广告时，新店一般每个地区、每个终端、每个时间段都会勾选，加大了投放广告的成本。对已有用户数据的整理，分析用户地域和使用终端的情况，便可以在投放广告时更有针对性，在有限的预算基础上实现更精准的投放。

（四）用户消费层级

用户消费层级分析一般需要结合用户成交的订单数据进行梳理，进而根据各消费金额段的客单价对消费层级进行归类。针对不同的消费层级可以设置差异化的回馈小礼品或优惠券等。

值得注意的是，绘制用户画像是基于用户在网店的访问数据，涉及用户隐私的保护，并非所有的指标均可完全收集和导出，还需要结合后台中具体的数据进行分析，不可为了分析各用户指标而侵犯用户的隐私权。

任务操作

一、数据准备

（一）连接到源数据

（1）打开Power BI软件，单击【主页】菜单栏中的【数据】-【Excel工作簿】，选中所需要的源数据“用户画像数据.xlsx”，单击【打开】或双击文件图标均可打开文件。

（2）在弹出的导航器窗格（图4-3）中，勾选所需要的工作表【源数据】，右侧的预览窗格

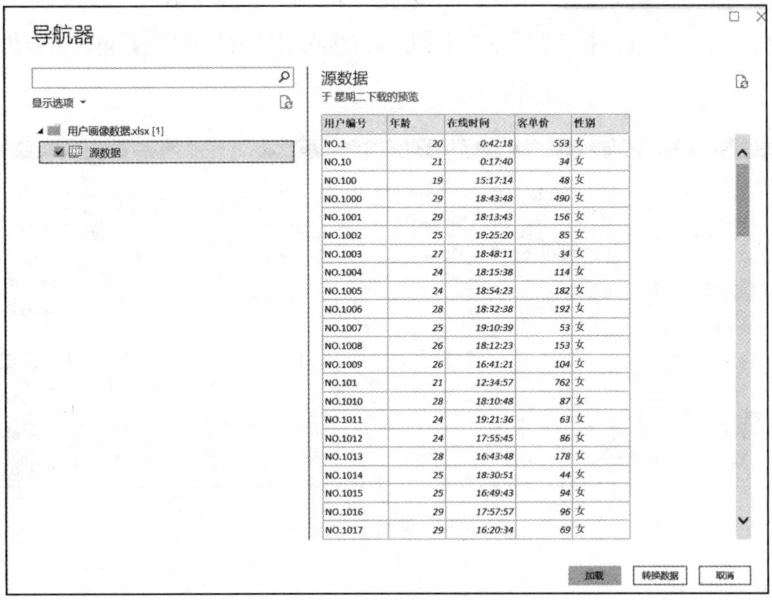

图4-3 导航器窗格

将会呈现出用户信息的预览。若为已清洗后的数据，可以直接单击【加载】完成数据的载入连接。但观察预览数据可以发现，在线时间和设备信息都是需要进行进一步清洗的，需要单击【转换数据】进入Power Query编辑器进行数据的清洗。

（二）清洗数据

在单击【转换数据】后，将会弹出新的界面，即进入到Power Query编辑器界面。为了保护源数据，建议读者在打开Power Query编辑器后，首先进行查询的复制、粘贴与隐藏。

1. 复制查询并隐藏

【操作指导】

（1）复制查询。在左侧查询窗格中，鼠标光标移动到【源数据】表格名中，右击弹出快捷菜单，单击【复制】，在左侧查询窗格的空白处右击【粘贴】，将会呈现出新的查询“源数据(2)”，如图4-4所示。

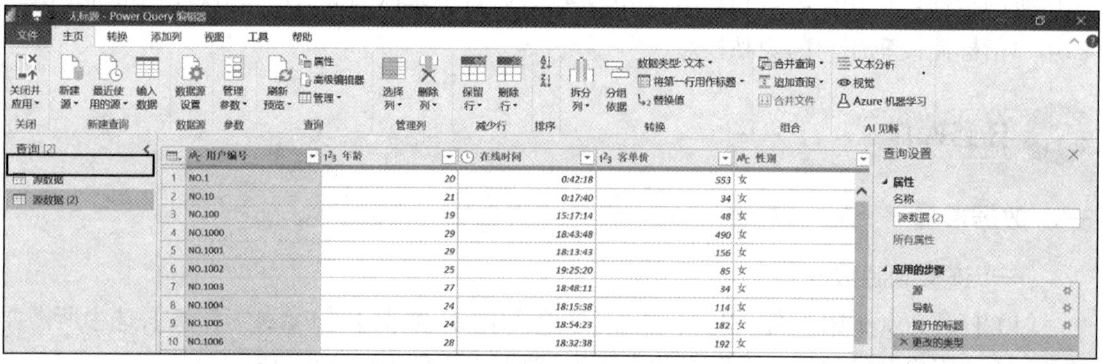

图4-4　复制查询

（2）隐藏复制的查询。为了在保护源数据的同时，不混淆表格操作，因此需要将复制的查询进行隐藏。选中“源数据(2)”，单击鼠标右键弹出快捷菜单，取消“启动加载”的选择，如图4-5所示。

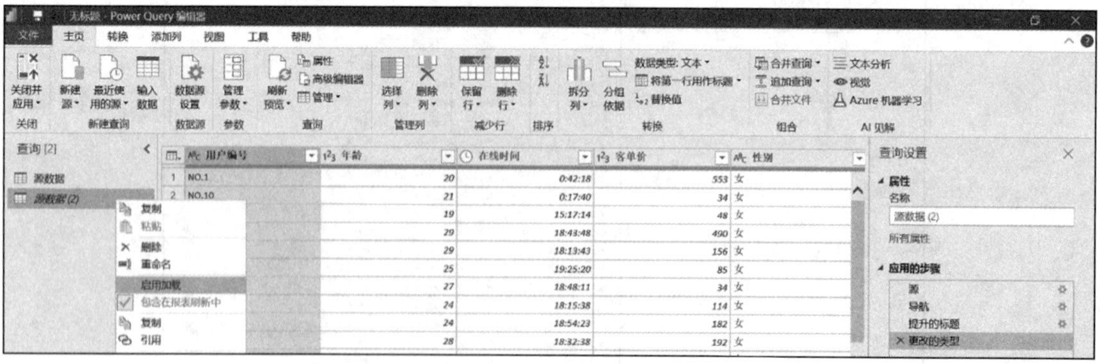

图4-5　隐藏复制的查询

2. 在线时间处理

为更好地对用户活跃时间进行分析，需要针对用户在线时间进行归类，将具体的时间点转换为时间段，如将“0：42：18”更新为“0到1点”。

【操作指导】

（1）数据分列。在Power Query编辑器界面，选中列“在线时间”，在【添加列】菜单栏的【提取】中选择【分隔符之前的文本】(图4-6)，在弹出的对话框(图4-7)中，分隔符输入为英文输入法的冒号，即可完成对数据的分列，分列后新增的列会添加到最后一列。

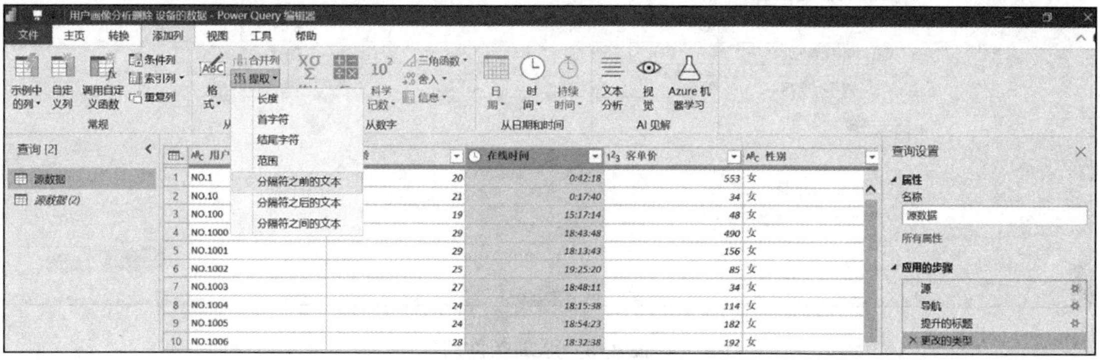

图4-6 使用提取进行分列

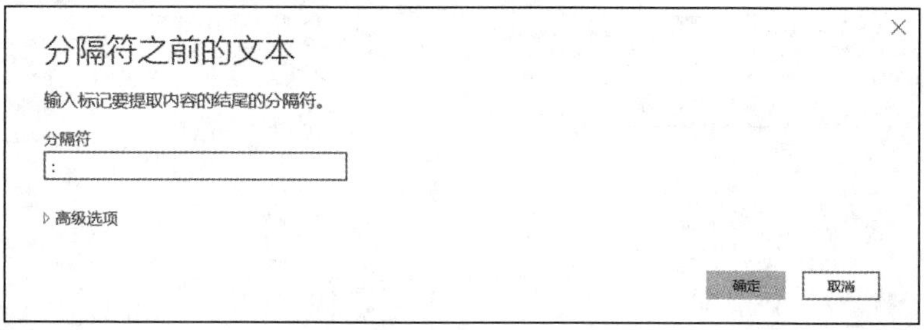

图4-7 提取文本对话框

（2）匹配时间段(条件列方式)。针对时间段匹配可以采用添加条件列的方法进行，选中列“分隔符之前的文本”，在【添加列】菜单栏中选择【条件列】，再在弹出的对话框中，进行具体的条件设置，将“0”匹配到“0到1点”等，如图4-8所示。但是该操作需要手动输入内容较多，此处以两个表格间的关联进行讲解和操作示范。

（3）连接到辅助表格。考虑到借助表格间的关联能够更快捷地完成时间段的匹配，因此需要加载新的辅助表。

打开Power Query编辑器【主页】选项卡，在【新建源】-【Excel工作簿】中加载辅助表“时间段匹配.xlsx”，操作方法类似于连接到数据。

加载完成后，建议在查询窗格中将名为“SHEET 1”的查询(图4-9)重命名为“时间段匹配”，如图4-10所示。单击左上角的“关闭并应用”，完成对用户在线时间的数据预处理。

（4）进入模型视图。在关闭并应用查询后，将会回到报表视图，下一步需要将两个表格建立联系，因此需要进入模型视图。单击数据视图按钮 前往模型视图。

（5）新建关系。在模型视图的【主页】选项卡，选择【管理关系】功能，单击后弹出管理关系对话框。

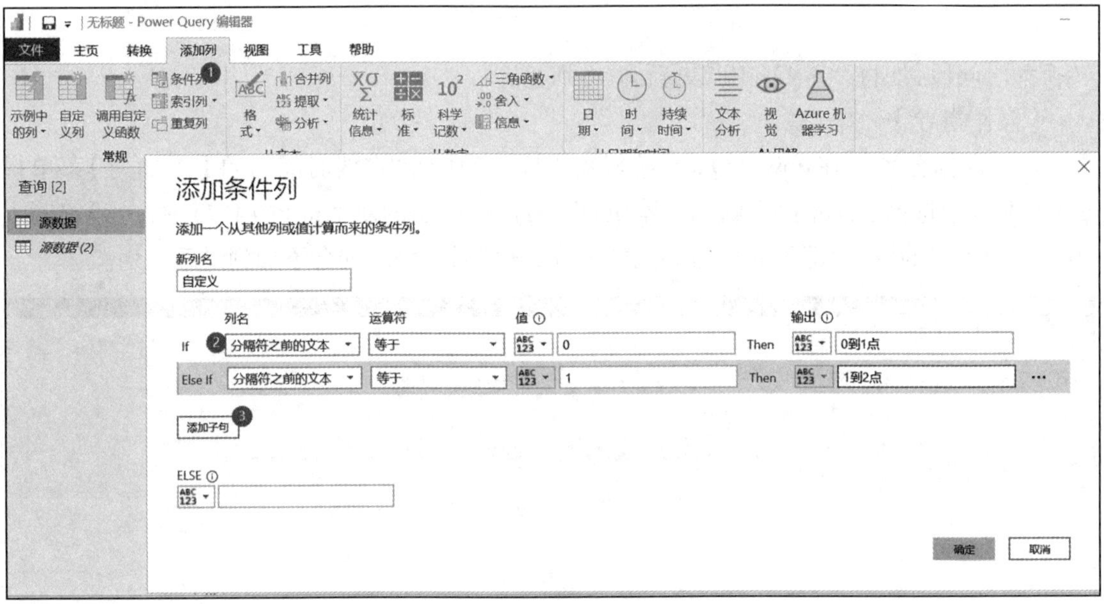

图4-8　添加条件列

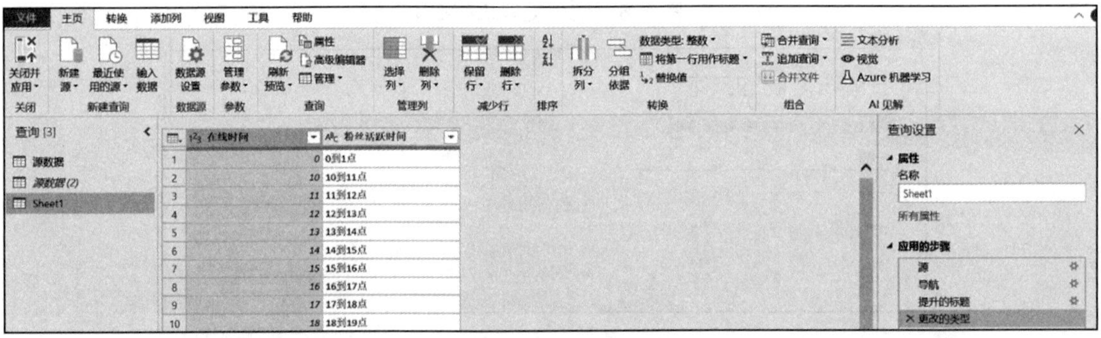

图4-9　SHEET 1查询

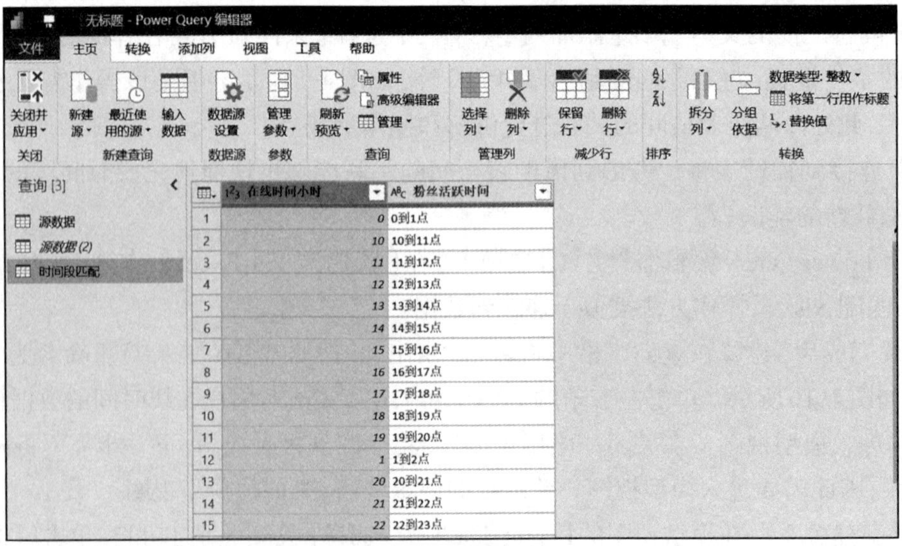

图4-10　重命名查询

单击【新建】进入到创建关系的设置。在第一个下拉菜单中选择表格“时间段匹配”，第二个下拉菜单则会自动选择第二张表格“源数据”，创建关系对话框，如图4-11所示。

图4-11　创建关系对话框

此处需要将“时间段匹配”表格中的“在线时间”字段与“源数据”表格中的“分隔符之前的文本”字段建立关系，因此分别单击对应的字段。模型视图将会更新为如图4-12所示。选择【确定】后返回模型视图，可以看到两个表格之间已经产生了匹配的关系，如图4-13所示。

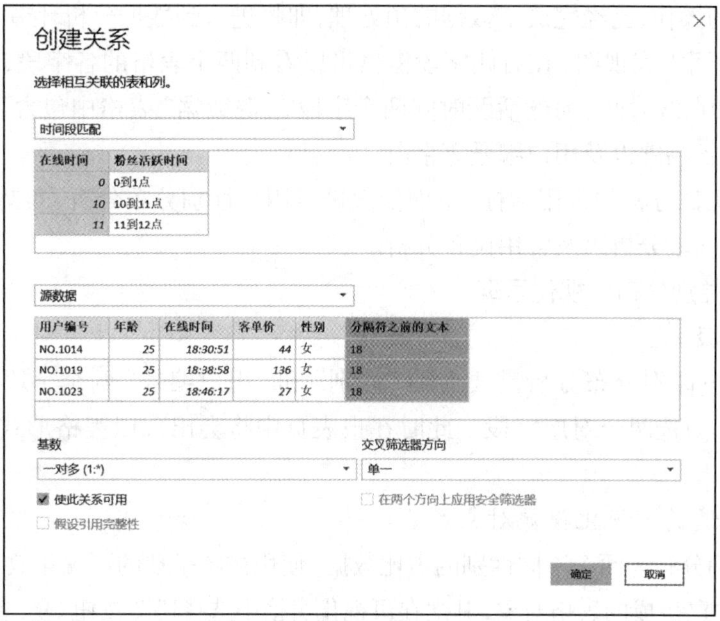

图4-12　创建关系

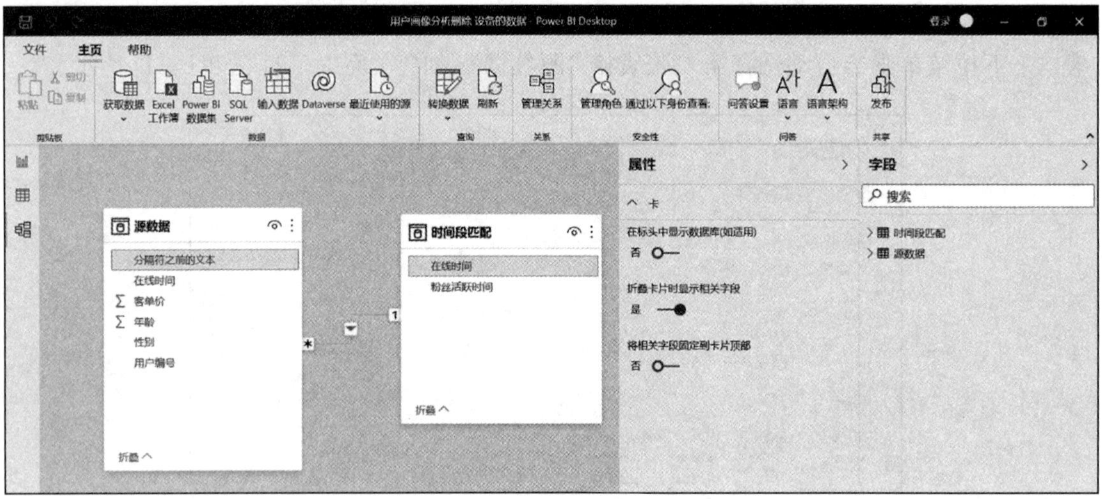

图 4-13　已创建的关系

3. 隐藏辅助列

单击数据视图按钮 前往数据视图，虽然“源数据”表格中的列“分隔符之前的文本”和“时间段匹配”表格中的“在线时间”在后期分析中不需要使用到，但不建议删除列，建议使用隐藏列功能完成数据的隐藏。

在数据视图中，选中需要隐藏的列，右击弹出的快捷菜单中，选择“在报表视图中隐藏”，隐藏后该列呈现为灰色。

二、数据可视化呈现

通过以上的操作，已经完成了数据的预处理，即将进入到数据分析环节。

单击 返回报表视图，在右侧字段窗格可以看到两个表格的各字段，其中“时间段匹配”表格中包含在线时间、粉丝活跃时间两个字段，“源数据”表格中包含客单价、年龄、性别、用户使用设备品牌以及用户编号等字段。

结合用户画像分析的常用指标，下面依次进行用户性别分布分析、年龄分布分析、客单价分析、活跃时间段分析以及常用设备分析。

（一）用户性别分布可视化呈现

1. 勾选字段

考虑到用户性别分布分析需要借助“性别”和“用户编号”两个字段完成，因此在右侧字段窗格中，勾选两个对应字段。此时在报表页中将会出现以表格形式呈现的数据，如图 4-14 所示。

2. 更换合适的可视化视觉对象

考虑到性别分布为两个不同性别的占比数据，使用饼图呈现的可视化效果更好，因此，先在报表页中选中已生成的表格对象，其次在可视化窗格中选择饼图按钮 ，单击后，即可完成可视化对象的切换，但视觉对象未能很好地呈现出饼图效果，需要调整字段所在的填充桶。

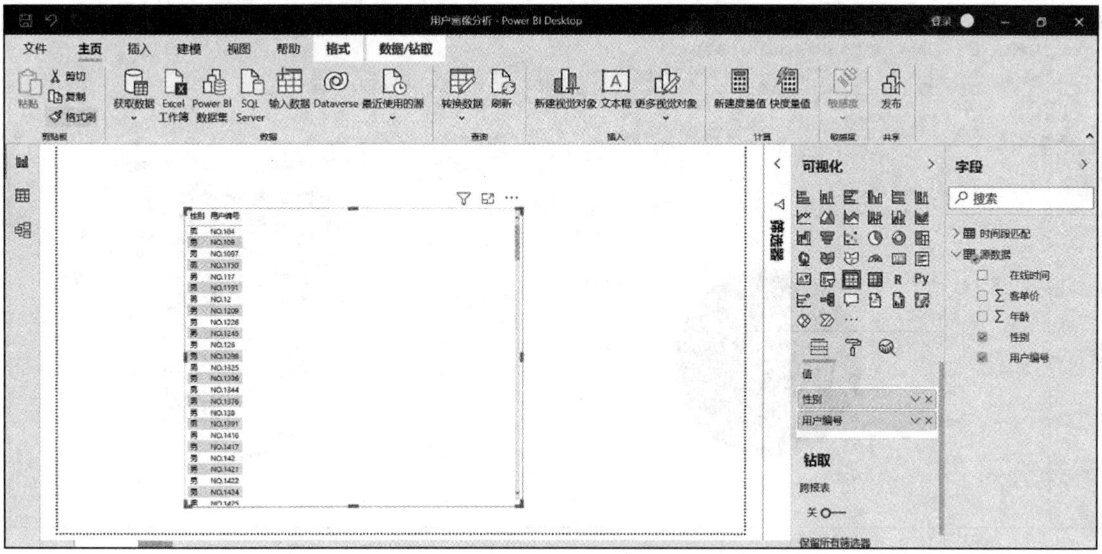

图 4-14　选择字段生成用户性别分布可视化对象

3. 调整字段位置

在切换到饼图后，默认的填充桶如图4-15(a)所示，需要将“用户编号”字段拖动到“值”中，即可完成字段的设置，如图4-15(b)所示。

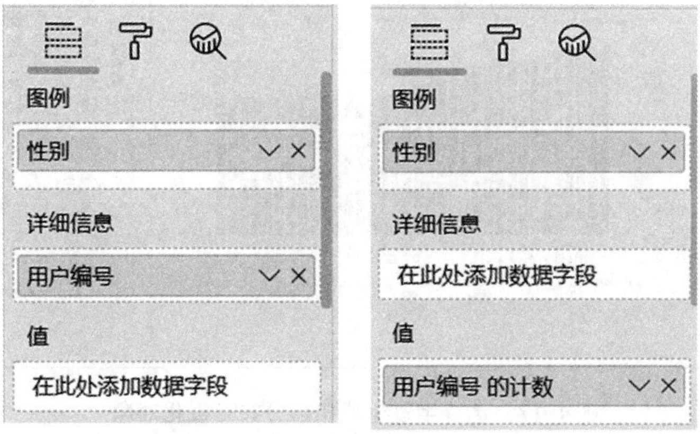

(a)　　(b)

图 4-15　用户性别可视化对象字段的设置

通过以上操作，用户性别分布的可视化对象将呈现在报表页中(图4-16)，但目前的格式还有待优化，需要进一步调整图表标题和数据标签格式，在后续布局中进行统一调整。

（二）用户年龄分布可视化呈现

1. 选择字段

考虑到用户年龄分析需要借助“年龄”和“用户编号”两个字段完成，因此在右侧字段窗格中，勾选两个对应字段。此时在报表页中将会出现以柱形图形式呈现的数据，如图4-17所示。

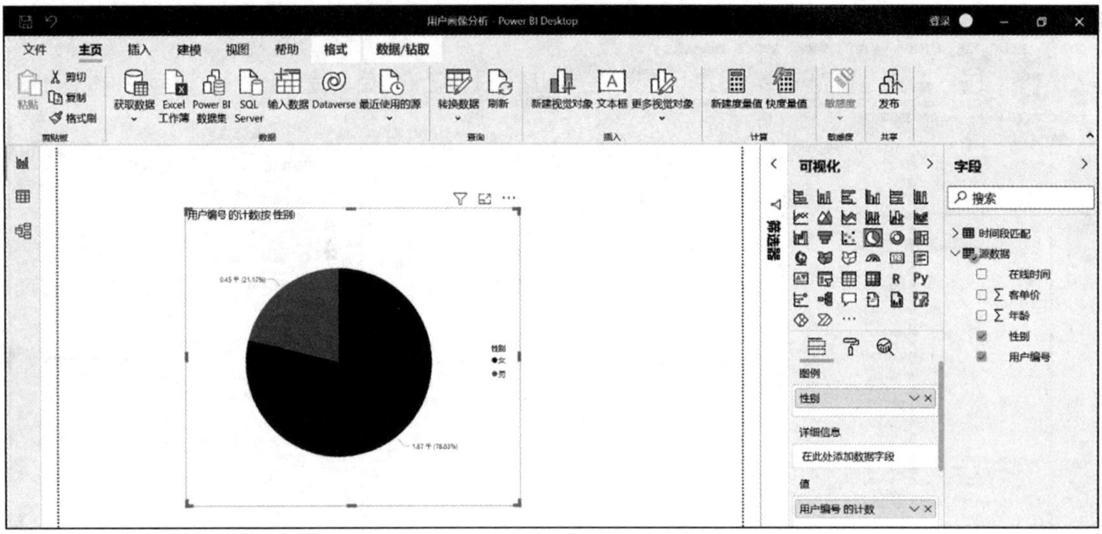

图4-16　用户性别可视化效果

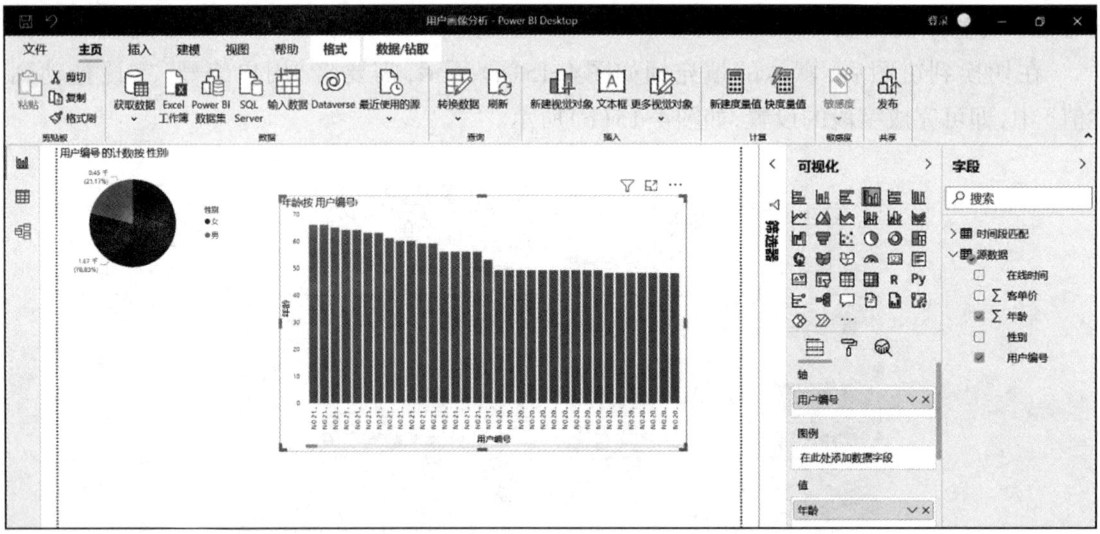

图4-17　选择字段生成年龄分布可视化对象

2. 数据分组

此时可以看到每一个用户编号都具备一个年龄的柱形，这并不是我们需要的可视化对象，需要针对不同的数据进行数据分组。在右侧字段窗格选中“年龄”字段，在单击鼠标右键弹出的快捷菜单中，选择【新建组】，如图4-18所示。

在弹出的数据分组的对话框中可以看到本店铺用户最小年龄为18岁，最大年龄为66岁。具体分组数据可以如图4-19所示进行设置，即可将各用户按照[10,20)，[20,30)，[30,40)，[40,50)，[50,60)，[60,70)进行分组。设置完成后，字段窗格将会出现新的字段“年龄(箱)”。

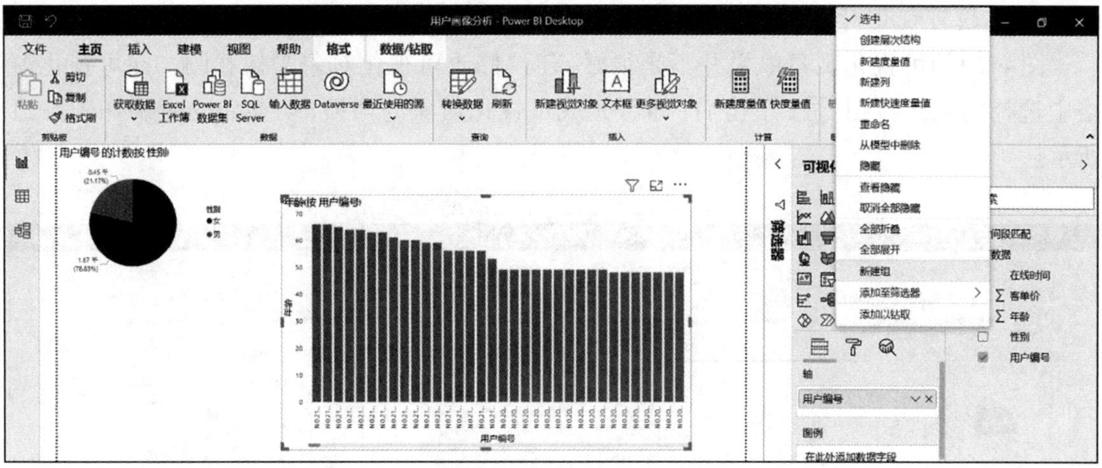

图4-18　新建组操作

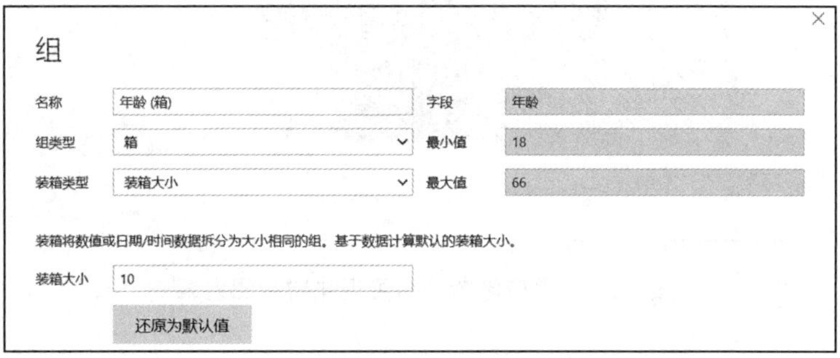

图4-19　设置分组数据

3. 更换可视化对象中的字段

删除原柱形图的“年龄”字段，将“年龄（箱）”字段放入可视化窗格的【图例】中，将“用户编号”拖动到【值】中，以计数的方式呈现，可视化对象将更新为如图4-20所示情况。

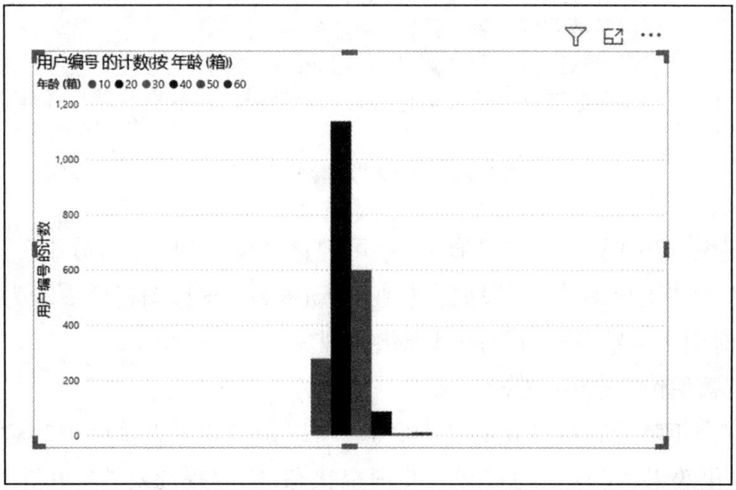

图4-20　用户年龄分布可视化柱形图效果

4. 更换可视化对象呈现效果

图4–20的可视化观察效果并不是很好，建议修改可视化对象为树状图。在可视化窗格中选择树状图按钮，单击后，即可完成可视化对象的切换，切换后的效果如图4–21所示。

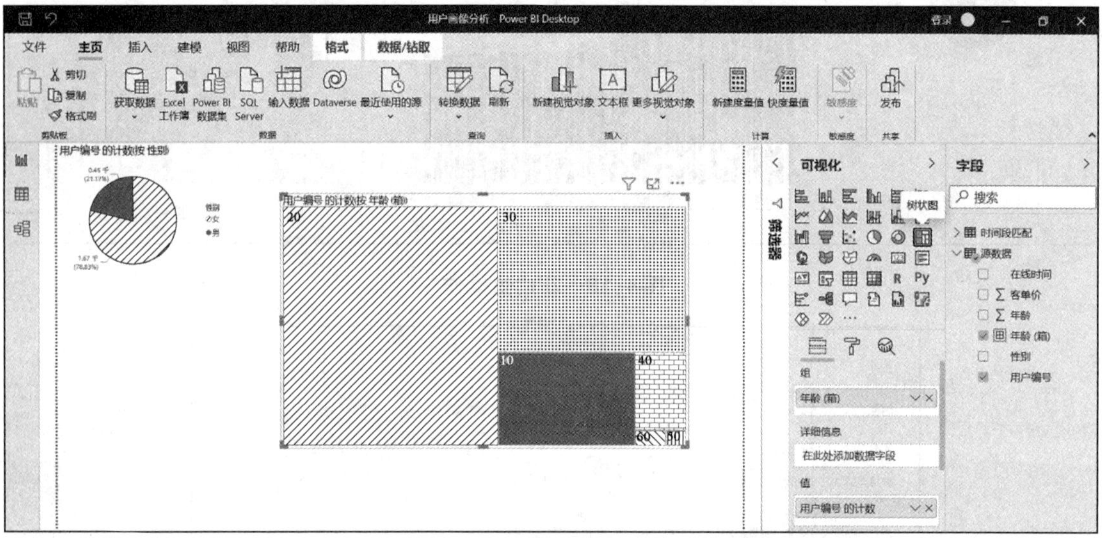

图4–21　用户年龄分布可视化树状图效果

此时，数据标签不利于可视化的阅读，需要将对应的数字“20”更换为“20岁及以上”，进入数据视图，单击【列工具】菜单栏的【新建列】，在编辑区输入如图4–22所示的公式，数据视图将会建立新的“年龄分组”列。

```
年龄分组 = if('源数据'[年龄 (箱)]=10,"18到20岁",
              if('源数据'[年龄 (箱)]=20,"20到29岁",
              if('源数据'[年龄 (箱)]=30,"30到39岁",
              if('源数据'[年龄 (箱)]=40,"40到49岁",
              if('源数据'[年龄 (箱)]=50,"50到59岁","60岁及以上")))))
```

图4–22　新建“年龄分组”列

回到报表视图，选中已生成的树形图，将可视化窗格中的“年龄分组”字段放在【详细信息】填充桶中，将“用户编号”字段放在【值】填充桶中，树形图将会更新为如图4–23所示效果，即完成了对用户年龄分布分析的可视化处理。

（三）用户“客单价”分布可视化呈现

有了针对用户年龄分布可视化的处理经验，可以预知如果直接使用“客单价”与“用户编号”构建可视化效果，呈现出的状态并非理想状态，需要提前对“客单价”进行数据分组和新建列操作。

图4-23　用户年龄分布可视化对象效果

1. 数据分组

在右侧字段窗格选中“客单价”字段，右击弹出的快捷菜单中，选择“新建组”，在弹出数据分组的对话框中可以看到本店铺用户客单价最小值为0，最大值为799，因此可以考虑以100为单位，按照[0, 100)，[100, 200)……进行数据分组。具体设置如图4-24所示。

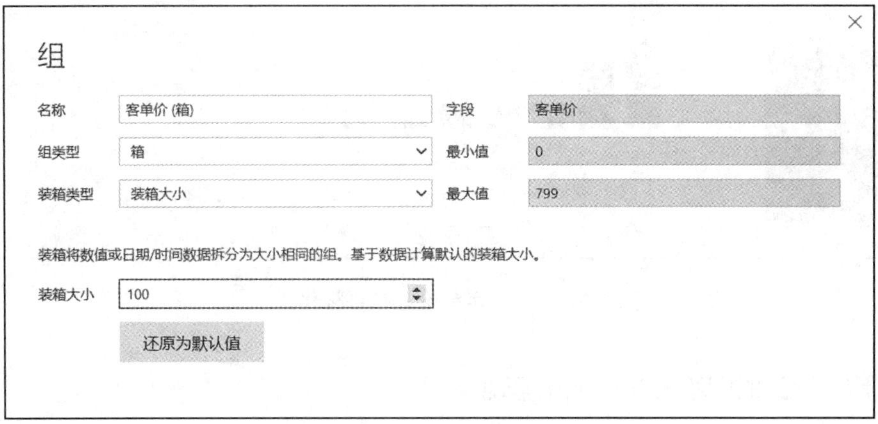

图4-24　“客单价”数据分组

2. 新建列

进入数据视图，单击【列工具】菜单栏的【新建列】，在编辑区输入：

客单价分组 = if('源数据'[客单价(箱)]=0,"0～99.99元",
　　if('源数据'[客单价(箱)]=100,"100～199.99元",
　　if('源数据'[客单价(箱)]=200,"200～299.99元",
　　if('源数据'[客单价(箱)]=300,"300～399.99元",

if('源数据'[客单价(箱)]=400,"400～499.99元",
if('源数据'[客单价(箱)]=500,"500～599.99元",
if('源数据'[客单价(箱)]=600,"600～699.99元",
"700元以上")))))))

数据视图将会出现新的列“客单价分组”。

3. 构建可视化对象

在可视化窗格中选择簇状柱形图，单击按钮，在报表页将会出现初始状态下的柱形图，选中该柱形图后，在可视化窗格的填充桶中，将“客单价分组”放置到【轴】填充桶中，将“用户编号”放置到【值】填充桶中，此时用户编号默认为计数模式。如图4–25所示，报表页中将出现对应的可视化对象，目前的效果是按照用户数降序进行排序的，如果需要也可以在可视化对象上设置以“客单价分组”进行升序排列。

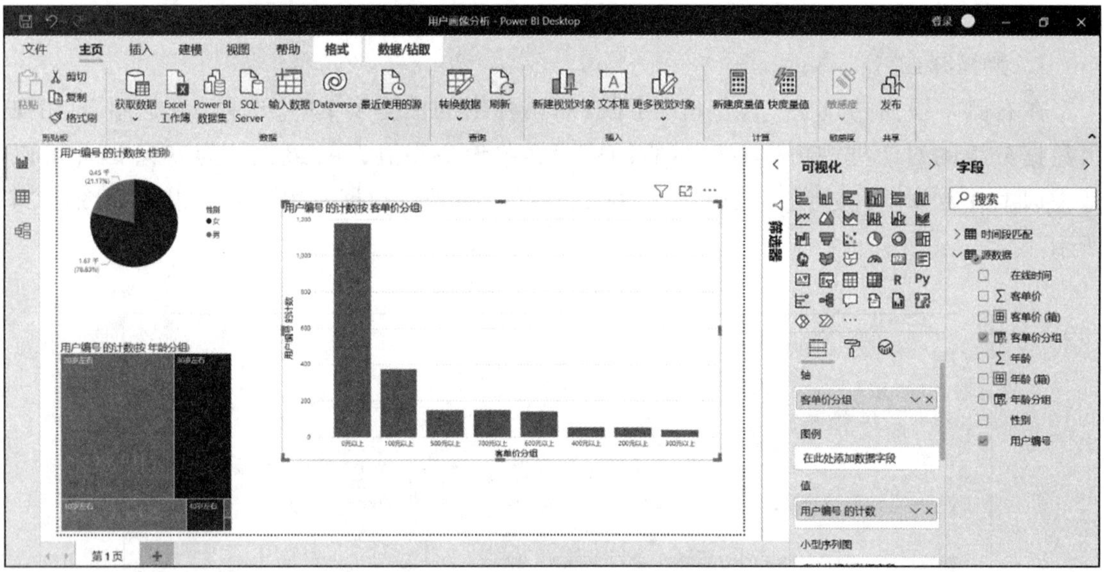

图4–25　用户客单价分布可视化效果

(四)用户活跃时间段分布可视化呈现

1. 跨表选择字段

为了更清楚地看到跨表格匹配关系后的数据情况，在右侧字段窗格勾选“时间段匹配”表格中的“粉丝活跃时间”和“源数据”表格中的“在线时间”与“用户编号”，如图4–26所示，在报表页中将以表格形式呈现出对应数据，可以核对匹配后的数据是否正确。如果无误，可以取消“在线时间”字段的勾选，进入到具体的用户活跃时间段分布分析。

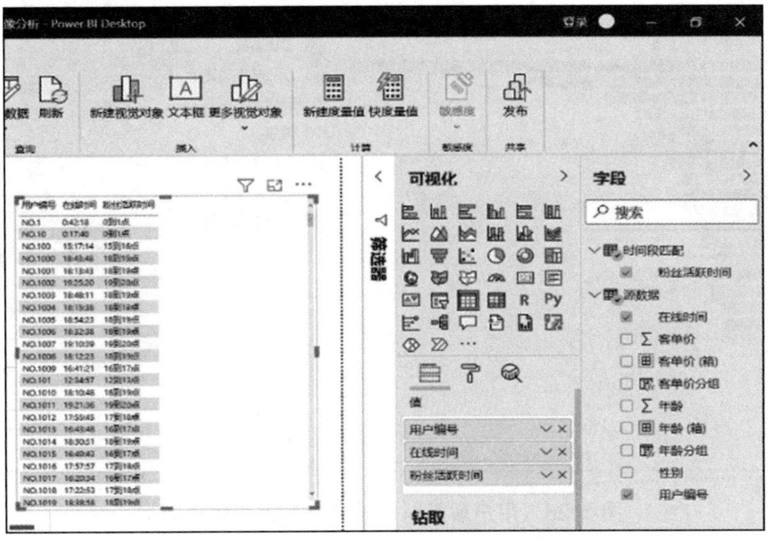

图4-26　选择字段生成粉丝活跃时间分析可视化对象

2. 构建可视化对象

选中已生成的表格，在可视化窗格中选择簇状条形图，将“粉丝活跃时间”字段放置到【轴】填充桶中，将“用户编号”字段放置到【值】填充桶中，报表页呈现效果如图4-27所示。

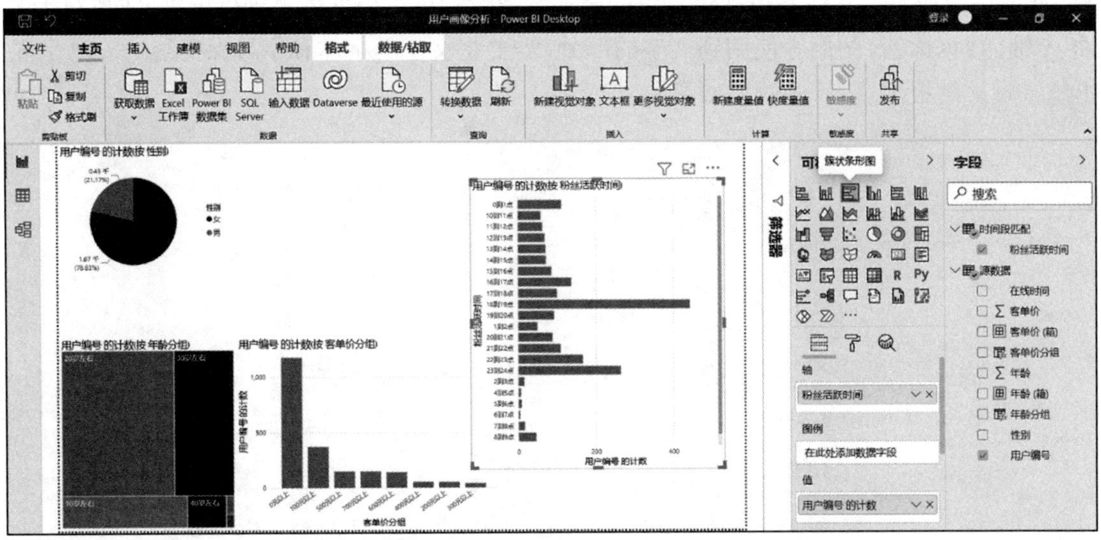

图4-27　用户活跃时间段分析默认可视化效果

3. 按字段排序

为了更清晰地查看用户最活跃的时间段，选中该可视化对象，单击右上角的“…”按钮后，选择以“用户编号的计数”的降序排列，如图4-28所示。

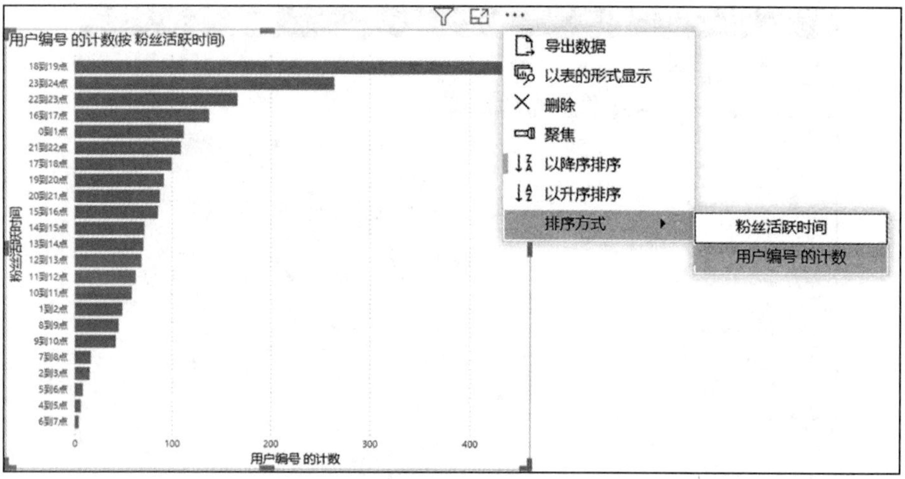

图4-28　用户活跃时间段分析可视化效果图

(五)优化可视化对象格式及报表页布局

通过以上操作,用户性别、年龄、客单价、活跃时间四个不同维度的可视化视觉对象已制作完成,但是细节格式并未作出调整,可在完成报表页设计后统一设置。

1. 统一可视化对象格式

依次选中制作好的可视化对象,在可视化窗格中单击【格式】按钮,进入到可视化视觉对象的格式设置。以树状图为例,可以在格式中设置可视化对象的标题、图例、数据标签等,如图4-29所示。具体各可视化对象的格式参数设置可以根据需求进行设置,注意对于X轴、Y轴、数据标签、图例等使用到文字的部分,需要将文字的字体和字号保持统一。已呈现出统一效果的报表页,示例效果如图4-30所示。

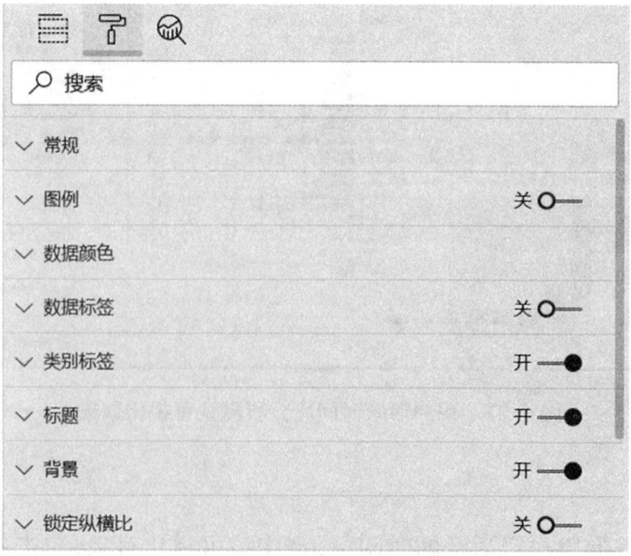

图4-29　可视化对象的格式调整

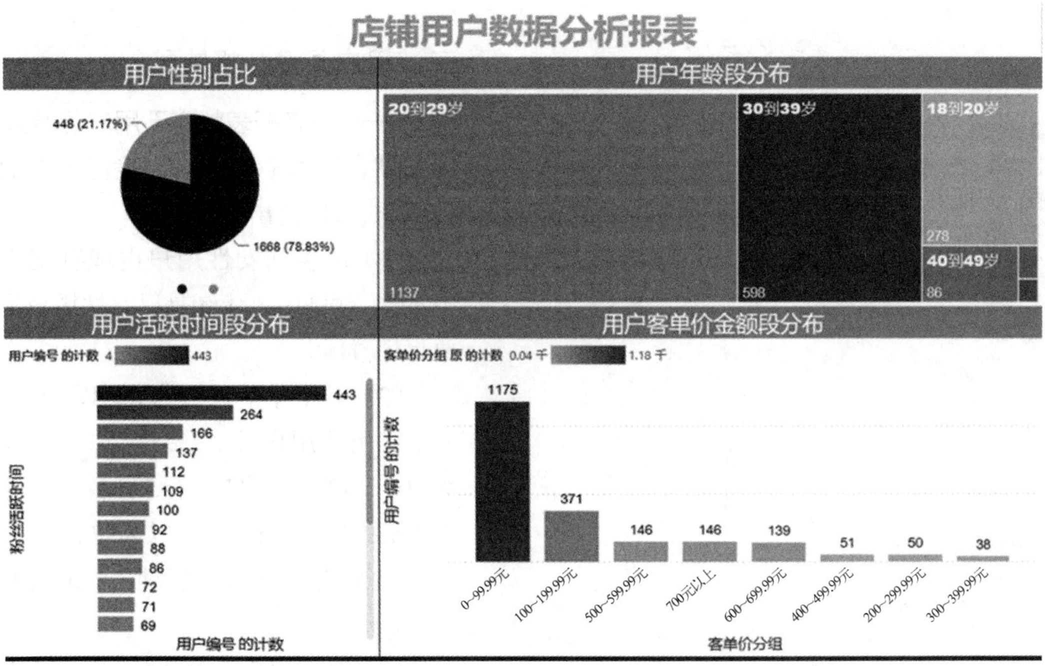

图4-30　用户画像分析报表初稿

2. 添加报表页元素

为了更明确报表所呈现的内容,需要丰富报表页的标题和简单元素等。

【操作指导】

(1) 添加报表页标题。在【插入】菜单栏中,选择【文本框】按钮,输入“店铺用户数据分析报表”,参照图4-31设置字体颜色及属性。

(2) 添加报表背景图片。确定未选中任何可视化对象后,可视化窗格将会呈现出页面的设置属性,如图4-32(a)所示,在【壁纸】的选项中,如图4-32(b)所示,单击“添加映像”,在弹出的对话框中选择准备好的背景图片(考虑到数据可视化大屏多为黑色、深蓝色等科技感的效果,因此选用了黑色到蓝色渐变的图片作为背景图片),设置完成后,注意各文字的颜色应与背景相匹配,示例效果如图4-33所示。

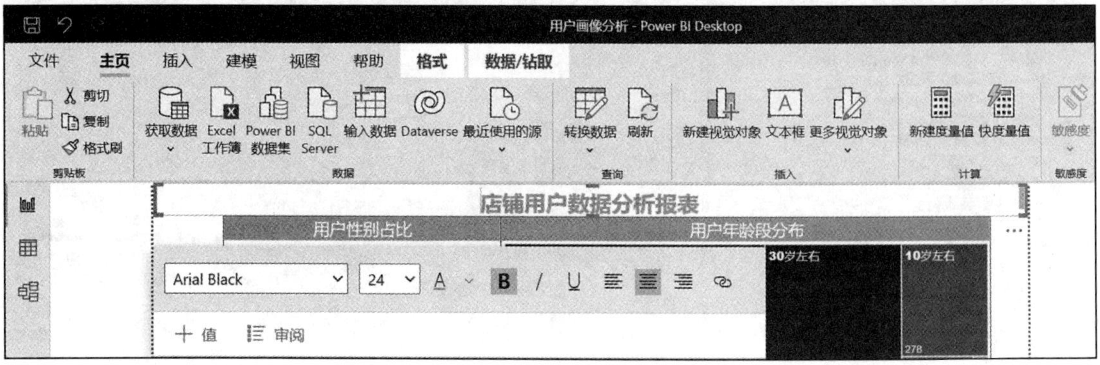

图4-31　添加报表页标题

（a）　　　　　　（b）

图4-32　添加报表背景

三、用户画像分析结果

（一）静态报表状态下用户画像分析

结合图4-33所示各维度呈现出的统计结果，可以得出：

（1）该店铺女性用户占现有用户的78.83%。可见，该店铺是以女性用户为主要目标群体。

（2）对于年龄段分布，则以20～29岁的年龄段用户最多，多达1137名，其次为30～39岁的用户，有598名。结合之前的性别占比分析，可以大致分析出年轻女性最喜欢进入本店铺，并完成下单购买。

（3）对于用户最为活跃的时间，则以18～19点和23～24点最为活跃，对于

店铺用户画像分析

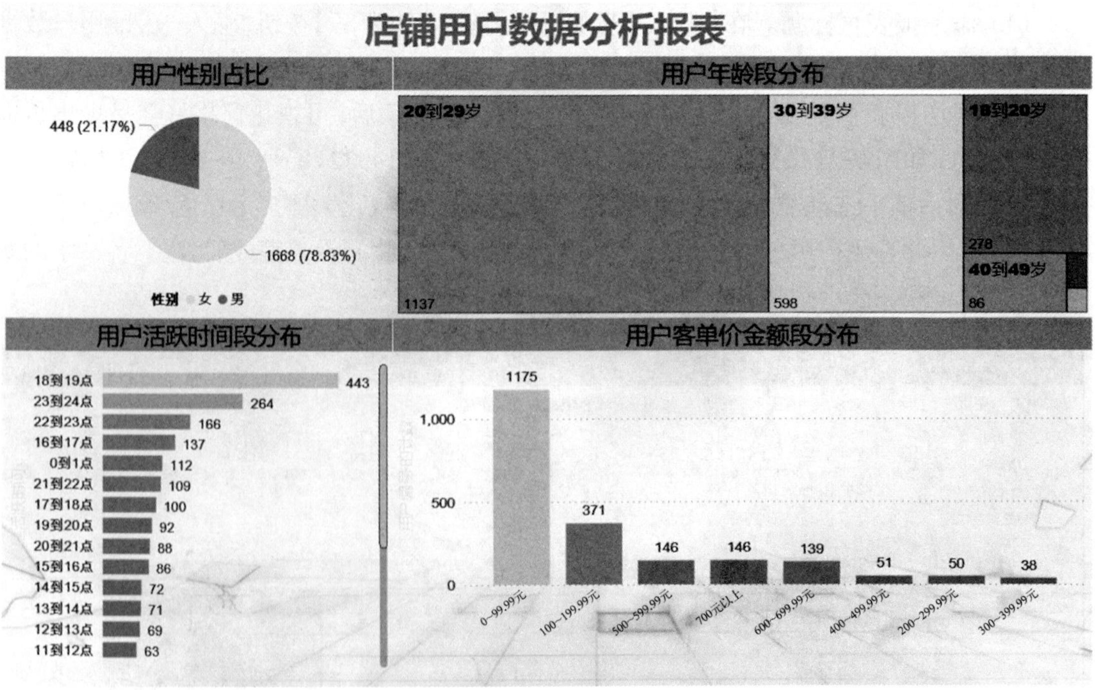

图4-33　用户画像分析报表最终效果

电商平台商品临近下架时间，排名会有一定的时间段靠前，因此在店铺商品上下架时间时，可以结合店铺用户最为活跃的时间段进行设置。

（4）店家最关心的还是现有用户究竟能够为本店带来多少收益。根据用户画像呈现出的结果，可以看到0～99.99元的用户群占比最高，消费100～199.99元的用户群次之。但不能因为这两个群体消费客单价较低，就得出店铺用户消费能力不行的结论。值得注意的是，消费500元及500元以上的用户人数加在一起有570人，占总用户人数的26.94%，该消费群体数量不可小觑，需要进一步挖掘该类用户的属性。

（二）动态交互状态下用户画像分析

结合静态报表中的用户画像，已知消费500～599.99元、600～699.99元以及700元以上的用户群是未来运营中值得进一步发展的用户群，因此，需要借助Power BI的交互功能查看该数据对应的用户画像。依次选中用户客单价金额段分布的可视化对象中的500～599.99元、600～699.99元和700元及以上的三个数据，其他三个可视化对象相应交互后的效果依次如图4–34、图4–35、图4–36所示。

对三张报表作对比分析，不难发现三次交互均呈现出类似的规律：这些用户最活跃的时间段是0～1点，其次便是12～13点和15～16点。该时间段大致为深夜、正午、下午的时间段。对应的年龄为20～29岁和18～20岁的居多，结合源数据可以知道店铺用户最小年龄为18岁，即消费能力较高的这些用户的年龄为18～29岁，其中仍以女性居多。

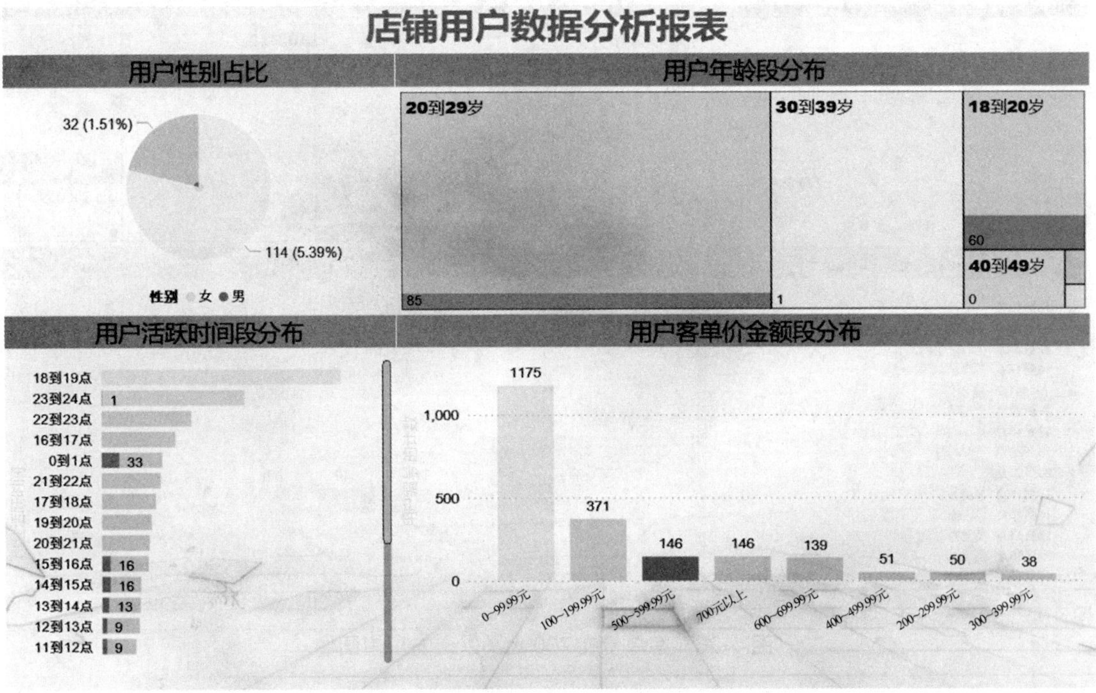

图4–34 客单价在500～599.99元的用户画像

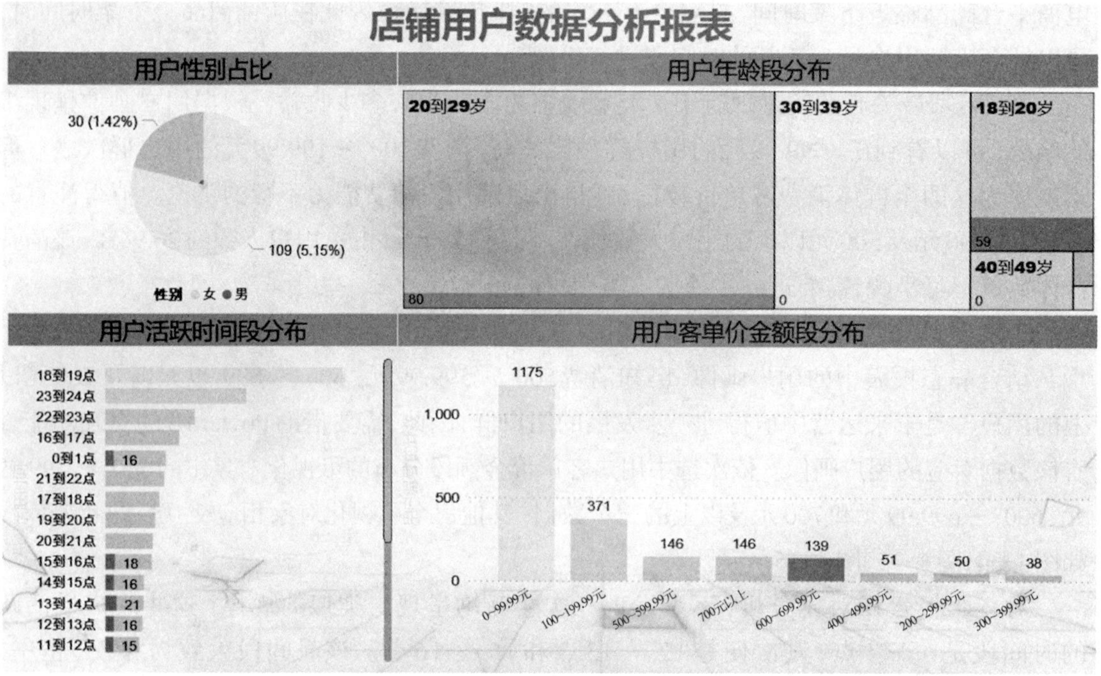

图4-35 客单价在600～699.99元的用户画像

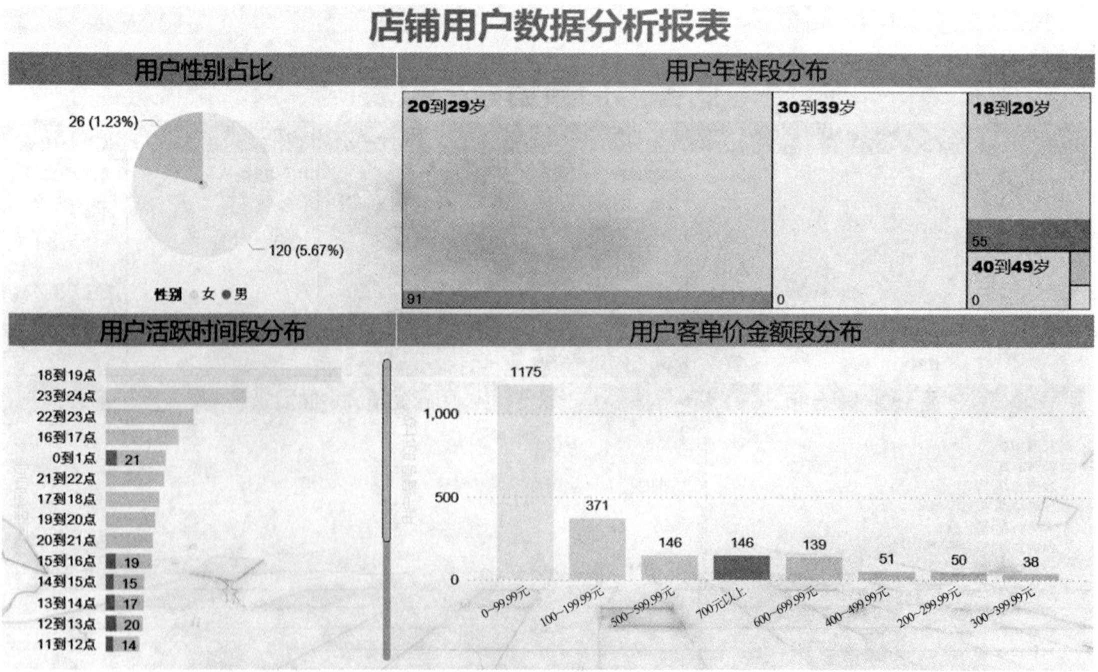

图4-36 客单价在700元及以上的用户画像

任务二　用户价值挖掘

通过用户画像分析结果，婷婷了解到用户画像是寻找目标用户的第一步，但用户分析远不止这些，它不仅仅需要对用户画像进行分析，还需要结合用户的订单情况进行用户的价值挖掘。因此，婷婷抓紧学习了有关用户价值的相关知识，制定了任务二的分析计划：提取数据进行用户价值挖掘，建立用户价值的RFM模型，如图4-37所示，并从模型的指标角度，对店铺用户进行本质区分，挖掘不同用户的价值。

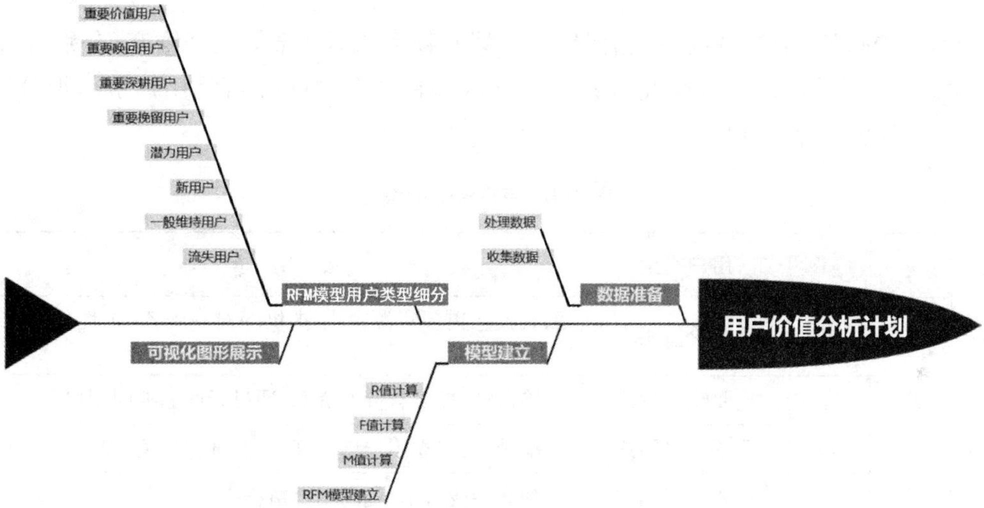

图4-37　用户价值分析计划

知识储备

一、RFM模型

RFM模型是一种通过对用户消费中最近一次消费时间、消费频率和消费金额三个维度的分析，来描述用户价值状况的分析模型，其目的是根据用户活跃程度和交易金额的贡献，进行用户价值细分。

（一）最近一次消费时间（Recency）

最近一次消费时间指用户上一次消费的时间R。在计算时转化成上次购买距离最近一次购买的时间，从营销学角度来说，吸引一位一个月前才来消费的顾客，比吸引一位一年以前才来消费过的顾客要容易得多，因此，距离时间越短，用户价值越高；距离时间越长，用户价值越低。

（二）消费频率（Frequency）

消费频率指用户在一定时间内所消费的总次数F。在现实生活中，店内消费频率最高的用户，也是对店铺满意度最高的用户，其忠诚度也是最高的，因此，消费频率越高，用户价值越高；消费频率越低，用户价值越低。

（三）消费金额（Monetary）

消费金额指用户在一定时间内所消费的总金额M。消费金额是各大分析报表的基础，也是用户分析的重点。一般来说，店内消费金额越高，用户价值越高；消费金额越低，用户价值越低。

RFM模型的适用范围非常广泛，不管是易耗品还是耐用品，都可以使用RFM模型进行用户分析，通过RFM模型可以帮助店铺进行优质用户的识别工作，可以帮助卖家定制个性化的营销服务，为更多的运营决策提供有力支持，与此同时，还可以帮助衡量用户价值和用户利润创收能力。

二、用户类型的细分

针对RFM模型中的最近一次消费时间、消费频率和消费金额三个维度，分别进行用户数据收集与整理，结合具体情况对各维度进行“高”“低”判断，可将用户价值细分成8种（2×2×2）类型，如表4-1所示。

表 4-1　用户价值的细分

R	F	M	用户类型	营　销　策　略
高	高	高	重要价值用户	加大投入更多资源，如：提供一对一服务、个性化定制及附加销售
低	高	高	重要唤回用户	直接营销，提供有价值资源，通过新商品唤回用户
高	低	高	重要深耕用户	搭配销售，建立用户忠诚度计划，推荐相关商品
低	低	高	重要挽留用户	单独联系或营销，提高用户留存率
高	高	低	潜力用户	增量销售，不断提供价值更高的商品，增加消费
高	低	低	新用户	免费试用，吸引用户，提高品牌知名度
低	高	低	一般维持用户	以老用户折扣与用户重新建立关系，带动消费
低	低	低	流失用户	广撒网式营销恢复用户兴趣，或直接抛弃

结合RFM模型进行的用户类型细分，可以从一定程度上帮助企业了解不同用户之间的消费差异，明晰用户价值，制定合理的用户营销策略，帮助找寻高价值用户，让企业在瞬息万变的大市场中立于不败之地。

任务操作

一、收集、整理相关数据

【操作指导】

（一）获取用户数据

可以通过客户运营平台或其他CRM软件中获取用户数据，这里仅介绍RFM模型的应用，因此只需要获取“用户名”“上次交易时间”“交易总额”和“交易笔数”即可，如表4–2所示。

表 4–2　RFM 模型下的用户数据（部分）

用户名	上次交易时间	交易总额（元）	交易笔数（笔）
蘑菇云	2021/10/1	4 119.3	7
常州新	2021/10/1	8 238.6	3
小茉莉	2021/10/2	8 238.6	9
芒果 gogo	2021/10/3	8 238.6	9
付小明	2021/10/4	8 238.6	7
hhadod11	2021/10/4	2 049.3	4
TB–57842	2021/10/5	6 189.3	7

结合所获取的用户数据情况，将其整理至Excel中，用于依次计算各用户“R值”“F值”和“M值”的维度，这里使用Excel工具进行处理更为方便，因此本任务在建立RFM模型时，选择使用办公软件Excel 2016进行操作。

（二）计算“最近一次消费时间”数据

结合表4–2可以发现，提取的用户数据中，只有“上次交易时间”，缺少“最近一次消费时间”的相关数据，可以利用TODAY函数将“现在的时间”减去“上次交易时间”，得到“间隔时间”的天数，如图4–38所示。

C2　=TODAY()-B2

	A	B	C	D	E
1	用户名	上次交易时间	间隔时间(天)	交易笔数(笔)	交易总额(元)
2	蘑菇云	2021/10/1	183	7	4119.3
3	常州新	2021/10/1	183	3	8238.6
4	小茉莉	2021/10/2	182	9	8238.6
5	芒果gogo	2021/10/3	181	9	8238.6
6	付小明	2021/10/4	180	7	8238.6
7	hhadod11	2021/10/4	180	4	2049.3
8	TB-57842	2021/10/5	179	7	6189.3
9	xiaochen1314	2021/10/7	177	3	4119.3
10	延迟的钟	2021/10/7	177	5	2670.3
11	幸福人生999	2021/10/13	171	3	8077.14
12	土豆小妹	2021/10/15	169	4	4038.57
13	鲨鱼baby	2021/10/20	164	5	8238.6
14	Sunny08	2021/10/23	161	3	4119.3
15	漂亮就是我	2021/10/24	160	7	4119.3
16	天官赐福1988	2021/10/26	158	4	8238.6

图4–38　“间隔时间”的计算

需要注意的是，这里使用的TODAY函数是以操作者的统计日期为例进行处理的。

整理完成后不难发现：“时间间隔”对应“最近一次消费时间”，即R维度；“交易总额”对应“消费金额”，即M维度；“交易笔数”对应“消费频率”，即F维度。

二、调整各指标的位置，划分RFM维度

（一）调整指标位置，计算参考值

完成数据收集、整理工作后，调整各指标的位置，并对RFM的三个维度划分等级，一般分为“高”和“低”两个等级。可以结合行业发展的规律性和店铺本身的特色。针对“最近一次消费时长”，可以按行业淡旺季的情况来划分；针对“消费金额”，可以依据店铺商品的价格带来划分；针对“消费频率”，可以依据店铺的平均频率来划分。这里为了方便数据处理，我们统一将三个维度都按均值进行划分，利用AVERAGE函数计算“R值”“F值”和“M值”三个维度各自的平均值，得到结果如图4-39所示。

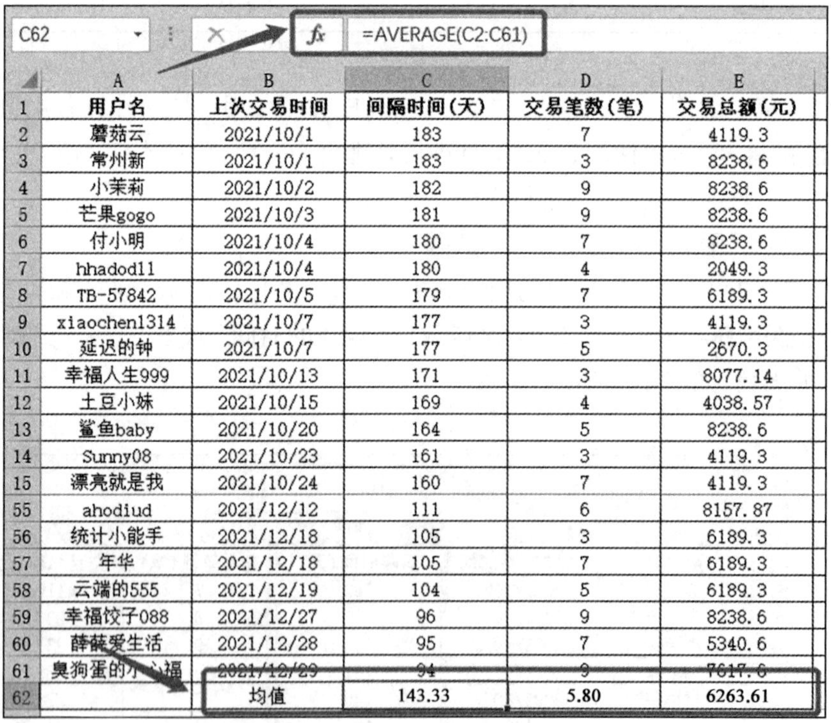

	A	B	C	D	E
1	用户名	上次交易时间	间隔时间(天)	交易笔数(笔)	交易总额(元)
2	蘑菇云	2021/10/1	183	7	4119.3
3	常州新	2021/10/1	183	3	8238.6
4	小茉莉	2021/10/2	182	9	8238.6
5	芒果gogo	2021/10/3	181	9	8238.6
6	付小明	2021/10/4	180	7	8238.6
7	hhadod11	2021/10/4	180	4	2049.3
8	TB-57842	2021/10/5	179	7	6189.3
9	xiaochen1314	2021/10/7	177	3	4119.3
10	延迟的钟	2021/10/7	177	5	2670.3
11	幸福人生999	2021/10/13	171	3	8077.14
12	土豆小妹	2021/10/15	169	4	4038.57
13	鲨鱼baby	2021/10/20	164	5	8238.6
14	Sunny08	2021/10/23	161	3	4119.3
15	漂亮就是我	2021/10/24	160	7	4119.3
55	ahodiud	2021/12/12	111	6	8157.87
56	统计小能手	2021/12/18	105	3	6189.3
57	年华	2021/12/18	105	7	6189.3
58	云端的555	2021/12/19	104	5	6189.3
59	幸福饺子088	2021/12/27	96	9	8238.6
60	薛薛爱生活	2021/12/28	95	7	5340.6
61	臭狗蛋的小心福	2021/12/29	94	9	7617.6
62		均值	143.33	5.80	6263.61

图4-39　各维度的参考值计算

（二）比较数据，判定指标等级

将每个用户的各维度数据与对应的均值进行比较，其中，R值如果低于平均值，则评价为“高”；如果大于或等于平均值，则评价为“低”。F值如果大于或等于平均值，则评价为“高”；低于平均值，则评价为“低”。R值如果大于或等于平均值，则评价为“高”；低于平均值，则评价为“低”。利用IF函数完成对各维度的等级判定，结果如图4-40所示。

F2 | =IF(C2>=$C$62,"低","高")

	A	B	C	D	E	F	G	H
1	用户名	上次交易时间	间隔时间(天)	交易笔数(笔)	交易总额(元)	R值	F值	M值
2	蘑菇云	2021/10/1	183	7	4119.3	低	高	低
3	常州新	2021/10/1	183	3	8238.6	低	低	高
4	小茉莉	2021/10/2	182	9	8238.6	低	高	高
5	芒果gogo	2021/10/3	181	9	8238.6	低	高	高
6	付小明	2021/10/4	180	7	8238.6	低	高	高
7	hhadod11	2021/10/4	180	4	2049.3	低	低	低
8	TB-57842	2021/10/5	179	7	6189.3	低	高	低
9	xiaochen1314	2021/10/7	177	3	4119.3	低	低	低
10	延迟的钟	2021/10/7	177	5	2670.3	低	低	低
11	幸福人生999	2021/10/13	171	3	8077.14	低	低	高
12	土豆小妹	2021/10/15	169	4	4038.57	低	低	低
13	鲨鱼baby	2021/10/20	164	5	8238.6	低	低	高
14	Sunny08	2021/10/23	161	3	4119.3	低	低	低
15	漂亮就是我	2021/10/24	160	7	4119.3	低	高	低
55	ahodiud	2021/12/12	111	6	8157.87	高	高	高
56	统计小能手	2021/12/18	105	3	6189.3	高	低	低
57	年华	2021/12/18	105	7	6189.3	高	高	低
58	云端的555	2021/12/19	104	5	6189.3	高	低	低
59	幸福饺子088	2021/12/27	96	9	8238.6	高	高	高
60	薛薛爱生活	2021/12/28	95	7	5340.6	高	高	低
61	臭狗蛋的小心福	2021/12/29	94	9	7617.6	高	高	高
62		均值	143.20	5.88	6263.61			

图4-40 各指标等级的判定

三、利用RFM模型完成用户细分

得到用户的各指标等级判定结果后，就可以利用用户价值的细分类型对每一位用户进行细分，以便对店铺内的不同类型用户采取不同方式的营销策略。利用IF函数完成对每个用户的类型判定，结果如图4-41所示。

I2 | =IF(AND(F2="高",G2="高",H2="高")=TRUE,"重要价值用户",IF(AND(F2="低",G2="高",H2="高")=TRUE,"重要唤

	A	B	C	D	E	F	G	H	I
1	用户名	上次交易时间	间隔时间(天)	交易笔数(笔)	交易总额(元)	R值	F值	M值	用户类型
2	蘑菇云	2021/10/1	183	7	4119.3	低	高	低	一般维持用户
3	常州新	2021/10/1	183	3	8238.6	低	低	高	重要挽留用户
4	小茉莉	2021/10/2	182	9	8238.6	低	高	高	重要唤回用户
5	芒果gogo	2021/10/3	181	9	8238.6	低	高	高	重要唤回用户
6	付小明	2021/10/4	180	7	8238.6	低	高	高	重要唤回用户
7	hhadod11	2021/10/4	180	4	2049.3	低	低	低	流失用户
8	TB-57842	2021/10/5	179	7	6189.3	低	高	低	一般维持用户
9	xiaochen1314	2021/10/7	177	3	4119.3	低	低	低	流失用户
10	延迟的钟	2021/10/7	177	5	2670.3	低	低	低	流失用户
11	幸福人生999	2021/10/13	171	3	8077.14	低	低	高	重要挽留用户
12	土豆小妹	2021/10/15	169	4	4038.57	低	低	低	流失用户
13	鲨鱼baby	2021/10/20	164	5	8238.6	低	低	高	重要挽留用户
14	Sunny08	2021/10/23	161	3	4119.3	低	低	低	流失用户
15	漂亮就是我	2021/10/24	160	7	4119.3	低	高	低	一般维持用户
55	ahodiud	2021/12/12	111	6	8157.87	高	高	高	重要价值用户
56	统计小能手	2021/12/18	105	3	6189.3	高	低	低	新用户
57	年华	2021/12/18	105	7	6189.3	高	高	低	潜力用户
58	云端的555	2021/12/19	104	5	6189.3	高	低	低	新用户
59	幸福饺子088	2021/12/27	96	9	8238.6	高	高	高	重要价值用户
60	薛薛爱生活	2021/12/28	95	7	5340.6	高	高	低	潜力用户
61	臭狗蛋的小心福	2021/12/29	94	9	7617.6	高	高	高	重要价值用户
62		均值	143.20	5.88	6263.61				

图4-41 用户细分的计算

IF函数（注意区分英文字符）：

=IF(AND(F2="高",G2="高",H2="高")=TRUE,"重要价值用户",IF(AND(F2="低",G2="高",H2="高")=TRUE,"重要唤回用户",IF(AND(F2="高",G2="低",H2="高")=TRUE,"重要深耕用户",IF(AND(F2="低",G2="低",H2="高")=TRUE,"重要挽留用户",IF(AND(F2="高",G2="高",H2="低")=TRUE,"潜力用户",IF(AND(F2="高",G2="低",H2="低")=TRUE,"新用户",IF(AND(F2="低",G2="高",H2="低")=TRUE,"一般维持用户","流失用户")))))))

四、可视化图形展示

结合每个用户的类型判定绘制用户类型的可视化图表，从而了解店铺内用户的整体情况，并有针对性地进行用户营销。可以利用办公软件Excel 2016进行操作处理，最终完成可视化图形的展示工作。

（一）插入数据透视图

完成用户的类型判定工作后，选中“用户类型”所有数据，如图4-42所示，单击【插入】，选中【数据透视图】，插入【数据透视图】。

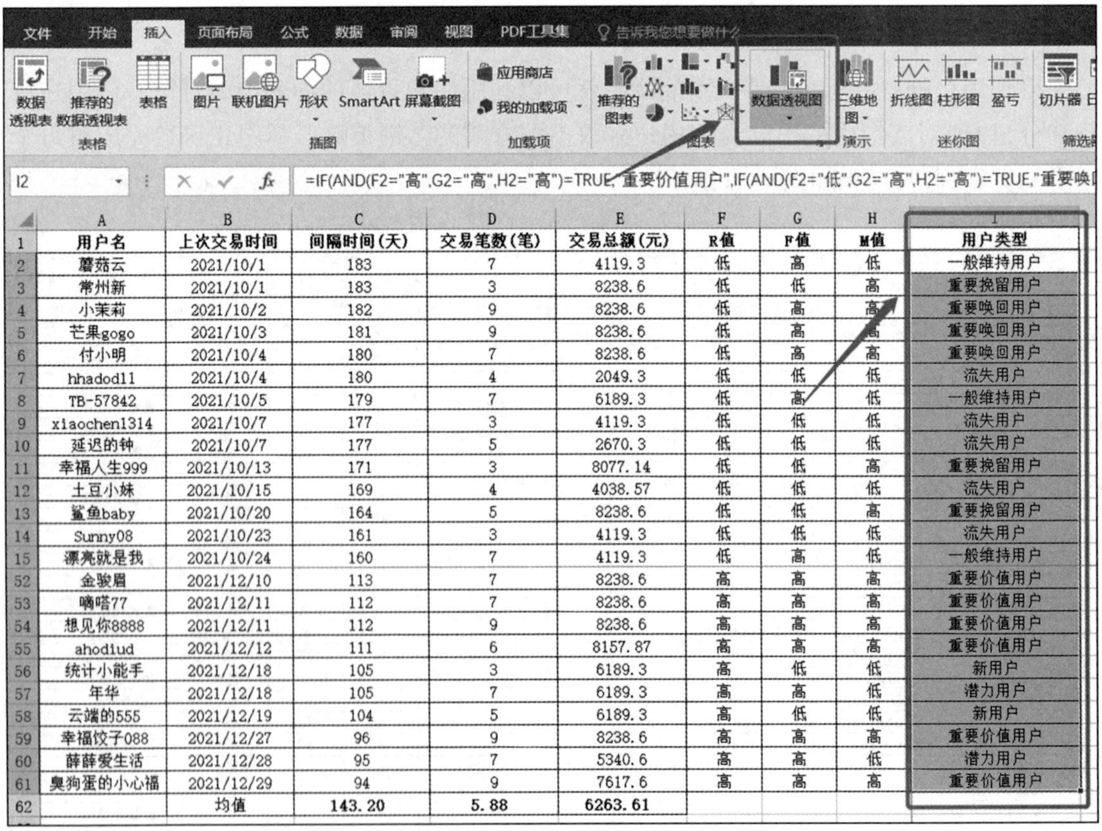

	A	B	C	D	E	F	G	H	I
1	用户名	上次交易时间	间隔时间(天)	交易笔数(笔)	交易总额(元)	R值	F值	M值	用户类型
2	蘑菇云	2021/10/1	183	7	4119.3	低	高	低	一般维持用户
3	常州新	2021/10/1	183	3	8238.6	低	低	高	重要挽留用户
4	小茉莉	2021/10/2	182	9	8238.6	低	高	高	重要唤回用户
5	芒果gogo	2021/10/3	181	9	8238.6	低	高	高	重要唤回用户
6	付小明	2021/10/4	180	7	8238.6	低	高	高	重要唤回用户
7	hhadod11	2021/10/4	180	4	2049.3	低	低	低	流失用户
8	TB-57842	2021/10/5	179	7	6189.3	低	高	低	一般维持用户
9	xiaochen1314	2021/10/7	177	3	4119.3	低	低	低	流失用户
10	延迟的钟	2021/10/7	177	5	2670.3	低	低	低	流失用户
11	幸福人生999	2021/10/13	171	3	8077.14	低	低	高	重要挽留用户
12	土豆小妹	2021/10/15	169	4	4038.57	低	低	低	流失用户
13	鲨鱼baby	2021/10/20	164	5	8238.6	低	低	高	重要挽留用户
14	Sunny08	2021/10/23	161	3	4119.3	低	低	低	流失用户
15	漂亮就是我	2021/10/24	160	7	4119.3	低	高	低	一般维持用户
52	金骏眉	2021/12/10	113	7	8238.6	高	高	高	重要价值用户
53	嘀嗒77	2021/12/11	112	7	8238.6	高	高	高	重要价值用户
54	想见你8888	2021/12/11	112	9	8238.6	高	高	高	重要价值用户
55	ahodiud	2021/12/12	111	6	8157.87	高	高	高	重要价值用户
56	统计小能手	2021/12/18	105	3	6189.3	高	低	低	新用户
57	年华	2021/12/18	105	7	6189.3	高	高	低	潜力用户
58	云端的555	2021/12/19	104	5	6189.3	高	低	低	新用户
59	幸福饺子088	2021/12/27	96	9	8238.6	高	高	高	重要价值用户
60	薛薛爱生活	2021/12/28	95	7	5340.6	高	高	低	潜力用户
61	臭狗蛋的小心福	2021/12/29	94	9	7617.6	高	高	高	重要价值用户
62		均值	143.20	5.88	6263.61				

图4-42 【数据透视图】的插入

插入【数据透视图】后，弹出如图4-43所示的对话框，分析的数据为上一步骤所选数据，放置数据透视表的位置选择【现有工作表】，并选择工作表中任意空白单元格即可，单击【确定】。

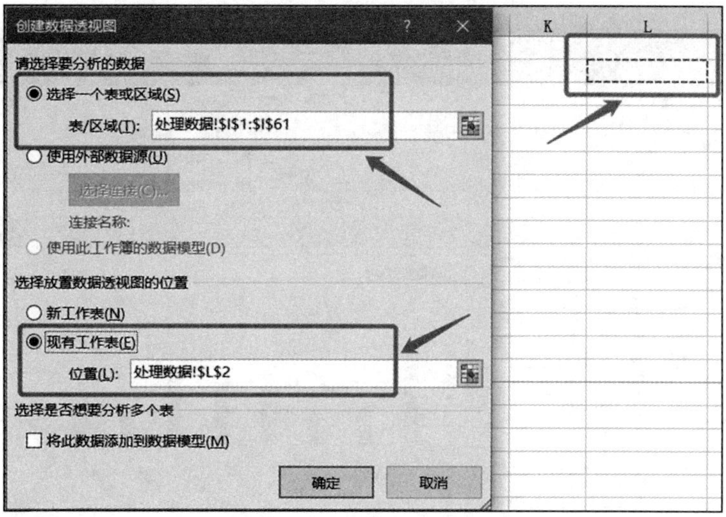

图4-43 【数据透视图】的创建

（二）使用数据透视图进行可视化图表绘制

在【数据透视图字段】列表中选中“用户类型”，使用鼠标拖拽的方式分别拖入数据透视图区域中的【轴（类别）】和【值】字段，【值】字段中默认以计数的方式进行汇总，如图4-44右下角所示，并默认在数据透视图中以柱形图的方式进行可视化图表展示，得到的可视化图表如图4-44左下角所示。

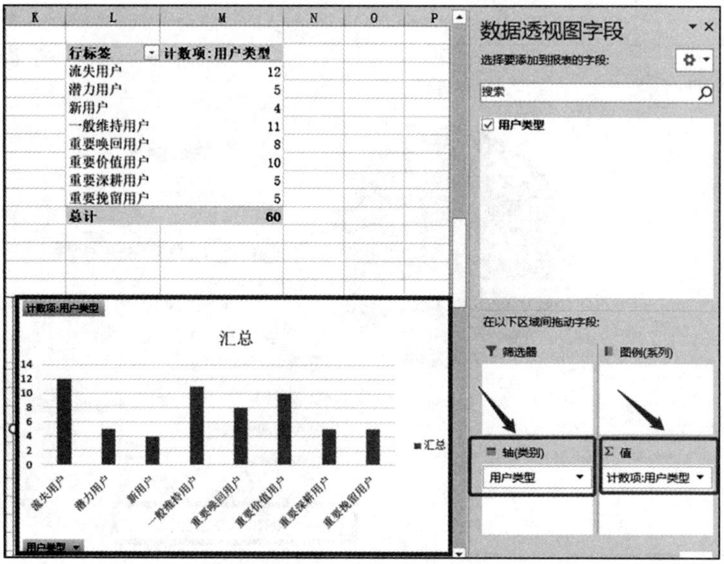

图4-44 数据透视图表的构造

（三）可视化图表的更改

在实际工作中，可以结合不同需求选择不同的图表进行绘制，在此分析中推荐使用饼图进行可视化结果呈现。单击【数据透视图工具】-【更改图表类型】，如图4-45所示。

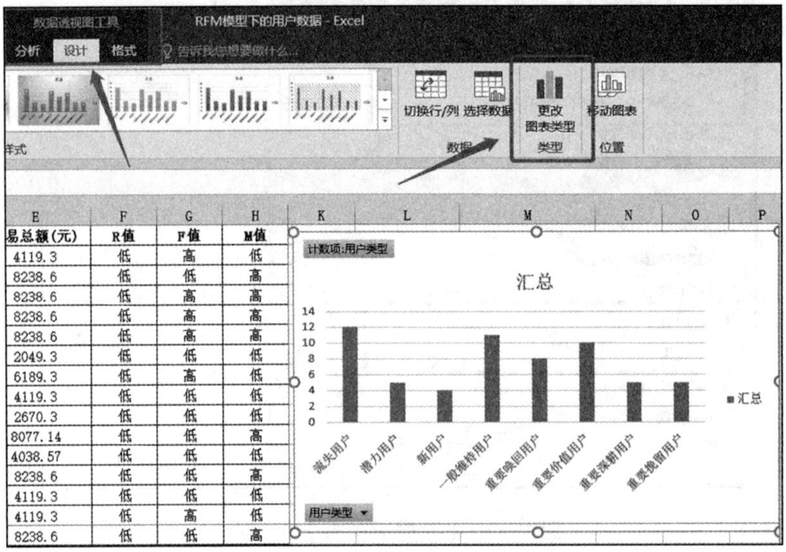

图4-45　数据透视图图表类型更改

在弹出的对话框中，选中【饼图】，单击【确定】，即可将可视化图表的类型更改为饼图。

（四）可视化图表的优化

根据图表绘制结果，可对绘制好的可视化图表进行优化。鼠标选中饼图，右键选中【添加数据标签】，得到如图4-46所示的饼图。

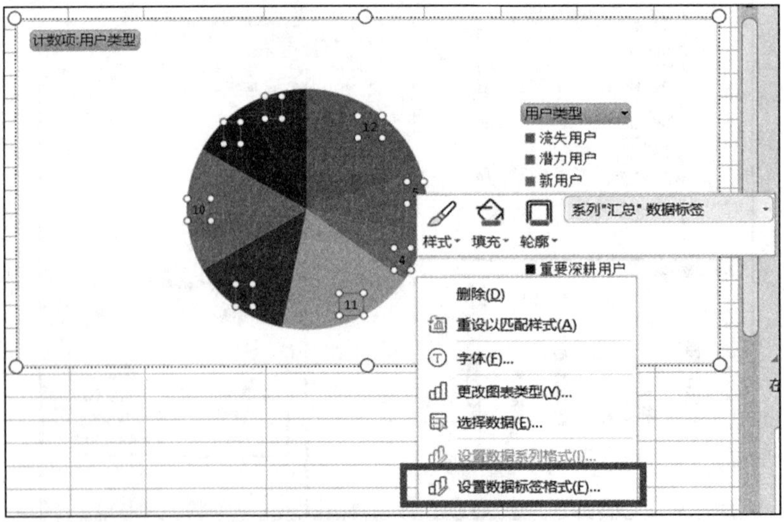

图4-46　数据标签格式的设置

此时，饼图的数据标签是以数值的形式进行展示，鼠标选中所有数据标签，右键选择【设置数据标签格式】，可对如图4-47所示的数据标签格式进行调整，取消【值】显示，选择【百分比】。

调整数据标签的大小，并对重点关注用户类型进行拖拽处理，最终得到如图4-48所示的可视化图表。

从可视化图表展示的结果不难看出，店铺的流失用户占比最高，需要及时采取合理措施进行店铺用户的维护工作；另外，店铺的重要价值用户占比也相对较高，可以对这部分用户加大资源的投入，并尽可能地促进老带新的拉动工作。

五、总结分析

整个用户类型分析完成后，婷婷将店铺所有用户类型发给了店长李姐，按照不同的用户类型采取了不同的营销模式。通过一个月的试行，店长李姐分管的店铺销售环比较往年提升了10%，复购用户数提升了8.7%。

婷婷看到自己的分析结果提高了店铺的经营业绩，获得了很强的满足感，对学习数据分析的相关知识又有了新的想法和体会。

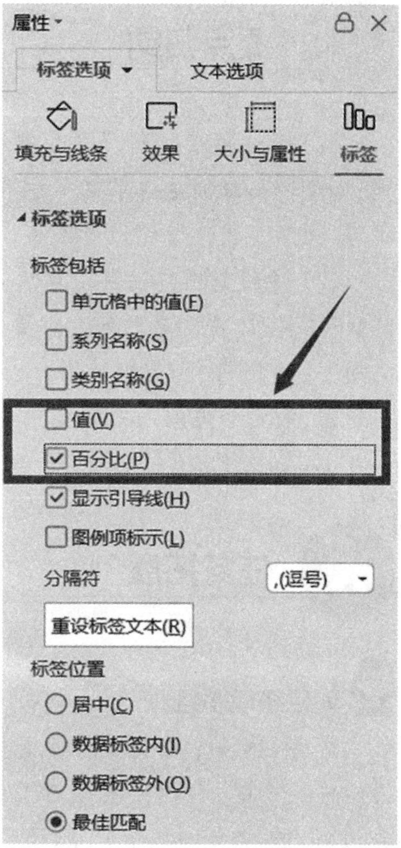

图4-47　数据标签格式的属性设置

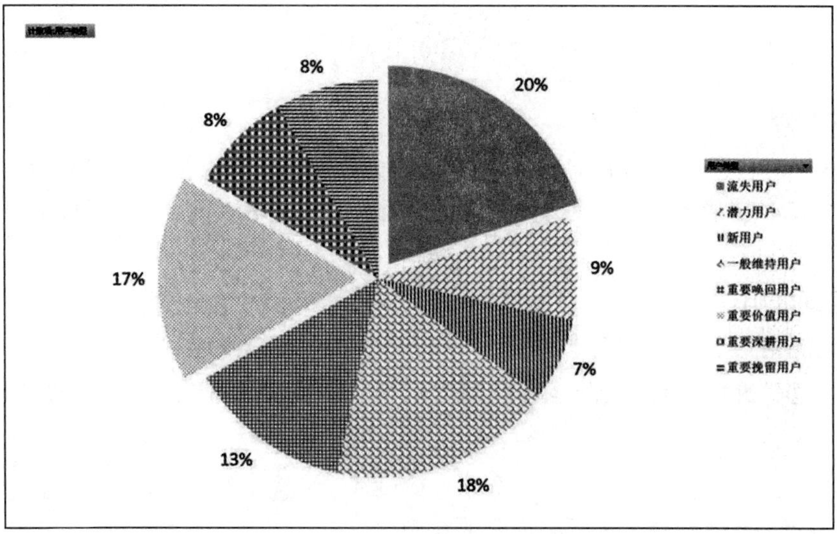

图4-48　用户类型的可视化展示

要点归纳

（1）从多维度进行用户数据统计分析，构建用户画像，了解用户群的社会属性和消费习惯，以便更好地对店铺装修风格和客服话术进行优化，更有效地开展商品选品、定价、关联营销等，为店铺精准营销做好准备。

（2）通过对用户消费中最近一次消费时间、消费频率和消费金额三个维度进行分析，构建RFM模型，将用户划分为重要价值用户、重要唤回用户、重要深耕用户、重要挽留用户、潜力用户、新用户、一般维持用户、流失用户，帮助企业了解不同用户之间的消费差异，明晰用户价值，制定合理的用户营销策略。

任务拓展

项目经理娜姐：

婷婷，我看了你交过来的报告，用户画像的分析很到位，知识点都掌握得不错。不过这里给你提个醒，我国刚刚颁布了《个人信息保护法》，因此我们在处理个人信息时应当遵循合法、正当、必要和诚信原则，不得通过误导、欺诈、胁迫等方式处理个人信息。

另外，我们又有新的任务来了。我们公司有一个网点提取了新品的一些用户交易信息，希望对这一批用户进行分析，并且给他们一些营销推广的建议。你肯定能完美完成这个任务吧？

实习生婷婷：

经理，你放心，只要有用户的交易数据，我就能结合RFM模型，从他们的最近一次消费时间、消费频率和消费金额三个维度进行数据分析，划归用户类型，再给网店提出反馈建议。

项目经理娜姐：

好的，思路可以，那你去试试看吧。

RFM模型的数据分析方法已经详细进行了介绍，请你下载实训数据，代替婷婷完成这项任务。

要求：

（1）完成数据分析，整理出所有用户的类型。

（2）对这一批用户类型进行可视化展示。

（3）针对不同用户，给出合理的营销推广建议。

项目五

运营分析

- 任务一　运营现状分析
- 任务二　运营事件分析
- 任务三　活动运营分析

学习目标

(1) 了解用户增长模型,熟悉游戏运营指标,培养系统论思想。

(2) 掌握漏斗分析方法,培养结构化思维能力。

(3) 掌握事件分析要点,了解活动运营关键指标。

(4) 学习思考企业的社会责任和可持续发展问题,提高自身的社会责任意识和责任感。

项目背景

随着游戏市场竞争的日趋激烈,在如何获得更大收益,延长游戏周期的问题上,越来越多的手机游戏开发公司开始选择借助大数据,以便挖掘更多更细的用户群来进行精细化、个性化的运营。一切以数据出发,用数据说话,让数据更好地指导运营服务好游戏玩家,对游戏玩家的行为和体验不断进行分析和调整,使游戏玩家可以在虚拟世界中得到更好的服务和体验。把数据作为运营基础,把用户作为运营中心,把市场作为运营导向,这是精细化运营一直倡导的三个重点,而其中的数据化运营又是非常关键的一环。

引导案例

学弟亮亮：

聪哥，听我们老师说学长在游戏公司做运营，我们都好羡慕哦，能给我们讲讲游戏运营吗？

学长聪哥：

亮亮，先给你们看看我正在处理的数据包吧，这个数据包容量超过100 M，数据有上百万条哦。

学弟亮亮：

这么大的数据包！那是不是积累了很多年的数据啊？

学长聪哥：

亮亮，那你可太小瞧我们游戏行业数据的颗粒度啦，这个数据包是我们公司刚推出的一款策略类型手机游戏的玩家数据，只存储了40天的新用户相关数据哦。

学弟亮亮：

只有一个多月的数据啊，那这些数据能干吗呢？

分析目标

学长聪哥：

这些数据作用可大啦，我主要想通过我的数据报表，让我们运营部门同事能了解这“40天”内注册的新用户质量以及游戏内玩家的消费倾向。同时，我还需要准确了解每个用户的价值和产品道具的使用效果，这样对游戏的广告投放策略和高效的运营活动都具有很重要的意义，有助于给玩家带来更加个性化的体验。

学弟亮亮：

原来游戏都是需要分析先行啊？那学长给我讲讲这个游戏运营的分析内容吧！

任务分解

学长聪哥：

我先给你看看我们公司这款游戏的玩法流程（图5-1），你才能更好地理解表格中的数据，所以说，要做好游戏数据运营，试玩一下游戏还是有必要的哦。

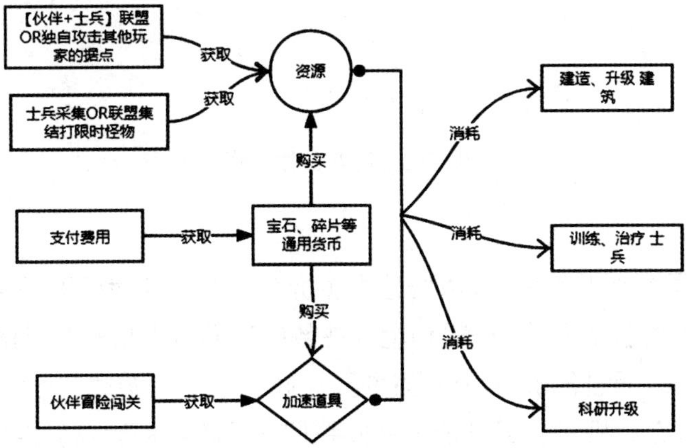

图5-1　游戏玩法流程图

我把这个游戏数据的109个数据字段说明发给你（图5-2），看你能否结合我发的游戏流程，把这些数据进行归类。

序号	字段名	字段解释	数据时间	变量性质
1	user_id	玩家唯一ID	永久	ID
2	register_time	玩家注册时间	永久	自变量
3	wood_add_value	木头获取数量	前七日	自变量
4	wood_reduce_value	木头消耗数量	前七日	自变量
5	stone_add_value	石头获取数量	前七日	自变量
6	stone_reduce_value	石头消耗数量	前七日	自变量
7	ivory_add_value	象牙获取数量	前七日	自变量
8	ivory_reduce_value	象牙消耗数量	前七日	自变量
9	meat_add_value	肉获取数量	前七日	自变量
10	meat_reduce_value	肉消耗数量	前七日	自变量
11	magic_add_value	魔法获取数量	前七日	自变量
12	magic_reduce_value	魔法消耗数量	前七日	自变量
13	infantry_add_value	勇士招募数量	前七日	自变量
14	infantry_reduce_value	勇士损失数量	前七日	自变量
15	cavalry_add_value	驯兽师招募数量	前七日	自变量
16	cavalry_reduce_value	驯兽师损失数量	前七日	自变量
17	shaman_add_value	萨满招募数量	前七日	自变量
18	shaman_reduce_value	萨满损失数量	前七日	自变量
19	wound_infantry_add_value	勇士伤兵产生数量	前七日	自变量

图5-2　数据字段说明图（部分）

学弟亮亮：

这个数据量确实挺吓人啊，还好我对策略游戏有点了解，我按我的理解把游戏数据分为三类（图5-3），学长您看一下。

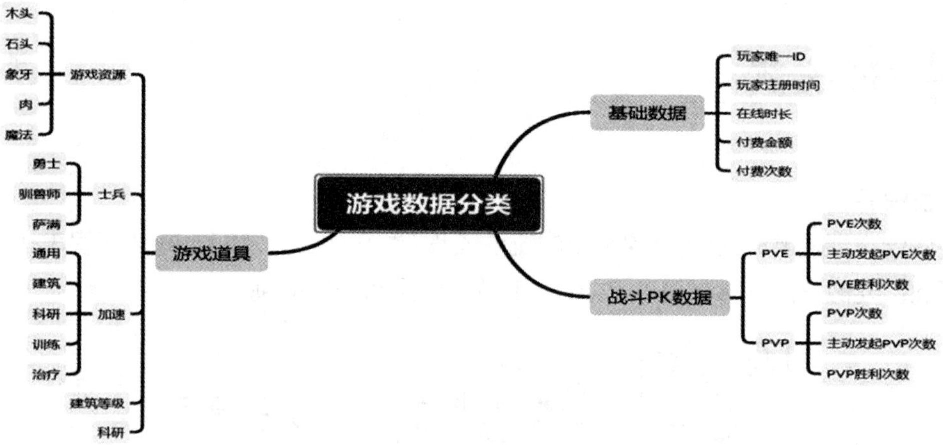

图 5-3　游戏数据分类

学长聪哥：

这个数据分类导图画得不错哦，数据分类也挺合理的。在我们理解了数据之后，我就带你看看我们能用这些数据做什么，一般利用这些数据我们可以从三个维度进行分析。

任务一：主要可以通过各项游戏运营指标，了解我们这款游戏的运营现状。

任务二：通过分布分析和交叉分析来掌握我们进行的各种运营事件的成效。

任务三：分析玩家行为习惯，发现我们运营中存在的问题。

整个分析思路流程如图 5-4 所示。

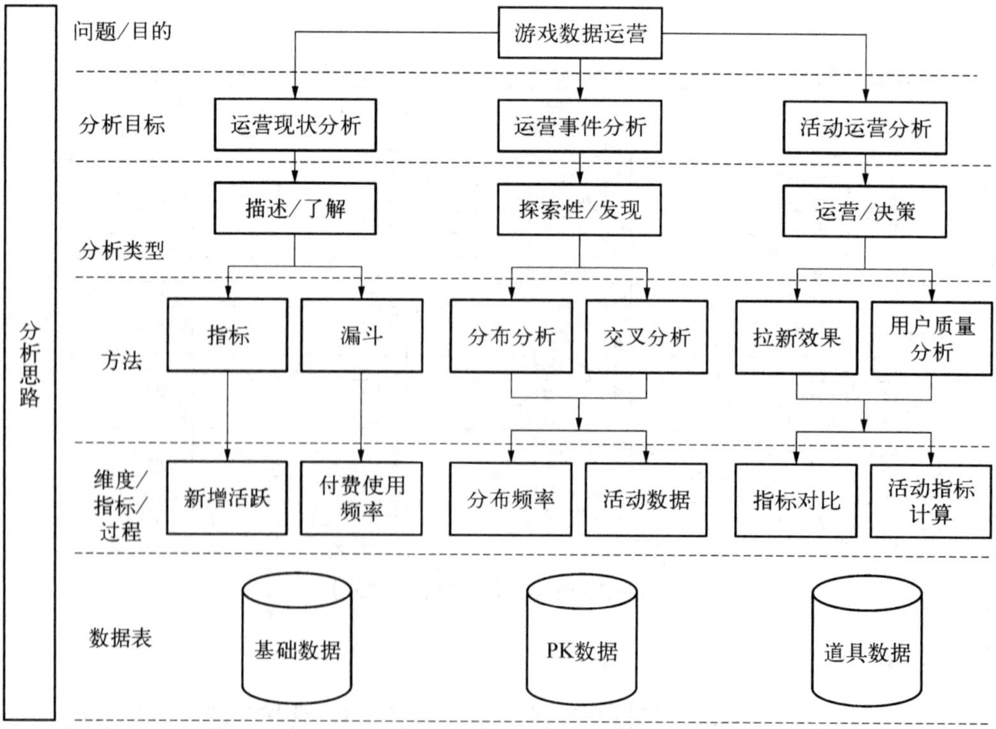

图 5-4　游戏数据运营分析思路流程图

任务一　运营现状分析

游戏产品的运营现状分析，是指在不同时间和维度下，完成一段时间内运营现状的数据汇总和基础分析，全面了解目前游戏业务的整体运营情况。运营现状一般从用户新增情况、活跃情况、付费情况等几个层面来综合体现，运营现状分析计划如图5-5所示。

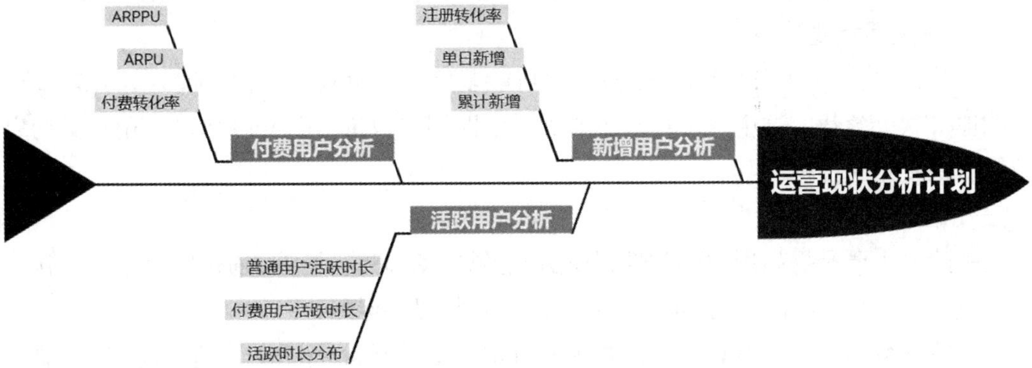

图5-5　运营现状分析计划

知识储备

一、AARRR模型

产品运营中最著名的方法论就是AARRR模型。AARRR是由Acquisition、Activation、Retention、Revenue、Referral几个单词缩写构成，分别对应一款产品生命周期的5个重要过程，即从获取用户、提高活跃度、提高留存率、获取收入，直至最后形成病毒式传播，如图5-6所示。

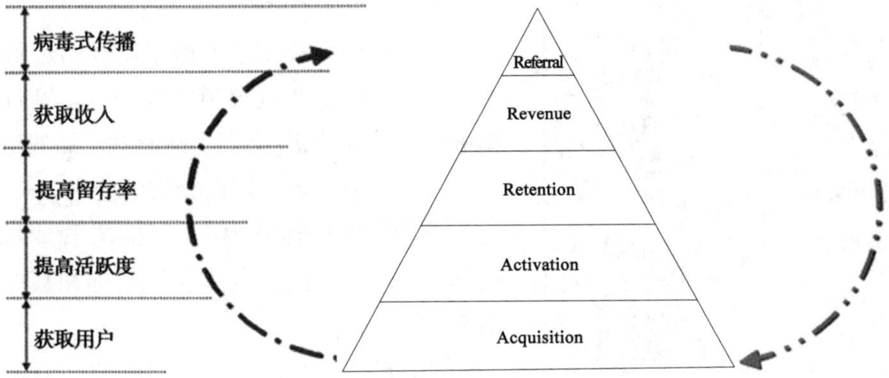

图5-6　AARRR模型

AARRR模型串联了用户转化、运营阶段和指标体系的内容，形成一套完整的方法，用以在营销、优化、运营等方面发挥作用。

（一）获取用户阶段

运营一款游戏的第一步，毫无疑问是获取用户，也就是推广游戏，从不同的地方广泛地引入更多的用户。

这一阶段的数据分析主要通过时间、地域、版本和推广渠道等不同维度来拆解分析新增用户、用户总数及增长率，组合各种维度来分析营销渠道的用户获取效果以及目标用户分布；对各种营销渠道的效果进行评估，从而更加合理地确定投入策略以及最小化用户获取成本。

（二）提高活跃度阶段

这个阶段是指用户进入了游戏之后，尽可能多停留在游戏中，尽可能多参与游戏玩法，尽可能地喜欢上游戏。这个阶段运营主要关心活跃用户数量、用户使用时长、用户平均启动次数等活跃度相关指标。

（三）提高留存率阶段

这一阶段主要是提高用户的黏性，使用户能够频繁地进行游戏，通过留存用户和新增用户使游戏处于一个健康的生态，也为游戏产品的营收提供保障。

这个阶段数据分析的重点就是需要观测日留存率、周留存率和月留存率等指标，监控用户流失情况，并采取相应的手段在用户流失之前，激励这些用户继续游戏。

（四）获取收入阶段

获取收入是所有商业游戏最核心的目的（公益游戏除外）。对于游戏产品来说，主流的营收方式有买断制、时间收费、道具收费以及混合收费等几种收费模式。这一阶段数据分析重点是掌控游戏付费整体情况，并能结合道具、付费点反映付费引导好坏，还需要根据消费活动效果来评估推广渠道的质量。

（五）病毒式传播阶段

病毒式传播也叫作自传播、口碑传播，常见的邀请好友得好礼、朋友圈转发，都属于这种传播方式。绝大部分游戏产品还不能完全依赖于病毒式传播，还必须和其他营销方式相结合。

新增情况指标	活跃情况指标
✓ 累计新增 ✓ 平均留存 ✓ 付费转化 ✓ 注册转化 ✓ 新增占比	✓ 活跃规模 ✓ 活跃周期 ✓ 每周活跃 ✓ 每月活跃 ✓ 活跃增长
付费情况指标	**其他指标**
✓ 累计收益 ✓ DARPPU ✓ DARPU ✓ PUR ✓ APA	✓ 使用频率 ✓ DOSU ✓ 七日流失 ✓ 付费流失 ✓ 一次付费

图5-7　运营现状的指标内容

二、游戏运营数据报表

游戏运营数据报表反映了游戏的运营现状，通过对不同时间和不同渠道维度，对运营阶段性的数据进行汇总和分析，全面了解游戏产品的运营现状。

于洋等在《游戏数据分析的艺术》一书中将反映运营现状的指标分为4个指标体系，即新增情况指标、活跃情况指标、付费情况指标和其他指标，如图5-7所示。

（1）新增情况指标：与营销、推广有紧密联系，可以反映推广质量、数量以及价值。

（2）活跃情况指标：衡量产品质量，有效地获取用户后，根据产品的品质、内容决定是否可以实现活跃用户数量增加或用户活跃时长的持续增长。

（3）付费情况指标：衡量产品的变现能力，也是考验运营的关键点，并核算投资回报率。

（4）其他指标：根据具体产品和业务需求，对部分重点关注的方面制定指标，并及时在报表中进行反馈，面向具体的业务角色进行设计。

三、新增情况指标

新增情况指标包括新增用户指标和用户留存指标两个维度。

（一）新增用户指标

新增用户指标主要用日新增用户数（DNU）来体现，也就是每日注册并登录游戏的用户数。此处注册为广义概念，对于单机游戏而言，则是首次启动进入游戏的用户，所以，对于DNU的定义也可以是首次登录或启动游戏的用户。需要说明的是，在动态统计中，有时候用户也特指设备。

通过这个指标我们可以分析渠道贡献的用户份额，查看宏观走势，确定投放策略，分析是否存在大量垃圾用户以及进行注册转化率等分析。

（二）用户留存指标

用户的留存是指用户在某段时间内开始使用游戏，经过一段时间后，仍然继续使用游戏的被认作是留存用户；这部分用户占当时新增用户的比例即是留存率。用户留存率，一般统计维度有日留存（1 Day Retention）、周留存（7 Day Retention）和月留存（30 Day Retention）。

留存率一直都是用来评定用户黏度的最好指标，留存率越高，说明游戏应用的质量越高，用户的忠诚度越好。

四、用户活跃数据指标

用户活跃数据指标主要包括不同时间维度的用户活跃数、参与次数、日均使用时长等数据指标。

（一）日活跃用户数（DAU）

日活跃用户数是指每日登录过游戏的用户数。对于单机游戏而言，就是一个活跃用户，而网游则要通过账号注册，形成一个网络游戏账号，才算作一个活跃用户。

通过该指标我们可以了解核心用户规模、用户活跃率、活跃用户占比，从而进行产品生命周期分析以及产品活跃用户流失分析等。

（二）周活跃用户数（WAU）

周活跃用户数也就是最近7日（含当日）登录过游戏的用户数，一般按照自然周计算。

（三）月活跃用户数（MAU）

月活跃用户数是指最近一个月即30日（含当日）登录过游戏的用户数，一般按照自然月计算。当MAU变化幅度较小时，说明产品用户规模趋向稳定。但在不同产品生命周期阶段，MAU的变化趋势也不同。

（四）日参与次数（DEC）

用户对游戏的一次使用算作一次参与，日参与次数就是用户每日的游戏参与总次数。

在进行实际分析时，一般进行游戏参与次数的区间分析，同时还可以计算平均游戏参与次数。移动游戏一般建议30秒内重复开启记录为一次完整使用；周参与次数即为一周的游戏参与总次数，一般该指标用于分析分布或者平均值；日平均参与次数计算即日参与次数除以日参与用户数。

通过日参与次数的对比我们可以进行参与频率分析，尤其是在上线、版本更新和运营活动等期间，监控该数据，了解用户对产品的反馈，发现异常情况。同时还可以衡量用户黏性，针对不同用户群进行分析（活跃、新增、付费）。

（五）日均使用时长（DAOT）

日均使用时长的计算公式为：每日总计在线时长 ÷ 日活跃用户数。

关于使用时长，可以分为单次游戏时长、日游戏时长和周游戏时长等指标，通过对这些指标做区间分布和平均计算，了解参与黏性。通过该指标，可以了解产品的质量问题，观察不同时间维度的平均使用时长，了解不同用户群的习惯等。

五、付费指标

付费指标一般包括付费率、活跃付费用户数、平均用户收入、平均每付费用户收入和生命周期价值等5个重要指标。

（一）付费率（PR或者PUR）

付费率是指付费用户数占活跃用户数的比例。通俗地说，付费率也称作付费渗透率，在移动游戏市场，多数只关心日付费率。付费率的高低不代表产品的付费用户人数增加或减少。付费率在不同游戏类型的产品中表现也是不同的。

通过付费率我们可以评判游戏产品的收益转化能力，掌握用户付费关键点和转化周期，并可以对游戏产品的付费转化效果进行评估。

（二）活跃付费用户数（APA）

活跃付费用户数是指在统计时间区间内，成功付费的用户数，一般按照月计。在国际市场也称作月活跃付费用户数（MPU）。

在手游数据分析中，更加关注日付费用户和周付费用户，主要原因是用户的生命周期短暂，短期付费成为关注焦点。

（三）平均用户收入（ARPU）

定义：在统计时间内，活跃用户对游戏产生的平均收入。一般以月计。

平均用户收入的计算公式如下：

$$ARPU=收入总额 \div 活跃用户数$$

计算ARPU指标，可以帮助我们判断不同渠道的用户质量，分析产品收益贡献，研究活跃用户人均收入与投放成本的关系。

（四）平均每付费用户收入（ARPPU）

平均每付费用户收入是指在统计时间内，付费用户对游戏产生的平均收入。一般以月计。

平均每付费用户收入的计算公式如下：

$$\text{ARPPU} = \text{收入总额} \div \text{付费用户数}$$

Monthly ARPPU＝每月游戏收入总额 ÷ 活跃付费用户数，即游戏的总收入除以游戏总付费用户数，一般以月计。

ARPPU与APA、MPR的结合可以分析付费用户的留存情况，对特定付费群体的流失进行深度分析，保证付费质量和规模。

（五）生命周期价值（LTV）

生命周期价值是指用户在生命周期内为该游戏创造的收入总和。可以看成是一个长期累积的ARPU。

对每个用户的平均LTV计算如下：

$$\text{LTV} = \text{ARPU} \times \text{LT（按月或天计算平均生命周期）}$$

其中，LT为生命周期（Life Time），即一个用户从第一次参与游戏，到最后一次参与游戏之间的时间，一般计算平均值，LT以月计，就是玩家留存在游戏中的平均月的数量。例如，一款游戏的ARPU＝￥2，LT＝5，那么LTV＝￥2×5＝￥10。

研究LTV指标可以帮助我们了解用户收益贡献周期，分析用户群与渠道的利润贡献，衡量LTV与广告投放效果（CPA）。

任务操作

一、数据准备

运营数据准备

（一）更改运营数据表的字段名

为了提高数据的辨识度，首先利用字段说明表的字段名解释数据，将运营数据的英文字段名更改为中文字段名，这里可以用VLOOKUP函数，具体操作如图5-8所示。

字段名更改完毕后，可以删除原来的英文字段行。

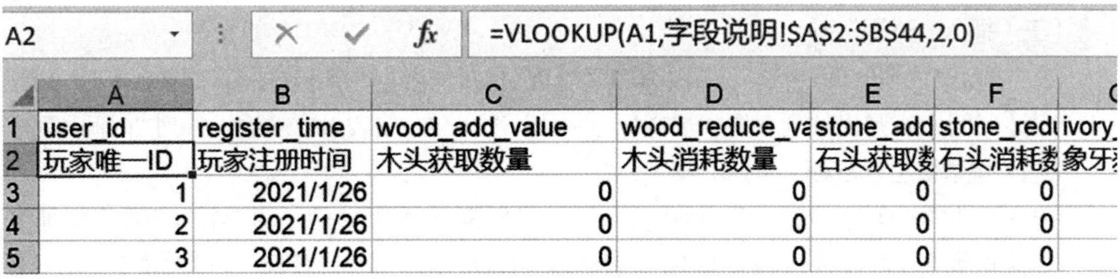

图5-8　VLOOKUP函数更改字段名

（二）选择字段子集

根据此阶段分析的问题，新建源数据的副本，在副本上保留需要的子集，包括用户ID、注册时间、在线时长、付费金额、付费次数等5个字段。

（三）数据清洗

确定子集后，数据清洗工作可以在Excel表格中完成。

1. 删除重复值

由于玩家ID是唯一的标识值，可以通过检查ID来判断数据里是否有重复值。

2. 处理缺失值

使用定位条件——空值，查询缺失值。

3. 一致化处理

筛选检查表格数据，查看数据是否一致化。

4. 数据排序

为了方便分析，可以让数据按玩家注册时间进行排序。

5. 异常值处理

可以使用IF函数和筛选功能查找异常值。

二、数据预处理

数据预处理

本次分析任务的重点是展现该游戏运营现状的相关指标，因此，可以将原有数据进行预处理。为了加快数据处理速度，我们可以仅保留需要分析的相关字段，建立数据源子集，比如只包括“用户ID”“注册时间”“在线时长”“付费金额”“付费次数”等5个字段。结合我们得到的数据，可以将“玩家注册时间”字段拆分为“日期”和“时间”两个字段，方便我们后续的分析和建模。

（一）更改字段数据类型

将数据加载到Power BI中进行数据预处理，进入Power Query编辑器界面，选中“玩家注册时间”列，单击最左边的“数据类型”按钮，将“数据类型”改为“日期/时间”。

（二）插入“日期”列

选中“玩家注册时间”字段列，在【转换】选项卡（或者【添加列】选项卡）中找到【日期】按钮，单击【日期】，在弹出的列表栏中选择【仅日期】，如图5-9所示，这样会在报表最右端插入一列“日期”列。

（三）插入“时间”列

选中“玩家注册时间”字段列，在【添加列】选项卡（或者【转换】选项卡）中找到【时间】按钮，单击【时间】，在弹出的列表栏中选择【仅时间】，这样会在报表最右端插入一列“时间”列。

（四）构建独立“日期”“时间”表

选中新建的“日期”列表，单击右键，在弹出的列表中，选择最后一项“作为新查询添加”。

新建查询后，在查询区域会出现一个新表“日期”表，选中“日期”表，单击【到表】按钮，在弹出的“到表”对话框中，单击【确定】按钮，如图5-10所示。

图5-9　插入“日期”列

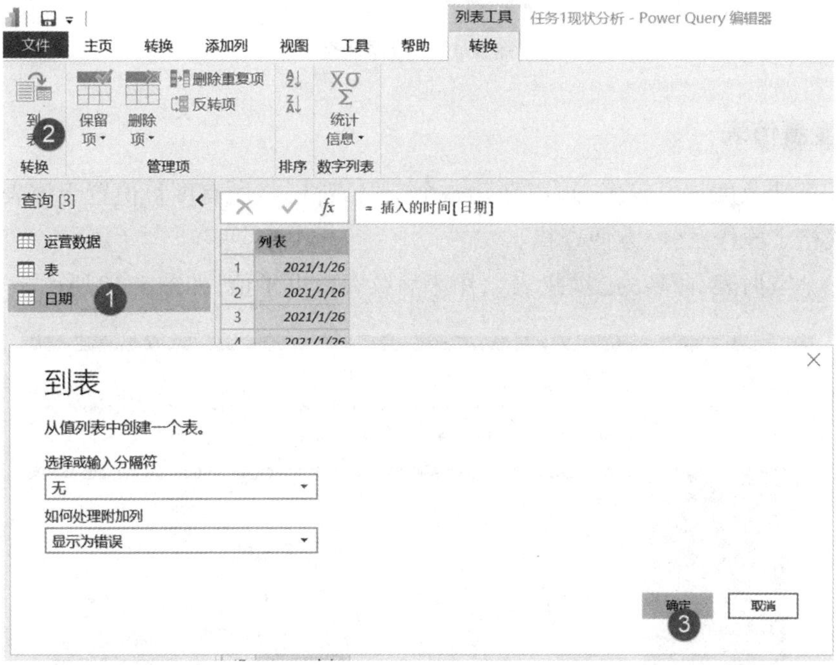

图5-10　“到表”设置

将新建“日期”表的字段名更改为“日期”后，单击窗体区域的【删除行】按钮，在下列工具栏中，选择【删除重复行】，至此完成【日期】表构建。

参照“日期”表构建方法，新增一个“时间”表，完成新建“时间”表之后，“运营数据表”可以选择只保留此次任务分析要分析的“用户ID”“注册时间”“在线时长”“付费金额”“付费次数”5个字段列（注：为了后续展示方便，演示部分并未作删除多余字段处理），完成后，单击【文件】选项卡的【关闭并应用】。

（五）构建数据模型

进入Power BI模型视窗，将“日期”和“时间”表分别通过“日期”和“时间”与主表“运营数据”建立一对多关系，如图5-11所示。至此完成数据预处理工作。

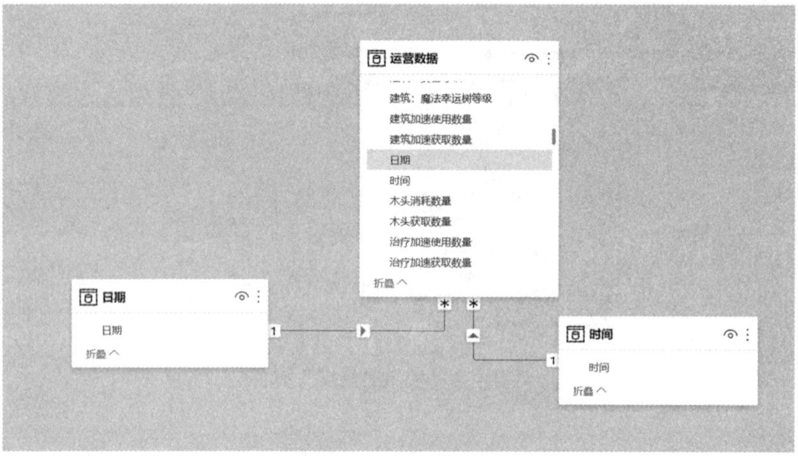

图5-11　数据模型

三、创建度量值表

本次任务涉及度量值较多，可以新建一个空白表格，将所有度量值置于该表格之下，以便与其他表格字段作区分，方便查找。

创建一个空白表，命名为“度量表”，用来后续存放度量值，如图5-12所示。

图5-12　新建空白度量值表

四、新增用户分析

新增用户分析

（一）新建“新增用户”相关指标

依次在新建的度量值空表中，输入下列公式，建立“新增用户”分析所需要的5个指标度量值。

新增会员数=DISTINCTCOUNT（'运营数据'[玩家唯一ID]）

留存用户=CALCULATE（DISTINCTCOUNT（'运营数据'[玩家唯一ID]），'运营数据'[在线时长]>0）

流失用户=CALCULATE（DISTINCTCOUNT（'运营数据'[玩家唯一ID]），'运营数据'[在线时长]=0）

留存率=[留存用户] / [新增会员数]

流失率=[流失用户] / [新增会员数]

（二）更改“日期”列的数字类型为文本型

因为数据源的时间区域仅为40天，为了完整显示该时间区域内的特点，我们可以先将日期列的数据类型从“时间”类型改为“文本”类型。同时，也需要将“运营数据”表中的“日期”列的数据类型改为“文本”类型。

（三）绘制新增用户堆积面积图

具体操作步骤如下：

（1）在【可视化工具】区域选择【堆积面积图】图标。

（2）将【字段】区域中，“日期”表中的“日期”字段拖到【轴】区域。

（3）将“度量表”中的“新增会员数”拖到【值】区域。

（4）在出现堆积面积图后，单击右侧的“…”。

（5）在弹出的工具栏中，依次选择“以升序排序”。

（6）“排序方式”为“日期”，如图5-13所示。

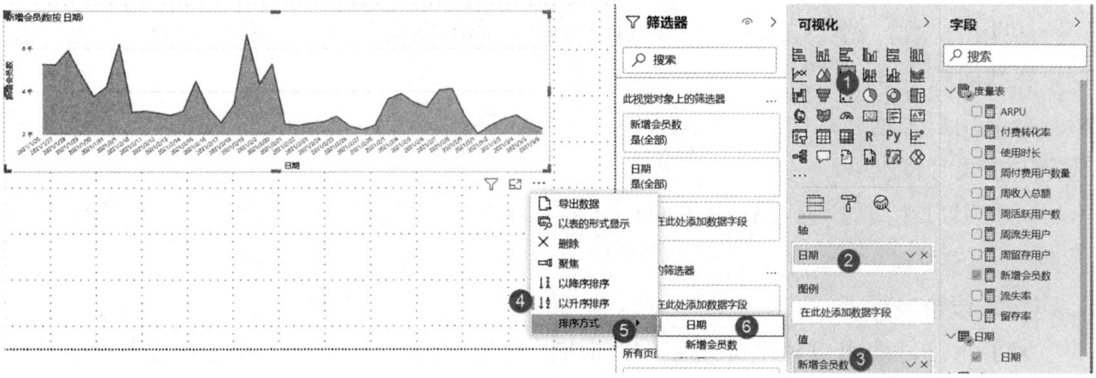

图5-13 绘制新增用户堆积面积图

（四）显示三个小高峰新增用户数

选中视觉对象中的数据标签，单击可视化区域的【格式】按钮，再打开【数据颜色】区域，将【显示全部】的开关打开，选择3个高峰时段，比如1月28日，更改填充颜色。

（五）设置数据标签

打开【数据标签】开关，在【颜色】区域设置数据标签颜色，在【位置】下拉列表中，选择【端内】，调整【背景色】颜色。

（六）分析可视化结果

根据新增人数堆积图呈现新增用户数来看，新增人数明显有3个小高峰，分别是1月28日、2月1日和2月19日，其中，1月28和2月1日运营部门做了一次拉新活动，在2月19日该游戏开放了新服并且举办春节活动，日新增人数在40日内创新高，如图5-14所示。

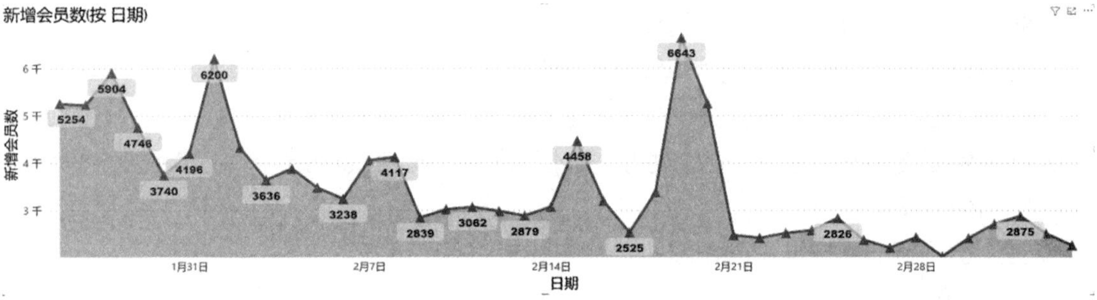

图5-14　新增用户可视化

五、活跃用户分析

活跃用户分析

活跃用户分析是指重点对非付费用户和付费玩家的在线时长的分布特点进行分析。

（一）新建“活跃用户”指标度量值

依次在新建的度量值空表中，输入下列公式，建立“活跃用户”分析所需要的3个指标度量值。这里活跃用户定义为在线时长大于5分钟的用户。

活跃用户数 = CALCULATE(DISTINCTCOUNT('运营数据'[玩家唯一ID]),'运营数据'[在线时长]>5)

全部用户平均在线时长 = CALCULATE(AVERAGE('运营数据'[在线时长]),'运营数据'[在线时长]>0)

付费用户在线时长=CALCULATE(AVERAGE('运营数据'[在线时长]),'运营数据'[付费金额]>0)

（二）设置多行卡

为了比较付费用户和全体玩家在线时长，这里我们用多行卡显示这两组指标的具体数值，在可视化窗体区域，拖拽【多行卡】图标到报表区域，分别将“全部用户平均在线时长”“付费用户在线时长”拖到“字段”区域，如图5-15所示。

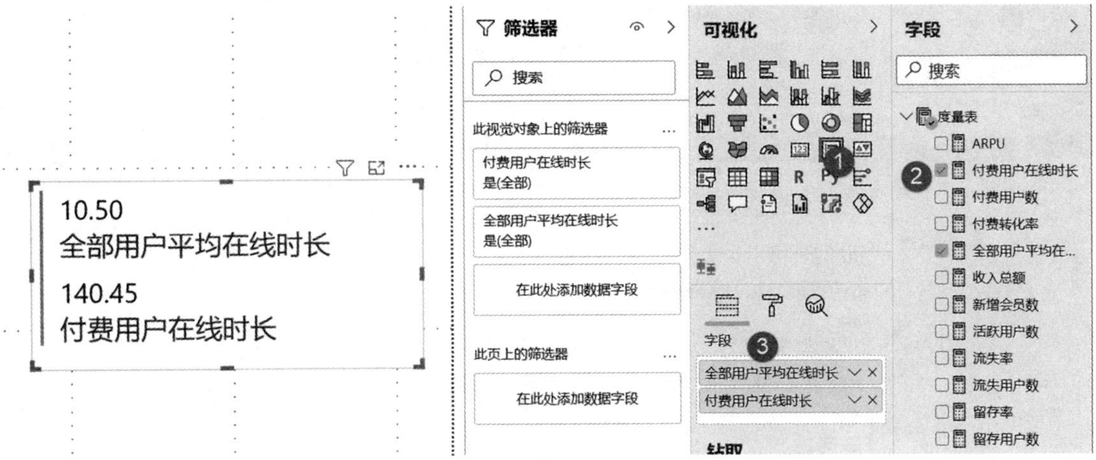

图5-15　多行卡设置

（三）调用箱形图可视化对象

打开“获取更多视觉对象”的市场搜索窗口，搜索关键词“box”，添加搜索结果第一的“Box and Whisker chart”视觉对象，单击“添加”按钮，将此视觉对象添加到可视化区域，如图5-16所示。

图5-16　添加视觉对象

（四）区分付费用户和非付费用户

进入Power Query编辑器界面，在【添加列】选项卡中，单击【条件列】。在【添加条件列】对话窗口中，添加条件选项，具体设置如图5-17所示。

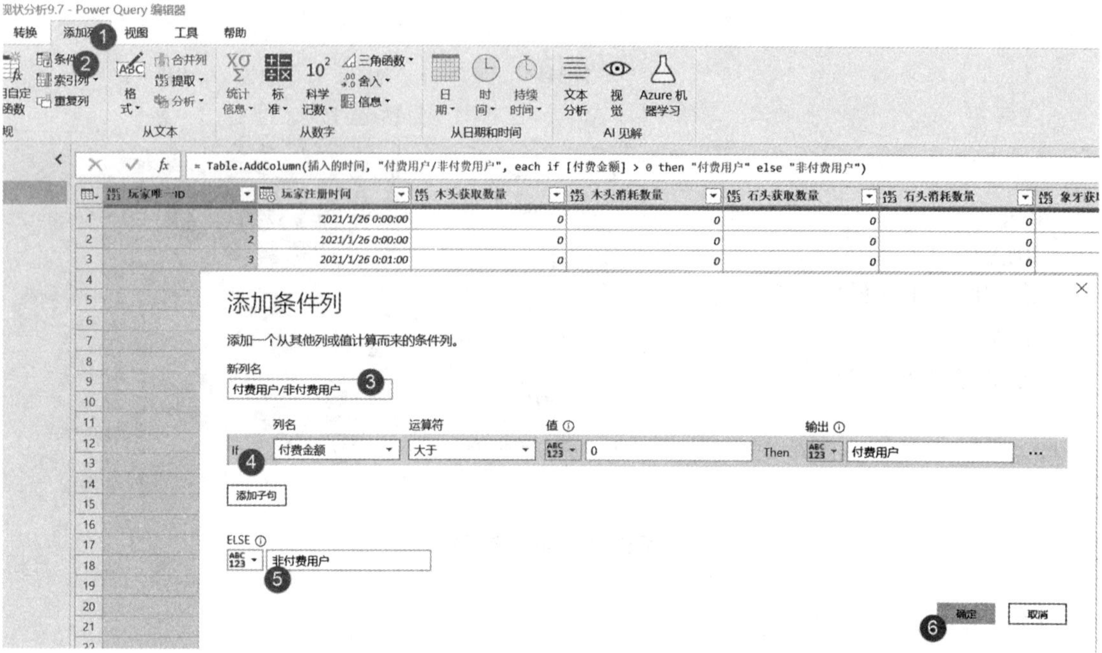

图 5-17　添加条件列设置

确定完成后，字段列中新增“付费用户/非付费用户”列，并根据条件设定，将用户标志为“付费用户”或者“非付费用户”。

（五）设置盒须图

选中已经添加的盒须图图标，在【字段】选项卡中，将“付费用户/非付费用户”添加到【Category】区域，在【Sampling】区域添加“玩家唯一ID”，在【Values】区域选择“在线时长”。

在格式选项卡中，分别将“Category”“Value Axis”和“Data labels”的开关打开。

完成的盒须图效果如图5-18所示。

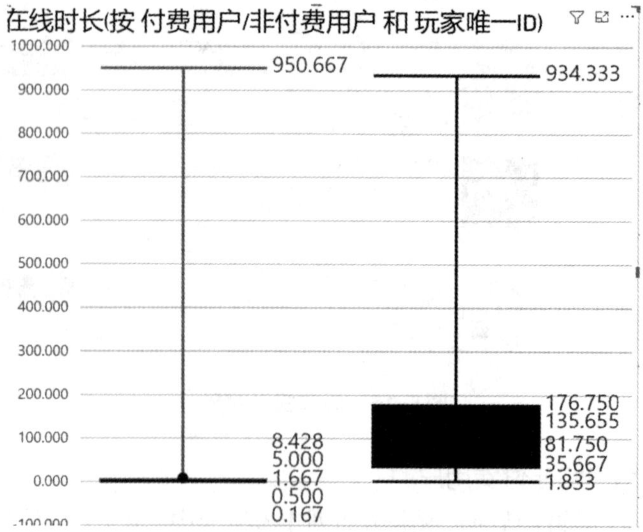

图 5-18　在线时长盒须图

六、用户漏斗分析

用户漏斗分析

（一）新建付费用户相关指标度量值

依次在新建的度量值空表中，输入下列公式，建立“付费用户”分析所需要的4个指标度量值。

付费用户数= CALCULATE（DISTINCTCOUNT（'运营数据'[玩家唯一ID]），'运营数据'[付费金额]>0）

付费转化率 =[付费用户数] / [活跃用户数]

ARPU（平均用户收入）=[收入总额] / [活跃用户数]

ARPPU（平均每付费用户收入）=[收入总额] / [付费用户数]

（二）绘制转化漏斗图

在【可视化】区域，选中“漏斗图”标签，在【字段】视窗界面，依次将“新增会员数”“留存用户数”“活跃用户数”“付费用户数”拖到【值】区域。

（三）调整漏斗图格式

在【格式】视窗界面，打开【数据标签】，在标签样式中选择“上一个百分比”，打开“转化率标签”，如图5-19所示，完成漏斗图设置。

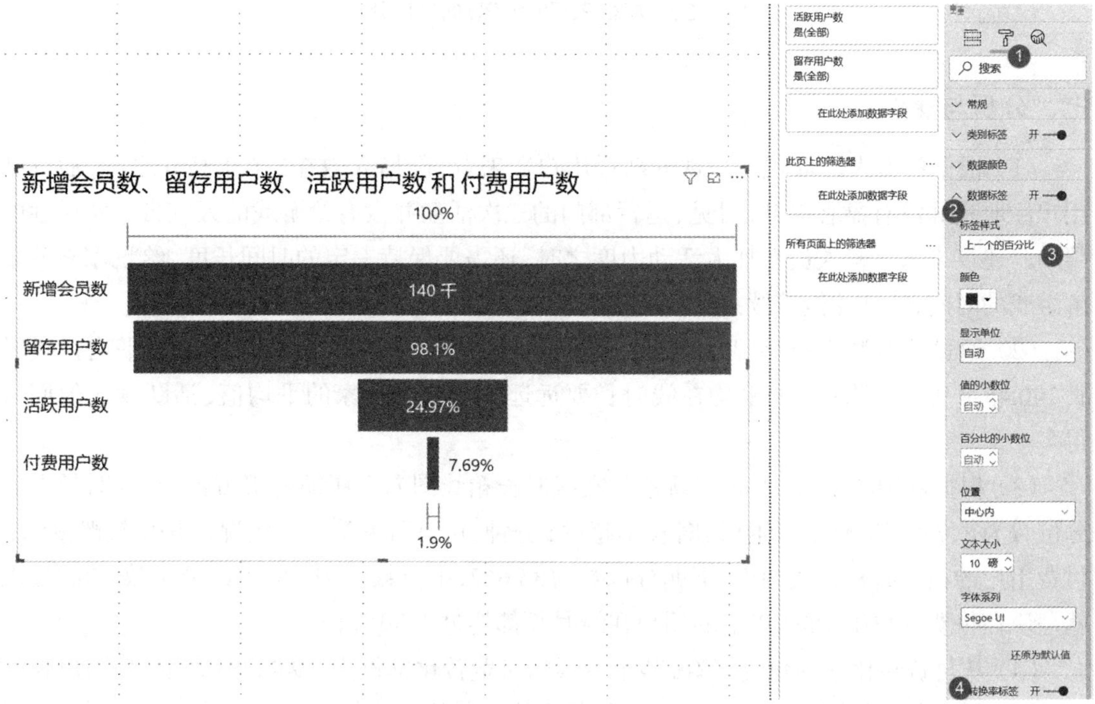

图5-19　漏斗图设置

（四）ARPU和ARPPU的对比分析

为了对比平均用户收入（ARPU）和平均每付费用户收入（ARPPU），这里我们用“簇状条形图”显示这两组指标的具体数值，在可视化窗体区域，拖拽【簇状条形图】图标到报表区域，将“ARPU”“ARPPU”拖到“值”区域，如图5-20所示。

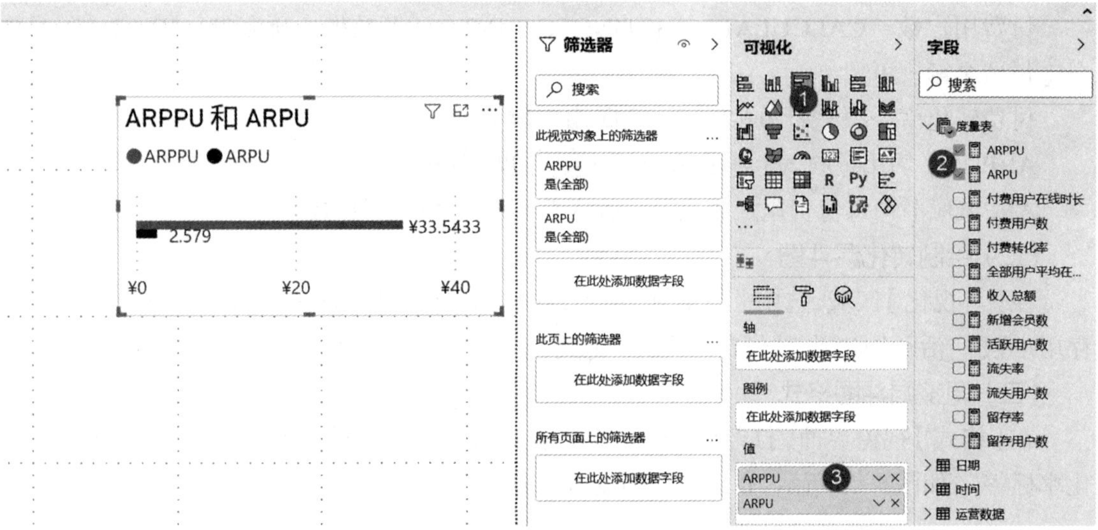

图5-20 ARPPU和ARPU的对比分析

七、分析与建议

（1）根据新增人数堆积图呈现的新增用户数来看，新增人数在3个小高峰之后，后续新用户注册量并没有显著提升，可见，运营部门的三次活动并没有给游戏的人气带来实质性的帮助。建议未来运营人员在加大活动力度之时，还需要保持一定的时间长度，给玩家充分了解游戏的时间，这样才能持续提高游戏热度。

（2）通过活跃数据指标显示，全部玩家平均在线时长10.5分钟，付费玩家平均在线时长140.45分钟，付费玩家的平均在线时长要远远长于全体玩家的平均值，活跃度比他们大得多。

（3）根据盒须图来看，非付费玩家的在线时长箱线图向下压缩得很厉害，在线时长上四分位数为5，75%的玩家平均在线时长不超过5分钟，可见玩家流失的情况还是比较严重的；付费用户的在线时长箱线图中，下四分位数为35.667，中位数为81.75，上四分位数176.75，也就是说在付费用户中，75%以上的用户在线时长都超过了30分钟。

（4）从付费转化率的角度来看，整个游戏的付费转化率仅为1.9%，该游戏平均用户收入ARPU很低，说明游戏的收入表现较差，但是平均每付费用户收入ARPPU很高，说明付费用户的付费能力强。针对这一点，我们可以做一些付费功能的调整和优化，或者增设专属付费用户的客服，让付费用户得到更好的服务体验。

任务二　运营事件分析

我们利用AARRR模型中的重要运营指标，基本掌握了这款游戏产品的运营现状。接下来，需要从用户使用产品这个角度出发，深度挖掘用户使用产品的行为和消费习惯。也就是进一步探索玩家的资源使用习惯，例如，不同玩家的道具消耗情况、不同玩家的付费使用情况等，为游戏产品的运营策略提供数据支撑，具体分析计划如图5-21所示。

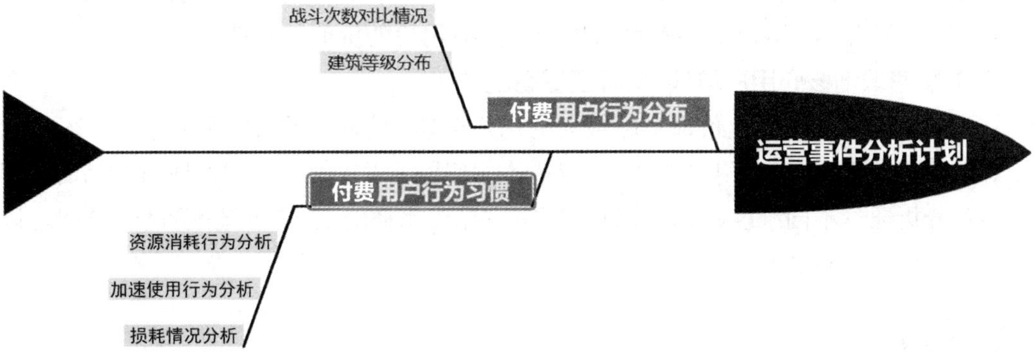

图5-21　运营事件分析计划

知识储备

一、事件分析

事件分析法用来研究某行为事件的发生对企业组织价值的影响以及影响程度。企业借此来追踪或记录用户行为或业务过程，如用户注册、参与活动、购买道具、充值等，通过研究与事件发生关联的所有因素，来挖掘用户行为事件背后的原因、交互影响等。

在日常运营工作中，运营、市场、产品、数据分析师根据实际工作情况而关注不同的事件指标。比如，最近三个月来自哪个级别的用户在线时长最长？变化趋势如何？各时段的人均消费金额分别是多少？上周活动推出后，哪个渠道的转化率最高？用户每天使用产品的时间分布情况如何？诸如此类的指标在查看的过程中，行为事件分析能起到重要作用。简单来讲，事件分析是对用户触发的行为事件进行多角度分析。

二、分布分析

分布分析是用户在特定指标下的频次、总额等的归类展现。它可以展现出单用户对产品的依赖程度，分析客户在不同地区、不同时段所购买的不同类型的产品数量、购买频次等，帮助运营人员了解当前的客户状态，以及客户的运转情况。如订单金额（100元以下、100～200元、200元以上等）、购买次数（5次以下、5～10次、10次以上等）等用户的分布情况。

科学的分布分析模型支持按时间、次数、事件、指标进行用户条件筛选及数据统计，为不同角色的人员统计用户在一天/周/月中，有多少个自然时间段（小时/天）进行了某项操作、进行某项操作的次数、进行事件指标。分布分析在运营中的价值主要体现在以下几个方面。

（一）挖掘用户分布规律，优化产品策略

对同一指标下有关数据的统计与分析，帮助企业从中挖掘用户访问规律，企业可以将规律与实际产品策略相结合，进一步修正和重新制定产品策略。

（二）运营并持续发展产品生命力，增加客户回访率

彻底改变之前依靠随机抽样的回访调查方式，如电话回访等，分布分析从多角度分析辅助企业，判断单用户对产品的依赖程度，以及产品对用户的价值与黏性。

（三）快速识别核心用户群体，资源配置有的放矢

核心用户群体是对企业价值贡献最大的用户群体，是企业最大的利润来源。不同用户群体对产品需求不一样，对用户群体进行差异性辨识，可以了解到用户群体对产品的依赖动力。分布分析通过不同维度筛选出核心用户群体，在此基础上，更好地配置优质资源，以最小成本实现企业利润最大化。

任务操作

一、付费用户行为分布分析

付费用户行为分布分析

游戏运营的行为事件较多，在此，我们仅以案例游戏玩家构建的“要塞等级”程度，来看付费用户在不同级别下的各项运营数据，利用分布概况数据，可以观测出一些用户行为特征。

（一）数据连接

本次任务继续使用任务一清洗并构建好了基本度量值的数据表，作为本任务的数据源。

（二）更改“建筑：要塞等级”字段的数据类型为“整数”

在【数据】视窗下，单击【表工具】，找到“建筑：要塞等级”字段，在【数据类型】下拉列表中，选择“整数”。

（三）付费用户分布矩形表的初级设置

在【报表】视窗下的【可视化】区域选择【矩形】视觉对象，将“度量表”和“运营数据”的相关字段拖到【值】区域，在出现的矩形报表中，单击右下角的“…”按钮，在弹出的下拉菜单中，选择【以升序排序】，【排序方式】选择“建筑：要塞等级”，如图5-22所示，完成付费用户分布矩形表的初级设置。

（四）矩形表的背景色可视化设置

矩形表如果不进行细节可视化调整，运营人员还是无法直观感知数据的变化，这里我们就需要对矩形表里的各项数据指标进行背景色设置，以提高矩形表的视觉表达效果。在

【格式】对象窗体的【条件格式】区域，在下拉列表中选择需要进行背景颜色调整的字段，这里我们选择“新增会员数”，将【背景色】开关打开，单击【高级控件】进入【背景色】高级控件对话窗口，在该窗体下可以选择背景色的颜色，具体操作步骤如图5-23所示。

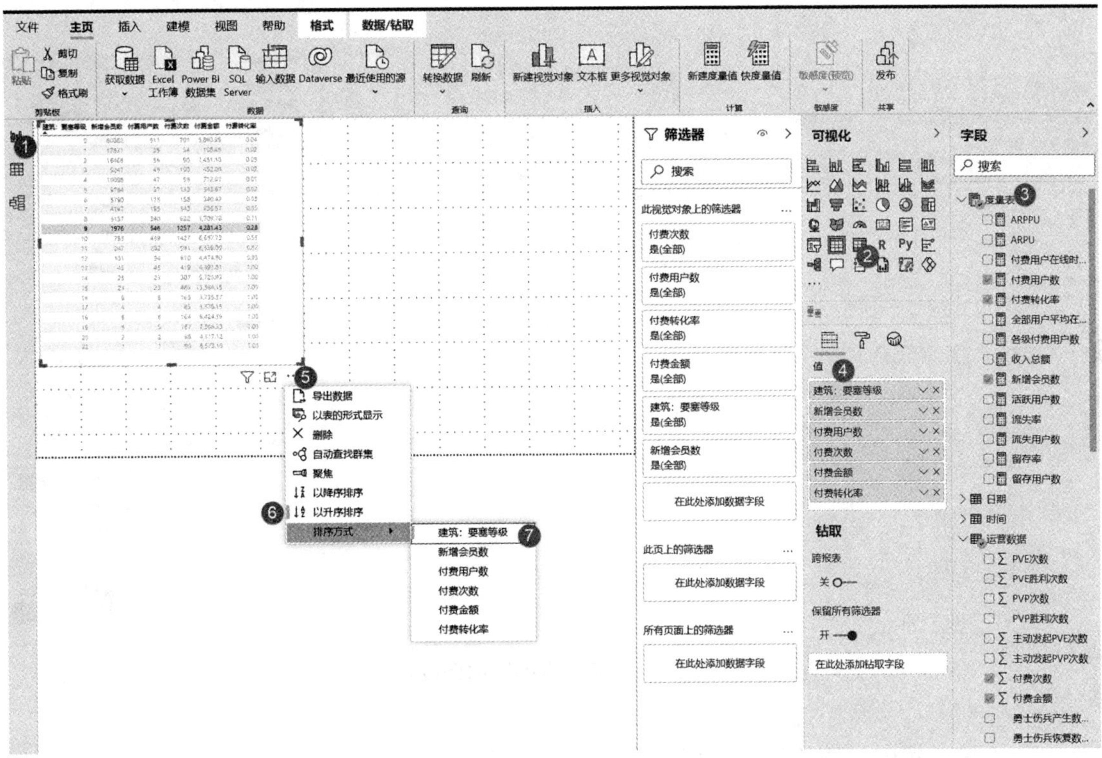

图5-22　付费用户分布矩形表的初级设置

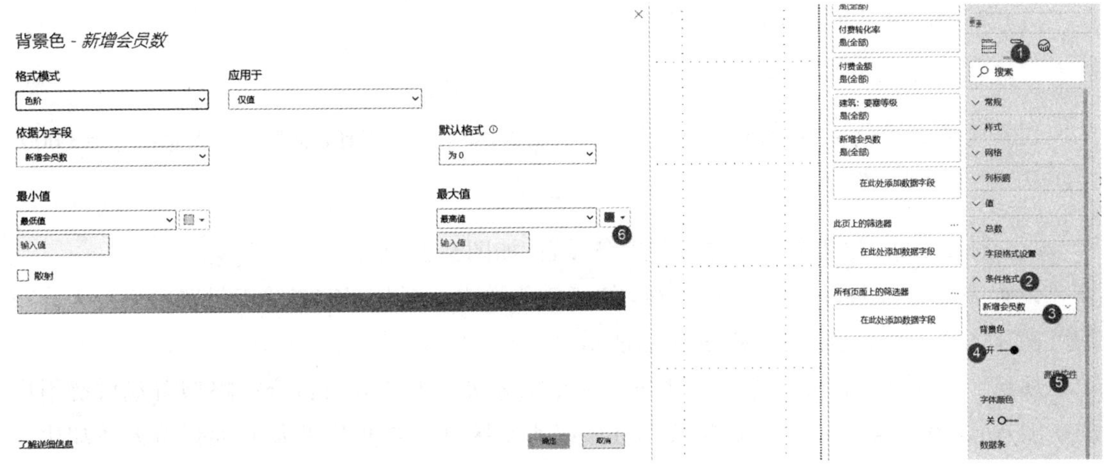

图5-23　矩形表的背景色可视化设置

（五）矩形表的数据条设置

在【格式】对象窗体的【条件格式】区域，在下拉列表中选择需要进行“数据条”显示的字段，这里我们选择“付费用户数”，将【数据条】开关打开，单击【高级控件】进入【数据条】高级控件对话窗口，在该窗体下可以选择背景色的颜色，具体操作步骤如图5–24所示。

图5–24　矩形表的数据条设置

（六）按度量值设置字段列的背景色

除了默认的条件格式之外，Power BI还可以按字段显示背景色，目前支持度量值设置颜色，可以是颜色名称，也可以是颜色编码。

（1）新建付费金额背景色度量值。

具体公式如下：

付费金额背景色 = switch(True( ),[收入总额]<=1 000,"#ff0000",[收入总额]<=3 000,"#D1E231","#5dc878")

（2）对“付费金额”字段列进行背景色设置，如图5–25所示。

设置完成后，即可得到“付费金额”的背景色样式。至此即完成关于付费用户行为分布的可视化图表工作，完成效果如图5–26所示。

从这个矩形图中，我们可以清楚地看到要塞等级的人数分布符合策略型游戏付费用户的一般规律，也就是付费用户数量集中在中级水平区域。要塞等级为0，而付费人数却比较异常，付费用户数大于300人，初步猜测可能是因为数据缺失或异常导致要塞为0。从付费用户数、付费次数、付费金额来看，要塞等级9级的这三项指标明显高于要塞等级8级的三项指标，建议针对要塞等级8级的用户进行重点活动运营，促成这部分用户进一步升级。

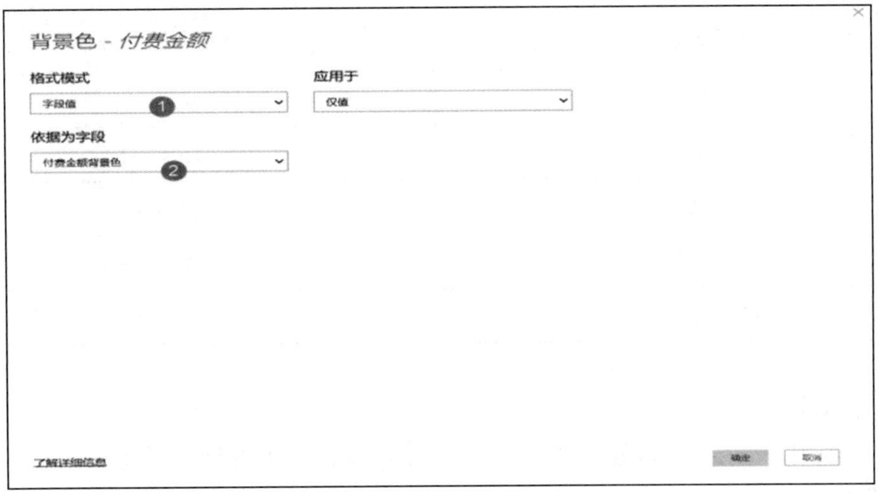

图5-25　背景色设置

付费用户行为分布分析

建筑：要塞等级	新增会员数	付费用户数	付费次数	付费金额
0	311		701	3,898.00
1	35		54	109.00
2	56		90	1,482.00
3	49		100	453.00
4	47		99	713.00
5	87		133	345.00
6	115		158	342.00
7	195		343	840.00
8	340		622	1,716.00
9	546		1257	4,294.00
10	439		1427	6,712.00
11	202		991	6,369.00
12	94		610	4,481.00
13	45		419	4,396.00
14	23		307	5,124.00
15	23		485	13,388.00
总计	**2633**	**2633**	**8553**	**88,401.00**

图5-26　付费用户行为分布的可视化图表

二、付费用户行为习惯分析

用户行为分析的目的在于挖掘不同层级用户的行为特征，因此，我们需要对用户进行分层，根据分层后的数据，再对不同用户行为的习惯特点进行分析。

付费用户行为习惯分析

在游戏运营领域，一般会根据游戏付费金额进行划分，这里是根据游戏付费金额做了一个简单的划分，如表5-1所示。

表 5-1　玩家付费等级表

玩家等级	付费金额（元）
“微氪”	0 ～ 16
“小氪”	16 ～ 32
“中氪”	32 ～ 48
“大氪”	48 ～ 70
“高氪”	≥ 70

（一）数据处理

为了实现用户分层，我们需要进入Power Query编辑器中进行数据处理。

1. 筛选付费用户

进入Power Query编辑器后，在“运营数据”数据表中，找到“用户类型”字段，单击“用户类型”字段列右边的倒三角形箭头，在下拉列表中，选择“付费用户”，完成付费用户的筛选，如图5-27所示。

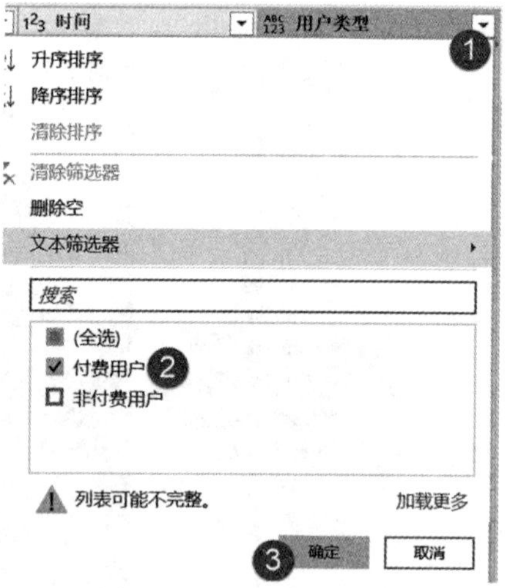

图5-27　筛选付费用户界面

2. 利用条件列实现玩家等级分层

在【添加列】选项卡中，选择【条件列】按钮，在弹出的【添加条件列】对话框中，按图5-28所示完成相应的条件设定。

3. 设置完成后返回Power BI主界面

设置完成后，单击【确定】按钮，这样就在“运营数据”表中增加了一个“玩家等级”，按照我们设置的条件，将用户进行了分层划分，至此完成付费用户的数据处理，可以单击【文件】菜单栏中的【关闭并应用】，回到Power BI的主界面，如图5-29所示。

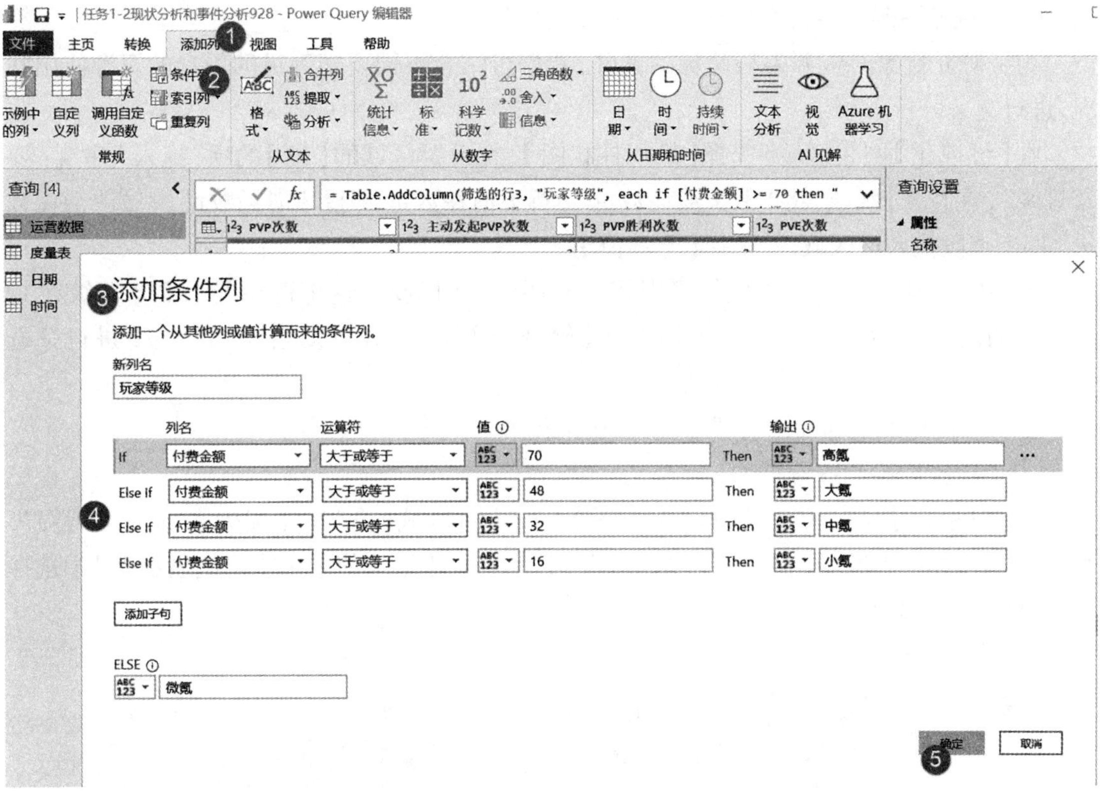

图5-28　条件列设置界面

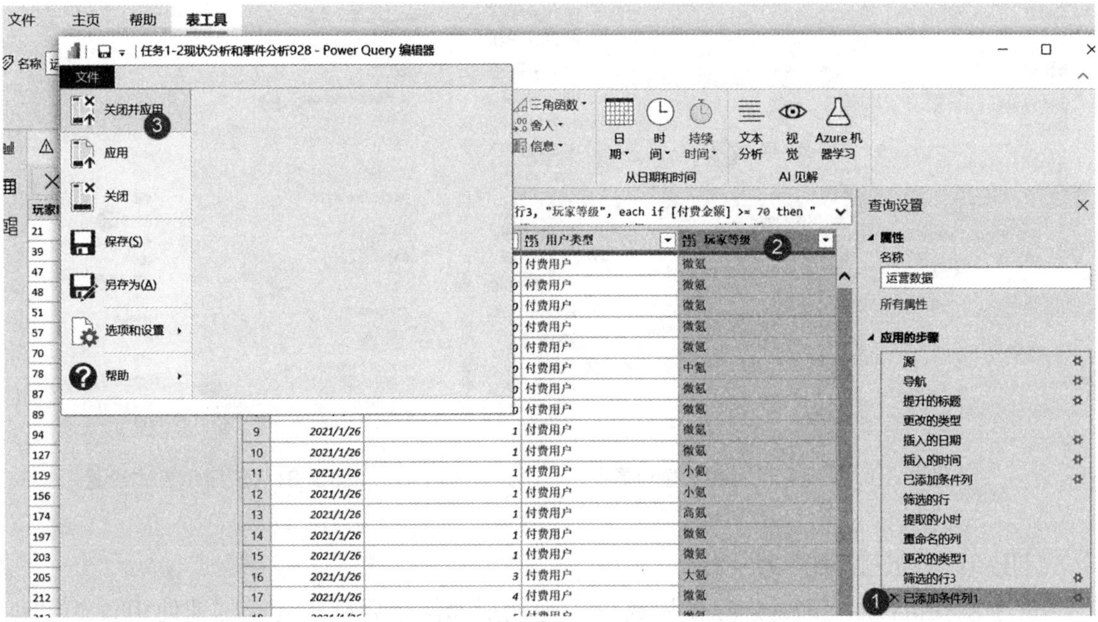

图5-29　用户分层设置完成界面

（二）玩家资源消耗行为分析

为了研究玩家对资源类型消耗的偏好，我们可结合不同要塞等级的用户的资源使用状况，进行交叉分析。

在【可视化】图表区域，选择【堆积柱状图】，在设置区域的【轴】的项，拖入“建筑：要塞等级”，在【值】区域，将“木头消耗数量”“石头消耗数量”“猪牙消耗数量”“魔法消耗数量”四个字段拖入该区域，并选择【平均值】。

资源的消耗一般发生在建筑级别较高的环节，所以我们这里选择展示要塞等级在12级以上的玩家行为信息。这里就需要在【筛选器】区域，对“建筑：要塞等级”进行筛选设置。

整个可视化设置和筛选设置如图5-30所示。

（三）玩家损耗情况分析

在【可视化】图表区域，选择【矩形图】，在【值】区域，将“勇士损失数量”“萨满损失数量”“驯兽师损失数量”三个字段拖入该区域，并选择【平均值】，在【将值显示为】中选择【无计算】，如图5-31所示。

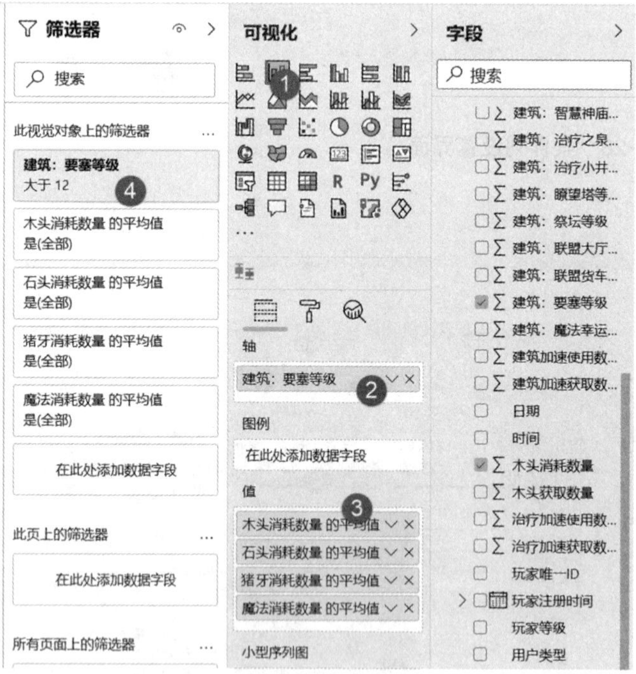

图5-30　可视化设置和筛选设置

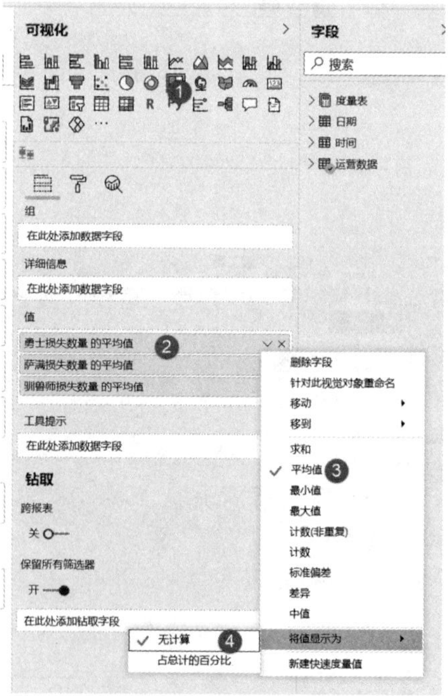

图5-31　值显示方式设置

（四）玩家加速使用行为分析

这个步骤可以将“训练加速使用数量”“通用加速使用数量”“建筑加速使用数量”“科研加速使用数量”4个字段进行比较分析，这里我们可以选用环形图进行对比展示，具体步骤和步骤四的流程基本一致。

（五）增加玩家等级切片器

为了观察不同玩家等级的行为习惯，我们这里可以将“玩家等级”加入切片器并将切片器【常规】格式的【方向】调整为“水平”。

至此，我们可以从“资源使用”“加速使用”和“损耗情况”三个层面，观察不同用户的行为习惯，完成效果如图5-32所示。

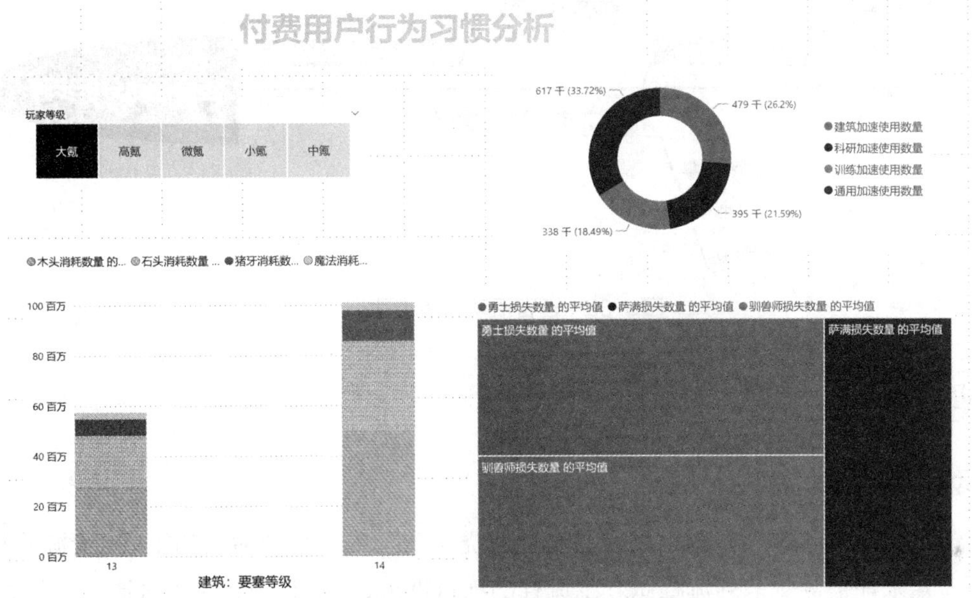

图5-32　付费用户行为习惯分析完成效果

三、分析结论

（1）资源使用率中木头消耗数量最高，魔法消耗数量最低。而高端付费用户（“大氪”以上）的猪牙使用率远远高于普通活跃玩家。

（2）各类玩家对建筑加速道具的使用率都非常高，高端付费玩家对四类加速道具的使用率都要高于其他玩家，说明该类游戏玩家游戏水平比较高，会擅长利用各种道具提升自己的游戏体验。

（3）普通活跃非付费用户的三类士兵的战损率都非常高，普通活跃付费用户与高端非付费玩家的战损率接近，而高端付费玩家各类士兵的战损率最低。

任务三　活动运营分析

我们在任务一中发现新增用户数量在2月19日处于峰值，结合该游戏的运营策略，了解到当时运营方推出了一些春节活动，为游戏带来了更多的新用户。那么这次活动的效果如何呢？活动效果分析也是运营分析中的一个重要环节，根据已有的数据源，我们将活动分析分为三个步骤，一是拉新活动效果分析，二是新增用户质量分析，三是活动前后的各种指标对比分析。运营活动分析步骤如图5-33所示。

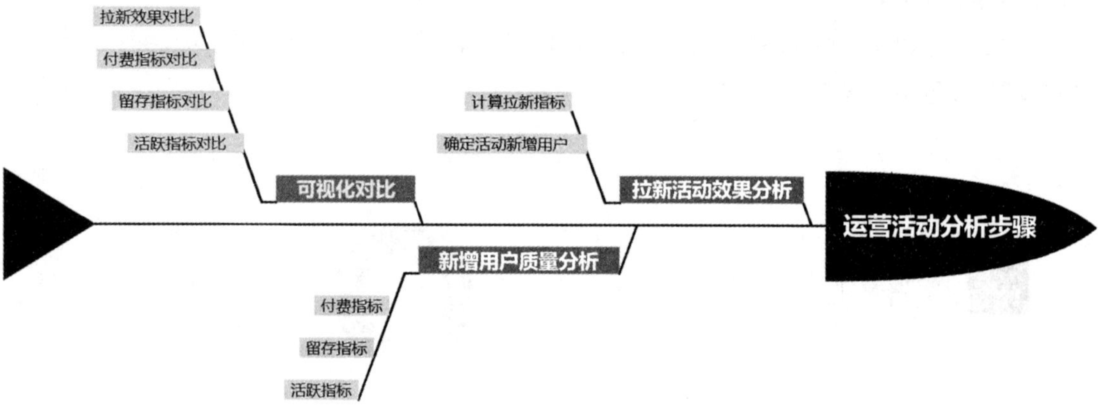

图5-33　运营活动分析步骤

知识储备

一、活动运营

《运营之光》里将运营定义为："运营就是围绕着一个或一系列活动的策划、资源确认、宣传推广、效果评估等一系列流程做好全流程的项目推进、进度管理和执行落地。一个活动运营，必须事先明确活动的目标，并持续跟踪活动过程中的相关数据，做好活动效果的评估。"

互联网产品的活动运营一般围绕销售转化、用户活跃这两个不同的目标来设计活动，销售转化是指转化率、客单价、复购率、总销量等运营指标。打折促销是最常见的"活动运营"。用户活跃是指用户的注册、活跃、功能使用频次、生产内容的数量等。刺激用户的活跃度，需要"简单而有趣"的活动，简单有趣的活动设计往往围绕着"随机"和"互动"两个关键词进行。

二、游戏产品的活动运营

游戏存在两大类数据：一类是数值反馈数据，另一类是需求反馈数据。数值反馈数据更多的是反映游戏设计的情况；需求反馈数据更多的是围绕产品运营等外在驱动力对于游戏的影响。而活动运营就是对需求反馈数据的一个适应过程，例如消费内容。需要了解的是，游戏本身质量是关键，活动运营只是放大和挖掘产品潜力，属于辅助手段，不是核心诉求，根本点还是在于游戏本身的内容和质量上。

游戏产品的活动运营包含的范畴很大，整个活动的运营流程如图5-34所示，其中包含对于活动策划和活动目标的描述，最关键的是依托数据，将关键反馈数据收集起来，用于产品的改进和优化。

在游戏产品活动运营中主要考虑游戏活动目的、活动的目标用户、活动方式、活动节点设计、活动渠道选择以及活动评估分析这六个方面。

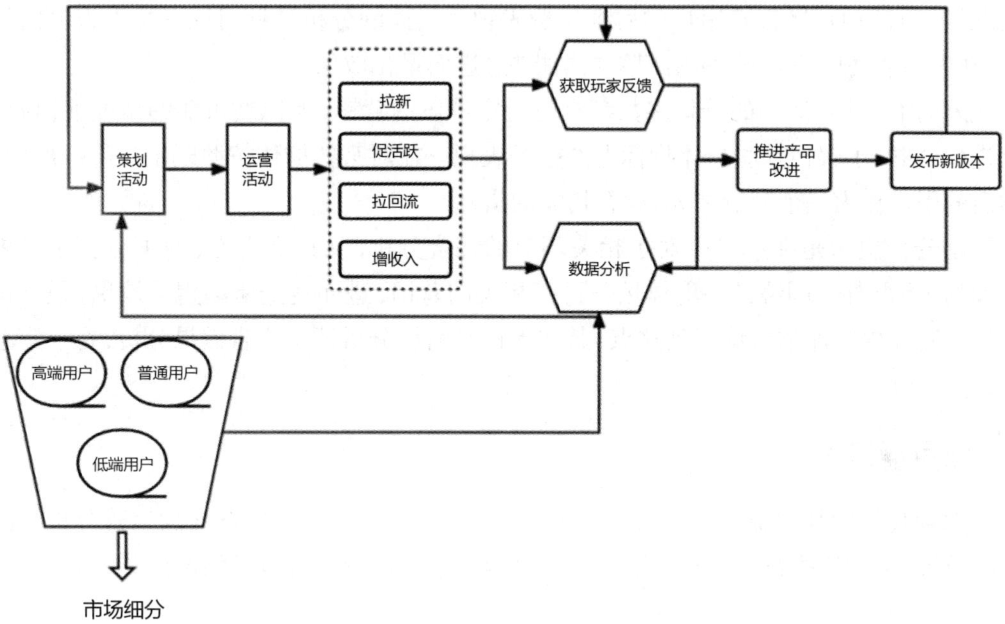

图5-34　活动运营流程

三、游戏产品活动数据分析

对于游戏的活动运营来说，活动运营和数据包含了两个大方面：收入和人气，如图5-35所示。

围绕这两点，展开相关的数据指标分析和评估。活动数据分析更多的是一种场景分析，因为活动本身是针对特定的目标或者群体的，采取特定的创意内容和触达手段，这就和计算广告学的三要素有相似之处。

从宏观数据层面，图5-35的相关指标可以简单评判活动效果的质量，如果更加系统地从受众、创意、触达手段分析，则需要更加丰富的数据进行支撑。如页面点击率、参与率和领

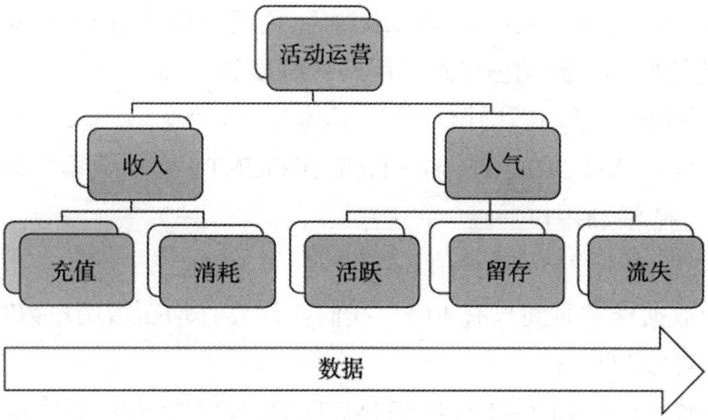

图5-35　活动运营数据指标

取情况等，由活动直接带来用户的后续付费表现。具体的分析是针对同一样本人群的活动前、活动中和活动后的表现，使用相关数据指标，进而量化效果。

此外，由于针对活动的分析多数都是对特定群体的营销，所以在可能的情况下，可以将受众进行分群，了解在一些具体指标上的数据表现。在对某些群体按照既定条件分群后，将分群后的用户作为一个分析单元，查看相关的指标。

活动分析更像是在广告中对于相关环节的综合分析，从这点上看，数据分析很多内容是相通的，主题都是围绕某一群体用户进行相关的营销，进而达到所期望的效果，最终都走向效果监测和内容评估。认识到这点，其实无论是活动分析还是广告效果分析，在一定意义上，没什么本质区别。

任务操作

考虑到我们的数据源只有注册用户40天的行为数据，所以我们此次的运营分析只能评估短期效果，主要从拉新人数和新增用户质量两个维度进行运营效果的评估。

一、拉新效果分析

拉新效果分析

本次任务继续使用任务一清洗并构建好的数据模型的Power BI文件，作为本节任务的数据源。

（一）标记活动用户

我们根据活动发生日期2月19日的新注册用户数作为此次活动的新增会员数。具体操作步骤如下：

（1）进入Power Query编辑器界面。

在Power BI中打开任务一的数据源文件，在【数据】视窗中，选中“运营数据”表，单击右键，在弹出的菜单栏中，选中【编辑查询】进入Power Query编辑器界面。

（2）新增条件列标记活动用户。

在Power Query编辑器界面，选择【添加列】选项卡中的【条件列】，在弹出的【添加条件列】对话窗口中，进行如图5-36所示的条件设置，将2021年2月19日注册的用户标记为活动用户，其他用户标记为非活动用户。完成条件列添加后，关闭并应用，回到Power BI工作界面。

（二）新建活动新增用户数和日均新增用户数度量值

（1）在度量表中新建“活动新增用户数”，具体公式如下：

活动新增用户数 = CALCULATE（DISTINCTCOUNT（'运营数据'[玩家唯一ID]），'运营数据'[活动用户]="活动用户"）

（2）新建“日均新增用户数”度量值。

由于数据源的数据样本时间只有40天，我们在计算日均新增用户数时剔除了活动当日的新增用户数，具体公式如下：

日均新增用户数 = CALCULATE（DISTINCTCOUNT（'运营数据'[玩家唯一ID]），'运营数据'[活动用户]="非活动用户"）/ 39

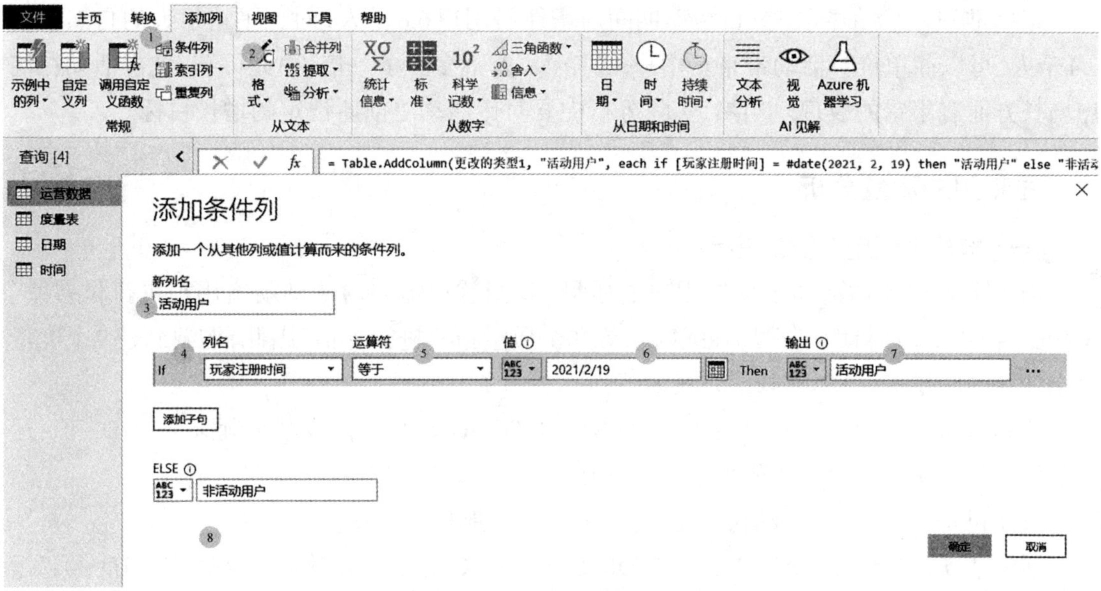

图 5-36　添加条件列

（三）选择堆积柱状条展现拉新效果

在【视图】视窗中的【可视化】区域，选择堆积柱状图标签，并将建立好的“活动新增用户数”和“日均新增用户数”拖到【值】区域，如图 5-37 所示。

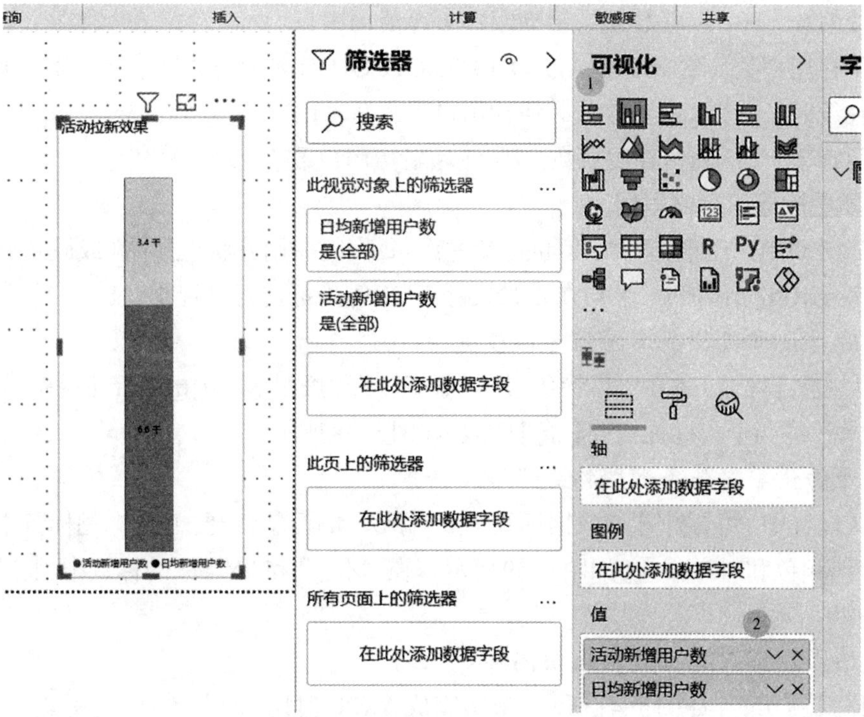

图 5-37　堆积柱状条展示设置

根据堆积柱状图显示，拉新活动期间新增注册用户6.6千人，对比平均每天的自然新增3.4千人，可以简单推算活动带来新用户3.2千人，差不多翻了一倍，由此可知，此次活动在用户增长方面有不错的表现。当然，实际分析中要对比活动之前所设定的增长目标。

二、拉新用户质量分析

拉新用户
质量分析

（一）构建系列用户质量指标

为了更好地评估活动中新增用户的质量，我们这里需要对活动新增用户进行付费率、ARPU、ARPPU、7日留存、平均在线时长等几个质量指标进行评估，因此，需要新建9个度量值来计算这些指标，具体度量值公式如下：

活动付费用户数 = CALCULATE(DISTINCTCOUNT('运营数据'[玩家唯一ID]),'运营数据'[付费金额]>0,'运营数据'[活动用户]="活动用户")

活动付费转化率 =[活动付费用户数]/[活动新增用户数]

活动活跃用户数 = CALCULATE(DISTINCTCOUNT('运营数据'[玩家唯一ID]),'运营数据'[在线时长]>5,'运营数据'[活动用户]="活动用户")

活动收入总额 = CALCULATE(SUM('运营数据'[付费金额]),'运营数据'[付费金额]>0,'运营数据'[活动用户]="活动用户")

活动ARPU =[活动收入总额]/[活动活跃用户数]

活动ARPPU =[活动收入总额]/[活动付费用户数]

活动用户平均在线时长 = CALCULATE(AVERAGE('运营数据'[在线时长]),'运营数据'[在线时长]>0,'运营数据'[活动用户]="活动用户")

活动留存用户数 = CALCULATE(DISTINCTCOUNT('运营数据'[玩家唯一ID]),'运营数据'[在线时长]>0,'运营数据'[活动用户]="活动用户")

活动留存率 =[活动留存用户数]/[活动新增用户数]

（二）质量指标可视化呈现

在完成活动用户质量指标的度量值搭建后，我们统一用簇状柱形图（或簇状条形图）对付费转化率、ARPU、ARPPU、平均在线时长、留存率等指标进行可视化对比。

1. 付费转化率簇状条形图值字段设置

在【可视化】区域，选中“簇状条形图”图标，将“度量表”中的“活动付费转化率”和“付费转化率”这两个指标拖拽到【值】区域，如图5-38所示。

2. 付费转化率簇状条形图格式设置

在格式设置中，将“图例”“数据标签”和“标题”的标签打开，并在标题标签中，修改标题文本、字体颜色和对齐方式，如图5-39所示。在“X轴”和“Y轴”的标签中，将“标题”关闭，如图5-40所示。

3. 用格式刷修改其他簇状柱状图样式

利用格式刷功能，如图5-41所示，依次完成ARPU对比、留存率对比、平均在线时长和活动拉新效果的簇状柱形图的样式修改。

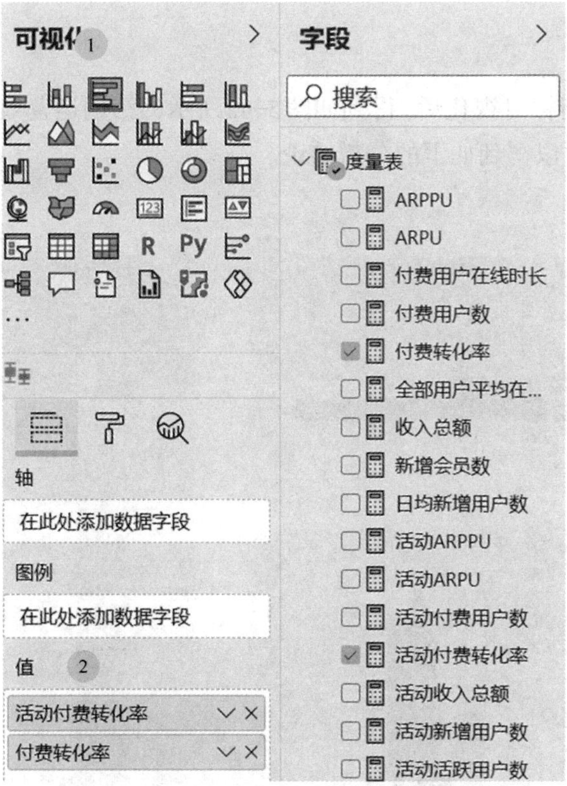

图5-38　付费转化率簇状条形图值字段设置

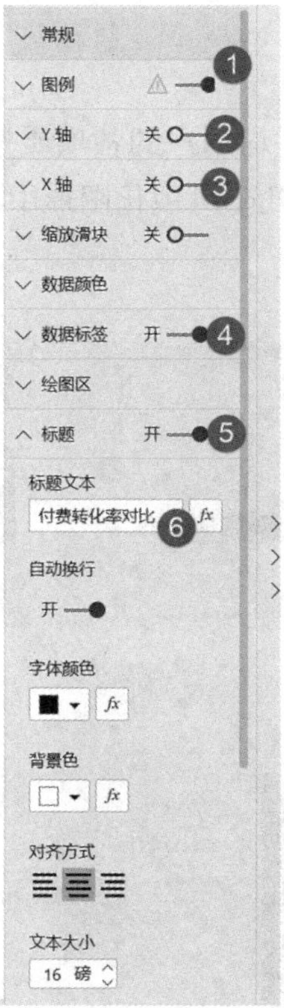

图5-39　簇状条形图格式设置

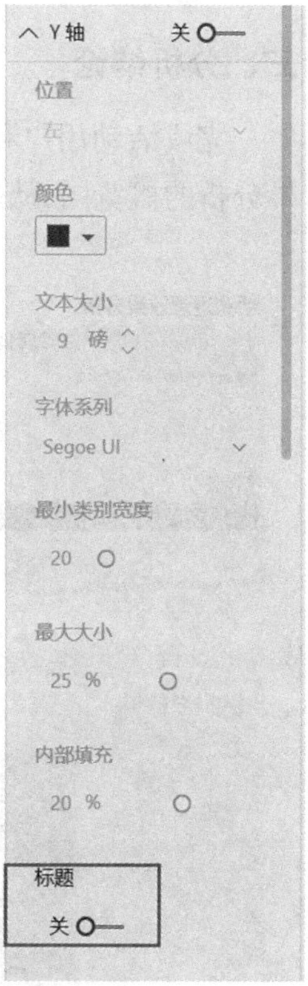

图5-40　“X轴”和“Y轴”的标签

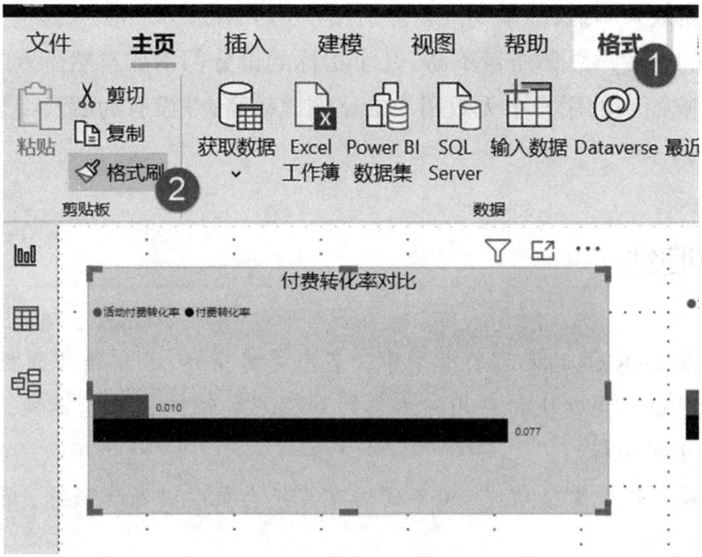

图5-41　格式刷修改图表样式

三、分析结论

完成活动用户和平均用户的各项质量指标可视化后，得到如图5–42所示的活动运营效果分析的概览图，从这几个可视化图形中，可以得到如下的分析结论。

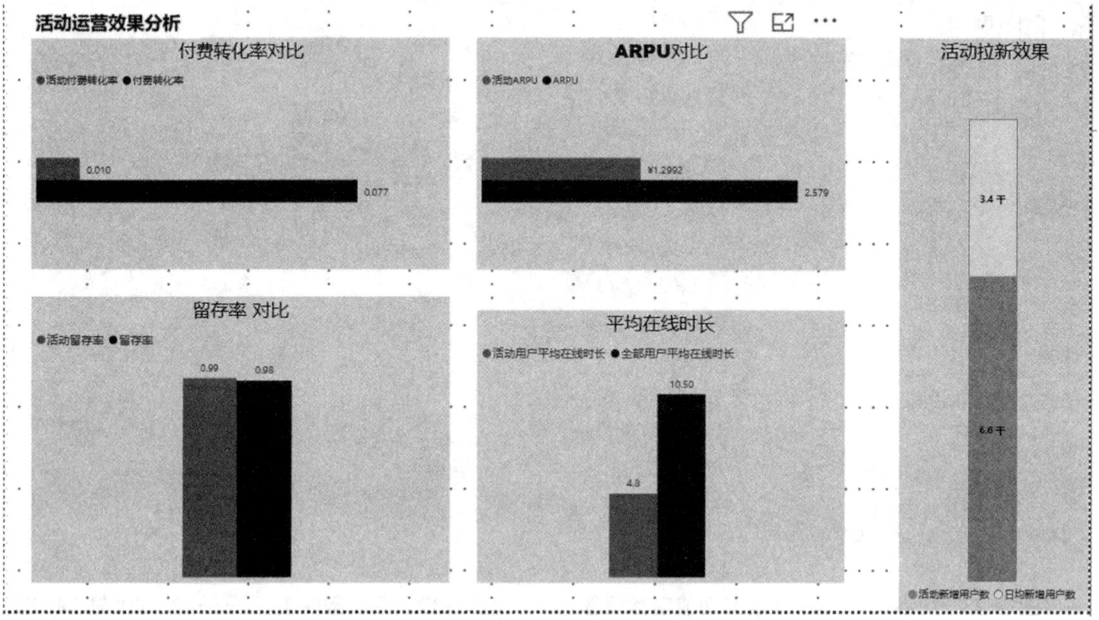

图5–42　活动运营效果分析图表

（1）活动拉新效果明显，活动期间新注册用户几乎增长了一倍。

（2）活动后的新用户总体质量不高，几个指标的得分都不如自然流入的新用户高，这说明受运营活动影响而来的用户中无效用户的比例比较高，并没有为游戏带来多大收益。

要点归纳

（1）通过计算AARRR运营增长模型中的各个关键指标，利用堆积面积图呈现新增用户的高峰时段；利用箱型图对比付费用户和非付费用户关键指标的差异性；构建漏斗图观察游戏各环节的转化率指标。

（2）通过构建背景色度量值，展现不同要塞等级会员关键行为数据，帮助运营人员找出用户行为分布的特征。

（3）通过计算相关用户质量指标，用簇状条形图对比两次运营活动的拉新效果和用户质量的差异。

任务拓展

学长聪哥：

亮亮学弟，你的学习能力令人赞赏！不仅能够迅速掌握运营流程的核心指标，而且还能够运用不同的可视化图表来展示运营流程中的关键指标，从而帮助运营人员快速诊断运营问题，并及时调整运营策略，这样一来可以有效提升运营效率。

作为一名学长，我也要提醒学弟在今后的学习和工作中要坚持做好本职工作，要忠诚履行职责，认真细致地对待工作，坚持不懈，积极进取，不断创新。

学弟亮亮：

聪哥，数据分析是我一直梦寐以求的岗位，我一定会努力地学习，提高自己的技能，爱岗敬业，不辜负学长指点的期望。

学长聪哥：

嗯，我们的亮亮学弟太棒了，看，我又找到了一份游戏的运营数据，你有兴趣再来挑战一把吗？

运营分析的分析思维和步骤已经详细进行了介绍，请你下载实训数据，代替亮亮完成这项任务。

要求：

（1）完成运营总体指标分析。

（2）完成运营效果对比分析。

（3）完成运营活动质量分析。

项目六

库存业务数据分析

- 任务一　库存概况分析
- 任务二　库存结构分析
- 任务三　库存补货模型分析

学习目标

（1）熟悉库存分析指标体系，能够进行库存概况分析。

（2）掌握库存分析ABC分类方法。

（3）掌握库存补货模型，能够进行库存预测分析。

（4）通过库存指数体系的分解，培养系统论思想。

（5）通过库存结构性分析，培养结构化思维能力。

（6）通过库存补货模型，培养动态的、发展的、联系的、全面的观点看待问题的习惯。

项目背景

2013年黑莓抹掉10亿美元，大约是两年的库存坏账；2015年第二季度联想巨亏7.14亿美元，其中智能手机库存3.24亿美元。2020年的小米十周年主题演讲活动上，董事长兼CEO雷军在回忆创业过程中踩过的坑，其中最大的一个坑就是积压了10亿元库存的小米4主机。美特斯邦威、李宁、凡客诚品等企业都吃过库存积压的大亏。

随着大数据研究的深入和广泛的运用，越来越多的企业都开始借助数据分析来获取有价值的信息，帮助企业分析问题、摸清规律、合理配置库存，在减轻企业负担的同时，给企业创造更大的价值。

引导案例

项目经理娜姐：

婷婷，我们服务的一家家居用品企业旗舰店，两周前进了一批新的冰凉席，其中“云棉”和“香眠”两种款式各20套。经过14天的试销，“云棉”动销为0，“香眠”直接卖断货了。下周又要进一批货，依然是各20套到店，店长很苦恼。你思考思考，我们怎么才能帮助到她。

实习生婷婷：

经理，这种备货方式听起来确实不符合店里的实际情况，我想查看一下这个店近几个月的库存数据，看能不能找出问题，给店长提供一个优化的备货方案。

项目经理娜姐：

婷婷，看来你找对了方向哦。库存分析是商品销售的基础和前提。库存分析的目标需要围绕三个方面展开：第一，要判断商品是否会缺货；第二，要诊断是否出现库存积压；第三，要评判库存效率如何。你再想想，我们该分几个步骤帮她解决问题。

实习生婷婷：

我发现这家企业去年业务扩张很快，门店、品类、商品都呈现大幅度增长，销售量虽然获得了提升，但有的门店也增加了很多无效库存。对于店长们来说，主要是想实现热卖商品不缺货，低销量产品不积压；而站在企业供应链部门的角度，不仅要关注单个店面的库存状况，还需要考虑企业的整体库存结构现状、结构是否合理、库存效率变化趋势等方面的问题。

分析目标

项目经理娜姐：

婷婷进步很快啊，知道站在不同角色位置，看待这个库存问题啦，那么我建议你后续的分析，围绕这三个目标进行：

（1）掌握库存指标信息，迅速判断当前库存状况。这个阶段的分析重点是对库存数据的多维度展现，还原描述库存体系原貌。

（2）盘点库存结构性指标。这个阶段主要解决品类增加、销量、库存的有效性问题，调整品类结构，提高库存效率。

（3）结合门店销售信息，优化门店补货模型。这个阶段的目标能及时判断商品是否缺货，为补货决策提供数据支持，为重点商品建立补货模型，努力实现零库存目标。

任务分解

婷婷根据娜姐提出的三个分析目标，找IT部门要来了3份与库存有关的报表，分别是库存数据结构表、产品数据结构表和门店数据结构表，根据3张表的数据记录内容，婷婷梳理了3个数据结构表，如表6-1、表6-2、6-3所示。

表 6-1　库存数据结构表

序号	字段名	数据类型
1	出售年月（年月日）	日期型
2	品类上新时间（年月日）	日期型
3	skc	字符型
4	产品编号	字符型
5	二级品类	字符型
6	三级品类	字符型
7	型号	字符型
8	一级品类	字符型
9	本期出库金额	数值型
10	本期出库量	整数
11	本期结存金额	数值型
12	本期结存量	整数
13	本期入库金额	数值型
14	本期入库量	整数
15	起初结存金额	数值型
16	期初结存量	整数
17	上期出库量	整数
18	门店编号	字符型

表 6-2　门店数据结构表

序号	字段名	数据类型
1	门店	字符型
2	门店编号	字符型

表 6-3　产品数据结构表

序号	字段名	数据类型
1	产品SKU	字符型
2	产品编号	字符型

在观察了三个数据结构表之后，婷婷对照分析目标，将此项目分解成三项任务。

任务一：主要是进行库存概况分析，通过库存看板，了解企业库存趋势状况。

任务二：主要进行库存结构分析，通过ABC分析和库存三度分析，发现门店和产品品类的结构性问题，为进一步决策提供依据。

任务三：主要根据历史数据，确定各店安全库存指标，并结合不同的安全备货计划，提供不同的补货解决方案。

整个库存分析思路流程如图6-1所示。

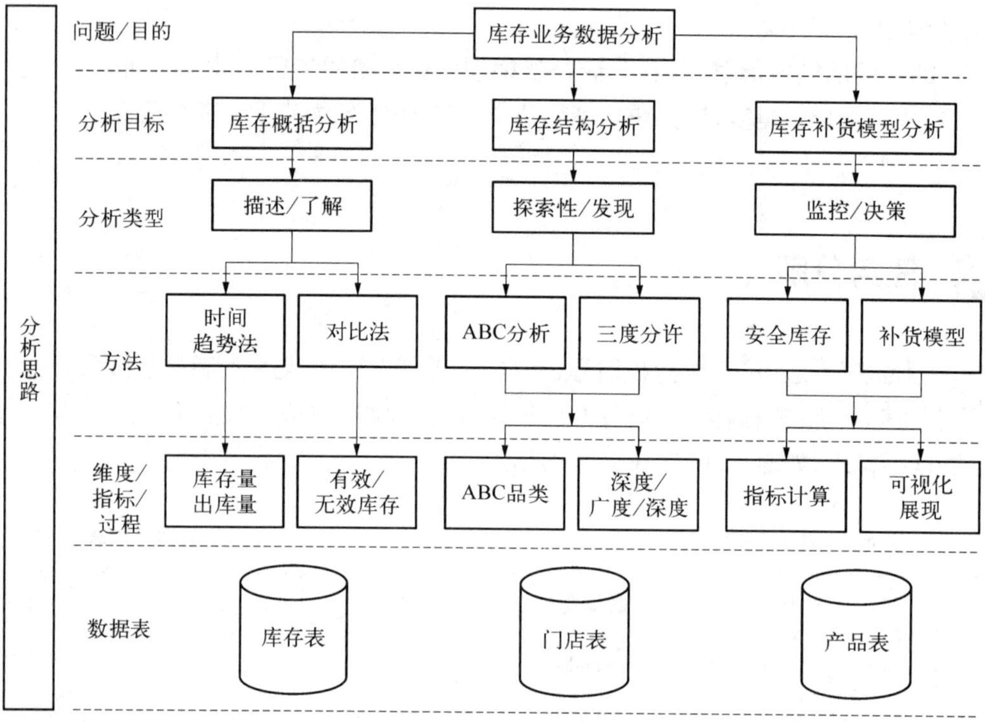

图6-1　库存分析思路流程图

任务一　库存概况分析

库存概况分析可以建立库存概况仪表盘，通过该仪表盘可以查看企业整体库存状况，包含当前库存数量、库存金额、期初与期末库存数量、零星款式数量、库龄状况等，另外，从年份、季节、类别等多个维度查看库存变化趋势。

这一阶段任务的重点在于通过描述分析，盘点库存现状，发现库存问题。为此，婷婷制定了如图6-2所示的库存概况分析计划。

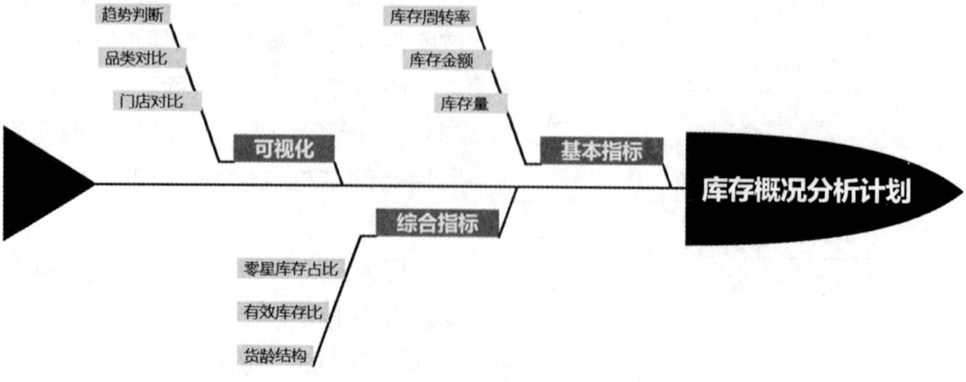

图6-2　库存概况分析计划

知识储备

一、库存

对于销售型企业来讲，为了能及时满足客户的订货需求，必须经常保持一定数量的商品库存。如果企业的存货不足，会造成供货不及时、供应链断裂、丧失交易机会或市场占有率。然而，维持商品库存需要一定的维持费用，同时会存在由于商品积压和损坏而产生的库存风险。因此，在库存管理中既要保持合理的库存数量，防止缺货，又要避免库存过量，产生不必要的库存费用。换言之，就是要通过适量的库存，用最低的库存成本，实现最佳或经济合理的供应，这就是现代库存管理的主要任务。

二、库存管理

库存管理又称库存控制，是对制造业或服务业生产、经营全过程的各种物品、产成品以及其他资源进行管理和控制，使其库存保持在经济合理的水平上。库存管理是对物料库存进行控制的行为，为企业降低库存成本和提高经济效益，企业在不同环节追求零库存。库存管理包括库存管理制度、库存管理方案、库存控制、零库存、库存管理流程等，是企业管理资料交流与分享的平台。

库存数量过大，会增加仓库面积和库存保管费用，从而增加产品成本，占用大量的流动资金，造成资金呆滞，既加重贷款利息等负担，又会影响资金的时间价值和机会收益；造成产成品和原材料的有形损耗和无形损耗，造成企业资源的大量闲置，影响其合理配置和优化，掩盖企业生产、经营全过程的各种矛盾和问题，不利于企业提高管理水平。

库存数量过小，则会导致企业服务水平的下降，影响销售利润和企业信誉；造成生产系统原材料或其他物料供应不足，影响生产过程的正常进行；使订货间隔期缩短，订货次数增加，使订货（生产）成本提高，影响生产过程的均衡性和装配时的成套性。

三、库存分析

库存分析的目标是控制有效库存、清理无效库存。库存分析需要先清楚仓库的库存结构，也就是仓库里存放的是哪个年份、哪个季节、哪些品类的商品，哪些是有效库存，哪些是无效库存。然后，结合销售，看现在的库存是否能够支撑销售需求，是否需要补货，或者哪些品类是卖不动的，造成了库存的积压，是否考虑进行促销。

库存分析是商品动销分析的关键点之一，也是商品销售的基础和前提。库存分析主要用来解决以下几类问题：

（1）当前的商品结构如何？是否具有合理的广度和深度组合？

（2）库存中的滞销商品金额有多少？滞销时间多长？

（3）当前商品的可用天数是否能满足销售预期？需要补多少货？

（4）平均商品库龄是多少？如何提高商品周转率并降低库龄？

（5）如何设置安全库存警戒线？

（6）如何管理季节性库存商品，以满足季节性促销活动？

（7）如何找到大龄库存商品并合理安排销售周期，防止商品过期和过季？

（8）如何找到商品的最佳库存位置，以实现更高效率的商品分拣、包装和出库？

四、库存指标

（一）期初库存

期初库存是指在一个库存会计时期开始时，可供使用或出售的存货（如：货品、物资或原料）的账面价值。

（二）期末库存

期末库存是指在一个库存会计时期结束时可供使用或出售的货品、物资或原料的账面价值。

（三）平均库存

平均库存公式为：

$$平均库存=(期初库存+期末库存)\div 2$$

（三）库存周转率

库存周转率又叫做存货周转率（Inventory Turnover），是衡量和评价企业购入存货、投入生产、销售收回等各环节管理状况的综合性指标。它是销货成本被平均存货所除而得到的比率，或叫存货周转次数，用时间表示的库存周转率就是库存周转天数。

库存周转率是对流动资产周转率的补充说明，通过库存周转率的计算与分析，可以测定企业一定时期内库存资产的周转速度，是反映企业购、产、销平衡效率的一种尺度。库存周转率越高，表明企业库存资产变现能力越强，库存及占用在存货上的资金周转速度越快。

库存周转率的计算公式为：

$$库存周转率=(使用数量\div 库存数量)\times 100\%$$

公式中的库存数量一般用平均库存数量去计算。公式中的使用数量严格上讲并不等于出库数量（为简化分析，本案例项目定义出库数量即为使用数量），因为出库数量包括一部分备用数量。

（四）库龄

某个商品的库龄是指该商品在仓库存放了多长时间，也就是该商品从开始放入仓库的时间到当前统计时间的时间间隔。例如，采购部门从供货商采购一款三件套，订单数量为20台，该货品在2021年4月20日将商品配送至仓库。到5月1日这天，这批三件套没有销售，此时实体店进行仓库商品盘点，统计仓库中这20台三件套的库龄为11天（从配送至仓库的时间4月20日到统计的时间5月1日）。为加快库存周转速度，提高资金使用效率，使库存结构趋于合理，实体店会对不同种类的商品制定出商品库龄。例如家电商品，一般库龄不允许大于240天。通过对仓库中商品的库龄进行分析，可以指导采购部门对商品结构进行合理优化，提高实体店资金的利用率。

五、SKU

SKU是Stock Keeping Unit的缩写，直译过来是存货单元。例如，女孩子去买衣服，找到喜欢的款式、喜欢的颜色，还得找到自己的尺码——款式+颜色+尺码就是这里说的SKU，是我们识别产品所必需的，也是商场库存进出计量的最小单元。同样的款式、同样的颜色，中号跟小号是不同的存货单元，所以，得由两个不同的SKU编码来识别。行业不同、公司不同、区域不同，SKU的叫法也各有差异，如最小存货单元、最小库存单位、最小存货单位等，还有叫单品、囤货单元、存货单元、库存持有单元、库存单品项、有效成品单位、最小发货单元的。

任务操作

一、准备数据

（一）连接数据

库存概况分析数据准备

打开Power BI编辑器，在向导菜单中选择【从Excel导入数据】或者从【主页】-【获取数据】进入数据连接【导航器】，在【导航器】对话框中，勾选三个数据表后，单击【转化数据】按钮，进入Power Query编辑器界面。

（二）检查表格格式

进入Power Query编辑器界面后，检查三个表格的表格格式和数据类型，“产品表”和“分店名称”都需要单击【主页】选项卡中“将第一行用作标题”的按钮，如图6-3所示。

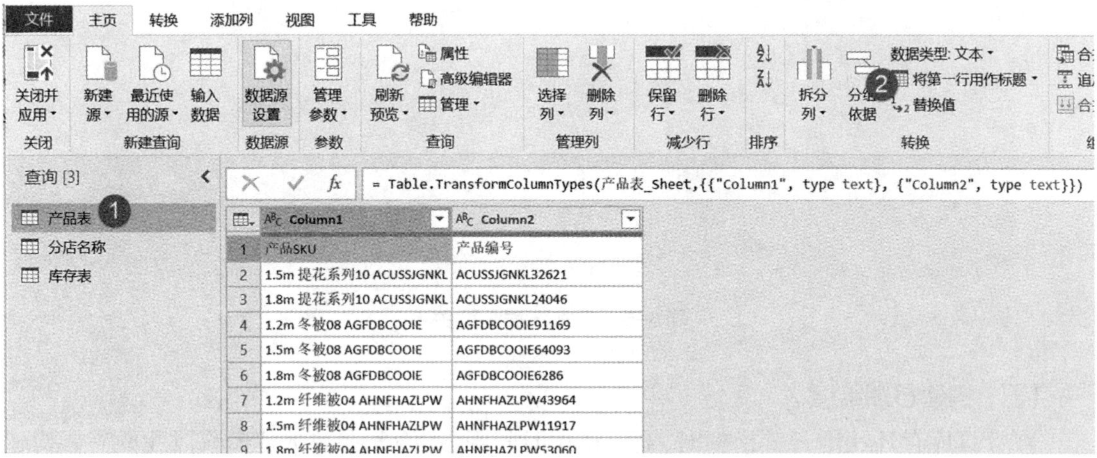

图6-3 “将第一行用作标题”的设置

（三）检测数据类型

将导入的每张表分别用快捷组合键【Ctrl+A】全选，并在【转换】选项卡单击【检测数据类型】，实现批量设置数据类型，避免后续操作中因为数据类型导致出错，如图6-4所示。

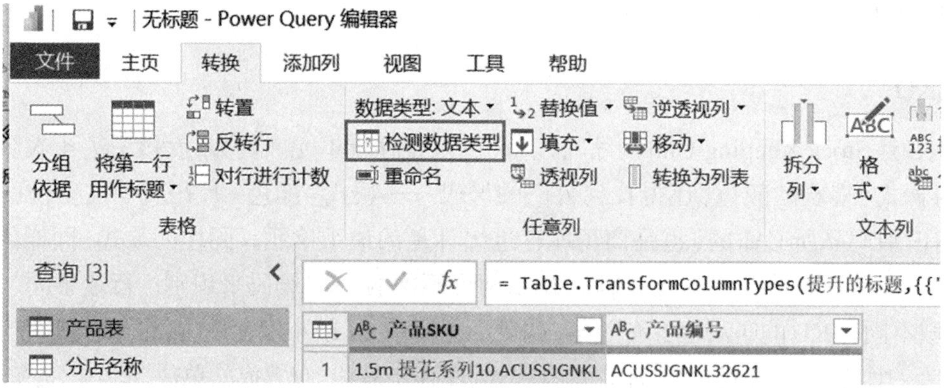

图6-4 批量“检测数据类型”

（四）建立数据关联关系

检测数据类型操作完毕后，单击左上角的【关闭并应用】按钮即可保存数据操作。在Power BI的模型界面，将三张数据表建立关联关系，如图6-5所示。

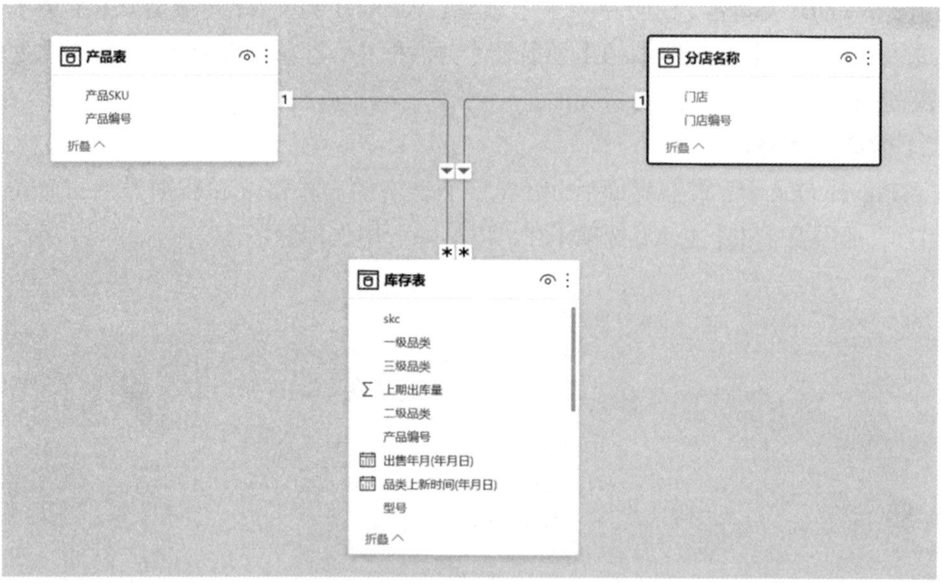

图6-5 建立数据关联关系

（五）构建日期维度表

在计算库存环比增长等指标时，需要调用时间函数，因此在数据建模阶段我们需要构建一个日期表，并将日期表和库存表进行关联。

【操作指导】

1. 添加新查询

在Power Query编辑器界面，选中“库存表”，选择“出售年月”字段列后单击鼠标右键，在弹出对话框中，选择【作为新查询添加】。

2. 删除重复日期数

在新的列表视窗下，单击【删除重复项】按钮，删除重复日期。

3. 转化表

完成删除重复日期操作后，在列表视窗下，单击最左边的【到表】按钮，将列表转化为数据表，如图6–6所示。

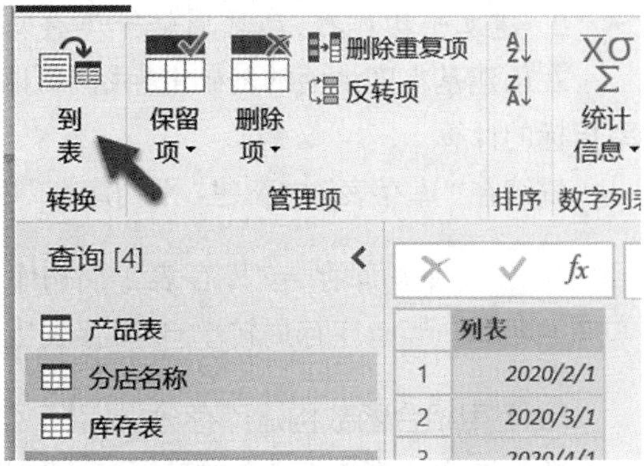

图6–6　将列表转换为数据表

4. 建立“日期表”和“库存表”的关联

将新表格名称命名为“日期”，列表字段名命名为“年月”，完成后关闭应用，返回Power BI编辑器主界面。返回Power BI编辑器主界面后，在“模型”视窗内，将新建的“日期”表和“库存表”建立关联，如图6–7所示。

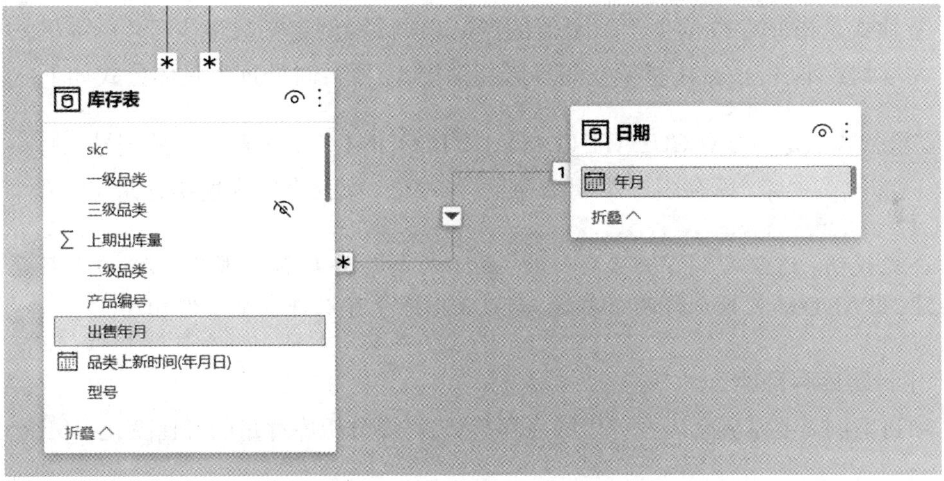

图6–7　日期表和库存表建立关联

（六）建立度量值搭建库存分析指标

1. 建立基础度量值

在“库存表”中先建立“期末库存量”“期初库存量”“销量”“库存金额”等几个基本度量值，具体公式如下：

期末库存量 = SUM('库存表'[本期结存量])

期初库存量 = SUM('库存表'[期初结存量])

销量 = SUM('库存表'[本期出库量])

说明：为了简化分析流程，我们这里用出库量替代销售量。

库存金额 = SUM('库存表'[本期结存金额])

2. 建立平均库存，库存周转等库存基本指标

在构建基本度量值的基础上，我们可以调用这些基本度量值，完成平均库存和库存周转率指标的计算。

继续在“库存表”中新建“平均库存”和“库存周转率”2个度量值，具体公式如下：

平均库存 =('库存表'[期初库存量]+'库存表'[期末库存量])/ 2

库存周转率 = '库存表'[销量] / '库存表'[平均库存]

（七）用组合函数构建库存分析指标

数据源中含有库存为0的产品，因此使用DISTINCTCOUNT对产品编号进行非重复处理后，需要用CALCULATE增加一个条件库存数量为0的款式剔除。具体公式如下：

库存SKU数量 = CALCULATE(DISTINCTCOUNT('库存表'[产品编号]),
'库存表'[本期结存量]>0)

零星款式是指库存数量少于一定值的产品（项目案例定义数量少于4），零星款式太多意味着大量款式不齐全，占用货架空间且影响销售，需要及时处理。具体公式如下：

零星款式数量 = CALCULATE(DISTINCTCOUNT('库存表'[产品编号]),
'库存表'[本期结存量]>0 && '库存表'[本期结存量]<4)

公式说明：这里用到了双&&符号，表示两个条件都需要满足。AND函数也有类似功能，但AND函数只允许两个参数，而双&&符号可以将多个条件相连。

（八）计算库存环比

本项目案例需要掌握全店及分店的库存趋势，需要分析库存量的环比变化，环比公式为：

环比增长率=（本期数−上期数）÷ 上期数 × 100%

本案例中的本期数为“库存表”中的“期末库存量”，在本环节我们需要增加“上月库存”度量值。

1. 新建“上月库存”度量值

上月库存=CALCULATE([期末库存量],DATEADD('日期'[年月],−1,MONTH))

DATEADD函数说明：

注释：用于返回移动一定间隔的时间段。

语法：DATEADD(日期列，移动数量，移动粒度)。

参数：第一个参数为日期列，或者可以返回日期的一表达式；第二个参数为整数，正数向前移动，负数向后回溯；第三个参数为粒度，year/quarter/month/day。

返回：单列日期值的表。

本项目数据源中最早的数据是2020年2月1日，因此2020年2月的上月业绩为空白。

2. 新建“库存环比”度量值

库存环比 = DIVIDE([期末库存量]−[上月库存],[上月库存])

“库存环比”度量值建立好后，在“度量工具”选项卡中，更改“库存环比”格式为百分比，保留两位小数，如图6–8所示。

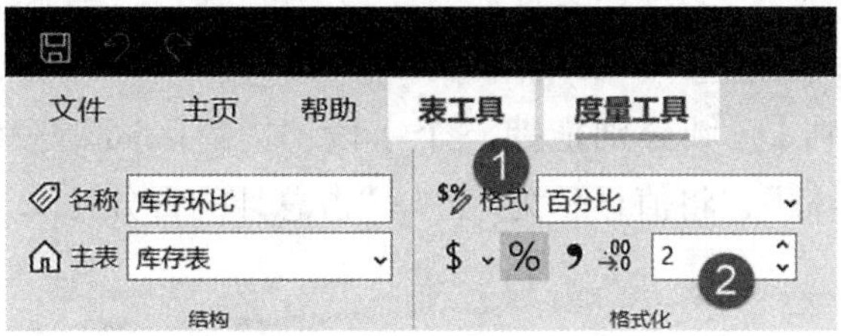

图6–8　更改库存环比格式

（九）确定产品货龄区间

1. 新建“货龄”列

本项目案例计算截止日期为2021年6月1日，货龄公式如下：

货龄 = DATEDIFF('库存表'[品类上新时间（年月日）],DATE(2021,6,1),DAY)+1

DATEDIFF(<开始日期>, <结束日期>, <间隔单位>)函数说明：

第一参数：开始日期。一个返回具体日期的表达式，或者标量值。如果返回结果是多个的话，在没有进行处理的情况下这个函数返回结果会有误差。

第二参数：结束日期。一个返回具体日期的表达式，或者标量值。如果返回结果是多个的话，在没有进行处理的情况下这个函数返回结果会有误差。需要注意：结束日期不能大于开始日期，否则返回错误。

第三参数：间隔单位，即两个日期相差时间。可选项有：秒、分钟、小时、天、周、月、季度、年。

补充说明：本例需要返回间隔天数，因此计算日期的当天也算一天，因此末尾要加1。

2. 新建货龄分组列

使用SWITCH函数对货龄进行分组打标签：公式如下：

货龄区间 =SWITCH(TRUE( ),
‘库存表’[货龄]<=90,“90天以下”,
‘库存表’[货龄]<=180,“90 ～ 180天”,
‘库存表’[货龄]<=270,“180 ～ 270天”,
‘库存表’[货龄]<=360,“270 ～ 360天”,
‘库存表’[货龄]<=450,“360 ～ 450天”,
“450天以上”)

库存概况分析可视化呈现

二、可视化呈现

（一）制作基础指标卡片图

对于库存概况分析，卡片图可以最直观地反映库存关键指标。在报表界面下，选择默认的卡片图，将“平均库存”拖到字段区域，再进行边框、背景色、字体等格式设置，如图6–9所示。接下来对“库存金额”“库存周转率”“库存SKU数量”“销量”“零星款式数量”进行调整设置。

（二）制作货龄区间瀑布图

选择瀑布图，【类别】区域分别拖拽三个字段：“货龄区间”“一级品类”“二级品类”，【值】区域拖拽“库存金额”，“将值显示为”选择“占总计的百分比”，如图6–10所示。

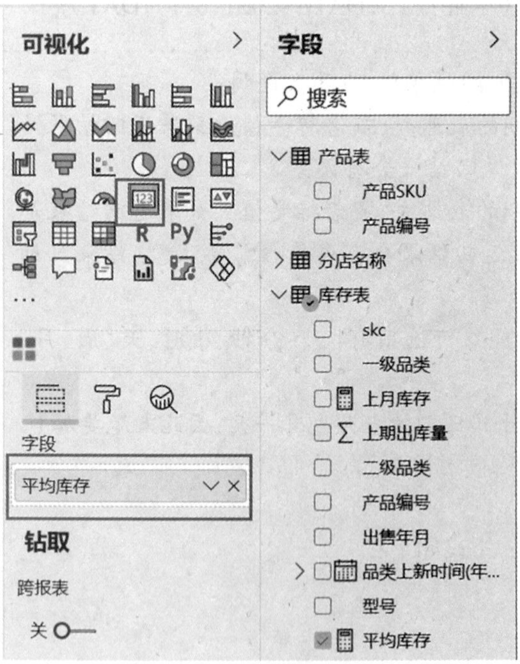

图6–9　制作卡片图设置

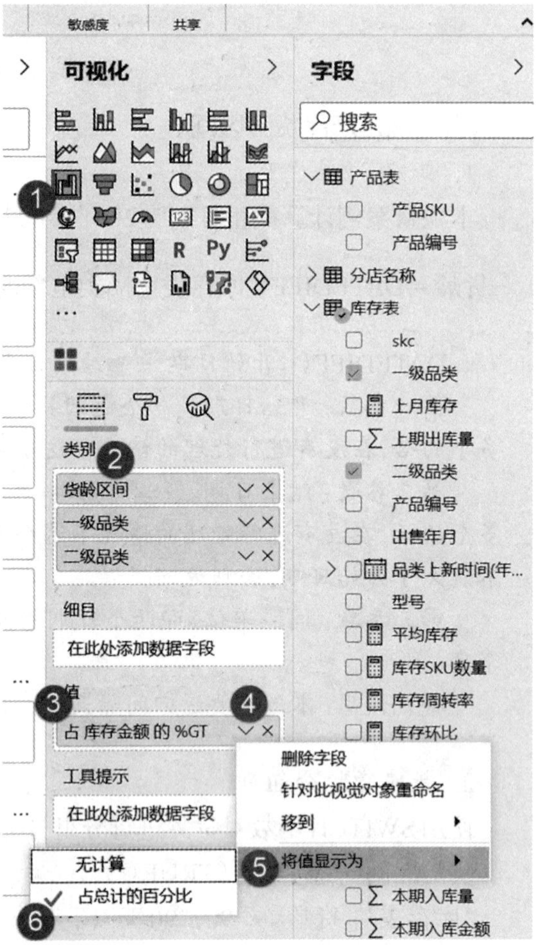

图6–10　瀑布图设置

类别设置为三个字段，可以层层向下钻取查找问题根源。本案例中货龄在“360 ～ 450天”以上的货物比例较高，我们可以选中“360 ～ 450天”的绿色柱子，单击该柱子（图6–11）瀑布图就会向下钻取，会发现被芯类目占比较高，再次单击“被芯”绿色柱子（图6–12），下钻到最后一层，可以看到在第三层二级类目下，冬被占比较大（图6-13），后期可以对冬被销售和库存情况作重点盘查。

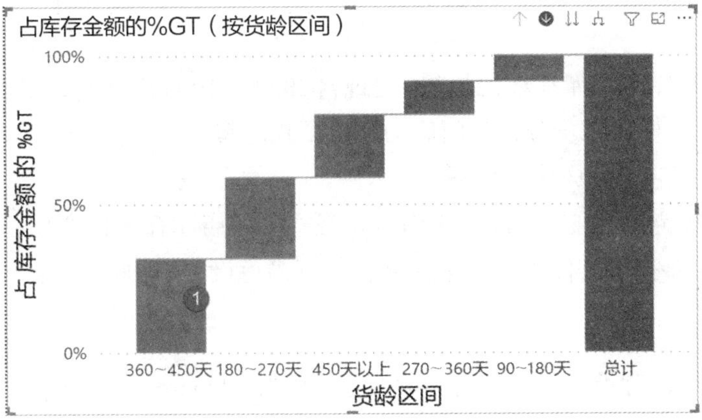

图6-11　瀑布图第一层货龄区间占比分布

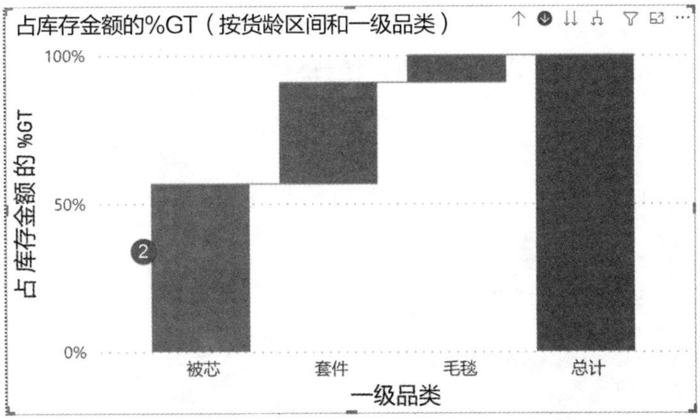

图6-12　瀑布图第二层一级类目占比分布

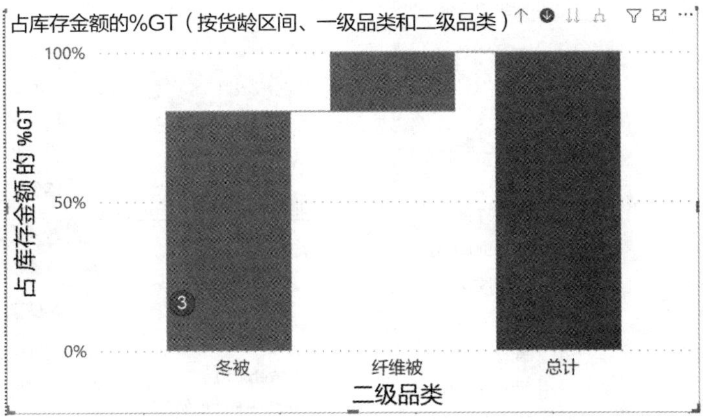

图6-13　瀑布图第三层二级类目占比分布

（三）制作“平均库存”和“库存环比”的折线簇状柱形图

选择折线和簇状柱形图，把“日期”表中的“年月”字段拖拽到【共享轴】区域，去掉日期属性中的“季”和“日”，将【列值】设置为“平均库存”，【行值】设置为“库存环比”，如图6-14所示。

观察全店平均库存和库存环比趋势，发现自2020年10月份开始，该企业的库存环比都是正增长。因此，需要进一步分析各门店的库存增长趋势。

（四）制作各门店库存环比矩阵图

为了进一步探究库存变化问题，我们需要观察各门店库存环比变化。为了突出显示环比增长的情况，需要按照条件对数据单元格进行背景色设置，因此，新建一个“环比背景色”度量值。

环比背景色 = IF（[库存环比]<=0，"Light Grey"，"Orange"）

设置完“环比背景色”度量值之后，回到可视化操作界面，选择“矩阵图”，在【行】区域选择“日期”表中的“年”“月份”，【列】区域选择“分店名称”表中的“门店”字段，【值】区域选择“库存表”的“库存环比”字段列，并用鼠标右击【值】区域的“库存环比”，在弹出的列表框中，选择【条件格式】-【背景色】，如图6-15所示。

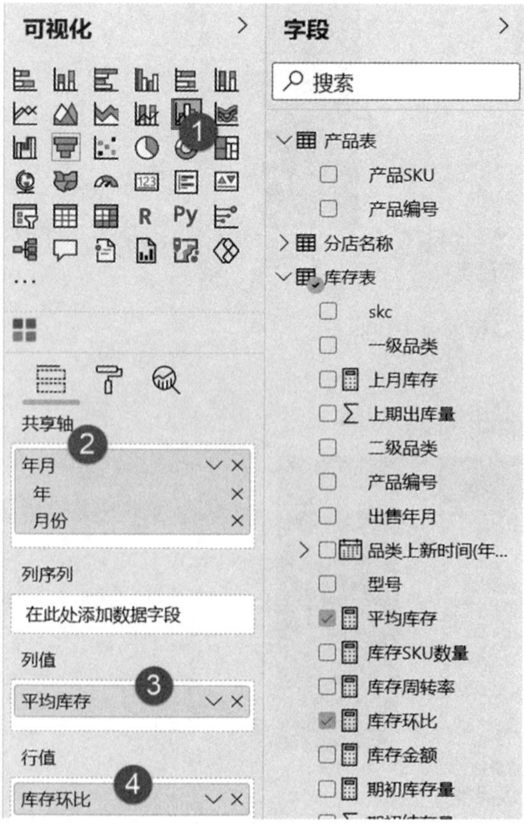

图6-14　平均库存/库存环比折线簇状图设置

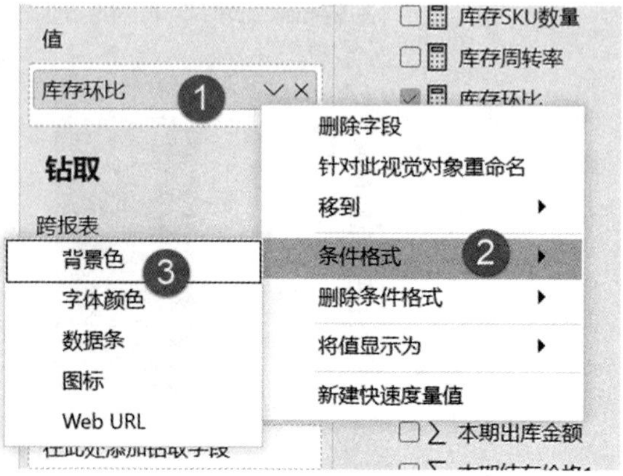

图6-15　设置“库存环比”条件格式

在弹出的【背景色】对话框中，在【格式模式】区域的下拉列表选项中选择【字段值】，在【依据为字段】区域中选择刚刚创建好的“环比背景色”，单击【确定】完成背景色设置，如图6-16所示。

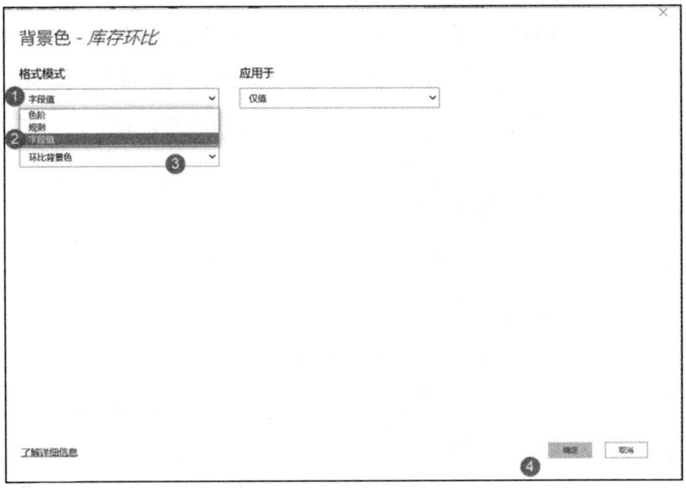

图6-16　库存环比背景色设置

设置完成后，即可得到分店库存环比状况图，如图6-17所示。

年	哈尔滨店	昆明店	兰州店	南京店	宁淮美店	宁淮姿店	宁江东店	厦门店	上海虹口店
⊟ 2021	-14.08%	-13.94%	13.41%	35.06%	44.02%	-1.25%	27.53%	-17.43%	9.92%
March	-28.57%	-47.40%	-30.57%	118.49%	10.75%	-43.65%	67.86%	-48.52%	-46.07%
February	-16.00%	2.98%	85.31%	85.94%	82.35%	6.78%	8.74%	37.40%	64.66%
January	0.00%	4.35%	25.44%	-55.86%	85.45%	57.33%	1.98%	-26.35%	75.76%
⊟ 2020	7.57%	6.42%	9.48%	13.03%	0.42%	-2.10%	1.69%	8.69%	1.97%
December	111.27%	1.90%	338.46%	663.16%	-49.54%	-25.00%	80.36%	30.47%	-56.86%
November	16.39%	618.18%	-68.67%	-73.97%	14.74%	88.68%	-50.00%	82.86%	91.25%
October	-68.56%	-83.21%	38.33%	-28.43%	-5.00%	-20.90%	-10.40%	-60.89%	-49.69%
September	94.00%	-37.02%	-50.82%	-37.42%	-53.70%	-46.83%	-11.97%	68.87%	10.42%
August	-59.18%	14.29%	9.91%	69.79%	11.34%	-26.32%	-23.66%	-62.54%	-29.41%
July	1.66%	5.81%	-25.00%	-28.36%	212.90%	39.02%	84.16%	207.61%	-15.35%
June	91.27%	28.36%	85.00%	116.13%	-60.51%	-2.38%	68.33%	-12.38%	13.68%
May	129.09%	19.64%	-42.45%	-42.59%	84.71%	-46.84%	-3.23%	-45.03%	47.22%
April	-15.38%	17.89%	379.31%		-33.59%	172.41%	-21.52%	46.92%	50.00%
March	12.07%	21.79%	-17.14%	-100.00%	156.00%	-13.00%	-5.95%	154.90%	159.46%
总计	1.95%	0.72%	11.00%	19.45%	10.14%	-1.92%	7.86%	2.01%	3.58%

图6-17　分店库存环比状况图

小贴士：

表格中的颜色可以很好地区分数据状况，当默认条件颜色无法满足需求时，可以考虑使用DAX函数进行设置。度量值里的颜色可以是颜色名称，也可以是颜色编号。

图6–18　切片器格式设置

（五）制作类别切片器

为了分析不同类别的库存变化趋势，我们还需要增加一个类别切片器。

在【可视化】工具栏中选择【切片器】图标，并在【字段】选项中选择“库存表”中的“一级品类”字段，单击【格式】图标，进入格式设置界面，在方向区域选择【水平】(图6–18)。至此，我们完成了库存概况分析的可视化图表制作。

三、总结分析

根据我们对库存概况分析图表的观察（图6–19），我们有下面几点发现：

（1）该企业库存环比总体处于增长趋势，且各分店库存也处于大面积增长态势，针对这一问题需要进一步分析，找到库存增长的原因。

（2）该企业产品的货龄普遍较大，且以被芯类目产品为主。

（3）库存周转率在各品类的差别不是很明显，总体水平在1.30左右。

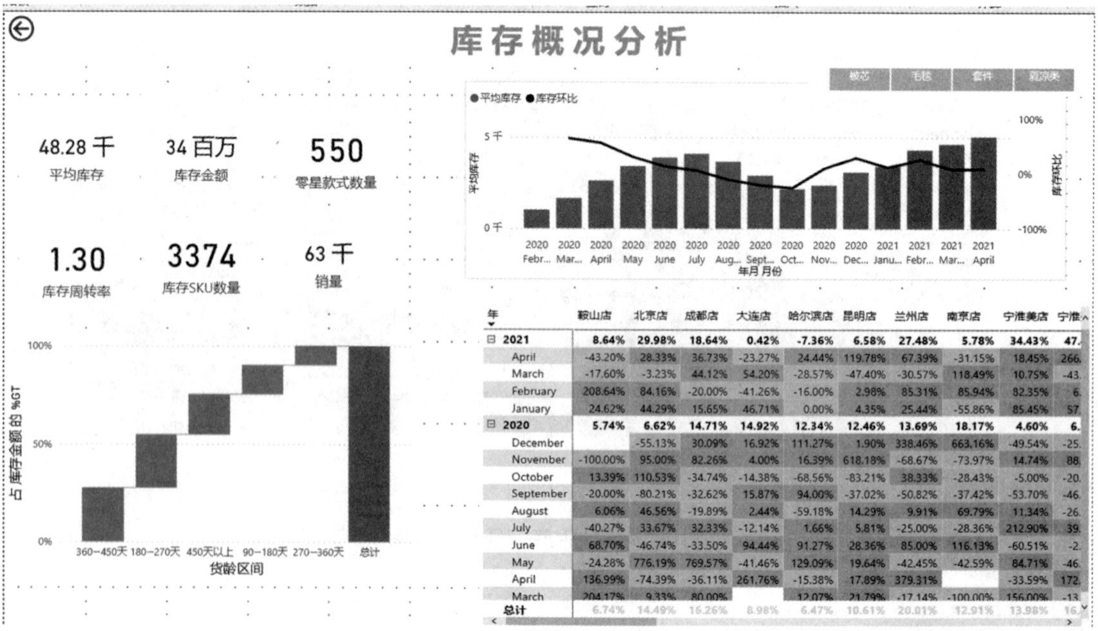

图6–19　库存概况分析

任务二　库存结构分析

经过第一阶段的库存概况分析，婷婷发现整个企业从2020年11月起，库存环比持续提升。进一步探究各门店的月结存量变化情况，发现不是某几家门店的特例，而是整体库存量均在近一个月提升了。因此，婷婷得出结论，库存上升的原因应该在总部，需要继续探寻库存提升的原因。

根据从娜姐那里学来的数据分析的通用思路，“看趋势—可对比—可细分”，婷婷认为库存分析的逻辑应该是从总到分、从宏观到微观的过程，也是从大方向到小细节的过程，应以“总量→结构→SKU”顺序进行开展。造成企业库存上升既然不是个别门店的销售问题，那么应该重点分析库存结构问题。婷婷补充学习了有关库存结构的分析方法，制定了任务二的库存结构分析计划，如图6-20所示。

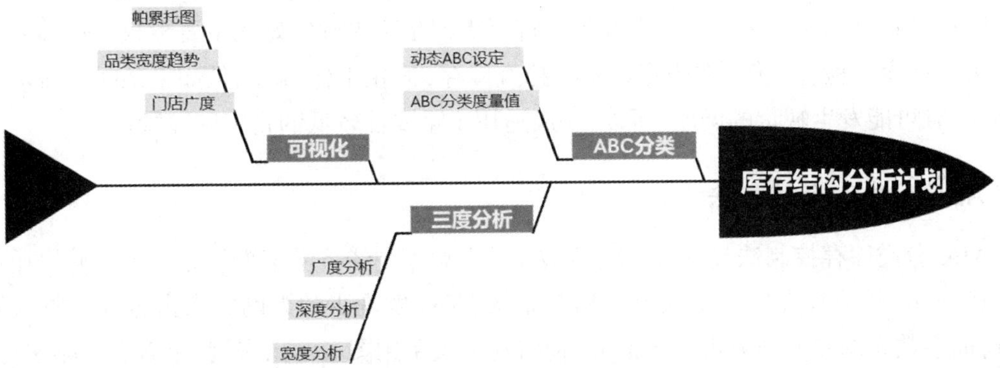

图6-20　库存结构分析计划

知识储备

一、库存结构

库存结构是指在商品结构的框架下，由商品数量构成的相互关联的库存架构。库存结构可以按商品畅销程度分类，可分为畅销商品、平销商品、冷背商品、滞销商品等。什么样的库存结构才是合理的呢？不同项目、不同季节、不同时间段、不同操作模式下其标准不一样，库存结构的合理是一个动态的过程。理想状态的合理库存结构，是在充分保证不缺货的前提下，以最经济的衔接使销售与库存处于最佳状态。

库存商品结构状态，是通过计算商品库存中各类商品占总额的比重，反映商品种类是否齐全，分析判断有无脱销或积压品种，库存总量多了还是少了，有没有多中有少（总量多，某些规格、品种少）和少中有多（总量少，某些规格、品种多），脱销与积压并存而供求不平衡的情况。库存商品结构，是计算、分析有关国计民生的重大商品与各种小商品，适销商品与不适销商品，冷背呆滞、质次价高、残损变质等有问题商品占商品库存总额的比重，反映商品库存的质量状况。商品库存结构合理，才能保证所供应的商品适应市场需要，使商品流通正常进行。

二、常见库存品种管理方法

库存品种管理方法是指用于控制产品库存量的检查和订货的方法（什么产品在什么时候应当发出订货单和适合的订货数量）。常用的库存品种管理方法有以下几种。

（一）ABC管理法

ABC管理法又称重点管理法，就是将库存货物根据消耗的品种和金额按一定的标准进行分类，对不同类别的货物采用不同的管理方法。

（二）定量订货法

定量订货法是指连续不间断地监视库存余量的变化，当库存余量下降到某个预定数值时，就向供应商发出固定批量的订货请求，经过一段订货时间，订货到达后，补充库存。

（三）定期订货法

定期订货法是指以固定的间隔周期提出订货，每次订货没有固定的订货量，需要根据某种规则补充到目标库存量。目标库存量与订货周期是事先确定好的主要参数。这种方法可以省去许多库存检查工作，在规定订货时检查库存，简化工作，缺点是如果某时期需求量突然增大，有可能发生缺货的问题，所以，一般适用于重要性较低的物资库存管理。

三、ABC分类库存控制法

ABC分类库存控制法又称ABC分类法，是由意大利经济学家维尔弗雷多·帕累托首创的。1879年，帕累托在研究个人收入的分布状态时，发现少数人的收入占全部人收入的大部分，而多数人的收入却只占一小部分，他将这一关系用图表示出来，就是著名的帕累托图。该分析方法的核心思想是在决定一个事物的众多因素中分清主次，识别出少数的但对事物起决定性作用的关键因素和多数的但对事物影响较少的次要因素。后来，帕累托法被不断应用于管理的各个方面。1951年，管理学家戴克将其应用于库存管理，命名为ABC分类法。1951—1956年，约瑟夫·朱兰将ABC分类法引入质量管理，用于质量问题的分析，被称为排列图。1963年，彼得·德鲁克将这一方法推广到全部社会现象，使ABC分类法成为企业提高效益普遍应用的管理方法。

ABC分类法又称作关键因素法，是指按库存占用的空间比例、数量比例以及成本比例之间的关系，将货物分成ABC三种重要性递减的类别。一般对于A类货物，应集中力量进行控制，以减少库存；相反，对于低价值的货物，如C类货物，通常应维持较大的库存量，以避免缺货。

具体分法因企业和物料种类的不同而有所变化，如有些仓库，A类占库存数量的10%，占库存金额的70%；B类占库存数量的40%，占库存金额的20%；C类占库存数量的50%，占库存金额的10%。而有些仓库，A类占库存数量的10%，占库存金额的70%;B类占库存数量的20%，占库存金额的20%；C类占库存数量的70%，占库存金额的10%。这两种分法都符合

ABC关键少数和一般多数的原则，因而都是正确的。

用ABC分类法进行库存管理可以压缩总库存量，减少库存成本，使库存物料的结构合理化，节约管理成本。

对于不同类别的库存，管控方式也不尽相同：

对于A类库存需要严格控制，比如需要设立非常低的安全库存水平；采取高频次、小批量订货方式；采用高频率盘点，确保库存准确性；存放于安全性高的环境中，以及密切关注订单状态等。

对于B类库存采取适度控制策略，包括设立适中的安全库存水平，既不会断料，也不会产生过高的库存成本，采取中等频次订货、适量的订货数量；定期盘点库存。存放于相对安全的环境中以及定期关注订单状态等。

对于C类库存则适合宽松控制策略，即建立大量安全库存，最大限度降低断货风险；低频率、大批量订货；花费尽可能少的时间盘点库存以及花费尽可能少的时间回顾预测偏差和订单状态。

四、库存的广度、宽度和深度

产品的广度是指一个企业的产品组合中所拥有的产品线的数目；产品的宽度是指一个企业的产品组合中产品项目的总数；产品的深度是指每条产品线平均包含的产品项目的多少。以良品铺子为例，它的产品广度包括：坚果、海味零食、肉类零食、炒货系列、红枣干果、话梅果脯、素食山珍等产品类别；而在坚果类目下，又有山核桃、腰果、开心果、夏威夷果等，这就是宽度；良品铺子的每日坚果礼盒，又包含了7日鲜综合果仁、青春版综合果仁、零添加综合果仁，这就是深度。

商品的品类数越多，广度越大，商品的丰富度越高。但广度不是越大越好，广度的确定和店铺的目标消费群体有关，也和周边竞争对手有关。商品总数越多，宽度越大，商品可供选择的程度越高，店铺消费者的可挑选余地越大。宽度的确定也需要和竞争对手对比。商品的深度越大越不容易缺货，但容易造成高库存。

通过对商品"三度"的控制可以综合管理库存。通常情况下，这三个指标合理，库存结构就比较合理。三度分析可以和计划值进行对比，找出差异就能确定库存结构出现的问题所在。

任务操作

一、库存三度分析

（一）建立连接数据创建度量表

参考任务一的连接数据和构建日期维度表步骤，在Power BI中建立好数据源和数据模型。

说明：通过任务一的分析，我们看出库存量的变化是从2020年11月份开始的，为了便于演示和快速分析，后续的演示数据对时间进行了筛选，仅选择了2020年10月到2021年4月这个时间段的库存数据。

因任务二涉及度量值较多，可单独建立一个存放度量值的表格，将所有度量值置于该表格之下，以便与其他表格和字段区分，方便查找。

单击菜单栏的【输入数据】，在弹出的【创建表】的对话窗口中，无须输入任何数据，可以直接单击【加载】按钮。空白表可以随意命名，这里我们把这个表命名为“度量表”，如图6-21所示。

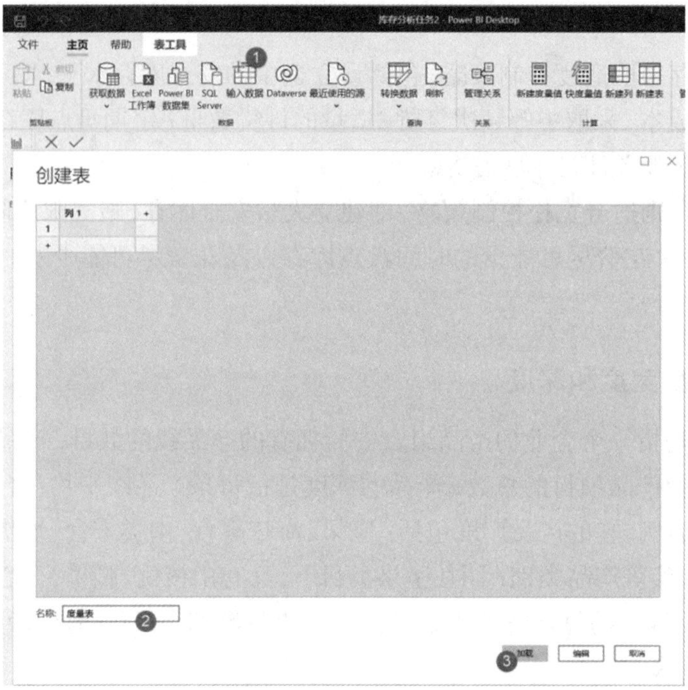

图6-21　创建度量值空表

（二）库存的广度、宽度、深度分析

为了查找库存量上升的原因，婷婷先从库存广度和宽度变化趋势着手进行分析。

1. 构建基本度量值

根据广度、宽度定义，我们需要知道某个类目下一级的类目数量或SKC及SKU数量，因此，首先需要建立几个基本度量值，具体公式如下：

二级品类数量=DISTINCTCOUNT('库存表'[二级品类])

三级品类数=DISTINCTCOUNT('库存表'[三级品类])

SKC数量=CALCULATE(DISTINCTCOUNT('库存表'[SKC]),
'库存表'[本期结存量]>0)

SKU商品数量=CALCULATE(DISTINCTCOUNT('库存表'[产品编号]),
'库存表'[本期结存量]>0)

（注：这里用CALCULATE以及增加结存量大于0的条件的原因和任务一致）

2. 制作广度、宽度、深度趋势图表

为了完整显示时间趋势变化，我们需要将数据表里的“日期表”中的“年月”字段列以及“库存表”的“出售日期”字段列的数据类型变更为文本类型。

选中趋势图，在【轴】区域拖入日期表的“年月”字段，图例里放入“一级品类”，值中放入“二级品类数量”，完成一级/二级品类宽度趋势图，如图6-22所示。

图6-22 趋势图设置

同理制作一级/三级品类宽度趋势图，二级/三级品类，SKU/SKC数量变化时间趋势图。

3. 制作“门店”切片器，聚焦门店信息

选中切片器，将“门店”字段放到字段区域，切换到格式刷视窗中，点开【常规】设置，在【方向】区域选择“水平”方向。单击切片器窗体右上角的箭头标签，选择“列表”。

至此库存三度分析所需要的可视化图形设置完毕，整个报表展示效果如图6-23所示。

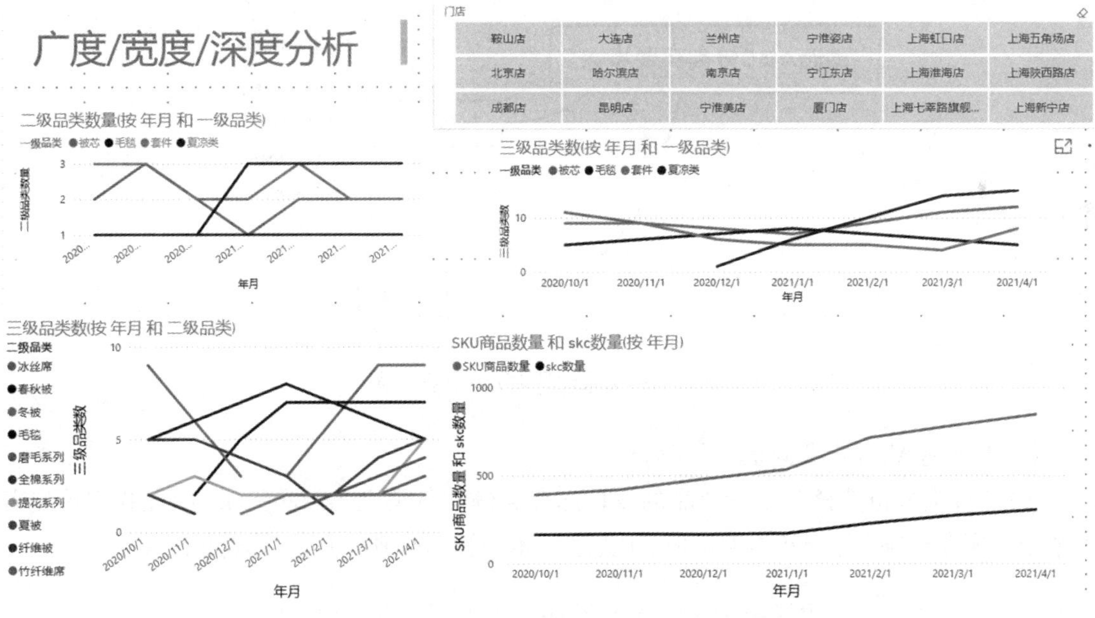

图6-23 库存广度/宽度/深度分析可视化报表展示效果

二、动态ABC分类可视化

（一）确定动态ABC分类核心步骤

库存结构分析可以用三度分析迅速掌握库存结构变化趋势，但需要精确了解库存结构现状，还需要用到ABC分类方法，以便更精准地了解库存结构动态。

传统的小企业根据简单ABC分类计算步骤，加上Excel 2016版本升级后自带的帕累托图，实现ABC分类和视觉性呈现都极为方便，然而，随着经济的发展，数据量的增加，维度的不断丰富，一张传统的静态ABC图表已经满足不了分析需求。例如想了解不同时间段、不同分店、不同品类的ABC类商品变化情况，想知道ABC类商品都有哪些，C类商品的占比每个月是上升还是下降，解决这种问题，需要的是动态ABC分析，而不是基于某一张静态ABC图表来计算。

由于动态ABC分类实现过程较为复杂，婷婷在参考了网上众多教程后，把动态ABC分类实现步骤以及涉及的关键DAX函数做了一个简单的思维导图，如图6–24所示。

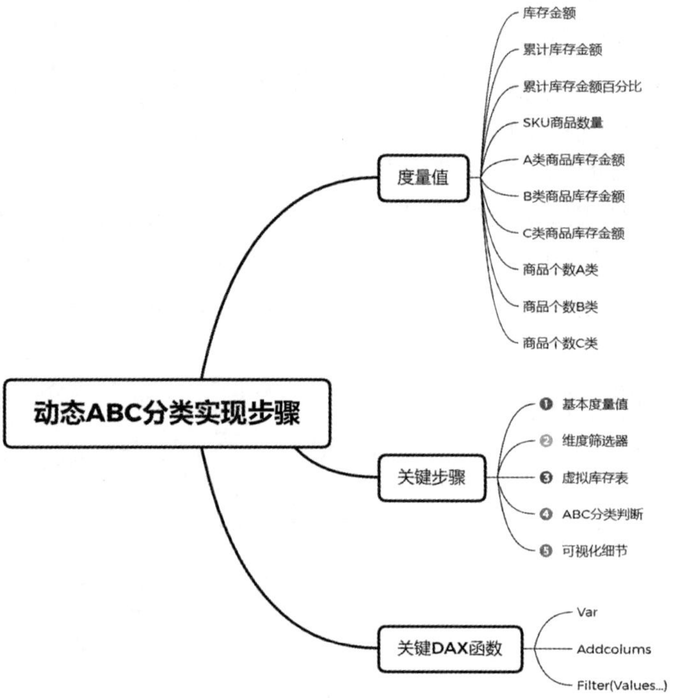

图6–24　动态ABC分类实现步骤

（二）构建ABC分类的基本度量值

ABC分类分析的核心是看商品的累计库存金额和各类别的商品数量，因此我们首先需要构建“库存金额”这个基本度量值，作为进一步计算的基础。具体公式如下：

库存金额=SUM('库存表'[本期结存金额])

（三）构建维度筛选器

1. 建立“库存表”矩形框

为了更好理解动态ABC分类的建立逻辑，在构建了两个基本度量值后，我们先在报表视窗下，建立一个虚拟库存表，如图6–25所示，在【可视化】工具选项区域，选择【矩形框】按钮，【行】区域放入“产品SKU”，【值】区域放入“库存金额”，最后单击库存金额左边的倒小三角，对“库存金额”实现降序排列。

2. 计算累计库存金额

累计库存金额是ABC分类的核心度量值，为了实现动态分类效果，累计库存金额的公

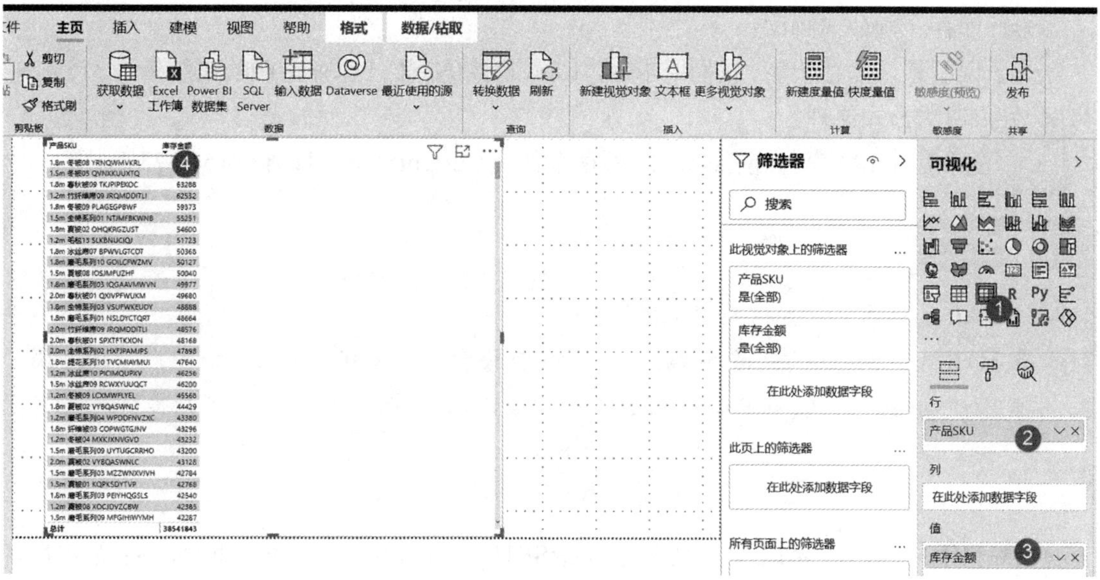

图6-25　产品SKU和库存金额矩阵表

式也用到了不同的函数。新增“累计库存金额”度量值，公式如下：

累计库存金额 = Var

CurrentStock=[库存金额]ReturnCALCULATE([库存金额],

FILTER(ADDCOLUMNS(ALL('产品表'[产品SKU]),"库存金额列",[库存金额]),

[库存金额列]>=CurrentStock))

3. 添加累计库存金额

“累计库存金额”的度量值添加好后，我们把累计库存金额放到刚才的矩阵表中的值区域，得到如图6-26的矩阵图。

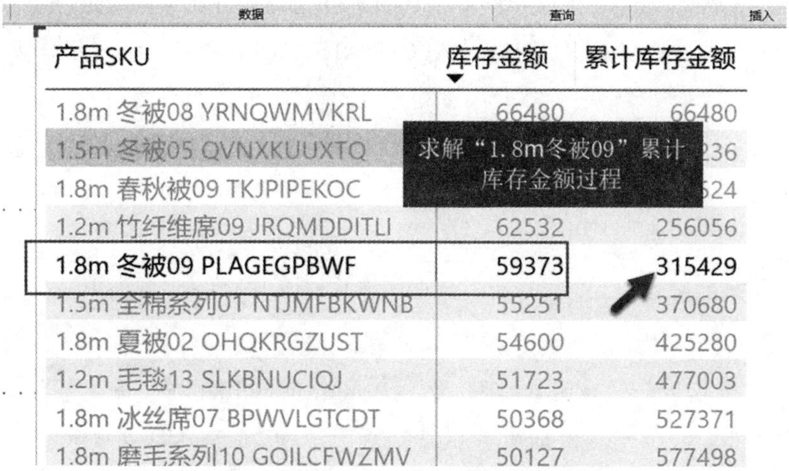

图6-26　累计库存金额矩阵图

累计库存金额公式解读：

为了说明累计库存金额，我们以求解“1.8m冬被09，累计库存金额输出结果为315 429”为例，分步说明公式原理：

（1）先利用VAR定义当前商品的[库存金额]，CurrentStock可以得到59 373。

小贴士：

VAR是单词Variables的缩写，即变量。

VAR的工作原理是它先录制一个变量，再配合使用Return把录制好的内容拿出来反复多次利用。而且，在Power BI公式栏中输入的时候，智能提示会特别提醒已经定义好的VAR，极大地方便了DAX函数的书写。

（2）利用All函数，"ALL('产品表'[产品SKU])"可以得到一张不重复的商品SKU名称清单表。

（3）Addcolumns的作用是在该All表的后面加入一列“库存金额列”，求得每个产品SKU的库存金额。

（4）Addcolumns的另一个作用是把刚添加完的这个“库存金额列”再次利用起来。使用Filter('Addcolumns表',[库存金额列]>= CurrentStock)，就可以把[库存金额列]大于等于59 373的所有商品都筛选出来。

小贴士：

ADDCOLUMNS是一个迭代函数，它创建行上下文，在表的每一行计算用于添加列的表达式。换句话说，ADDCOLUMNS为用户提供了和计算列相同的语义，但是计算的结果属于本地查询的缓存，而不是数据模型中的持久结果。也因为这个原因，用户可以调用其他迭代函数（例如FILTER或其他ADDCOLUMNS）获取ADDCOLUMNS的新列中的结果，但不能在CALCULATE或CALCULATETABLE中将这些列用作筛选器参数。

（5）最后，CALCULATE([库存金额]，FILTER( )计算这些商品的库存金额总额，得到的结果为315 429。

小贴士：

Filter是筛选函数，返回的结果是一张表，所以无法单独使用，经常与Calculate搭配，也可以直接与某些聚合函数搭配，比如Countrows(filter(表，筛选条件))来计算表行数。Filter语法的第一部分的表可以是任意一个表，包括All( )函数返回的表，甚至可以再嵌套一个Filter返回的表；第二部分筛选条件是结果为真或假的表达式。

（四）计算累计库存百分比

在累计库存金额计算出来后，计算累计库存百分比相对就简单很多，这里直接在度量表中新增2个度量值，具体公式如下：

库存金额总计 = CALCULATE（[库存金额]，ALL（'产品表'[产品SKU]））

累计库存金额百分比 = DIVIDE（[累计库存金额]，[库存金额总计]）

在添加完"累计库存金额百分比"的度量值之后，在报表视窗下，把累计库存金额百分比拖曳到值区域，这样包含了累计库存金额百分比度量值的ABC分类样表基础结构构建完毕，如图6–27所示。

产品SKU	库存金额	累计库存金额	累计库存金额百分比
1.8m 冬被08 YRNQWMVKRL	66480	66480	0.17%
1.5m 冬被05 QVNXKUUXTQ	63756	130236	0.34%
1.8m 春秋被09 TKJPIPEKOC	63288	193524	0.50%
1.2m 竹纤维席09 JRQMDDITLI	62532	256056	0.66%
1.8m 冬被09 PLAGEGPBWF	59373	315429	0.82%
1.5m 全棉系列01 NTJMFBKWNB	55251	370680	0.96%
1.8m 夏被02 OHQKRGZUST	54600	425280	1.10%
1.2m 毛毯13 SLKBNUCIQJ	51723	477003	1.24%
1.8m 冰丝席07 BPWVLGTCDT	50368	527371	1.37%
1.8m 磨毛系列10 GOILCFWZMV	50127	577498	1.50%
1.5m 夏被08 IOSJMFUZHF	50040	627538	1.63%
1.8m 磨毛系列03 IQGAAVMWVN	49977	677515	1.76%
2.0m 春秋被01 QXIVPFWUKM	49680	727195	1.89%
1.8m 全棉系列03 VSUFWKEUDY	48888	776083	2.01%
1.8m 磨毛系列01 NSLDYCTQRT	48664	824747	2.14%

图6–27　ABC分类样表（包含累计库存金额百分比）

（五）确定ABC分类度量值

"累计库存金额百分比"确定之后，我们就可以根据百分比区间来判定每个商品的ABC属性。这里需要围绕库存金额和商品个数新建两组ABC分类度量值，总计6个度量值，具体公式如下：

A类库存金额 = CALCULATE（[库存金额]，FILTER（VALUES（'产品表'[产品SKU]），[累计库存金额百分比]<=0.7））

B类库存金额 = CALCULATE（[库存金额]，FILTER（VALUES（'产品表'[产品SKU]），[累计库存金额百分比]>0.7&&[累计库存金额百分比]<0.9））

C类库存金额 = CALCULATE（[库存金额]，FILTER（VALUES（'产品表'[产品SKU]），[累计库存金额百分比]>0.9&&[累计库存金额百分比]<=1））

商品个数A类 = CALCULATE（[SKU商品数量]，FILTER（VALUES（'产品表'[产品SKU]），[累计库存金额百分比]<=0.7））

商品个数B类 = CALCULATE([SKU商品数量], FILTER(VALUES('产品表'[产品SKU]),[累计库存金额百分比]>0.7&&[累计库存金额百分比]<=0.9))

商品个数C类 = CALCULATE([SKU商品数量], FILTER(VALUES('产品表'[产品SKU]),[累计库存金额百分比]>0.9&&[累计库存金额百分比]<=1))

小贴士：

Values(表名或者列名)：返回由一列构成的表，该表包含来自指定表或列的非重复值。

Values与Distinct函数功能一样，区别在于Values包括空行，Distinct不包括空行。

Values的作用：

(1) 建立虚拟表，该表与所筛选的原表有关联，无须建立关系。

(2) 在使用Filter，Calculate，Countrows，Sumx，Topn这些函数时，如果需要引用表而不是列，Values就可以将列转换成表。

经典句型：Calculate([度量值],Filter(Values(列名),...))。

(六) 制作动态ABC分类可视化呈现

1. 制作卡片图

使用卡片图对ABC三类商品的库存金额和商品个数的6个度量值数据进行直观展示，制作过程与库存概况相关卡片图相同，拖动相关度量值到【字段】区域并进行边框、字体等格式设置即可，如图6-28所示。

图6-28 卡片图制作

2. 制作ABC产品分类明细表

将“产品SKU”“A类库存金额”“B类库存金额”“C类库存金额”“库存金额”“累计库存金额百分比”等几个字段拖到【值】区域，单击表格右上角的“…”符号，在弹出的对话框中，选择“以降序排序”方式进行排序，“排序方式”按“库存金额”值排序，如图6-29所示。

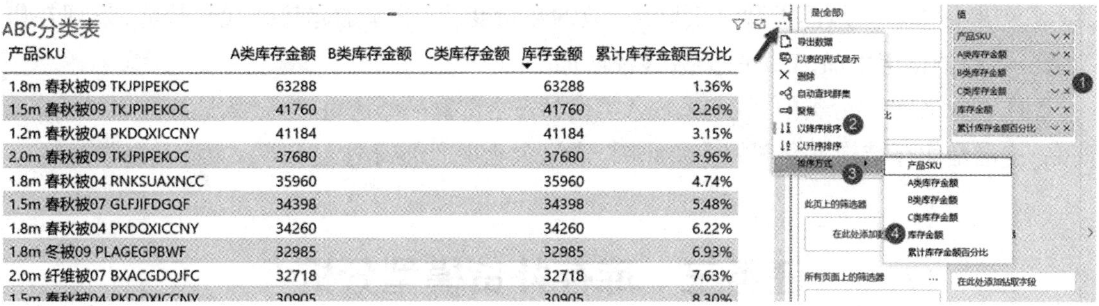

产品SKU	A类库存金额	B类库存金额	C类库存金额	库存金额	累计库存金额百分比
1.8m 春秋被09 TKJPIPEKOC	63288			63288	1.36%
1.5m 春秋被09 TKJPIPEKOC	41760			41760	2.26%
1.2m 春秋被04 PKDQXICCNY	41184			41184	3.15%
2.0m 春秋被09 TKJPIPEKOC	37680			37680	3.96%
1.8m 春秋被04 RNKSUAXNCC	35960			35960	4.74%
1.5m 春秋被07 GLFJIFDGQF	34398			34398	5.48%
1.8m 春秋被04 PKDQXICCNY	34260			34260	6.22%
1.8m 冬被09 PLAGEGPBWF	32985			32985	6.93%
2.0m 纤维被07 BXACGDQJFC	32718			32718	7.63%
1.5m 春秋被04 PKDQXICCNY	30905			30905	8.30%

图6-29　ABC产品分类明细表

3. 制作ABC产品数量堆积柱状图

把日期表的“年月”字段拖动到【轴】区域，在【值】区域设置“商品个数A类”“商品个数B类”“商品个数C类”。

4. 制作“一级品类”“门店”切片器

选中切片器，分别把“一级类目”和“门店”字段放到字段区域，调整格式和显示方式即可。至此，动态ABC分类报表制作完毕，我们可以根据类别和门店来查看不同维度下的ABC商品变化，如图6-30所示。

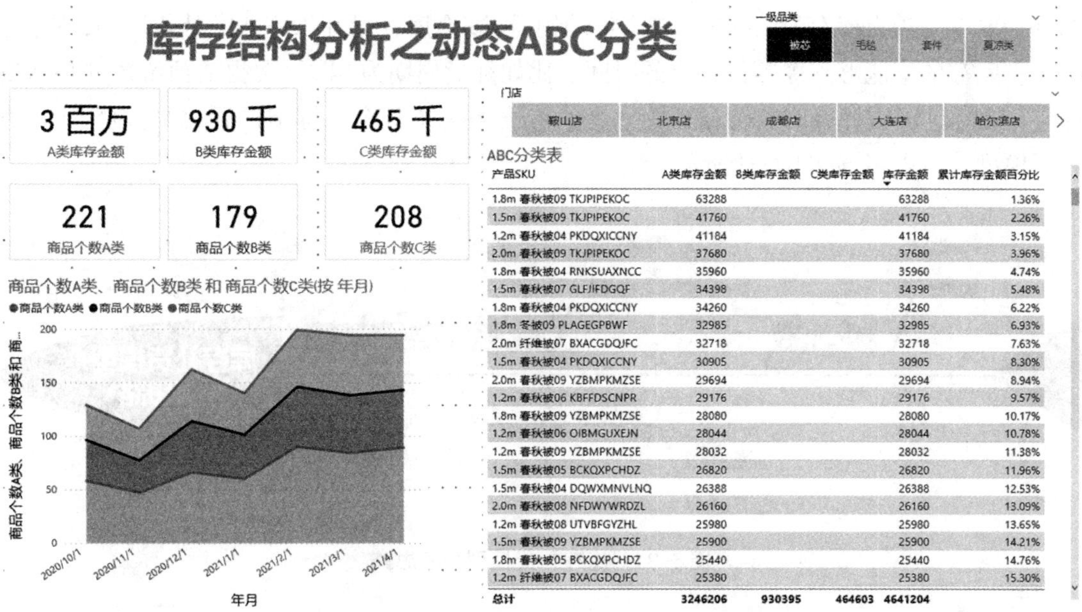

产品SKU	A类库存金额	B类库存金额	C类库存金额	库存金额	累计库存金额百分比
1.8m 春秋被09 TKJPIPEKOC	63288			63288	1.36%
1.5m 春秋被09 TKJPIPEKOC	41760			41760	2.26%
1.2m 春秋被04 PKDQXICCNY	41184			41184	3.15%
2.0m 春秋被09 TKJPIPEKOC	37680			37680	3.96%
1.8m 春秋被04 RNKSUAXNCC	35960			35960	4.74%
1.5m 春秋被07 GLFJIFDGQF	34398			34398	5.48%
1.8m 春秋被04 PKDQXICCNY	34260			34260	6.22%
1.8m 冬被09 PLAGEGPBWF	32985			32985	6.93%
2.0m 纤维被07 BXACGDQJFC	32718			32718	7.63%
1.5m 春秋被04 PKDQXICCNY	30905			30905	8.30%
2.0m 春秋被09 YZBMPKMZSE	29694			29694	8.94%
1.2m 春秋被06 KBFFDSCNPR	29176			29176	9.57%
1.8m 春秋被09 YZBMPKMZSE	28080			28080	10.17%
1.2m 春秋被06 OIBMGUXEJN	28044			28044	10.78%
1.2m 春秋被09 YZBMPKMZSE	28032			28032	11.38%
1.5m 春秋被05 BCKQXPCHDZ	26820			26820	11.96%
1.5m 春秋被04 DQWXMNVLNQ	26388			26388	12.53%
2.0m 春秋被08 NFDWYWRDZL	26160			26160	13.09%
1.2m 春秋被08 UTVBFGYZHL	25980			25980	13.65%
1.5m 春秋被09 YZBMPKMZSE	25900			25900	14.21%
1.8m 春秋被05 BCKQXPCHDZ	25440			25440	14.76%
1.2m 纤维被07 BXACGDQJFC	25380			25380	15.30%
总计	3246206	930395	464603	4641204	

图6-30　动态ABC分类报表可视化效果

三、总结分析

通过观察广度、宽度、深度报表视图和动态ABC分类报表，我们有下列几点发现：

（1）从品类广度上看，库存广度变化不大，具体到单一门店上，广度变化也不大。

（2）聚焦查看二级品类数、三级品类数的数量变化，并添加趋势线观察趋势，发现在售二级品类数量稳定增加，三级品类数大幅增加。

（3）在ABC商品分类中，我们发现A类商品占全部商品的比重过高，数量甚至超过了C类商品，这也是库存结构不合理的主要原因，建议企业生产部门适当压缩A类商品品类宽度。

任务三　库存补货模型分析

在做完了复杂的库存结构分析后，婷婷拿着可视化报表向娜姐作了简单汇报，汇报里提到门店库存上升的原因在于企划部三级类目上新速度过快，尤其是冰凉席类商品，这样造成了门店库存压力过大。另外，产品的库存结构也不够合理，A类商品数量较多，高价商品销量不足，应当适当压缩A类商品品类宽度，提高高单价商品的曝光量，如在黄金时段营销2 000元以上的商品。

娜姐听了婷婷的汇报，满意地点了点头，接着又给婷婷提了一个新的需求：对于各门店店长来说，他们最头疼的就是补货，比如哪个SKU需要补货？需要补多少货？能设计一个补货模型提高整体的采购效率和数量命中率（误差15%内为命中）吗？

面对新的挑战，婷婷不再像项目初期一样一脸迷茫，而是很快地整理了一下思路，她认为补货要考虑现有库存量、未来可能产生的销量、安全库存量和供应链的补货周期，在下单时现有库存的量能够支撑等待补货的时间。比如补货周期为14天，要提前预留超过14天的库存，在剩余14天库存时就要给工厂下单。综合考虑了各个关键指标后，婷婷制定了库存补货模型分析思路，如图6–31所示。

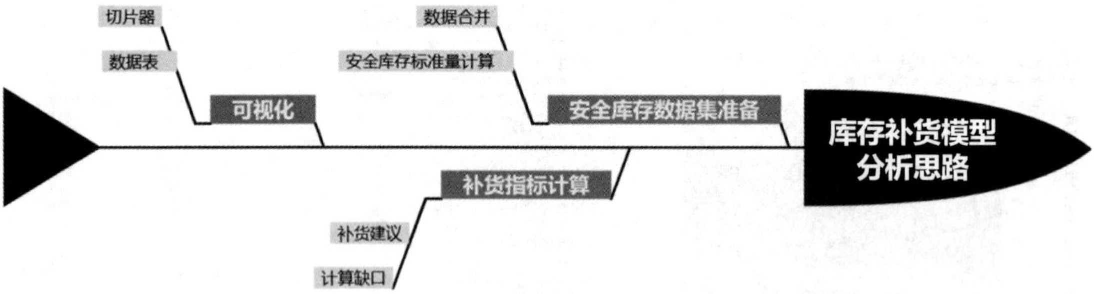

图6–31　库存补货模型分析思路

知识储备

一、安全库存

安全库存是为了应对未来物资供应或需求出现不确定性因素（如大量突发性订货、交货意外中断或突然延期等）而准备的缓冲库存。其大小取决于供应和需求的不确定性、订货满足率，以及缺货成本和库存持有成本。订货满足率较高，则安全库存量增加并导致缺货成本较低、而库存持有成本较高；相反，订货满足率较低，则安全库存量减少并导致缺货成本较高、而库存持有成本较小。

安全库存不是必需品，是为保险或预防不测所准备的，主要是为了应对异常和意外而需要常备的库存。安全库存，可以类比为我们企业配置的消防或者保险设施。消防和保险是不可少的，安全库存也不可少。但企业安装多少消防设施，购买多少钱的保险，需要根据企业意外事故发生的可能性概率、企业自身实际需要及自身财力而综合考虑，安全库存同样如此。

二、库存提前期

库存提前期是一个极为重要的库存管理指标，是有效衡量库存滚动变化的量化标准，也是用来衡量库存可持续销售时间的追踪指标。我们可以用库存天数来判断店铺是否有缺货的风险。某个店铺的安全库存天数是45天，如果实际库存低于这个值则有缺货风险，反之则表示库存过大。这个指标既可以计算整体企业的库存天数，也可以计算每个品类或单品的库存天数，在分析具体问题的时候，常常需要结合起来看。另外，有些企业喜欢用库存周数的概念，其实质是一样的，将库存天数除以7即为库存周数。一般来讲快速消费品行业使用库存天数，耐用消费品使用库存周数。

库存提前期是为了避免厂商延迟到货的风险所需要的天数，所以，所有的商品都要给出至少一天的安全库存天数。第一天是给厂商到货及营业部门补货所需要的时间，第二天是避免厂商推迟到货的时间，第三天是为了避免系统自身的错误。另外，如果有配送中心和其他因素，天数会依次延长。

三、库存补货

库存补货就是指重新填满库存以避免缺货的运作过程。为了提高工作效率，大部分库存管理系统会实现一定程度自动操作的补货规则。补货通常在存货水平达到预定订货点时触发。

在最小-最大库存模式中，“最小值”表示再订货点，“最大值”表示目标数量。再订货量为最大值减去最小值。

任务操作

库存补货问题的核心是基于各个门店的销售需求，制定安全库存量（能够满足当前销售的最小数量），高于安全库存量就调出，低于安全库存量就及时补货。每个公司计算安全库存量的标准不同，一般是满足1.5～2个波次的可售天数。举例来说，7天补货一次，那库存要保证两个波次也就是14天的库存量。14天补货一次，就要满足28天的库存量。鉴于案例中的各个门店分布在全国，各店销售和供应周期各有不同，因此我们选择了4个不同补货周期，即7天、10天、14天、30天补货周期。

一、数据准备

（一）构建库存基础数据源

本次任务重点是通过库存量变化进行补货判断，为了方便后续的报表计算展现以及模型界面的简洁，我们可以在Excel的Power Query编辑器中做必要的数据清洗工作。

1. 数据导入和清洗

新建一个空白的Excel文件，在【数据】选项栏中，选择【获取数据】按钮，在下拉菜单中选择【来自文件】-【从工作簿】，找到数据源文件，选择打开，进入【导航器】对话框，按照图6-32所示，做好相关设置后，进入Power Query编辑器界面，并做基本的数据类型检查和"第一行标题提升"。

图6-32 导航器设置

通过Ctrl+字段列实现多选需要删除的字段列（品类上新时间，型号，金额类字段等），在工具栏区域选择【删除列】中的【删除列】。

2. 合并表格

这个步骤是为了把"产品表"中的"产品SKU"名称和"分店名称"表中的"门店名称"合并到库存表中。

选中"库存表"，选择工具栏中【合并查询】下的【将查询合并为新查询】，在打开的【合并】对话框中，按图6-33依次选择完成"库存表"与"产品表"的合并。

图6-33　合并查询设置

合并查询设置完毕，单击【确定】按钮后，Power Query中会出现一个新的合并表，在合并表的最右端会看到“产品表”字段列，单击该字段列最右边的展开按钮，如图6-34所示，完成展开设置，这里只勾选“产品SKU”，并去掉“使用原始列名作为前缀”的默认选项。设置完毕后，单击【确定】按钮，至此完成“库存表”与“产品表”的横向合并。

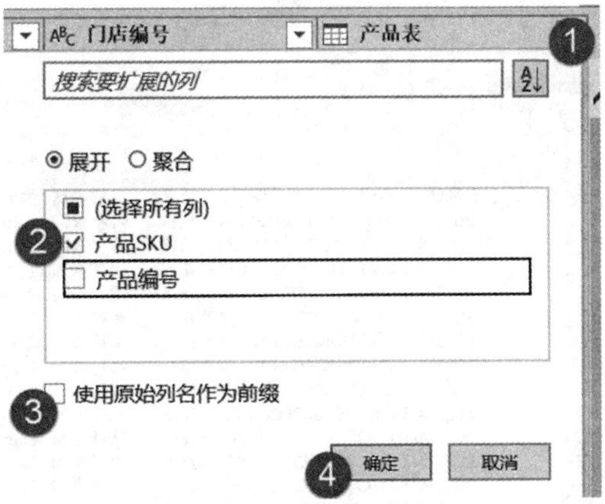

图6-34　合并字段展开设置

接下来我们继续将新建的“合并”表与“店铺名称”进行横向合并，将店铺名称字段列合并到新表中，再次完成合并后，将“合并2”表改为“补货模型数据源”，如图6-35所示。

更改完合并查询表后，单击【主页】选项卡中的关闭并上传，将Power Query编辑器中的4个表格上传至Excel工作簿区域。

鉴于目前制作的补货模型只是针对当月的各门店仓库提出补货建议，我们选择4月份的库存数据作为后期建模的基础数据源，经过筛选后复制整个数据到新的sheet1区域，之

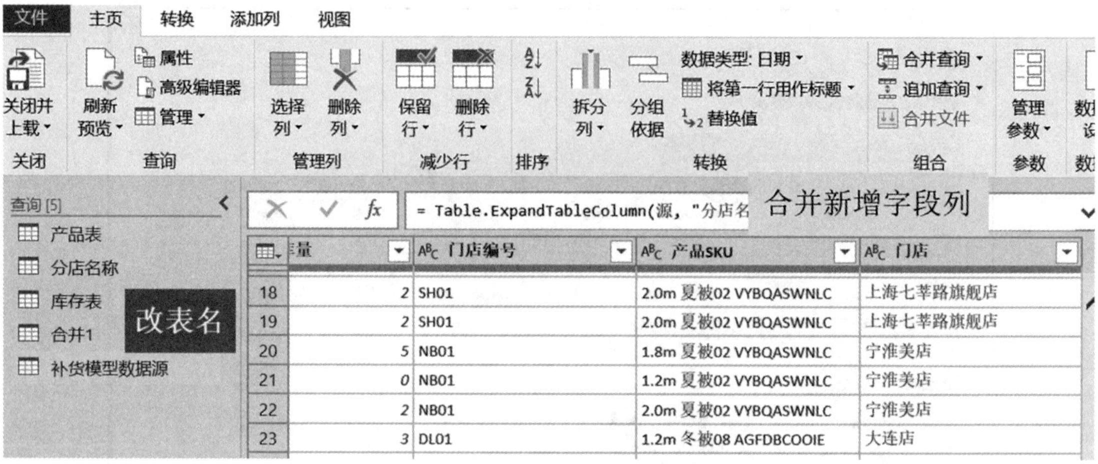

图6-35　更改合并2表的名称

后依次删除“补货模型数据源”“合并1”“库存表”“分店名称”“产品表”等数据表，并将sheet1表改名为“补货模型单月数据”。

最后为了保持数据的简洁，我们可以在查询连接中，删除数据清洗中的各种连接，具体步骤如图6-36所示（注意删除顺序也是从最后的合并表“补货模型数据源”开始依次进行删除）。

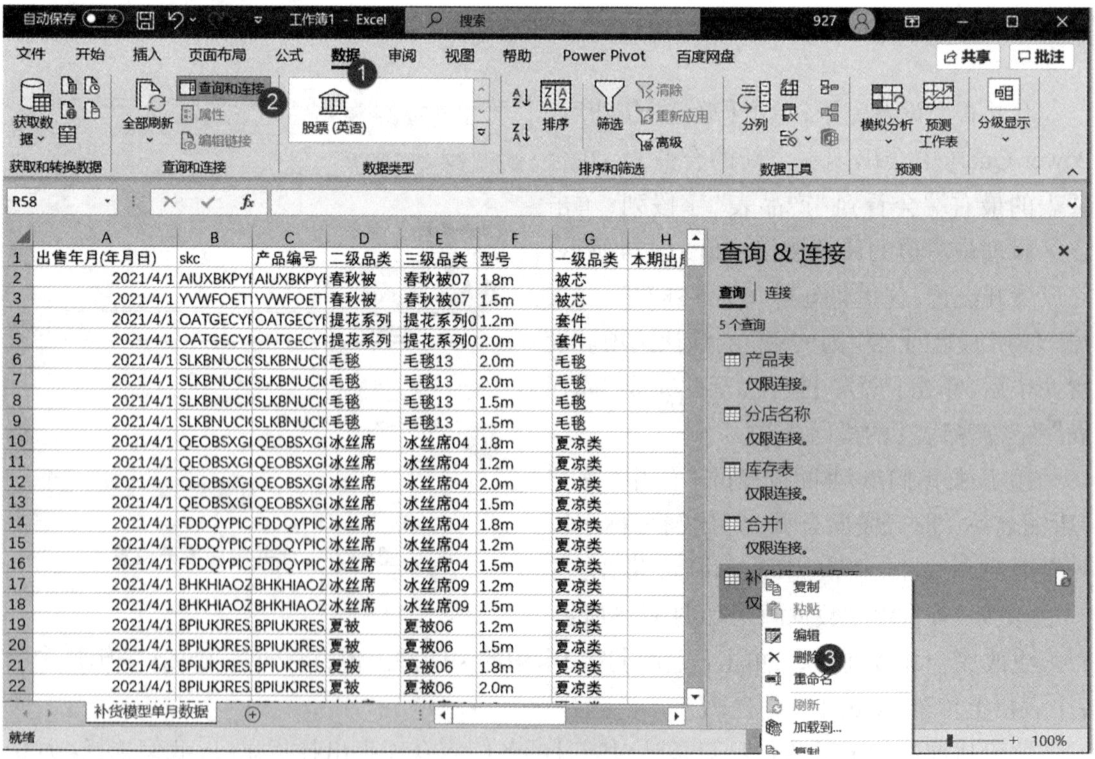

图6-36　删除“查询与连接”

小思考：

为了实现同样的处理结果，大家可以想一下，是否还有其他更简洁的方法(例如VLOOKUP函数)？

(二)构建不同补货周期安全库存表

这个环节的重点工作是构建不同补货周期的安全库存标准后，再合并数据。

1. 构建安全库存标准

这里我们先以补货周期7天为例(注明：7天补货一次，库存要保证两个波次也就是14天的库存量)，详细说明操作步骤。

在Power BI中，打开上一步骤已清洗好的数据表“补货模型数据源”，并进入Power Query编辑器界面，选择【添加列】选项卡下的【自定义列】按钮，在弹出的【自定义列】对话窗口中，输入公式：

$$14天安全库存值=[上期出库量]\times 14/30$$

具体操作如图6-37所示。

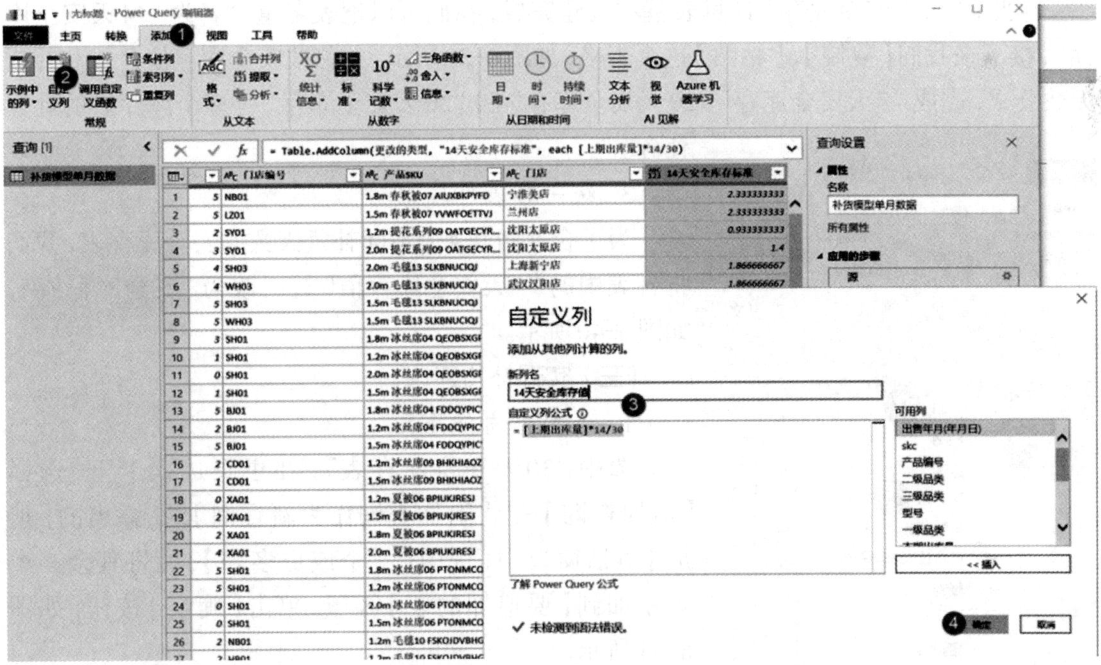

图6-37　计算14天安全库存值

因为产品的安全库存值只可能是整数，因此，我们需要将新建的安全库存值取整，这里我们选中新建的“14天安全库存值”列，在【添加列】视窗按钮中找到【舍入】，在【舍入】下选择【向上舍入】，如图6-38所示。

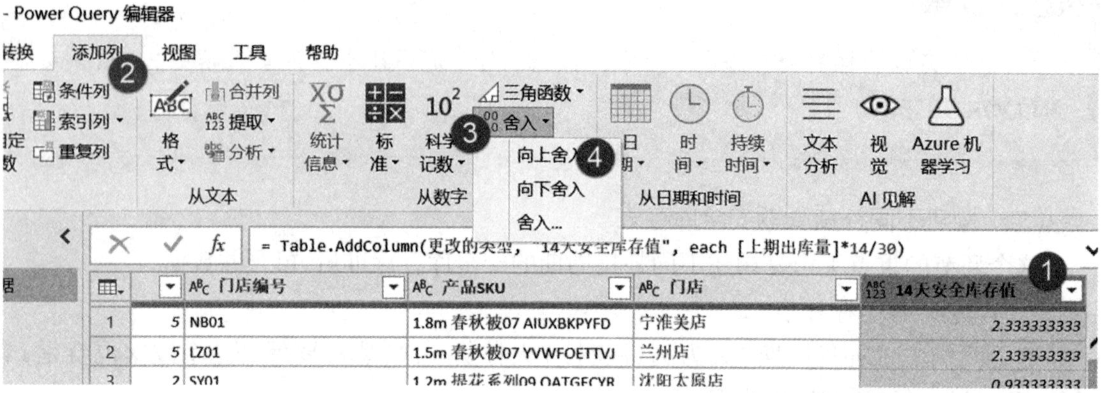

图6-38　向上舍入实现安全库存值取整

在取整操作完成后，我们可以将新建的“向上舍入”列改为“14天安全库存值”，并将原有的添加列去掉。

2. 构建补货天数列

在【自定义列】的对话框中，【新列名】命名为“补货天数”，【自定义列公式】区域直接输入数值“14”。

至此，“14天安全库存”计算表基本构建完成，我们可以把表名重命名为“14天安全库存”，接下来我们【复制】、【粘贴】这个表格，如图6-39所示，并修改安全库存值公式和补货天数公式，完成“7天安全库存”“20天安全库存”和“30天安全库存”等多个库存表的计算任务。

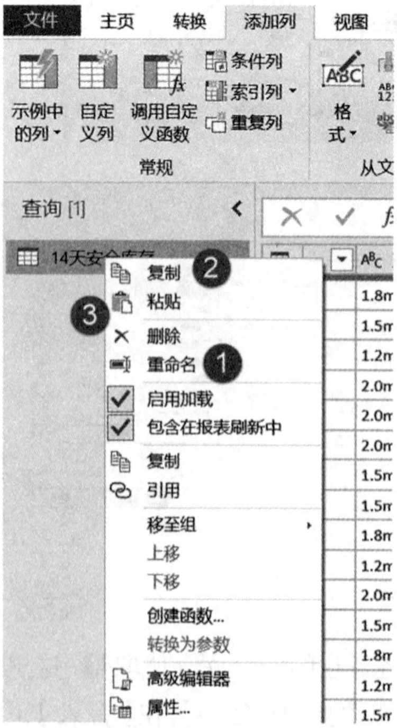

图6-39　复制安全库存表

3. 统一各表字段名称

为了合并新建4个不同补货天数的安全库存表，我们将各表中的“*天安全库存值”统一改为“安全库存值”，如图6-40所示。

（三）实现补货建议

1. 追加查询合并表

选中“30天安全库存表”，在主页选项卡下，选择【追加查询】-【将追加查询作为新查询】，在弹出的【追加】对话框窗口中，选中【三个或更多表】，另将其余三个表添加到【要追加的表】区域，单击【确定】按钮，如图6-41所示。

2. 添加条件列，完成“调出/补货建议”

完成追加查询后，继续将新的“追加”表改名为“安全库存计算”，在“添加列”选项页面，选择【条件列】，在弹出的【添加条件列】对话框窗口中，完成如图6-42的设置。

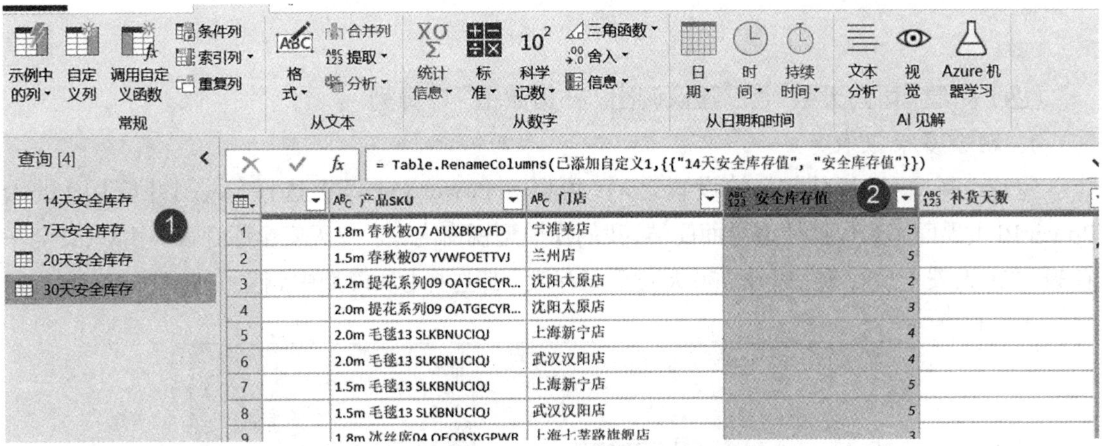

图6-40　统一各表的字段名称

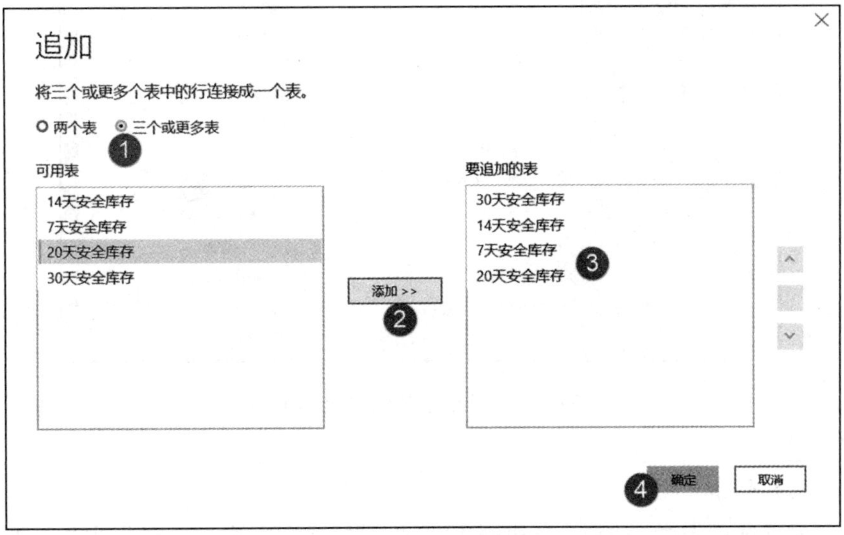

图6-41　追加查询

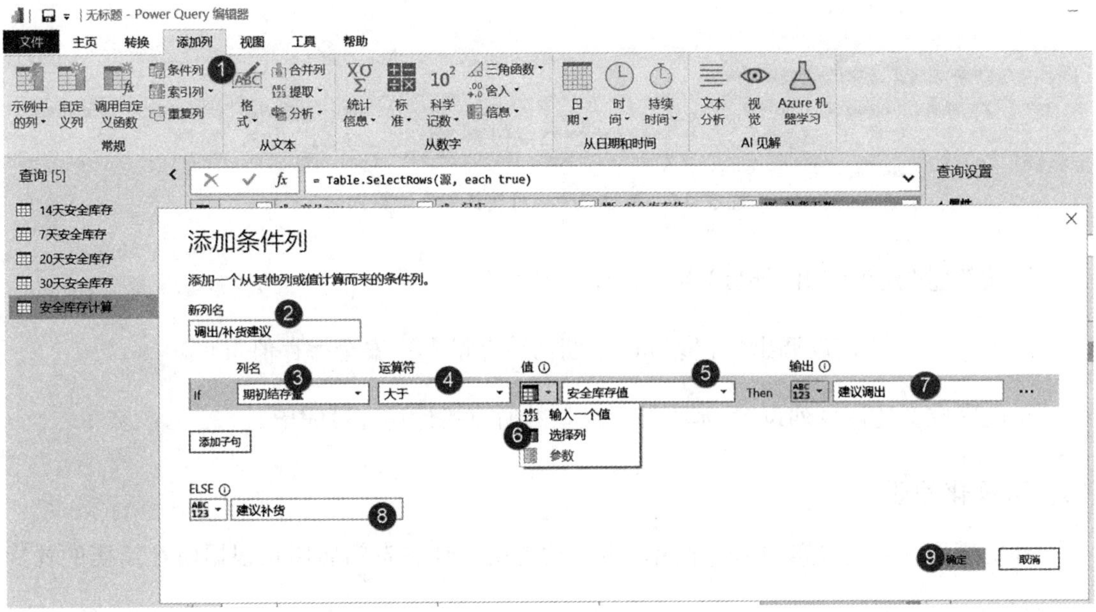

图6-42　条件列设置

（四）新建“可售天数”和“建议调出 / 补货数量”计算列

1. 删除多余报表

完成“调出 / 补货建议”的设置之后，可以在Power Query中选择【关闭并应用】进入Power BI主界面。为保持模型界面简洁，我们在模型视窗内，将“7天安全库存表”“14天安全库存表”“20天安全库存表”以及“30天安全库存表”都选择【从模型中删除】，如图6-43所示。

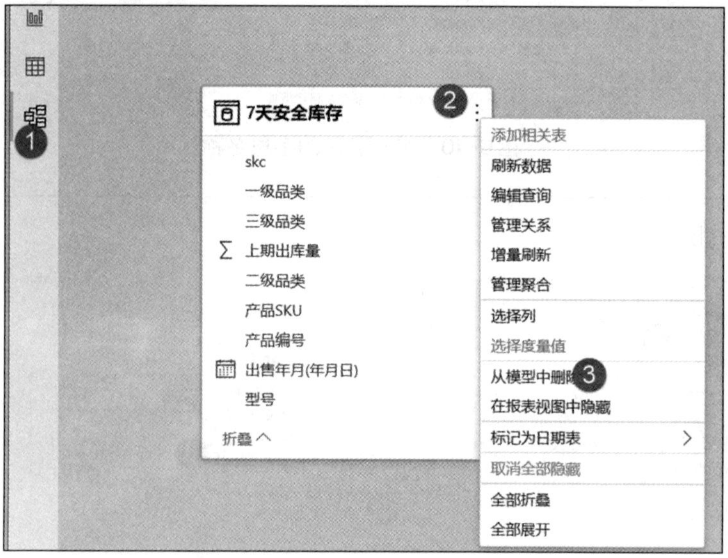

图6-43　模型中删除多余的报表

2. 新建系列计算列

在【表工具】选项卡中，选择【新建列】，并在列公式栏中输入下列公式“产品可售天数＝[期初结存量]/([上期出库量]/[安全库存值])”，如图6-44所示。

图6-44　新建“产品可售天数”计算列

继续新建“建议调出（补货）量”，计算公式如下：

建议调出（补货）量＝[期初结存量]−[安全库存值]

至此完成新建计算列设置，基于补货模型的所有指标均计算完毕。

二、可视化呈现

补货模型的可视化部分较为简单，主要功能就是让各自门店店长根据所在门店的补货周期，查看具体补货建议。

（一）建立“补货天数”和“门店”两个切片器

选择切片器，分别将“补货天数”和“门店”拖入【字段】区域，并在【格式】设置区域内的【常规】设置中，方向选择【水平】，调整切片器文字大小和其他相关设置，完成“补货天数”和“门店”的切片器设置。

（二）创建补货模型表

在可视化窗体中选择表格控件，将“一级品类”“二级品类”等字段列拖到【值】区域，如图6-45所示。

添加报表标题，并调整可视化布局，完成补货模型可视化，如图6-46所示。

图6-45 补货模型表设置

三、总结分析

整个库存分析完成后，婷婷将补货模型发给虹口店做试点，计算出货品的缺口，并推给终端王店长。参照计算出的缺口，王店长根据自己的经验选择合适的补货周期，形成门店补货计划单。在试行中王店长根据缺口较多的商品，她能及时发现陈列货品不足的问题，及时补充陈列量。经过一个月的试点，王店长分管的门店销售环比提升了18%，库存环比下降了21%。

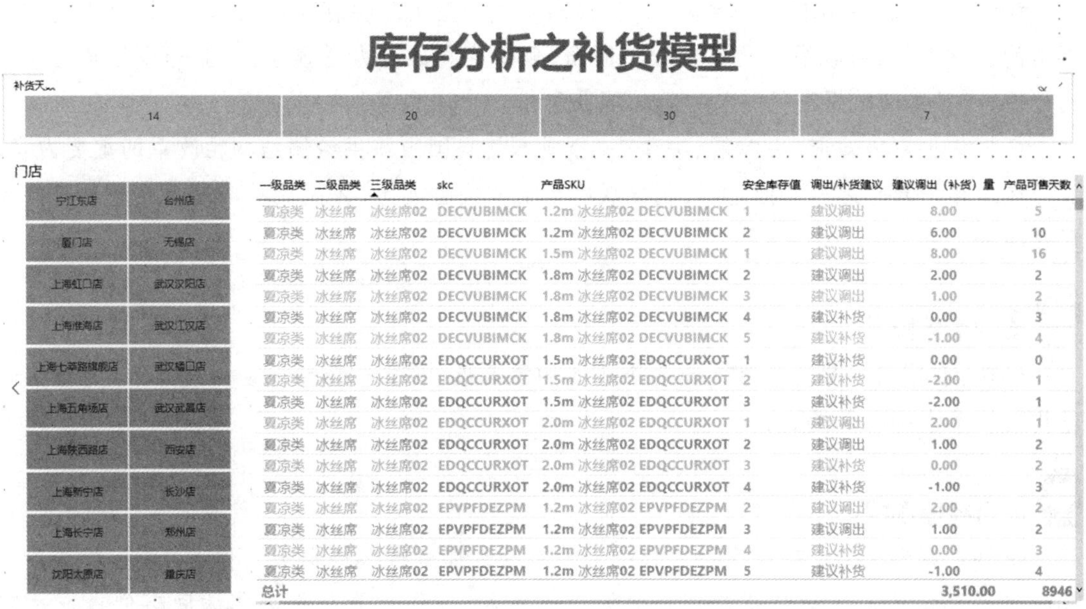

一级品类	二级品类	三级品类	skc	产品SKU	安全库存值	调出/补货建议	建议调出（补货）量	产品可售天数
夏凉类	冰丝席	冰丝席02	DECVUBIMCK	1.2m 冰丝席02 DECVUBIMCK	1	建议调出	8.00	5
夏凉类	冰丝席	冰丝席02	DECVUBIMCK	1.2m 冰丝席02 DECVUBIMCK	2	建议调出	6.00	10
夏凉类	冰丝席	冰丝席02	DECVUBIMCK	1.5m 冰丝席02 DECVUBIMCK	1	建议调出	8.00	16
夏凉类	冰丝席	冰丝席02	DECVUBIMCK	1.8m 冰丝席02 DECVUBIMCK	2	建议调出	2.00	2
夏凉类	冰丝席	冰丝席02	DECVUBIMCK	1.8m 冰丝席02 DECVUBIMCK	3	建议调出	1.00	2
夏凉类	冰丝席	冰丝席02	DECVUBIMCK	1.8m 冰丝席02 DECVUBIMCK	4	建议补货	0.00	3
夏凉类	冰丝席	冰丝席02	DECVUBIMCK	1.8m 冰丝席02 DECVUBIMCK	5	建议补货	-1.00	4
夏凉类	冰丝席	冰丝席02	EDQCCURXOT	1.5m 冰丝席02 EDQCCURXOT	1	建议补货	0.00	0
夏凉类	冰丝席	冰丝席02	EDQCCURXOT	1.5m 冰丝席02 EDQCCURXOT	2	建议补货	-2.00	1
夏凉类	冰丝席	冰丝席02	EDQCCURXOT	1.5m 冰丝席02 EDQCCURXOT	3	建议补货	-2.00	1
夏凉类	冰丝席	冰丝席02	EDQCCURXOT	2.0m 冰丝席02 EDQCCURXOT	1	建议调出	2.00	1
夏凉类	冰丝席	冰丝席02	EDQCCURXOT	2.0m 冰丝席02 EDQCCURXOT	2	建议调出	1.00	2
夏凉类	冰丝席	冰丝席02	EDQCCURXOT	2.0m 冰丝席02 EDQCCURXOT	3	建议补货	0.00	2
夏凉类	冰丝席	冰丝席02	EDQCCURXOT	2.0m 冰丝席02 EDQCCURXOT	4	建议补货	-1.00	3
夏凉类	冰丝席	冰丝席02	EPVPFDEZPM	1.2m 冰丝席02 EPVPFDEZPM	2	建议调出	2.00	2
夏凉类	冰丝席	冰丝席02	EPVPFDEZPM	1.2m 冰丝席02 EPVPFDEZPM	3	建议调出	1.00	2
夏凉类	冰丝席	冰丝席02	EPVPFDEZPM	1.2m 冰丝席02 EPVPFDEZPM	4	建议补货	0.00	3
夏凉类	冰丝席	冰丝席02	EPVPFDEZPM	1.2m 冰丝席02 EPVPFDEZPM	5	建议补货	-1.00	4
总计							3,510.00	8946

图6-46 补货模型可视化报表

婷婷看到自己的分析结果改善了门店经营效果，充满了自豪感，对数据分析的价值又有了更深的认知。

要点归纳

（1）通过计算库存管理核心指标，制作库存看板，随时把握企业库存现状；通过制作瀑布图，掌控不同品类的货龄健康程度。

（2）通过分析库存环比增长情况，发现企业库存问题；动态展现各门店库存环比矩阵图，找出存在库存指标异常的时间点。

（3）通过品类库存三度分析，发现异常品类；通过ABC分类法，实现库存动态分类展现，从而发现不同品类库存结构问题。

（4）通过计算不同周期的安全库存值，构建补货模型，查看各门店在不同安全库存周期下的补货建议。

任务拓展

项目经理娜姐：

婷婷，看到你通过自己的努力，不仅找出了我们集团库存存在的问题，还给分店制作了好用的补货模型，可以看出你不仅分析问题、解决问题的能力增强了，而且养成了精益求精的习惯，有了借助数据进行科学决策的职业思维。

婷婷你也应该知道，去产能、去库存、降成本是我国当前供给侧结构性改革的重要内容，我们在工作中只有秉承节俭意识，树立成本最低的经营理念，才能让我们的企业避免陷入高库存陷阱。

实习生婷婷：

经理，我明白了库存管理对于一个企业的重要性，只有市场微观主体活力十足，供给侧结构性改革才能取得成效。

项目经理娜姐：

说得很好啊，看来零零后的你们对于国家政策理解得很透彻哦。你看，又有新任务来了。我们又接了某运动品牌连锁企业的分析任务，我们负责数据采集的同事们也把这家企业的进销存数据整理并清洗好啦，你再继续练练手吧，看看这家企业在库存方面是否存在问题。

库存分析的分析思维和步骤已经详细进行了介绍,请你下载实训数据,代替婷婷完成这项任务。

要求:

(1) 完成库存看板制作。

(2) 进行库存ABC分析。

(3) 构建补货模型。

项目七

市场数据分析

- 任务一　市场容量分析
- 任务二　市场趋势分析
- 任务三　市场价格分析

学习目标

（1）掌握市场容量分析、行业稳定性分析和集中度分析的方法，培养前瞻性思维能力。

（2）掌握市场趋势分析的概念，能够独立完成市场趋势预测，培养应对瞬息万变的信息的分析能力。

（3）掌握价格区间分析方法，培养信息汇总、拆分和挖掘能力。

项目背景

从自然界到人类社会，竞争是永恒的话题。现代商业社会，市场体系高度成熟，信息的流动性不断增强，商业竞争愈演愈烈。洞悉市场发展规律，掌握市场运行动态，就成了企业不可忽视的重要环节。企业的存亡归根结底取决于能否在市场中占据一席之地。市场风云变幻，曾经叱咤一时的诺基亚，因没有赶上智能手机的风口而江河日下；而曾被视为“山寨”起家的小米，却因洞悉了市场需求而声名鹊起。市场分析对任何企业来说都是极其重要的工作，它是企业产品开发、业务拓展等商业决策的重要参考依据。

引导案例

美洁尔有限公司是一家从事美容健康行业的大型电子商务企业，主要经营护肤品、头发护理/造型、口腔清洁、健康保健和沐浴用品。现该公司准备涉足国外市场，但由于经验不足，不敢盲目投入，因此，准备先选取一个类目进入俄罗斯市场，但是选取哪一类目公司高层意见不一，所以公司经理要求市场部门从速卖通网站上，调取近两年俄罗斯市场美容健康行业的销售数据，5天内做出合理决策。

市场部经理蕾蕾：

根据公司要求，我们需要在5天内选出一个品类进入俄罗斯市场，大家讨论一下，我们可以从哪几个方向入手？

实习生小晨：

我觉得应该先了解一下俄罗斯美容健康行业的市场容量、行业集中度等信息，如果这个类目已经趋于垄断，或者行业整体规模占比较小，我们打入市场的可能性也不大。

市场部经理蕾蕾：

没错，如果不先去了解市场，仅凭借主观的想法和错误的理念去操作，可能无法得到回报。大家还有其他想法吗？

实习生大瑶：

我觉得行业的整体发展趋势也是需要了解的，选对进入的时期也很重要，如果在该品类的淡季进入市场，结果也会适得其反。

市场部经理蕾蕾：

没错，大瑶考虑的这个细节很重要，而且我们也要根据近两年数据对未来走势进行预测，不能盲目做出决定。

实习生小晨：

要想打入市场，商品定价策略也很重要。太低或太高的价格，都不可能让消费者快速接受我们的产品。

市场部经理蕾蕾：

是的，我们先将前两年该行业的销售数据了解一下，确定类目的价格定价区间，提前做好安排。

分析目标

市场部经理蕾蕾：

根据大家的讨论，后续我们部门将围绕以下三个目标进行分析。

（1）分析俄罗斯美容健康行业的各市场容量占比情况，并深度分析该行业的稳定性，通过行业集中度分析该行业的饱和度、垄断程度。这个阶段的重点是了解该行业进入市场的可能性大小。

（2）了解选中行业的产品生命周期，分析产品各阶段的销售情况，并能根据往期数据对行业发展做出合理预测，这个阶段的主要任务是选对合适的时机进入市场。

（3）对选中行业以往的销售数据进行价格提取分析，掌握产品的价格区间，这个阶段主要任务是对进入俄罗斯市场的产品进行合理定价。

任务分解

小晨根据经理蕾蕾提出的三个分析目标，找数据采集部门要来了和市场数据相关的报表，分别是2021年俄罗斯美容健康行业5个子类（护肤品、头发护理/造型、口腔清洁、健康保健和沐浴用品）在速卖通平台上的交易情况统计表，包括行业市场容量数据表、交易数据表等。在观察了三个数据表结构之后，小晨梳理了几张表，根据分析需求摘录部分数据，对照分析目标，将此项目分解为三个任务。

任务一：主要进行市场容量分析，并了解行业的稳定性和集中度。

任务二：主要进行市场趋势和市场潜力分析，了解行业的生命周期，找准行业进入的时期。

任务三：主要进行价格区间分析，对产品进行合理定价。

整个市场数据分析思路流程如图7-1所示。

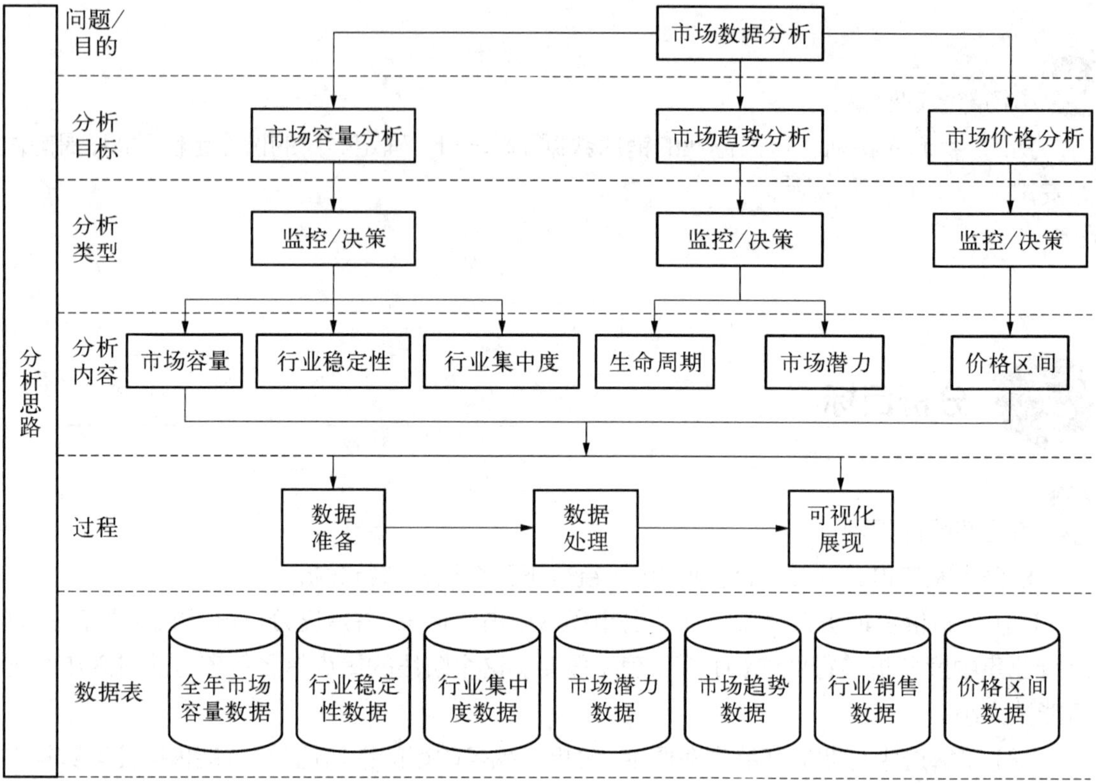

图7-1 市场数据分析思路流程图

任务一 市场容量分析

对于企业而言，在进入市场之前，首先必须了解市场行情，才能确定自己选择的商品市场是否可行。在市场调研不充分的情况下，贸然进入任何一个市场都是风险极高的做法。

对于电子商务企业而言，首先需要考虑的问题就是进入市场的难易程度，即市场本身是否有接纳更多产量的潜力，因此我们需要分析市场容量、行业稳定性与行业集中度这几个与市场规模高度相关的基本指标。市场容量分析是对行业规模的分析和判断，市场规模决定了行业中企业发展的天花板。为此，小晨制定了如图7-2所示的市场容量分析计划。

知识储备

一、市场容量

提到市场容量这个概念，大家可能比较陌生，但是如果提到“购买力”，很多人就非常熟悉了。实际上，市场容量和消费群体的购买力息息相关，但是市场容量是一个比“购买力”更加科学的经济学概念。市场容量是指在不考虑产品价格或供应商的策略的前提下，市场

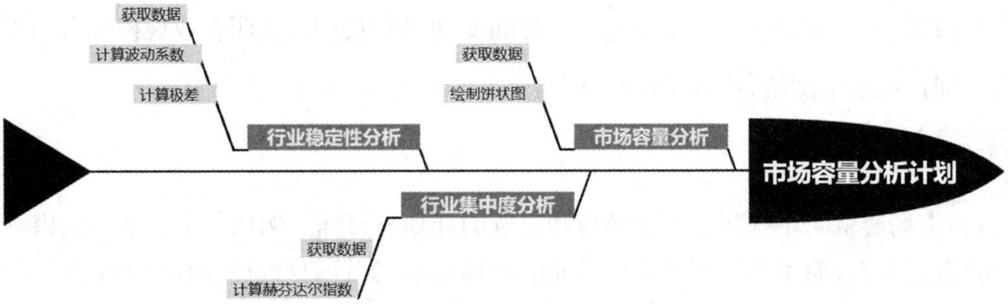

图7-2　市场容量分析计划

在一定时期内能够吸纳某种产品或劳务的单位数目。市场容量是由使用价值需求总量和可支配货币总量两大因素构成的，这和经济学中"需求"的概念有些类似。没有市场容量支撑的生产，无法实现最终商品交易的目的，通俗地说就是商品卖不出去或者滞销。企业通过对市场容量的分析，可以制定合理的生产、销售及运营计划。

二、行业稳定性

一般而言，行业分为稳定性行业和周期性行业。稳定性行业需求弹性小，基本不受经济周期的影响。行业稳定性涉及波动系数和极差两个指标。其中，波动系数=标准差 ÷ 平均值；极差=最大值−最小值。对于规模较小的商家而言，选择波动系数越大的市场，机会可能就越大；对于规模中等的商家而言，如果资源较好，则建议选择波动系数较小的市场，因为这个市场做起来后相对稳定，只要控制好供应链就行。波动系数的缺点在于它与数据本身的大小没有关系，千万元级别和百万元级别的数据得到的波动系数可能相差无几，但它们的量级则有较大差别。因此，我们可以进一步利用极差这个指标来显示数据的量级。

三、行业集中度

行业集中度可以反映某行业的饱和度、垄断程度，一般可以使用赫芬达尔指数来反映。该指数首先需要取得竞争对手的市场占有率，并将较小的竞争对手忽略，然后计算出竞争对手市场占有率的平方值，最后计算出平方值之和。

四、赫芬达尔指数

赫芬达尔−赫希曼指数（Herfindahl-Hirschman Index，简称HHI），简称赫芬达尔指数，是一种测量行业集中度的综合指数。它是指一个行业中各市场竞争主体所占行业总收入或总资产百分比的平方和，用来计量市场份额的变化，即市场中厂商规模的离散度。其计算公式如下：

$$HHI=\sum_{i=1}^{n}(X_i/X)^2=\sum_{i=1}^{n}S_i^2$$

上式中，X代表市场的总规模，X_i代表第i个企业的规模，$S_i=X_i/X$代表第i个企业的市场占有率，n代表该产业内的企业数。当独家企业垄断时，该指数等于1；当所有企业规模相同时，该指数等于$\frac{1}{n}$。故而这一指标在$\frac{1}{n}$～1之间变动，数值越大，表明企业规模分布的不均匀度越高，即行业集中度越高，垄断程度越大。

任务操作

分析市场容量大小有利于制定销售和运营的计划与目标。例如一个行业的销售额容量在2 000万元左右，商家如果不清楚该行业的市场容量，盲目地给自己制定3 000万元的销售额或2 000万元的推广费用，这些都是不切实际的，前者永远无法完成目标，后者则能轻易导致公司破产。

分析市场容量大小的方式有很多，可以借助商业调查、数据采集工具等先采集某个行业的所有子行业的交易情况，然后利用Power BI和Excel做数据分析。

美洁尔有限公司市场部通过数据采集，搜集了俄罗斯健康美容业子行业的交易情况。俄罗斯的健康美容行业由5个子类目构成，其名称为护肤品、头发护理/造型、口腔清洁、健康保健和沐浴用品。我们需要分析这5个子类目市场容量的大小。使用数据源为“全年市场容量”文件。具体操作如下。

一、市场容量分析

（一）市场容量分析数据准备

1. 获取数据

打开Power BI，在向导菜单中选择【从Excel导入数据】或者从【主页】-【获取数据】进入数据连接【导航器】，在【导航器】对话框中，勾选数据表后，单击【转换数据】按钮，如图7-3所示。

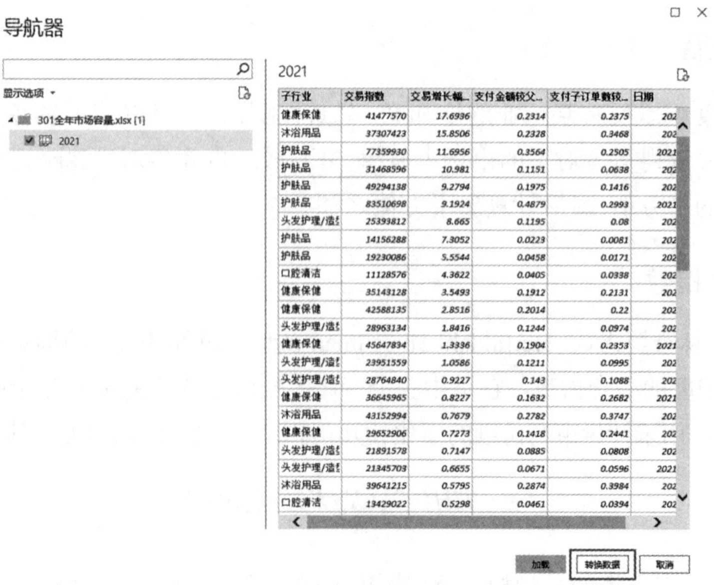

图7-3　获取数据

2. 修改日期格式

进入数据查看界面后，依次选择【列工具】、【格式】，将数据的日期格式设置为“××年××月”，如图7–4所示。

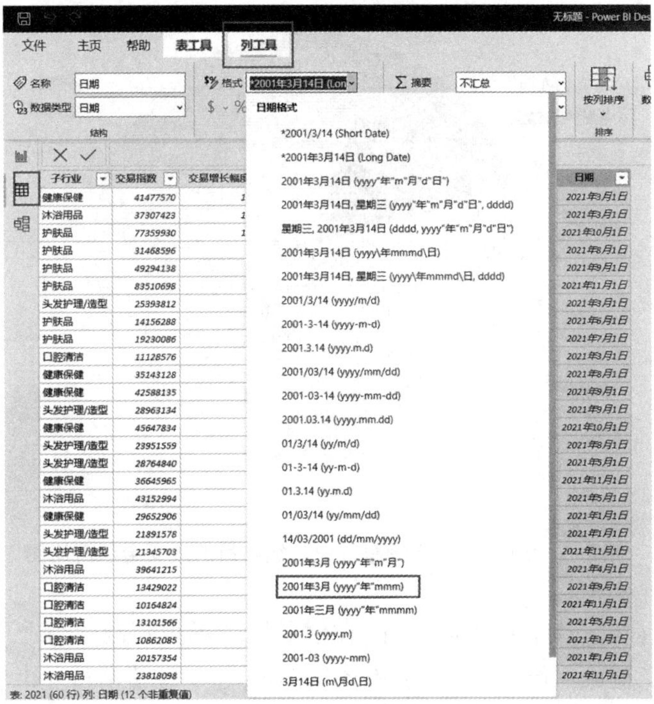

图7–4　修改日期格式

（二）市场容量分析可视化

回到绘图界面，单击【饼状图】按钮后，将“子行业”“支付金额较父类行业占比”字段分别添加到【图例】和【值】处，如图7–5所示，饼状图即可绘制完成。

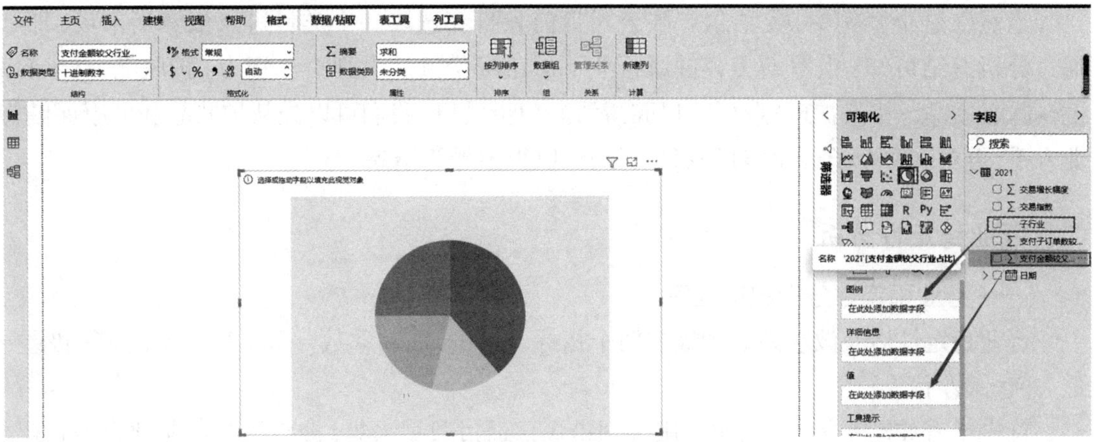

图7–5　绘制饼状图

（三）解读市场容量分析结果

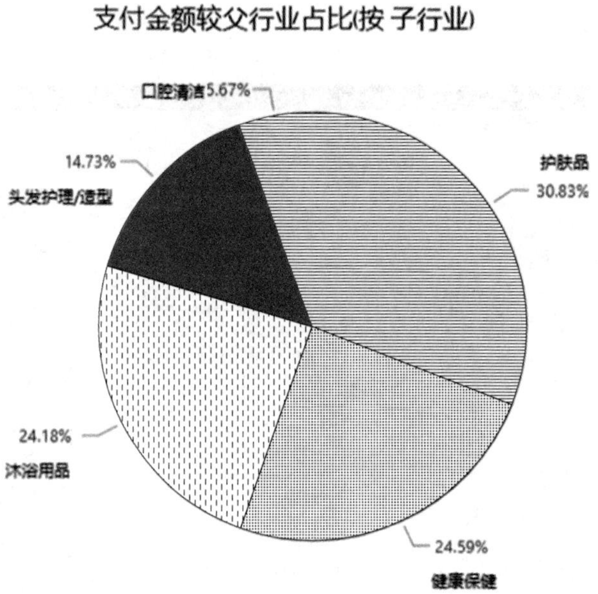

图7-6　2021年美容健康行业二级类目的成交金额占比图

由图7-6可以看出，从全年数据来看，在俄罗斯市场美容健康行业中，护肤品、头发护理/造型、沐浴用品、健康保健这4个行业市场份额较大，口腔清洁行业市场份额较小。

分析市场容量时，不能看绝对数据，要结合季节、子行业等多种情况才能看清容量份额的大小。例如图7-6中，健康保健近12个月的累计成交金额占比为24.59%、沐浴用品的累计成交金额占比则为24.18%。单从绝对数据来看，健康保健的市场占比略大于沐浴用品，但这并不能说明健康保健的需求容量一定比沐浴用品高，原因在于，健康保健一年四季的销售量都比较稳定，没有明显的季节变化，而俄罗斯的沐浴用品的销售是否有季节变化，需要结合天气和当地人群的生活习惯进行进一步分析。

当然在这个案例中，美洁尔有限公司目前只打算选取一个类目进入俄罗斯市场，那么通过分析总结可知：俄罗斯美容健康行业下的市场份额从大到小分别为：护肤品>健康保健>沐浴用品>头发护理/造型>口腔清洁。初步设想，我们可以先从护肤品和健康保健行业入手，再对这两个子行业作其他深入分析，以得出最终结果。

二、行业稳定性分析

（一）行业稳定性分析数据准备

行业稳定性涉及波动系数和极差两个指标。其中，波动系数=标准差 ÷ 平均值；极差=最大值−最小值。

首先来看波动系数，美洁尔有限公司市场部通过数据采集，搜集了俄罗斯健康美容业5个子行业12个月份的交易指数数据，并整理到命名为“行业稳定性”的Excel文件中。

标准差的计算可以借助Excel中的STDEV.P函数，平均值计算则需要借助AVERAGE函数，也可以用Power BI完成，使用的函数是一样的。下面介绍用Power BI计算的方法。导入数据的步骤同上，不再赘述。

计算波动系数度量值：导入数据操作完毕后，进入到查看数据的界面，依次选择【度量工具】、【新建度量值】，分别建立5个子行业的波动系数度量值，如图7-7所示。

图7-7　计算波动系数度量值

（二）行业稳定性分析可视化

1. 显示度量值

回到绘图主页，将刚刚建立的5个度量值拖到绘图区的“值”字段处，单击图片右上角的“…”然后选择【以表的形式显示】，操作步骤如图7-8所示，最终波动系数结果如图7-9所示。

2. 解读行业稳定性分析结果

从这个案例来看，美洁尔有限公司作为一家大型电商企业，选择波动系数较小的护肤品行业作为初次进入俄罗斯市场的尝试可能是一个较优的选择。我们可以进一步利用极差这个指标来显示数据的量级。

计算极差时可借助Excel中的MAX函数和MIN函数，也可以用Power BI完成，使用的函数是一样的，也是要先建立度量值，然后计算。如果只看图7-9中头发护理/造型行业和护肤品行业的波动系数，可以发现二者的结果基本一样，但使用极差就能反映出这两个行业

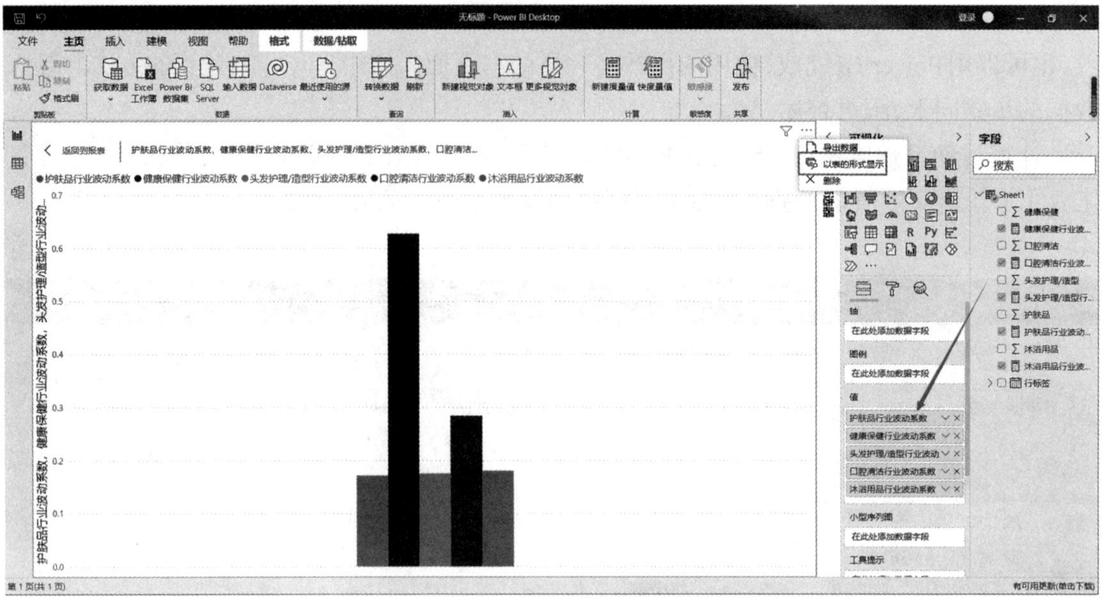

图7-8　显示子行业波动系数操作步骤

护肤品行业波动系数	健康保健行业波动系数	头发护理/造型行业波动系数	口腔清洁行业波动系数	沐浴用品行业波动系数
0.17	0.63	0.18	0.28	0.18

图7-9　波动系数结果表

的交易量的量级完全不在同一个层次。因此，波动系数和极差需要相互配合，才能更好地反映行业的稳定性。

三、行业集中度分析

（一）行业集中度分析数据准备

行业集中度可以反映某行业的饱和度、垄断程度，一般可以使用赫芬达尔指数来反映。该指数首先需要取得竞争对手的市场占有率数据，并将较小的竞争对手忽略，然后计算出竞争对手市场占有率的平方值，最后计算出平方值之和。

美洁尔有限公司市场部通过数据采集，搜集了俄罗斯护肤品行业最近一个月50个品牌的交易指数，将数据整理到Excel中，依次计算市场份额、市场份额平方值和行业集中度，这里使用Excel工具计算更为方便，如图7-10所示。其中，该品牌的市场份额为该品牌的交易指数除以50个品牌的交易指数之和。这里求和时使用的是SUM函数，“$”符号表示绝对引用，用以防止复制公式到其他单元格后，单元格地址自动变化。

（二）解读行业集中度分析结果

通过计算得到护肤品最近一个月的行业集中度为0.022 182 382。这个数值越大，说明

市场容量分析

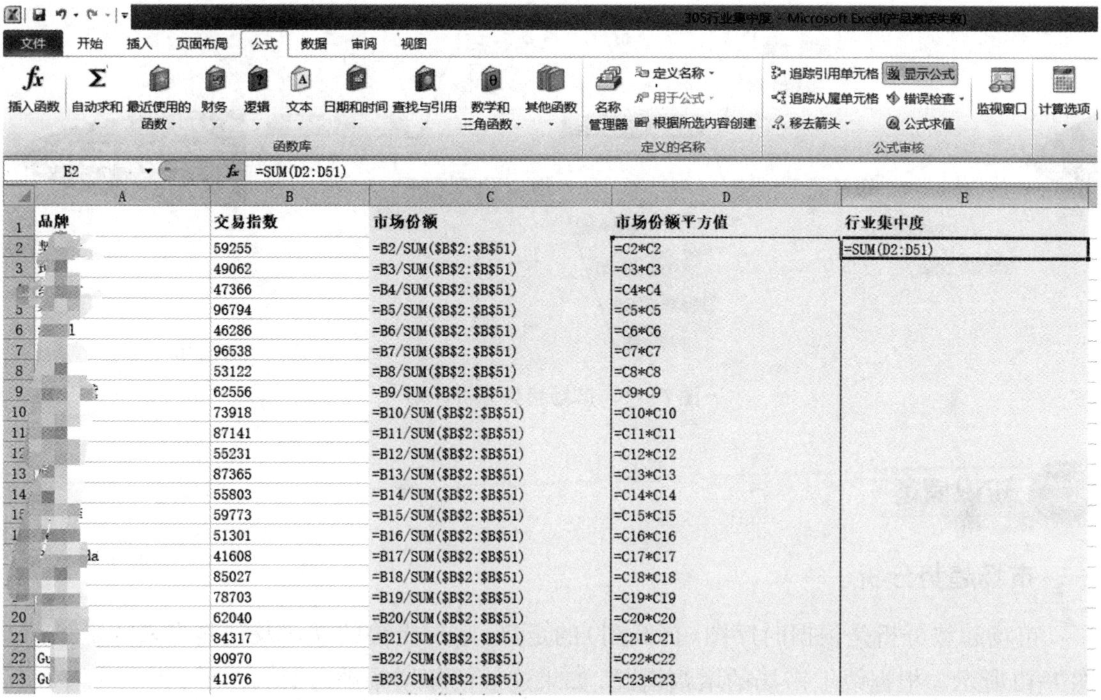

	A	B	C	D	E
1	品牌	交易指数	市场份额	市场份额平方值	行业集中度
2	[illegible]	59255	=B2/SUM($B$2:$B$51)	=C2*C2	=SUM(D2:D51)
3	[illegible]	49062	=B3/SUM($B$2:$B$51)	=C3*C3	
4	[illegible]	47366	=B4/SUM($B$2:$B$51)	=C4*C4	
5	[illegible]	96794	=B5/SUM($B$2:$B$51)	=C5*C5	
6	[illegible]	46286	=B6/SUM($B$2:$B$51)	=C6*C6	
7	[illegible]	96538	=B7/SUM($B$2:$B$51)	=C7*C7	
8	[illegible]	53122	=B8/SUM($B$2:$B$51)	=C8*C8	
9	[illegible]	62556	=B9/SUM($B$2:$B$51)	=C9*C9	
10	[illegible]	73918	=B10/SUM($B$2:$B$51)	=C10*C10	
11	[illegible]	87141	=B11/SUM($B$2:$B$51)	=C11*C11	
12	[illegible]	55231	=B12/SUM($B$2:$B$51)	=C12*C12	
13	[illegible]	87365	=B13/SUM($B$2:$B$51)	=C13*C13	
14	[illegible]	55803	=B14/SUM($B$2:$B$51)	=C14*C14	
15	[illegible]	59773	=B15/SUM($B$2:$B$51)	=C15*C15	
16	[illegible]	51301	=B16/SUM($B$2:$B$51)	=C16*C16	
17	[illegible]	41608	=B17/SUM($B$2:$B$51)	=C17*C17	
18	[illegible]	85027	=B18/SUM($B$2:$B$51)	=C18*C18	
19	[illegible]	78703	=B19/SUM($B$2:$B$51)	=C19*C19	
20	[illegible]	62040	=B20/SUM($B$2:$B$51)	=C20*C20	
21	[illegible]	84317	=B21/SUM($B$2:$B$51)	=C21*C21	
22	Gu[illegible]	90970	=B22/SUM($B$2:$B$51)	=C22*C22	
23	Gu[illegible]	41976	=B23/SUM($B$2:$B$51)	=C23*C23	

图7-10　计算市场份额

市场的集中度就越大，当这个值等于1时，表示市场被垄断；这个数值越小，说明市场的集中度就越小，市场越趋于自由竞争。另外，集中度的倒数表示有多少个样本可以代表总体。例如，本例中采集的品牌数量为50个，计算行业集中度的倒数：1 ÷ 0.022 182 382≈45，表示上述行业中的45个品牌占据了50个品牌中的主要份额。因此，这个指数适合品牌商在入驻商城前对市场竞争程度进行预测。

任务二　市场趋势分析

在做完了行业的市场容量分析后，小晨得出护肤品市场容量占比最大，其次是健康保健，因此如果公司选择进驻这几个行业是没有问题的，但是她也发现部分行业受季节影响比较大，所以向经理提议，接着分析行业的生命周期，从而可以在不同时期做出不同的决策。

经理给了她几点分析思路，首先分析我们关注的几个行业的生命周期，判断出各行业的成长期、成熟期等。结合近几年销售数据，利用蛋糕指数判断该行业市场潜力，并对产品未来发展进行预测。综合考虑了各个关键指标后，小晨制定了市场趋势分析计划，如图7-11所示。

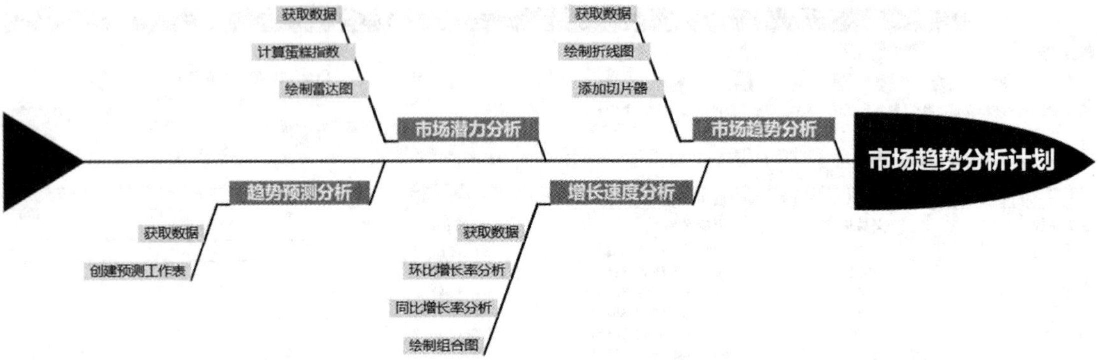

图7-11 市场趋势分析计划

知识储备

一、市场趋势分析

市场趋势分析是根据时序图（折线图）的走势，掌握走势的规律及预测未来的走势，如图7-12所示。根据线上市场的增幅情况，如果连续两年增幅超过15%，则可判定为增量市场，反之则为存量市场。市场趋势可以根据市场需求的变化划分为探索期、成长期、成熟期、衰退期等多个阶段。其中，探索期是指消费者开始产生需求的阶段，在探索期时企业就要布局好产品投入市场；成长期是指消费者需求开始上升的阶段，在此阶段企业要投入足够的市场预算抢占市场；成熟期是指消费者需求达到顶峰的阶段，在此阶段企业要尽量地出单；衰退期是指消费者需求开始下降的阶段，在此阶段企业要将库存清理到安全库存的范围。

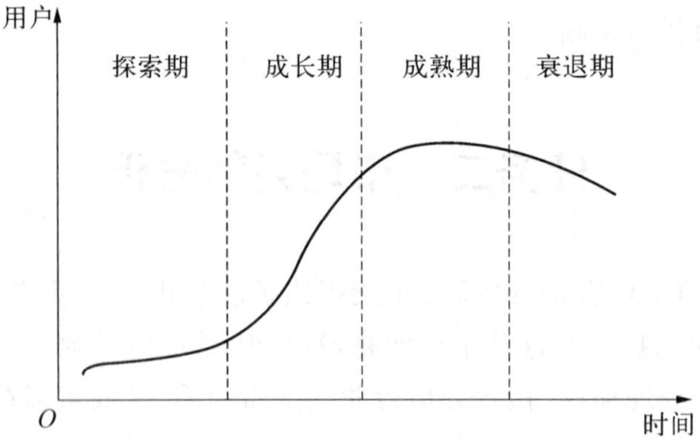

图7-12 市场趋势分析时序图

二、蛋糕指数

蛋糕指数是分析市场潜力的重要指标，可以用来判断行业未来的发展空间。蛋糕指数的计算公式：蛋糕指数=支付金额较父行业占比 ÷ 父行业商家数占比。蛋糕指数越高，则意味着市场潜力越大。具体可以分为以下四种情况。

（1）蛋糕指数大，市场容量小。这种情况意味着父行业商家数占比小，即商家数少，那么竞争度就小。市场潜力大，竞争小，很有可能是一个新的蓝海商品，值不值得进入还有待进一步分析，但是企业也可以早点抓住蓝海这个机遇。

（2）蛋糕指数大，市场容量大。这种情况是典型的蓝海市场，这个市场潜力大，容量大，竞争对手少，是非常值得进入的。

（3）蛋糕指数小，市场容量大。这种情况意味着父行业商家数占比大，即商家数量多，那么竞争度就大，但同时市场容量也大，那么在这种情况下，是否能够进入该行业，需要看企业本身的实力，如果企业具有竞争的优势可以考虑。

（4）蛋糕指数小，市场容量小。这种情况意味着竞争力度大，市场容量又小，说明很多人在抢占一个很小的份额，因此这样的情况通常是不推荐进入的，但是可以随时观望，如果竞争缓和，可以有进一步的考虑。

三、增长速度

增长速度又称为增减速度，是报告期增长量与基期发展水平之差与基期发展水平的比值。它是表明社会经济现象增长程度的相对指标，说明报告期水平比基期水平增减百分之多少或多少倍。由于采用基期的不同，增长速度可分为同比增长速度、环比增长速度和定基增长速度。简单地说，就是同比、环比与定基比，都可以用百分数或倍数表示。

（1）同比增长速度主要是为了消除季节变动的影响，用以说明本期发展水平相较于上年同期发展水平的增长速度。公式为：

$$同比增长率=(本期数-上年同期数)\div 上年同期数\times 100\%$$

（2）环比的增长速度是报告期水平相较于前一时期水平的增长情况，表明现象逐期的发展速度。公式为：

$$环比增长率=(本期数-上期数)\div 上期数\times 100\%$$

四、趋势预测

趋势预测分析又被称作是时间序列预测分析法，它是根据事件发展的连续性原理，利用数理统计的方法将过去的资料按时间顺序排列，然后运用一定的数据模型来预测下一期产量或销售额的一种预测方法。趋势预测根据采取的数学方法不同，可以分为以下三种情况：

1. 算术平均法

该方法是以过去若干时期的销售量的算术平均数作为计划期的销售预测数。这种方法的优点是计算简单，但由于取的是平均值，计算出来的预测值和实际结果也会存在较大的误差，因此这种方法适用于销售量比较稳定的产品。

2. 移动加权平均法

该种方法是根据过去若干时间的销售量按其距离计划期的远近分别进行加权，然后再计算其加权平均数，作为计划期的销售预测数。所谓“移动”是对计算平均数的日期不断往后推移。

3. 指数平滑法

该种方法是指在预测计划期销售量时，导入平滑系数（或称加权因子）进行计算。该方法的优点是可以排除在实际销售中所包含的偶然因素的影响。但确定平滑系数的值还带有一定的主观成分。平滑系数越大，则近期实际数对预测结果的影响越大，反之则越小。

任务操作

市场趋势分析

一、市场趋势分析

（一）市场趋势分析数据准备

获取数据：打开Power BI，在向导菜单中选择【从Excel导入数据】，或者从【主页】-【获取数据】进入数据连接【导航器】，在【导航器】对话框中，勾选“市场趋势数据”数据表后，单击【加载】按钮加载数据。

（二）市场趋势分析可视化

1. 绘制折线图

在可视化窗格中，选择【折线图】，将“日期”拖动到【轴】区域，将“子行业”拖动到【图例】区域，将“支付金额较父行业占比”添加到【值】区域，如图7-13所示，趋势分析折线图制作完成。

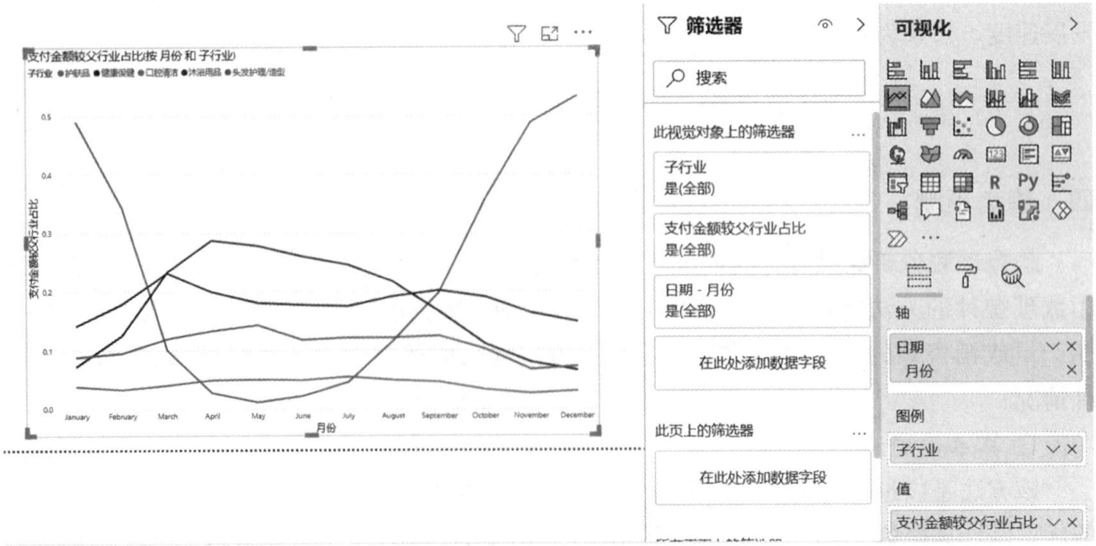

图7-13 趋势分析折线图

2. 添加切片器

在可视化窗格中，选择【切片器】，将“子行业”添加到【字段】区域，添加完成后，如图7-14和7-15所示，我们可以通过切片器查看各子行业的趋势变化情况。

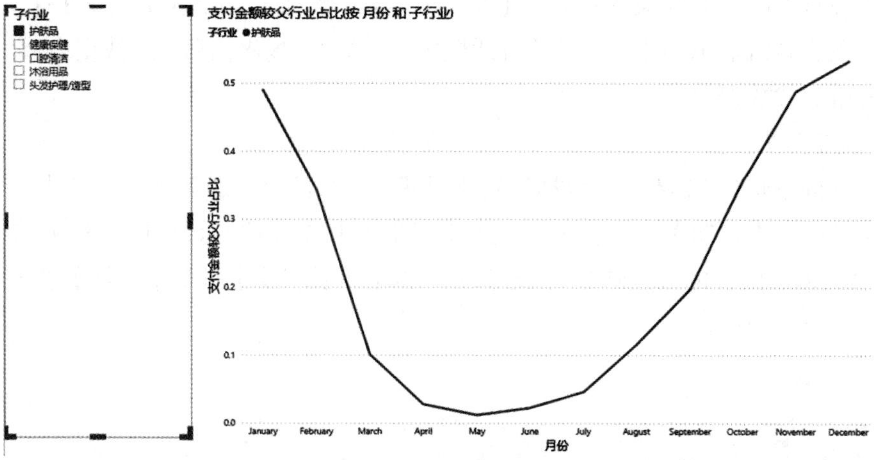

图7-14　添加切片器（护肤品）

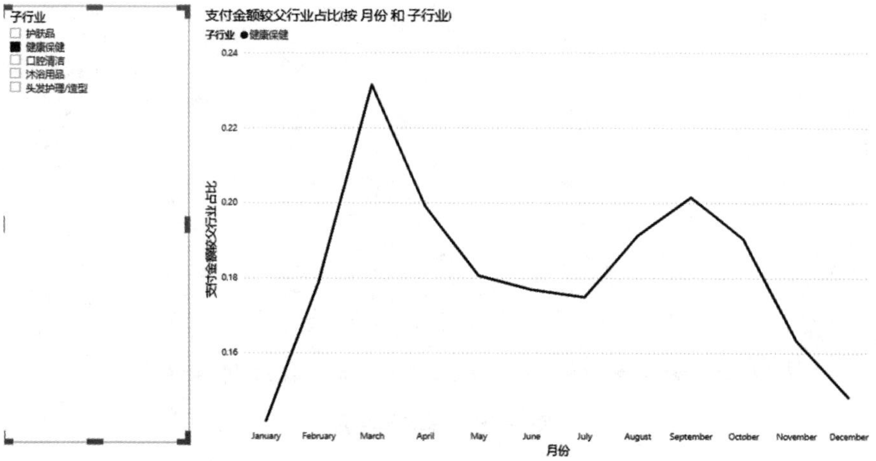

图7-15　添加切片器（健康保健）

（三）解读市场趋势分析结果

通过对护肤品的趋势分析可以看出，6—7月为探索期，8—11月为成长期，12月为成熟期，1—5月为护肤品的衰退期。由此可见，如果想将护肤品推出到俄罗斯护肤品市场，在6月左右进入该市场是较为合适的，在11—12月加大宣传力度，引起热度，1月开始做好库存管理。再看健康保健行业，如果选择该行业进入俄罗斯市场，则需要1月份左右进入，且该市场波动较大，需要提前做好库存准备和营销预案。

在了解市场容量和行业趋势后，如果该行业未来没有发展空间也是不行的，因此我们需要继续对该行业的市场潜力进行分析。

市场潜力分析

二、市场潜力分析

（一）市场潜力分析准备数据

1. 获取数据

打开Power BI，在向导菜单中选择【从Excel导入数据】，或者从【主页】-【获取数据】进入数据连接【导航器】，在【导航器】对话框中，勾选“市场潜力数据”数据表后，单击【转换数据】按钮加载数据。

2. 提取年和月

进入【查询编辑器】窗格，对数据进行预处理，提取日期中的年和月。选中“年份”列，依次单击【转换】、【日期】、【年】，然后选择【年】，如图7-16所示，此时年份列将只显示日期中的年份数据。同样的方法选择月份列，依次单击【转换】、【日期】、【月】，然后选择【月份】，最终结果如图7-17所示。

图7-16　提取年和月

1²3 年份	1²3 月份
2020	7
2020	7
2020	7
2020	7
2020	8
2020	8
2020	8
2020	8
2020	9
2020	9
2020	9
2020	9
2020	10
2020	10
2020	10
2020	10

图7-17　提取年月后的效果

3. 新增蛋糕指数列

选择【添加列】下的【自定义列】，在弹出的对话框中添加从其他列中计算的列，在新列名中输入"蛋糕指数"，在自定义列公式下输入=[支付金额较父行业占比]/[父行业卖家数占比]，如图7-18所示。单击【确定】即可在表中新增一列"蛋糕指数"，将该列格式自定义为小数，单击主页选项卡下的【关闭并应用】，将数据添加到Power BI中。

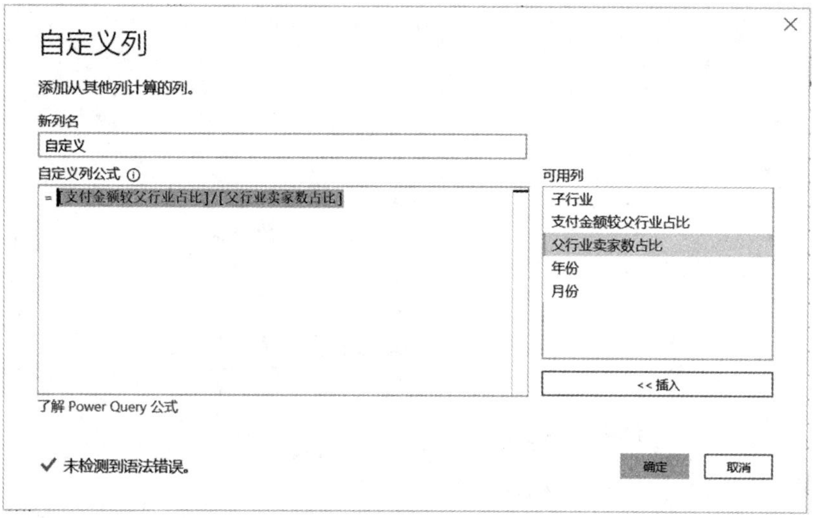

图7-18　新增蛋糕指数列

（二）市场潜力分析可视化

绘制雷达图：在可视化窗格中选择【雷达图】，将子行业添加到【类别】区域，将"蛋糕指数"添加到【Y轴】区域，即可完成雷达图的制作。接着添加切片器，在可视化窗格中单击【切片器】，将年份、月份添加到切片器中，如图7-19所示。此时，我们可以通过切片器清晰地查看到近两年这四个子行业市场潜力的变化情况。

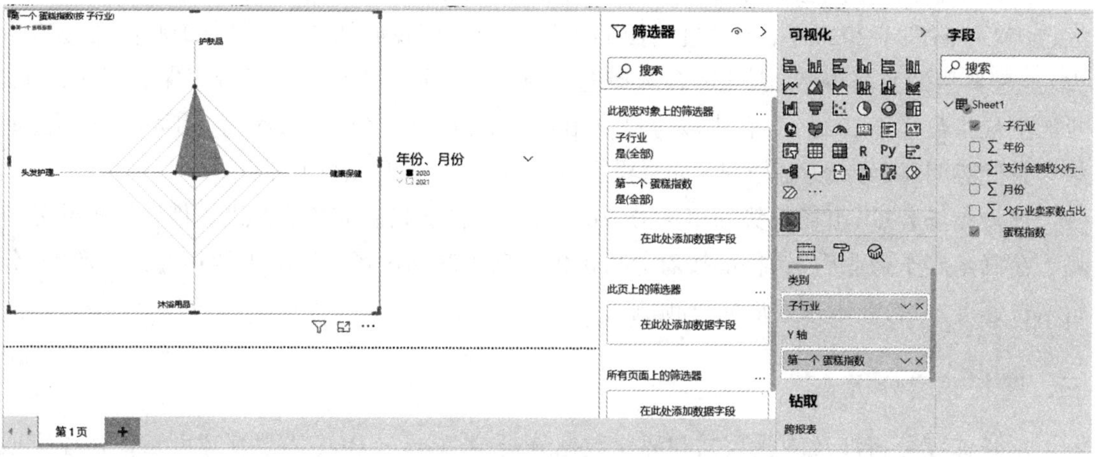

图7-19　绘制雷达图

小贴士：

绘制雷达图需要我们提前导入安装包，具体操作如下：

（1）在可视化窗格下将鼠标移动到最后三个点获取更多视觉对象位置，单击，选择从文件导入视觉对象。

（2）在弹出的对话框中选择导入，找到提前下载好的RadarChart.pbiviz文件，单击确定，即可完成雷达图视觉对象的导入，如图7-20所示。

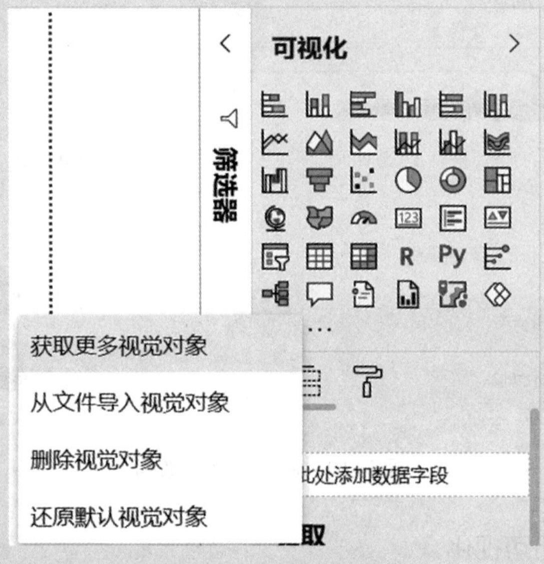

图7-20　视觉对象导入

（三）解读市场潜力分析结果

分析蛋糕指数时，应充分结合市场容量饼图的数据。护肤品蛋糕指数总体来说变化不大，2021年略高于2020年，但通过前面的市场容量分析我们知道，俄罗斯护肤品市场容量大，这是典型的蓝海市场，因此适合选择进入俄罗斯护肤品市场。对于健康保健行业，2021年的蛋糕指数小于2020年，且市场容量也相对较小，可见这个行业的竞争程度正在变大，如果自身优势明显，可以考虑尝试；如果没有优势，应尽量避开该行业。

通过市场容量、市场趋势和市场潜力的分析后，目前我们准备选择进入俄罗斯护肤品市场。在确定好子行业后，销售部接着分析了俄罗斯护肤品市场护肤品近两年的销售数据，分析增长速度，对行业未来发展做好预测。

三、增长速度分析

增长速度分析涉及同比数据和环比数据分析，在Power BI中需要新建度量值建模完成计算，难度略大，所以我们用Excel来完成增长速度分析。

（一）增长速度分析数据准备

1. 插入数据透视表

打开“行业销售数据”Excel文件，选中数据区域中任意一个单元格，依次单击【插入】，【数据透视图和数据透视表】，在弹出的对话框中选择现有工作表，单击空白位置，按照如图7–21所示，即可完成数据透视表的创建。

2. 添加报表字段

在右侧的数据透视表字段中，将“日期”添加到【行】区域，将“交易指数”添加到【值】，为了方便后面的计算，这里我们将交易指数添加两次，如图7–22所示。

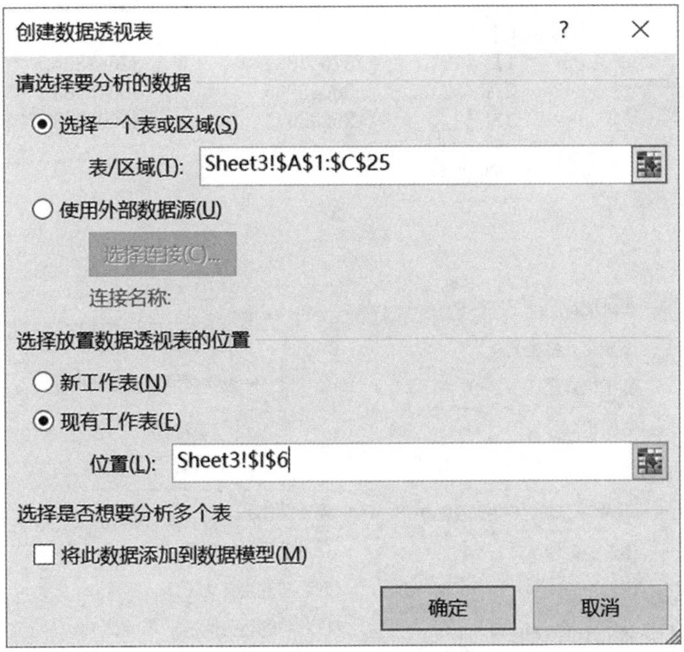

图7–21　插入数据透视表

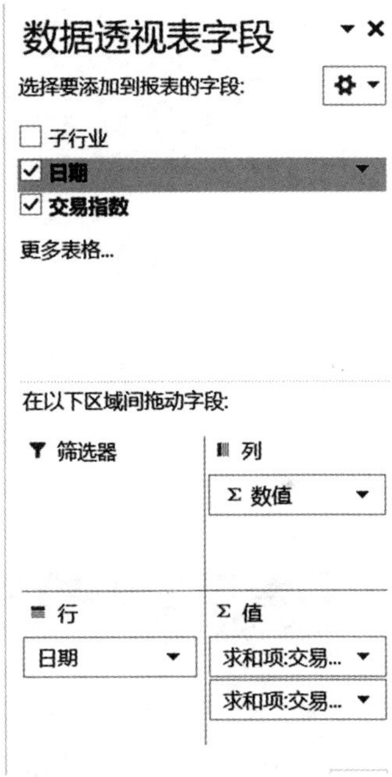

图7–22　添加报表字段

3. 创建组

选中“日期”字段，右击选择【创建组】，在弹出的对话框中，【步长】选择“月和年”，单击【确定】，即可完成分组，如图7–23所示。

4. 环比增长率分析

选中第一列交易指数，右击，在弹出的单元格中依次选择【值显示方式】、【差异百分比】，如图7–24所示。在弹出的【值显示方式】对话框中，【基本字段】选择“日期”，【基本项】选择“上一个”，如图7–25所示，单击【确定】，即可完成环比增长率分析。

5. 同比增长率分析

选中第二列交易指数，右击，在弹出的单元格中依次选择【值显示方式】、【差异百分比】。在弹出的【值显示方式】对话框中，【基本字段】日期选择年，【基本项】选择上一个，单击【确定】，即可完成同比增长率分析。分析结果如图7–26所示。

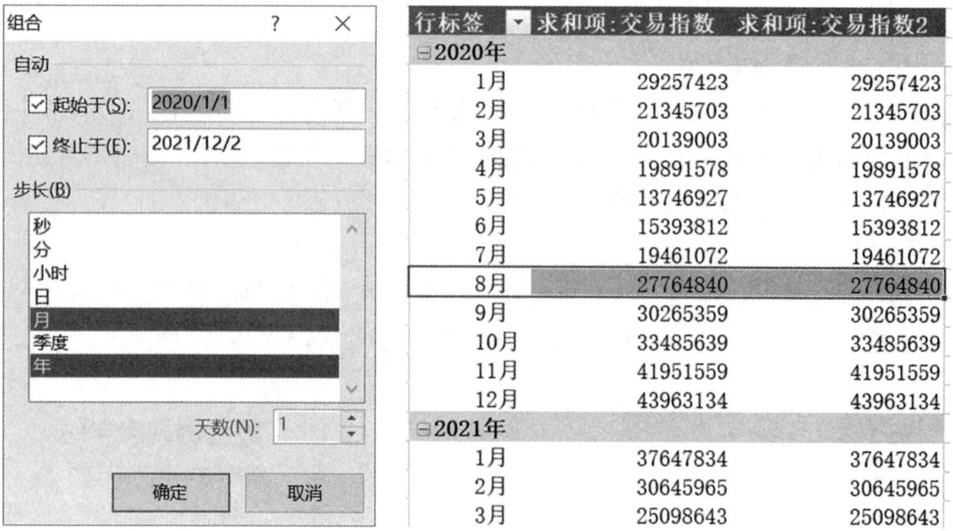

图 7-23 创建组

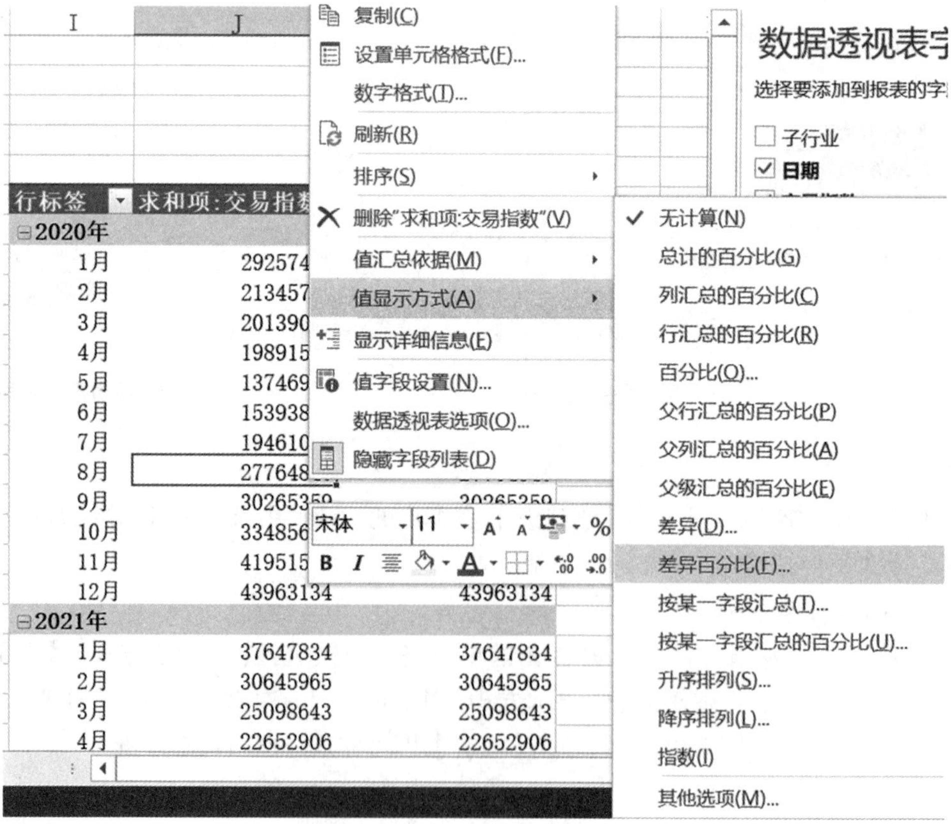

图 7-24 环比增长率分析

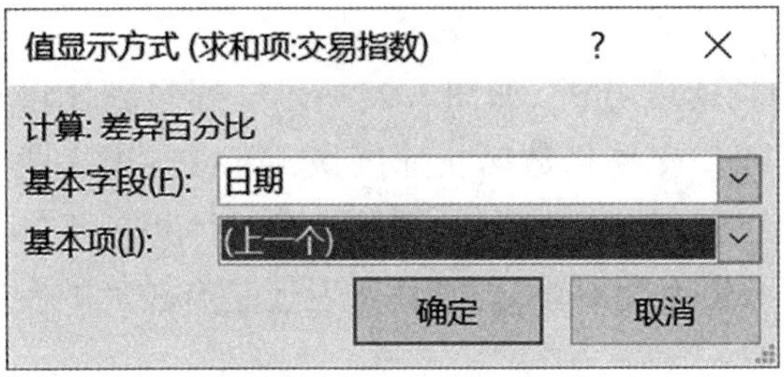

图7-25　值显示方式设置

行标签	求和项:交易指数	求和项:交易指数2
⊟2020年		
1月		
2月	-27.04%	
3月	-5.65%	
4月	-1.23%	
5月	-30.89%	
6月	11.98%	
7月	26.42%	
8月	42.67%	
9月	9.01%	
10月	10.64%	
11月	25.28%	
12月	4.79%	
⊟2021年		
1月		28.68%
2月	-18.60%	43.57%
3月	-18.10%	24.63%
4月	-9.74%	13.88%
5月	-20.52%	30.98%
6月	8.18%	26.53%
7月	25.05%	25.15%
8月	14.75%	0.66%
9月	21.57%	12.27%
10月	2.32%	3.83%
11月	9.71%	-9.08%
12月	16.90%	1.42%
总计		

图7-26　同比增长率分析

（二）增长速度分析可视化

绘制组合图：修改数据透视表增长率两列的标题，分别为“环比增长率”和“同比增长率”。将“交易指数”添加到数据透视表，选中所有区域绘制组合图，将环比增长率和同比增长率图表类型设置为【折线图】并在【次坐标轴】复选框打钩，如图7-27所示。单击【确定】，即可完成组合图的绘制。

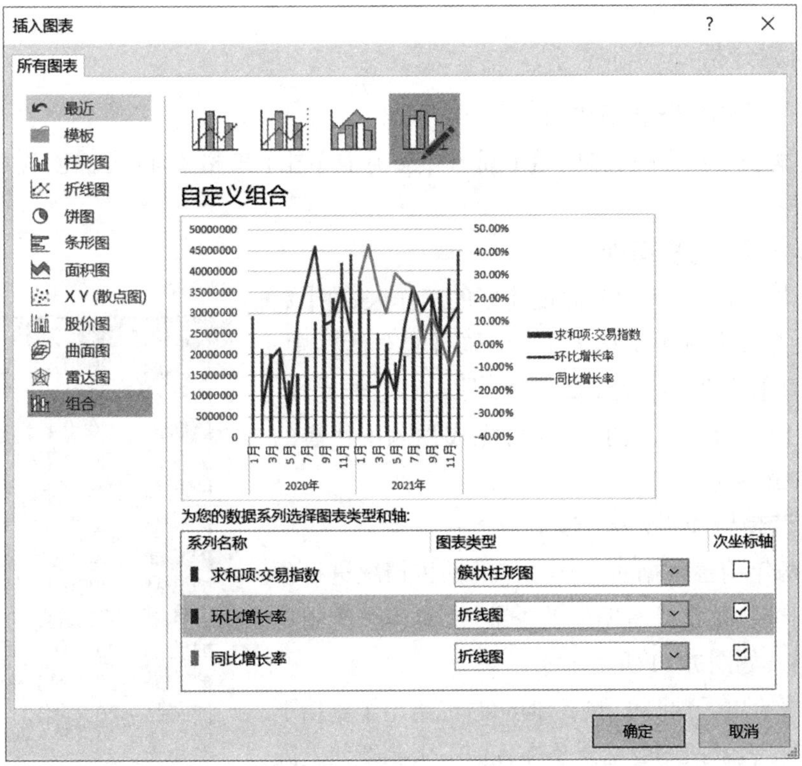

图7-27　组合图的绘制

（三）解读增长速度分析结果

通过对护肤品近两年的交易指数进行增长速度分析，如图7-28所示。通过环比增长速度可以看出，每年6月护肤品销售进入成长期，交易指数增长速度快；到12月进入成熟期，增长速度趋于平缓。通过同比增长速度分析可知，2021年的交易指数总体相较于2020年有了大幅度提升，而在销售旺季的8—12月增长力度不够，但总体来看还是有较大的发展空间。

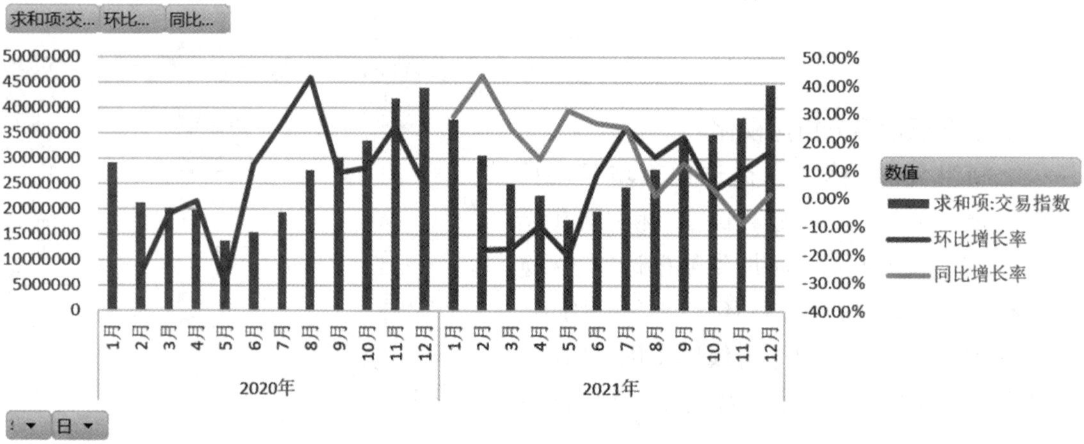

图7-28　增长速度分析

四、趋势预测分析

（一）趋势预测分析准备数据

创建数据表格：选中数据，在【插入】选项卡单击【表格】，将区域创建成表格，如图7-29所示。

（二）趋势预测分析可视化

创建预测工作表：选中前面创建好的工作表，在【数据】选项卡，单击【预测工作表】。在弹出的对话框中，将【预测结束】时间选择为2022年12月1日，【季节性】手动设置成12个月，单击创建，即可完成预测工作表的创建，如图7-30所示。

子行	日期	交易指
护肤品	2020年1月	29257423
护肤品	2020年2月	21345703
护肤品	2020年3月	20139003
护肤品	2020年4月	19891578
护肤品	2020年5月	13746927
护肤品	2020年6月	15393812
护肤品	2020年7月	19461072
护肤品	2020年8月	27764840
护肤品	2020年9月	30265359
护肤品	2020年10月	33485639
护肤品	2020年11月	41951559
护肤品	2020年12月	43963134
护肤品	2021年1月	37647834

图7-29　创建数据表格

（三）解读趋势预测分析结果

结合前两年销售数据对未来一年的销售情况进行预测，可以看出产品销售具有明显的季节性，总体呈现出稳步增长的趋势，如图7-31所示。

虽然程序给出了预测的数字，但同时也给出了置信下限和置信上限，表示预测的结果是在置信下限到置信上限之间，如果真实数据落在这个区间，就表示预测结果准确。

图 7-30　预测工作表的创建

日期	交易指数	趋势预测（交易指数）	置信下限（交易指数）	置信上限（交易指数）
2021年12月	44588135	44588135	44588135.00	44588135.00
2022年1月		38906738.32	34840777.01	42972699.63
2022年2月		31766946.43	27573869.74	35960023.12
2022年3月		27088688.84	22771271.60	31406106.07
2022年4月		24965478.38	20526258.55	29404698.21
2022年5月		19888126.61	15329435.05	24446818.17
2022年6月		21114224.61	16438210.01	25790239.21
2022年7月		25563675.05	20772324.78	30355025.31
2022年8月		31343235.57	26438393.46	36248077.69
2022年9月		35752162.13	30735543.54	40768780.72
2022年10月		37621633.71	32494838.60	42748428.81
2022年11月		43392289.88	38156814.05	48627765.72
2022年12月		48462712.07	43119956.91	53805467.23

图 7-31　趋势预测分析结果

小贴士：

置信区间是指由样本统计量所构造的总体参数的估计区间。在统计学中，一个概率样本的置信区间是对这个样本的某个总体参数的区间估计。置信区间展现的是这个参数的真实值有一定概率落在测量结果的周围的程度，其给出的是被测量参数的测量值的可信程度，即前面所要求的"一个概率"。

任务三　市场价格分析

在做完了市场容量分析和市场发展趋势分析后，小晨拿着分析报表向经理蕾蕾作简单汇报。小晨表示，他们已经选择好了首先进入俄罗斯护肤品市场，并且选择进入的时期是6月份，因为从6月份开始，俄罗斯护肤品进入成长期，此时进入能较快地占领市场。她的分享有理有据，得到了经理蕾蕾的肯定。

那么接下来需要做的，就是给产品合理地进行价格定位。国内市场和国外市场毕竟还是存在着较大的区别，用什么样的价位打入国外市场，什么样的价位才能吸引国外消费者？对此，我们必须对市场价格作深入的分析，接下来，小晨需要做的就是根据前两年同类型产品销售数据进行分析，找出该行业的产品价格区间，给出合理的定价策略。

知识储备

一、定价策略

定价策略是市场营销组合中一个十分关键的重要组成部分。价格通常是影响交易成败的重要因素，同时又是市场营销组合中最难以确定的因素。企业定价的目标是促进销售，获取利润。这要求企业既要考虑成本的补偿，又要考虑消费者对价格的承受能力，从而使定价策略具有买卖双方双向决策的特征。此外，价格还是市场营销组合中最灵活的因素，它可以对市场做出灵敏的反映。

二、成本定价法

成本定价法是以单位产品可变成本，加上一定比例的固定成本和单位产品利润，来确定商品的价格。它是以盈亏平衡分析为基础定价的方法。成本定价法有两种：① 成本外加法。以总成本加上利润，再除以预计销售量，来确定产品价格。这种定价方法，可为企业提供获得一定利润的最低可能接受的价格。② 平均成本定价法。根据单位平均成本的变化，确定不同生产水平的产品价格的方法。在产品成本的构成中，平均变动成本不随产量变化，平均固定成本则随产量的增大而逐渐减少，从而使平均成本曲线随产量增大而呈现向下倾斜的趋势。

三、目标利润率定价法

目标利润率定价法的要点是使产品的售价能保证企业达到预期的目标利润率。企业根据总成本和估计的总销售量，确定期望达到的目标收益率，然后推算价格。这种定价方法需要运用收支平衡图。

任务操作

一、价格区间分析

价格区间分析

（一）价格区间分析数据准备

打开Power BI，在向导菜单中选择【从Excel导入数据】，或者从【主页】-【获取数据】进入数据连接【导航器】，在【导航器】对话框中，勾选“价格区间”数据表后，单击【转换数据】按钮。

（二）修改标题

进入查询编辑器后，在主页选项卡中选择【将第一行用作标题】，如图7-32所示。

（三）删除空行

单击单元格中任意的区域，依次选择【删除行】、【删除空行】即可将空白区域删除，完成后单击主页选项卡下的【单击关闭并应用】，将数据加载到Power BI中，如图7-33所示。

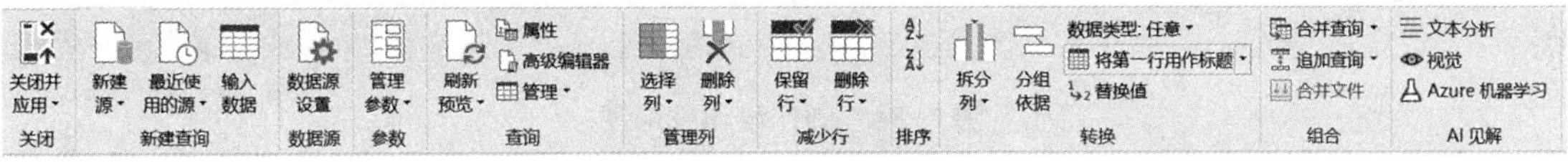

图7-32　修改标题

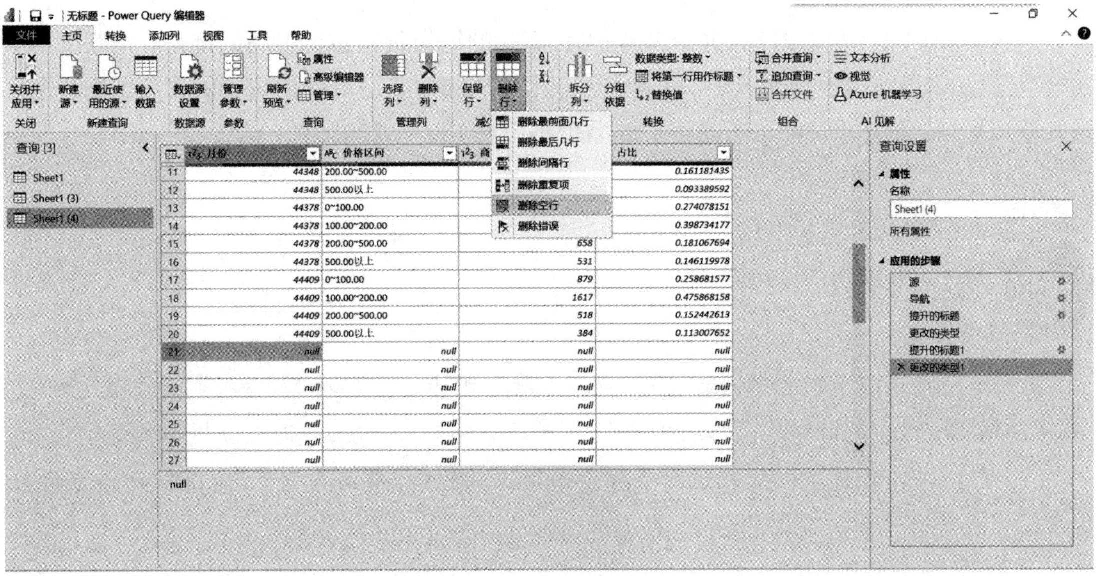

图7-33　删除空行

二、价格区间分析可视化

制作堆积柱形图：在可视化窗格中，单击【百分比堆积柱形图】，将月份添加到【轴】区域，将价格区间添加到【图例】区域，将占比添加到【值】区域，即可完成百分比堆积柱形图的制作，如图 7–34 所示。

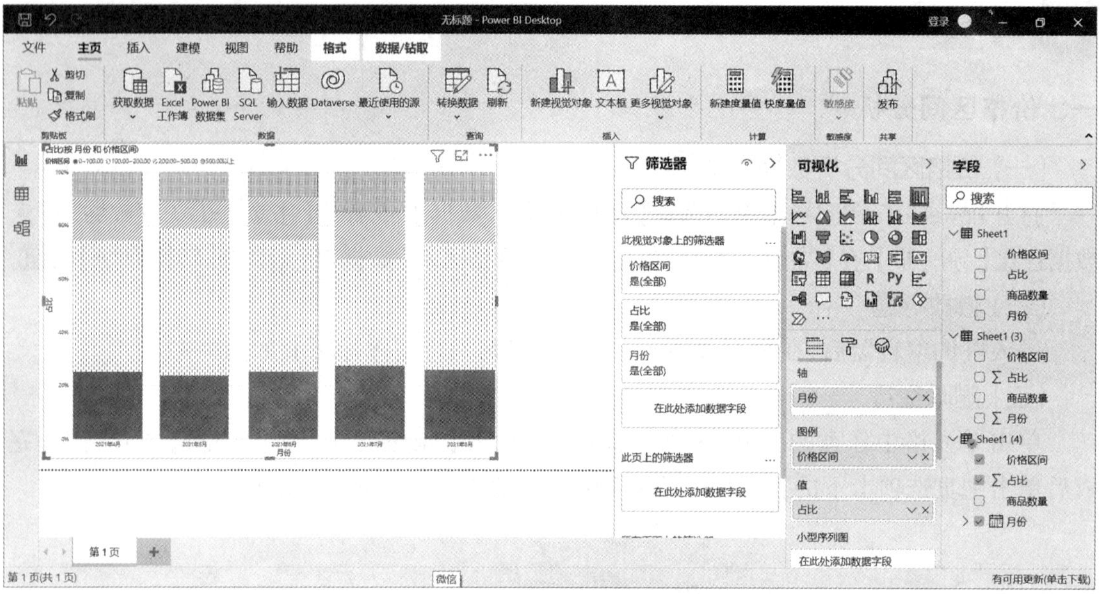

图 7–34 制作堆积柱形图

三、解读价格区间分析

通过堆积柱形图可以看出，2021 年 4—8 月商品的销售价格占比最高的都是在 100 ～ 200 元这个区间，其次是 0 ～ 100 元，可以看出 200 元以下的护肤品更受消费者的青睐，因此进入俄罗斯市场后，我们可以首先考虑将护肤品价格定在 100 ～ 200 元的价位。

要点归纳

（1）借助市场容量和市场趋势分析，可以有效了解市场发展状况，帮助企业找准定位。

（2）对市场发展趋势进行预测，便于及时判断企业未来发展，帮助企业提前做好研判。

（3）价格区间分析可以帮助企业了解产品定位，同时了解消费者需求，抓住进入市场的机会。

任务拓展

市场部经理蕾蕾：

恭喜小晨和大瑶，短短几天，对我们市场部的主要工作已经有了明确了解，同时也可以独立完成市场部工作了，信息汇总、拆分和挖掘能力得到了显著的提升，面对瞬息万变的大数据时代提高了自己的适应能力，也养成了前瞻性的思维能力。但是你们也要记住，在工作中要严格遵守职业道德，不弄虚作假，不逾法规，给市场一片良好的净土。

实习生小晨：

我们一定会的，谢谢经理。市场数据分析是企业调整战略目标的参考依据，可以帮助企业提升市场竞争力，所以我们一定会认真、严格地对待这项工作的。

市场部经理蕾蕾：

我也相信你们。好了，那我们继续开始我们新的工作吧。请为艾薇儿企业进行市场分析，帮助他们预测市场行情，及时有效地调整品牌战略，开拓潜在市场。

实习生大瑶：

收到，我和小晨一定根据您教我们的方法，帮助艾薇儿企业有效开拓新的市场。

市场数据分析已经进行了详细介绍，请你下载实训数据，协助他们一起完成这项任务。

要求：

（1）PPT不少于6页内容（标题页和目录页除外）。

（2）要有可视化展示。

（3）要有明确的结论（可设置结论页）。

项目八

直播舆情分析

- 任务一　弹幕词频分析
- 任务二　弹幕情感分析

学习目标

（1）了解舆情分析、词频分析、词云图、API接口、文本分析、分词等常见术语。

（2）掌握直播舆情的分析方法，能够独立完成弹幕词频分析、弹幕情感分析。

（3）在舆情分析过程中，认识舆论的力量，把握舆情动向的意识，培养利用数据科学运营的思维。

项目背景

随着移动互联网的高度普及，越来越多的人开始享受移动网络带来的便利。根据《中国互联网络发展状况统计报告》显示，截至2022年6月，我国手机网民规模为10.47亿，占整体网民规模的比例高达99.7%，移动化浪潮势不可挡。在移动化浪潮兴起的过程中，电商直播更是近几年备受关注的一颗明珠。伴随互联网技术的不断成熟与发展，电商直播行业也正在走向专业化，在大众熟悉的知名主播背后，都有一个分工明确的专业直播团队为其从选品、运营到售后等一系列过程提供支撑。

在专业直播团队的打造下，知名主播由个人转化为一个品牌，其形象鲜明且有着较大的影响力。一个直播团队所要负责的包括但不限于供应链的选择、带货品质的检测、开播前的预热、直播中的场控、直播后运营的复盘与优化、售后服务的处理、负面问题的公关……没有一个专业的团队无法支撑起一个行业的头部主播或腰部主播。

随着直播行业的发展，其运营也从初期的粗放式运营转变为精细化运营，在社会舆论力量愈发强大的当下，任何一点舆论上的风吹草动都可能让整个团队的努力付诸东流，例如某知名主播被视频吐槽其带货商品售假，又有职业打假人的多篇博文发布让事件热度发酵，被市场监管部门调查处理，继而被消费者协会提起民事公益诉讼，其个人形象一落千丈，直播间也风光不再。同时舆论又是把双刃剑，“7·20河南暴雨”事件中，鸿星尔克捐出5 000万元人民币支援灾区，其直播间所售商品被热情网友抢购一空，甚至出现库存告急，这也是舆论力量对企业起到正面宣传作用的最好论证。把握直播间的舆情动向，在未造成不可挽回的损失之前，及时公关负面舆论，对直播行业中的任何一个主播团队都具有重大意义，是团队运营与个人品牌成长的必修课。

引导案例

项目经理高原：

芳芳，我们服务的某品牌奶粉企业有好几个系列的产品，现在通过直播带货渠道进行销售带货，但是，他们不清楚哪些系列的产品更适合在直播间销售，主播应该着重讲解哪些内容。你思考一下，看我们能怎么帮助到他们。

实习生芳芳：

经理，我想先看几期他们的直播，再搜集一下直播间的弹幕数据，看看进入直播间的人群关注的是哪些方面的内容。

项目经理高原：

这个思路很不错。企业需要时刻了解客户的舆情，提高销售转化率和运营决策能力。舆情分析包含弹幕词频分析和弹幕情感分析两个版块。你再想想，我们应该具体怎么做，才能帮助他们解决问题。

实习生芳芳：

依据舆情分析的方法，我们需要采集企业直播间的弹幕数据，观察、筛选有效数据，并进行分析和统计，通过对高频词的观察，就可得知该直播间人群的主要关注点，例如产品系列、产品功效等；通过对弹幕分词进行得分统计、打标与分析，把握直播的整体情感倾向。

分析目标

项目经理高原：

芳芳真的很棒，考虑问题越来越全面，问题的解决思路越来越正确，懂得了对数据的科学处理和应用，是对企业运营的有益助力。用户在观看直播的同时，通过弹幕表达自我观点，抒发情感，由此产生了海量的评论数据。这些数据的快速传播在很大程度上影响着舆情事件的发生与发展，同样也为企业提供了受众数据。基于数据挖掘技术进行数据分析及可视化展示，能够展现出隐藏在数据背后的事物内在规律，进而提升企业的运营能力。

那么，我建议你后续的分析，围绕这两个目标进行：

（1）分析弹幕词频。针对企业直播间舆情的监测，进行深层次的思维加工和分析，把握销售重点，掌握受众反馈信息，及时帮助企业进行运营策略的调整，实现精准营销。

（2）分析弹幕情感。弹幕评论行为是个人情感的外化表现，通过评论可以掌握直播间受众人群对产品本身喜欢或不喜欢的态度，把握受众的关注度，可以作为推荐系统的一个重要数据支撑来源。

任务分解

芳芳根据高原经理提出的两个分析目标，找IT部门要来了该品牌奶粉企业直播间2021年9月4日9点至次日1点的直播弹幕数据，包含时间（弹幕发送时间）、弹幕内容、观众类型合计三个字段，如图8-1所示。

	A	B	C
1	时间（弹幕发送时间）	弹幕内容	观众类型
2	2021/9/4 9:31:39	@花落、可以哦，今天拍下更优惠	历史发言观众
3	2021/9/4 9:31:56	买一提送一包400g么	首次发言观众
4	2021/9/4 9:32:09	@橘子 是的哦	历史发言观众
5	2021/9/4 9:32:29	没有一段奶粉吗?	首次发言观众
6	2021/9/4 9:32:40	@三千夙愿不及你 1段没有哦	历史发言观众
7	2021/9/4 9:32:45	请有没有纽康特奶粉？？？	首次发言观众
8	2021/9/4 9:32:53	宝宝三岁喝哪款合适	首次发言观众
9	2021/9/4 9:32:54	1	历史发言观众
10	2021/9/4 9:32:55	买送什么吗?	首次发言观众
11	2021/9/4 9:32:58	1	历史发言观众
12	2021/9/4 9:33:10	@福清高山珠珠女装店 要买哪一款	历史发言观众
13	2021/9/4 9:33:27	多久发货	首次发言观众
14	2021/9/4 9:33:31	乐纯罐装说一下	首次发言观众
15	2021/9/4 9:33:32	红旗帜有吗	首次发言观众
16	2021/9/4 9:33:44	@⊘ Y .H .G⊘ 快的话现在拍下下午4点前发货	历史发言观众
17	2021/9/4 9:33:55	目前喝的是至臻	首次发言观众
18	2021/9/4 9:34:10	三号四号啥区别	历史发言观众
19	2021/9/4 9:34:14	A2三段什么活动	首次发言观众
20	2021/9/4 9:34:23	至臻和	首次发言观众
21	2021/9/4 9:34:37	至臻和恬适的区别	首次发言观众
22	2021/9/4 9:34:39	罐装和盒装的有什么区别	首次发言观众
23	2021/9/4 9:34:46	旗帜呢	首次发言观众
24	2021/9/4 9:34:59	请问纽康特奶粉有没有？？？？	首次发言观众
25	2021/9/4 9:35:01	4号讲讲	历史发言观众
26	2021/9/4 9:35:07	至臻有没有一段的	历史发言观众
27	2021/9/4 9:35:07	2段没有吗	首次发言观众
28	2021/9/4 9:35:09	你家发什么快递	首次发言观众
29	2021/9/4 9:35:12	旗帜没活动吗?	历史发言观众
30	2021/9/4 9:35:24	拍了	首次发言观众
31	2021/9/4 9:35:24	红旗帜有吗?	历史发言观众

图8-1　某品牌奶粉企业直播间弹幕数据（部分）

在观察弹幕数据之后，芳芳对照分析目标，将此项目分解为两个任务。

任务一：主要是弹幕词频分析，通过词频统计、词云图可视化处理，快速把握直播间受众的关注点；

任务二：主要是弹幕情感分析，通过分词后赋分、得分统计、打标与分析等文本分析，把握受众对直播的满意度，为运营策略的调整提供依据。

整个直播舆情分析思路流程如图8-2所示。

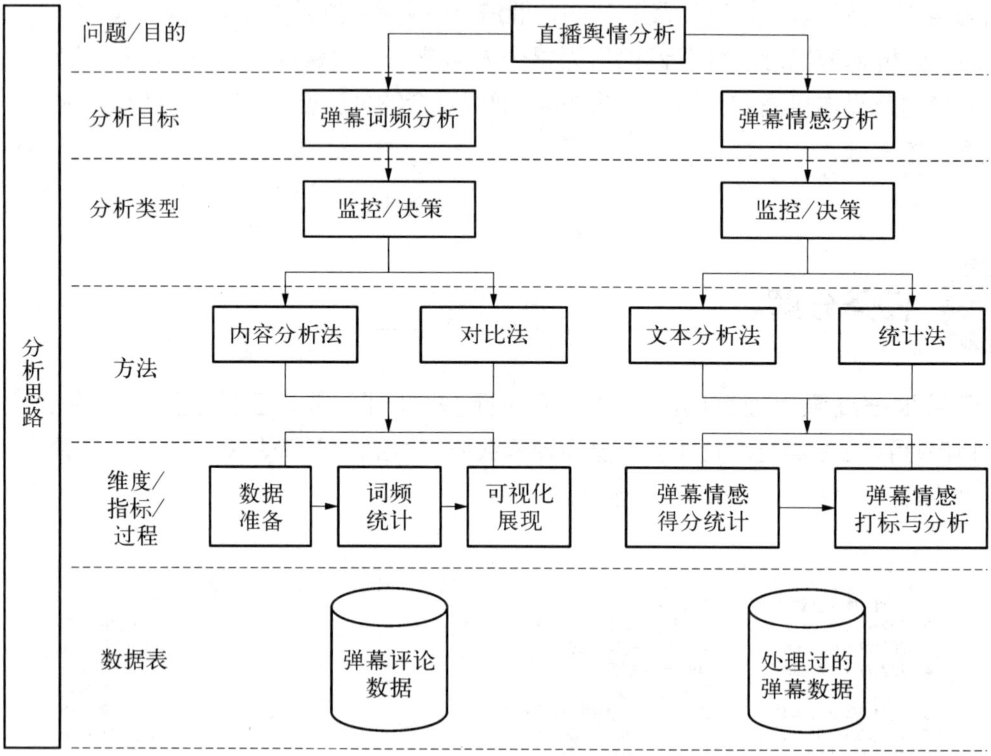

图8-2　直播舆情分析思路流程图

任务一　弹幕词频分析

弹幕评论是直播平台与用户交互的主要方式之一，借助弹幕词频分析可以更有效地理解和熟悉直播平台的用户。这一阶段任务的重点在于通过词频统计和分析，借助词云图进行可视化处理和解读，发现直播间受众的关注点。为此芳芳制定了弹幕词频分析计划，如图8-3所示。

知识储备

一、舆情分析

舆情分析是对社交媒体上企业品牌舆情的监测，就是根据特定问题的需要，对针对这个问题的舆情进行深层次的思维加工和分析研究，企业运营人员可以清晰地知晓事件从始发到发酵期、发展期、高涨期、回落期和反馈期等阶段的演变过程，通过分析舆情的传播路径、传播节点、发展态势和受众反馈等信息，得到相关结论的过程。分析方法通常有两类。

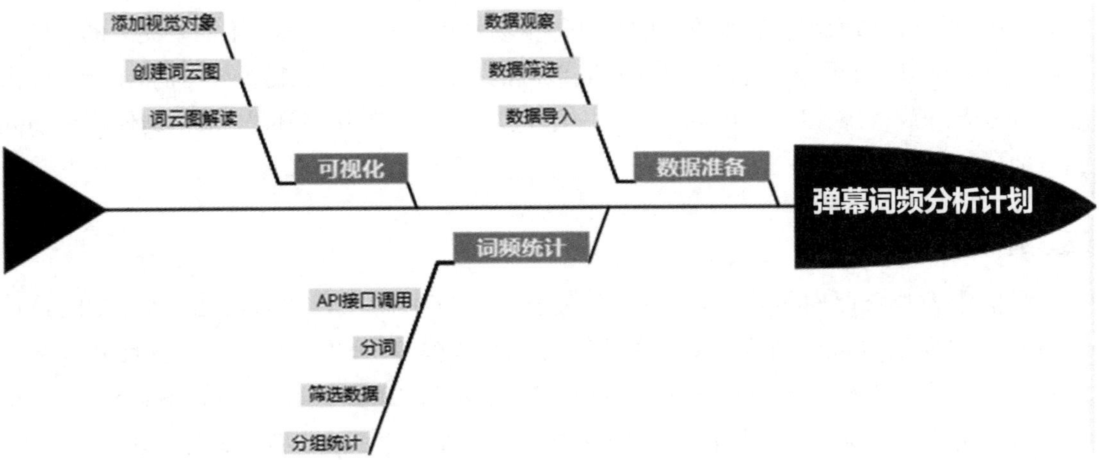

图 8-3　弹幕词频分析计划

（一）内容分析法

内容分析法是一种对信息内容作客观系统的定量分析的专门方法，其目的是弄清或测验信息中本质性的事实和趋势，提示信息所含有的隐性情报内容，对事物发展做情报预测。

（二）实证分析法

实证分析法是通过分析大量案例和相关数据后试图得出某些结论的一种常见研究方法。

对于电商行业，舆情分析是指将客户在线上留下的文字（聊天记录、评论等）进行统计和模型分析，了解客户对品牌、产品的看法，需求和情感上的喜恶。这对品牌、产品的战略定位起到非常重要的作用，能够为运营者做出正确决策提供重要参考。

二、API接口

API接口，也叫应用程序接口，是一组定义、程序及协议的集合，通过API接口实现计算机软件之间的相互通信。API的一个主要功能是提供通用功能集。程序员通过调用API函数对应用程序进行开发，可以减轻编程任务。API同时也是一种中间件，为各种不同平台提供数据共享。

根据单个或分布式平台上不同软件应用程序间的数据共享性能，可以将API分为四种类型。

（1）远程过程调用（RPC）：通过作用在共享数据缓存器上的过程（或任务）实现程序间的通信。

（2）标准查询语言（SQL）：是标准的访问数据的查询语言，通过数据库实现应用程序间的数据共享。

（3）文件传输：文件传输通过发送格式化文件实现应用程序间的数据共享。

（4）信息交付：指松耦合或紧耦合应用程序间的小型格式化信息，通过程序间的直接通信实现数据共享。

有些公司会将API作为其公共开放系统，吸引一些第三方的开发人员在该平台上开发商业应用，平台提供商可以获得更多的流量与市场份额，第三方开发者不需要庞大的硬件与技术投资就可以轻松快捷地创业，从而达到双赢的目的。为了对外提供统一的API接口，需要对开发者开放资源，调用API的站点，提供开放统一的API接口环境，来帮助使用者访问站点的功能和资源。

三、弹幕

弹幕作为观众评论的载体，是观众针对视频内容的观点表达与情感反馈，指的是从屏幕自右向左划过或停留在顶部、底部等的文字。弹幕一词起源于日本视频分享网站"Niconico"，在日本被称为"Danmaku"，英文可以表示为"Bullet Screen"或"Barrage"，本意是军事中密集的炮火射击。国内首家弹幕视频网站Anime Comic Fun率先引进这一技术，随着弹幕系统越来越完善，国内主流的视频平台如Bilibili、腾讯视频、优酷、爱奇艺等以及直播平台如斗鱼、虎牙等也都开通了弹幕服务，一时之间弹幕如雨后春笋般一涌而出。

弹幕不同于传统的评论内容，有着更强的互动性，虽然对于视频中的弹幕来讲，观众发送弹幕的时间是有区别的，但是都会被弹幕程序同步到视频中的特定时间点。直播平台的弹幕的互动性比视频弹幕的互动性更强，也有了更强的及时性，仿佛很多人都在同时收看一款节目，并且展开热烈的讨论。这种体验加强了观众的代入感。

四、词频分析

词频就是某个词在文本中出现的频次。简单来说，如果某一个词在文本中出现的频次越多，这个词在文本中就越重要，就越有可能是该文本的关键词。

词频分析是文本分析的基础，基于词频可以了解大量的文本信息讲的是什么内容。词频既可以用来分析自己的商品，也可以用来分析竞争对手的商品。

五、词云和词云图

词云又称文字云、标签云（Tag Cloud）、关键词云（Keyword Cloud），是文本数据的一种可视化展现方式。

词云图由词汇、颜色、字体大小和图形四个要素构成，它浓缩了文本数据的内容，通过文字、色彩、图形的搭配，对网络文本中出现频率较高的"关键词"予以视觉上的突出，组成某些彩色图形，形成"关键词云层"或"关键词渲染"，产生有冲击力的视觉效果。词云图直观地表示了每个词汇在相应文本数据中的词频分布，通过使用不同的颜色和大小来表示不同级别的相对重要性，字体越大越显眼，对应的词汇被提及的频率越高。词云图过滤掉了大量的文本信息，使网页浏览者只要一眼扫过词云图就可以大致领略到文本所表达的主旨，这就是词云图的核心价值所在。

词云图广泛应用于教育、娱乐、计算机软件等各行各业。例如，在电子小说阅读中，词云图会提示关键词和主题索引，方便用户在互联网上快速阅读；一些先进的外语学习网站采用教育加娱乐的方式，用自动分析的方法，进行概率统计与分析后，提供给外语学习者相应的词汇表与词云图；也有些文娱爱好者将这些词云图保存打印下来，印在明信片上，甚至是放到自己的网络相簿内，这都是展现自己的极佳方式。

词云图的制作需要经过数据准备、分词处理、图形输出三个步骤。从实现方法来看，通常可以分为借助在线工具、应用专门的软件、编程实现三种方法。

第一种方法是借助在线工具，也就是在网页上就能完成词云图的制作和输出。目前支持在线制作词云图的网站有：WordArt、Wordiout、微词云、易词云、美寄词云等。

第二种方法是直接使用有词云图制作功能的软件，比如：Power BI、Fine BI、Tableau、Smart BI、BDP等，词云图只是这些软件的一个小功能。

第三种方法就是通过编程来实现词云图，常用的编程语言有Python和R。

任务操作

一、弹幕数据准备

弹幕词频分析

（一）观察弹幕数据类型

双击打开Excel文件，默认显示“数据”工作表。工作表中数据为2021年9月4日9点至次日1点，某直播间内的直播弹幕数据，包含时间（弹幕发送时间）、弹幕内容、观众类型合计三个字段，如图8-4所示。

通过对弹幕数据的观察，可知弹幕内容分为两类：观众发送的弹幕与主播回复的弹幕。

	A	B	C
1	时间（弹幕发送时间）	弹幕内容	观众类型
2	2021/9/4 9:31:39	@花落、 可以哦，今天拍下更优惠	历史发言观众
3	2021/9/4 9:31:56	买一提送一包400g么	首次发言观众
4	2021/9/4 9:32:09	@橘子 是的哦	历史发言观众
5	2021/9/4 9:32:29	没有一段奶粉吗?	首次发言观众
6	2021/9/4 9:32:40	@三千夙愿不及你 1段没有哦	历史发言观众
7	2021/9/4 9:32:45	请有没有纽康特奶粉？？？	首次发言观众
8	2021/9/4 9:32:53	宝宝三岁喝哪款合适	首次发言观众
9	2021/9/4 9:32:54	1	历史发言观众
10	2021/9/4 9:32:55	买送什么吗?	首次发言观众
11	2021/9/4 9:32:58	1	历史发言观众
12	2021/9/4 9:33:10	@福清高山珠珠女装店 要买哪一款	历史发言观众
13	2021/9/4 9:33:27	多久发货	首次发言观众
14	2021/9/4 9:33:31	乐纯罐装说一下	首次发言观众
15	2021/9/4 9:33:32	红旗帜有吗	首次发言观众
16	2021/9/4 9:33:44	@⊘ Y .H .G⊘ 快的话现在拍下下午4点前发货	历史发言观众
17	2021/9/4 9:33:55	目前喝的是至臻	首次发言观众
18	2021/9/4 9:34:10	三号四号啥区别	历史发言观众
19	2021/9/4 9:34:14	A2三段什么活动	首次发言观众
20	2021/9/4 9:34:23	至臻和	首次发言观众
21	2021/9/4 9:34:37	至臻和恬适的区别	首次发言观众
22	2021/9/4 9:34:39	罐装和盒装的有什么区别	首次发言观众
23	2021/9/4 9:34:46	旗帜呢	首次发言观众
24	2021/9/4 9:34:59	请问纽康特奶粉有没有？？？？	首次发言观众
25	2021/9/4 9:35:01	4号讲讲	历史发言观众
26	2021/9/4 9:35:07	至臻有没有一段的	历史发言观众
27	2021/9/4 9:35:07	2段没有吗	首次发言观众
28	2021/9/4 9:35:09	你家发什么快递	首次发言观众
29	2021/9/4 9:35:12	旗帜没活动吗?	历史发言观众
30	2021/9/4 9:35:24	拍了	首次发言观众
31	2021/9/4 9:35:24	红旗帜有吗?	历史发言观众

图8-4　某直播间内的直播弹幕源数据（部分）

后者表现为“@用户名　回复内容”的形式，为减少统计结果的误差，需要对此类数据进行删除。

（二）筛选弹幕内容

选中工作表中的任意单元格，单击【开始】选项卡中【排序与筛选】展开按钮中的【筛选】，在筛选功能的下拉框中找到【文本筛选】，在展开按钮中选择【不包含】，完成对观众弹幕的筛选，保留不包含“@”符号的弹幕数据即可，如图8-5所示。

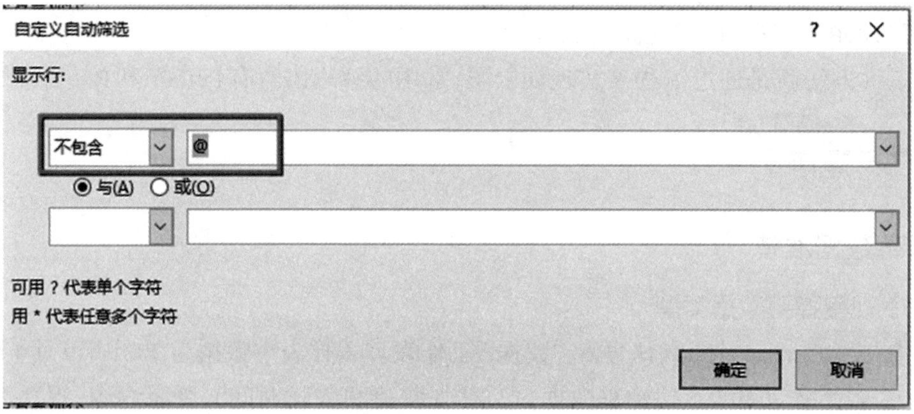

图8-5　筛选出不包含“@”符号的弹幕

（三）复制筛选后的弹幕数据

将“数据”工作表中筛选后的数据利用快捷组合键【Ctrl+A】全选，并粘贴复制到新工作表中，新建工作表默认命名为“Sheet1”，如图8-6所示。

观察筛选后的数据，发现主播回复的弹幕数据已被清除，仅保留了观众发送的弹幕数据。随后保存并关闭工作簿。

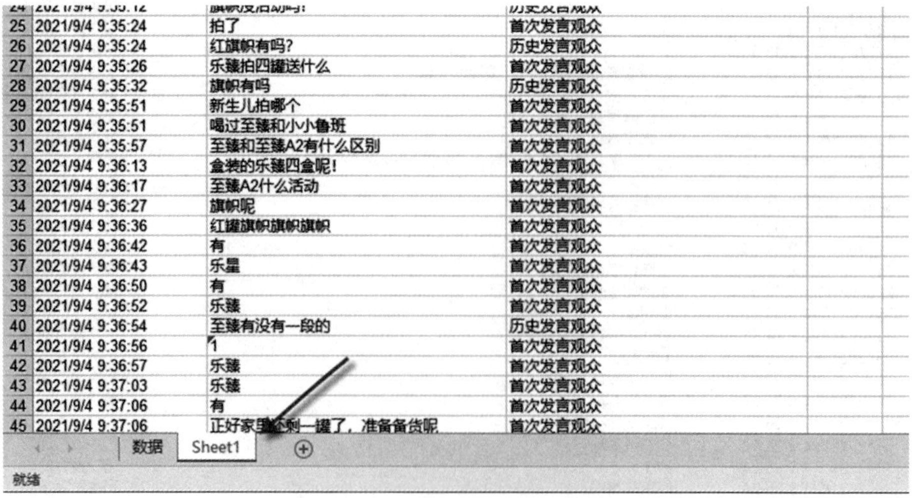

图8-6　复制数据并粘贴至新建工作表

（四）导入数据

打开Power BI，在向导菜单中选择【从Excel导入数据】，或者从【主页】-【获取数据】进入数据连接【导航器】，在【导航器】对话框中，勾选“Sheet1”数据表后，单击【转换数据】按钮，如图8-7所示。

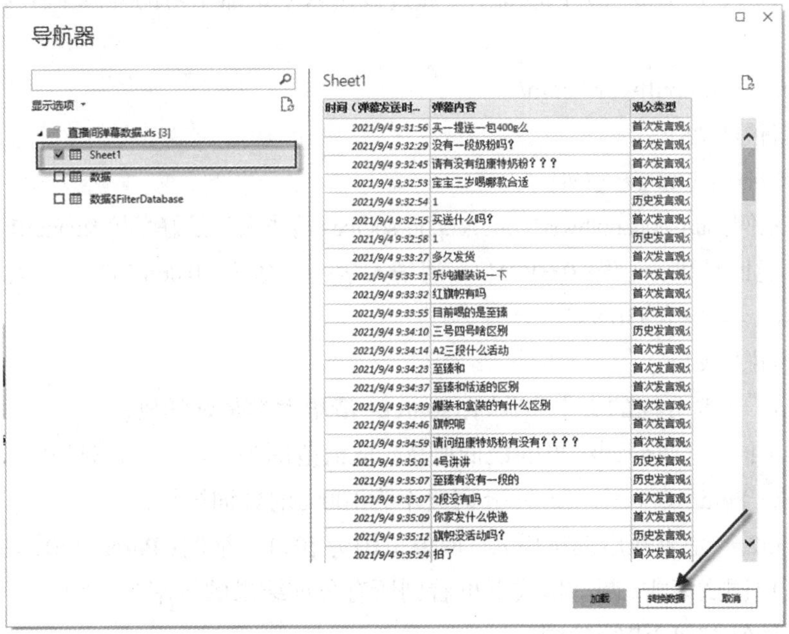

图8-7　在Power BI中导入数据

将导入的表用快捷组合键【Ctrl+A】全选，并在【转换】选项卡中单击【检测数据类型】，实现批量设置数据类型，避免后续操作中因为数据类型导致出错，如图8-8所示。

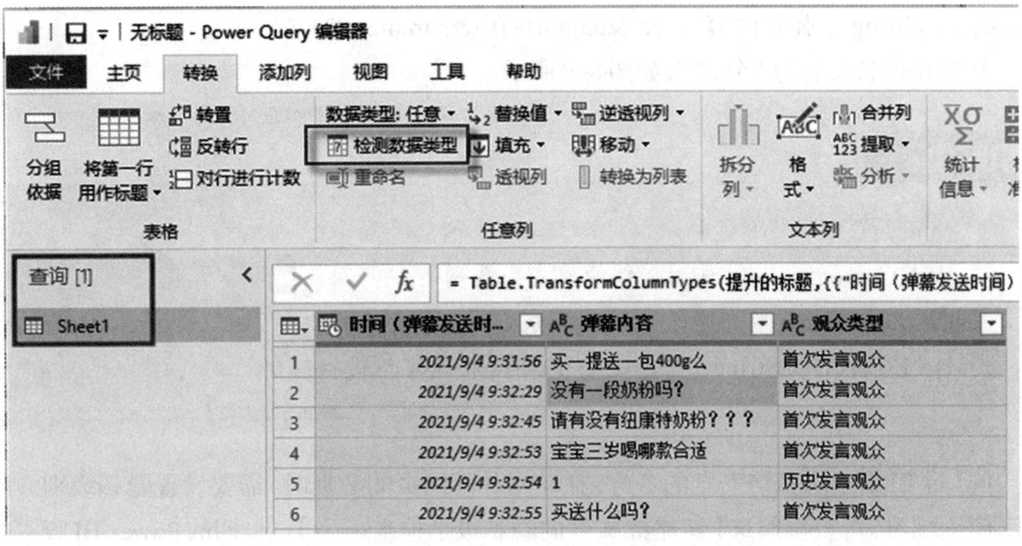

图8-8　批量检测数据类型

在查询列表中右键单击“Sheet1”查询，复制、粘贴并将其重新命名为“情感分析”。

二、弹幕词频统计

（一）API接口说明

Power BI自身并不带有分词功能，可通过调用基于机器学习的开源API接口来实现，接口说明如下。

接口：http://api.pullword.com/

分词接口说明如下：

（1）请求方式：http get/post；

（2）请求示例：http://api.pullword.com/get.php?source=清华大学是好学校&param1=0&param2=1；

（3）示例返回结果：清华：0.604 942　清华大学：1　华大：0.068 537　大学：0.949 906　好学：0.659 566　学校：0.936 925。

接口参数说明如下：

（1）Source=[要分词的文本]举例：source=清华大学是好学校；

（2）Param1=[返回分词结果的最低概率]取值范围为[0，1]，举例：Param1=0，则返回所有分词结果；Param1=1，则仅返回分词概率为100%的分词结果；

（3）Param2=[是否开启调试模式]取值范围为{0，1}，举例：Param2=0，关闭调试模式；Param2=1，开启调试模式（调试模式下可看到所有分词结果的概率）。

（二）调用API接口进行分词

在Power Query编辑器界面，在查询列表中单击“Sheet1”。单击【添加列】选项卡中的【自定义列】选项。

在弹出的“自定义列”对话框中键入公式：

“Csv.Document(Web.Contents("http://api.pullword.com/get.php?source="&Uri.EscapeDataString([弹幕内容])&"&param1=0.8&param2=0"))”

并将新列名命名为“分词”，如图8-9所示。

小贴士：

M函数说明：

Web.Contents：以二进制文件的格式下载网页。

Csv.Document：将二进制文件转换成Csv格式的表格。

Uri.EscapeDataString：根据RFC 3986对特殊字符进行编码。

Power BI出于隐私与安全的考虑，在访问外部网页的数据时，需要设置隐私级别。此处为了便于练习，可直接勾选【忽略此文件的隐私级别检查……】。早期的Power BI版本中没有此选项，选择公共权限即可，如图8-10所示。

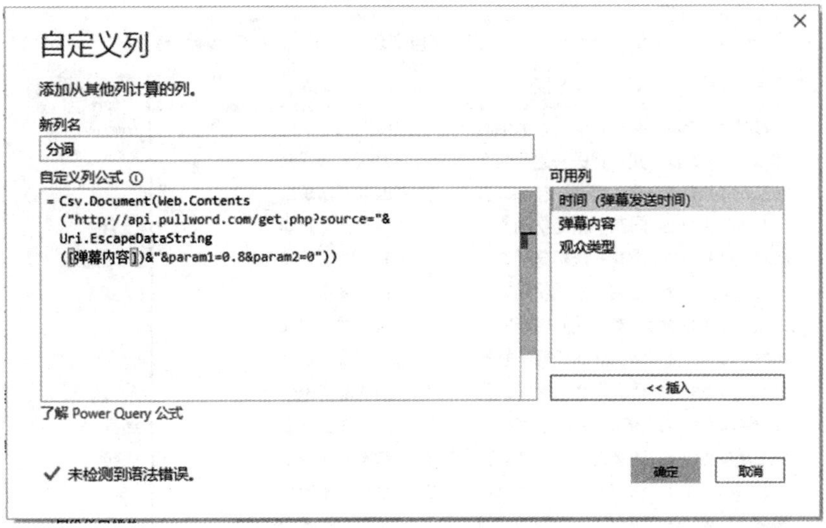

图8-9　键入调用API接口公式

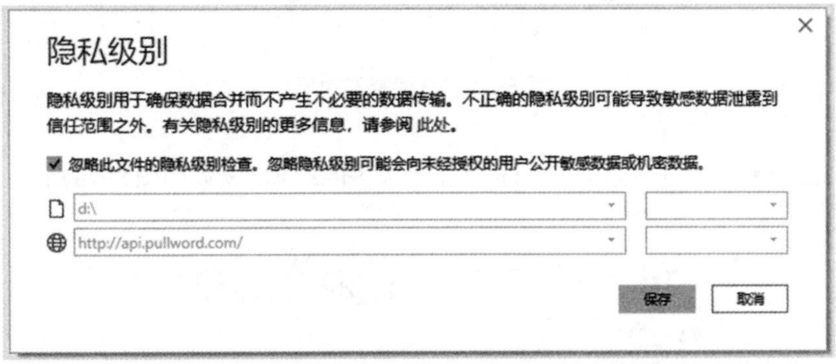

图8-10　忽略隐私级别检查操作界面

单击【保存】，等待API接口返回数据。

（三）展开并筛选数据

获取数据后，单击“分词”字段的展开按钮，勾选【展开】与【Column1】，同时取消勾选【使用原始列名作为前缀】，随后单击【确定】，如图8-11所示。

分词展开效果如图8-12所示，可以看到出现了空值，原因是在分词时设置了Param1参数，将所有分词概率小于80%的词均筛选在外，分词概率小于80%的单元格均被替换成了空值。

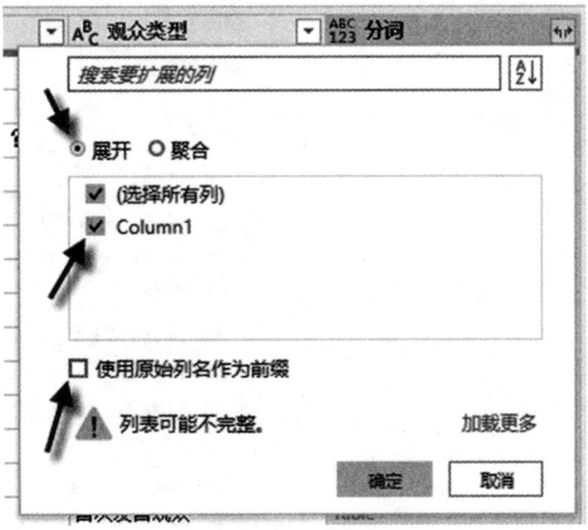

图8-11　展开按钮下拉框界面

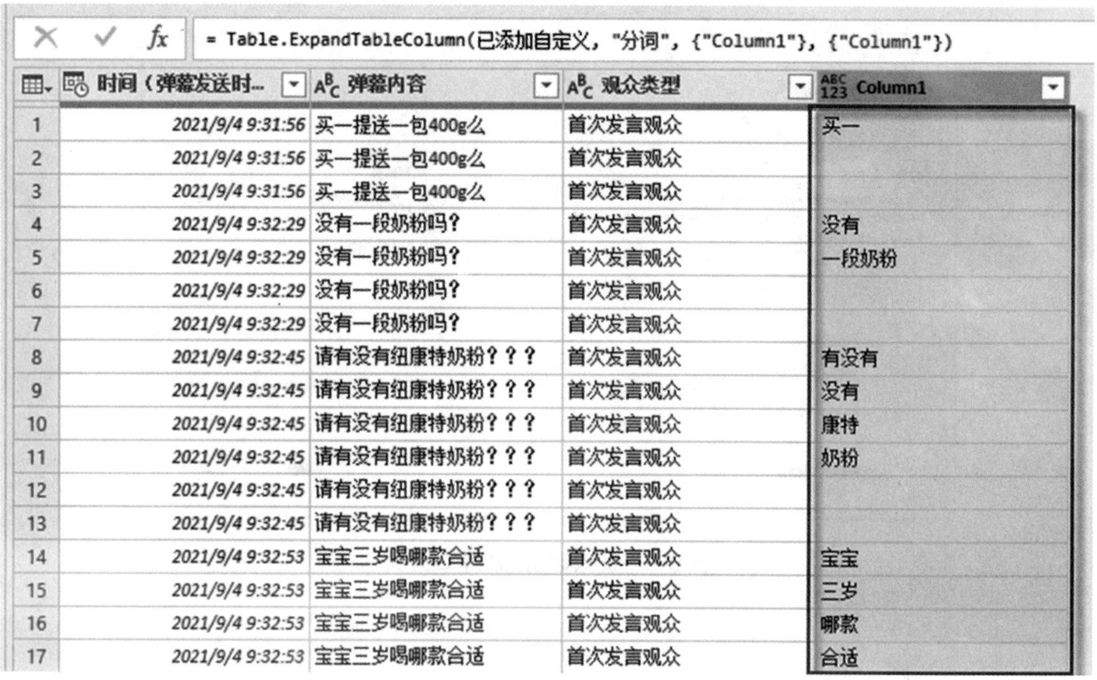

= Table.ExpandTableColumn(已添加自定义, "分词", {"Column1"}, {"Column1"})

	时间（弹幕发送时...	弹幕内容	观众类型	Column1
1	2021/9/4 9:31:56	买一提送一包400g么	首次发言观众	买一
2	2021/9/4 9:31:56	买一提送一包400g么	首次发言观众	
3	2021/9/4 9:31:56	买一提送一包400g么	首次发言观众	
4	2021/9/4 9:32:29	没有一段奶粉吗？	首次发言观众	没有
5	2021/9/4 9:32:29	没有一段奶粉吗？	首次发言观众	一段奶粉
6	2021/9/4 9:32:29	没有一段奶粉吗？	首次发言观众	
7	2021/9/4 9:32:29	没有一段奶粉吗？	首次发言观众	
8	2021/9/4 9:32:45	请有没有纽康特奶粉？？？	首次发言观众	有没有
9	2021/9/4 9:32:45	请有没有纽康特奶粉？？？	首次发言观众	没有
10	2021/9/4 9:32:45	请有没有纽康特奶粉？？？	首次发言观众	康特
11	2021/9/4 9:32:45	请有没有纽康特奶粉？？？	首次发言观众	奶粉
12	2021/9/4 9:32:45	请有没有纽康特奶粉？？？	首次发言观众	
13	2021/9/4 9:32:45	请有没有纽康特奶粉？？？	首次发言观众	
14	2021/9/4 9:32:53	宝宝三岁喝哪款合适	首次发言观众	宝宝
15	2021/9/4 9:32:53	宝宝三岁喝哪款合适	首次发言观众	三岁
16	2021/9/4 9:32:53	宝宝三岁喝哪款合适	首次发言观众	哪款
17	2021/9/4 9:32:53	宝宝三岁喝哪款合适	首次发言观众	合适

图8-12　分词展开效果

将“Column1”字段重命名为“分词”，并筛选去除空值，设置如图8-13所示。

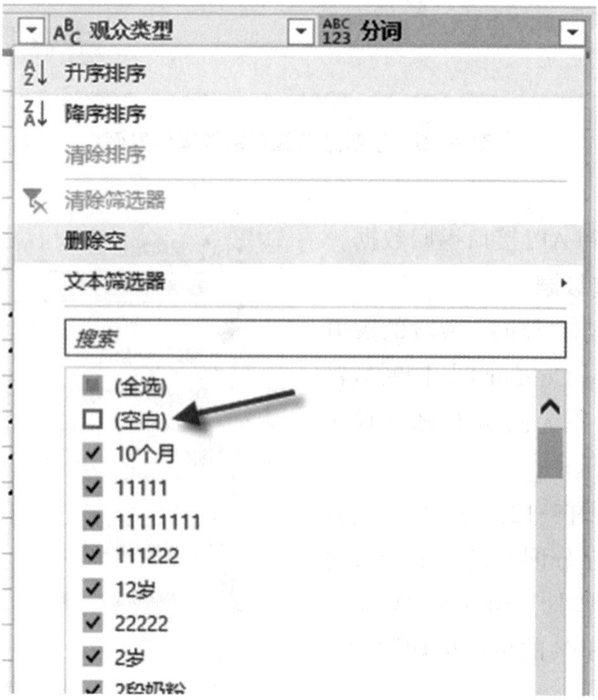

图8-13　筛选去除空值

（四）进行分组聚合

在【主页】选项卡中单击【分组依据】选项。

基于“分词”字段进行分组，对字段中的关键词计算其重复出现的次数，分组依据设置界面如图8-14所示。

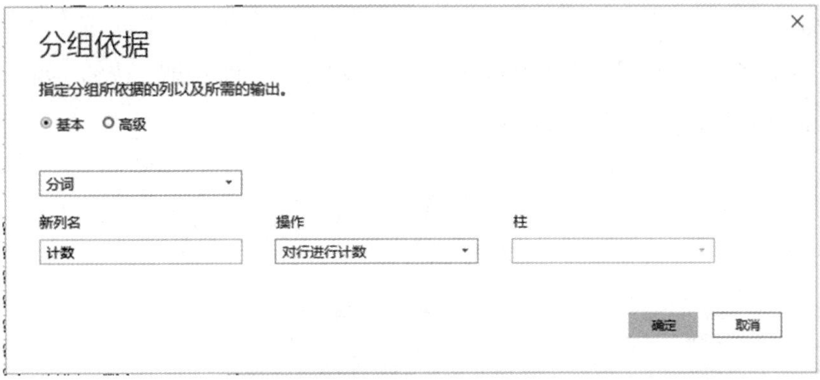

图8-14　分组依据设置界面

对分组聚合后的数据按照【计数】字段进行降序排序，排序后结果如图8-15所示。可以发现分词结果中的部分高频词并没有太大价值，例如“error”“没有”“什么”等词，其中“error”的出现是由于API接口不支持英文与数字的分词，因此会返回“error”。

对于此类没有太大分析价值的数据可以预先进行筛选，提高分析效率，至于要筛选多少数据，需要自行斟酌。可以人工将所有不具备价值的词都筛选掉，但是付出的精力与所获回报不成正比，个人的筛选的原则是前5个词都具备价值即可。筛选后结果如图8-16所示。

单击【主页】选项卡中的【关闭并应用】选项，将数据关闭并应用到Power BI中。

= Table.Sort(分组的行,{{"计数", Order.

	分词	计数
1	error	727
2	没有	488
3	什么	344
4	奶粉	323
5	至臻	301
6	旗帜	281
7	宝宝	279
8	怎么	205
9	恬适	187
10	有没有	184
11	哪款	169
12	多少	168
13	哪个	160

图8-15　分组结果部分预览

	分词	计数
1	奶粉	323
2	至臻	301
3	旗帜	281
4	宝宝	279
5	恬适	187
6	哪款	169
7	多少	168
8	哪个	160
9	乐臻	145
10	一下	137
11	可以	134
12	的吗	119
13	链接	93

图8-16　筛选结果部分预览

三、词云图可视化

（一）添加Word Cloud视觉对象

在Power BI的默认视觉对象中不包含词云图，需要手动进行添加。切换到报表视图，在【开始】选项卡中单击【更多视觉对象】选项，在下拉框中单击【从AppSource】，从可视化市场中添加视觉对象。

在可视化市场中找到词云图（Word Cloud）并单击“立即获取”按钮，如图8-17所示。可以直接在市场中搜索对象名称进行添加。

图8-17　立即获取Word Cloud

（二）创建词云图

返回报表视图，创建一个“Word Cloud”视觉对象，如图8-18所示。将“Word Cloud”视觉对象的类别设置为“Sheet1”的“分词”字段，值设置为“计数”字段。

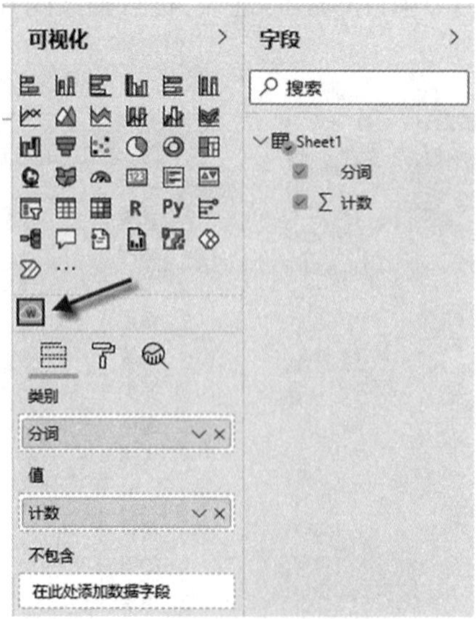

图8-18　Word Cloud设置

设置好的词云图如图8–19所示，但此时的关键词东倒西歪的，不符合正常的阅读习惯，需要手动对词云图进行设置。

图8–19　词云图

设置“Word Cloud”视觉对象，将旋转文本的开关调整为“关”的状态，如图8–20所示。调整后的词云图如图8–21所示。

（三）解读词云图

弹幕数据中出现频率越高的词汇在词云图中所呈现的面积也就越大，源数据中关键词“奶粉”的出现频率最高，出现了323次，因此其面积也最大。

对于词频的解读可从两个方向理解。一是对高频词汇的解读，高频意味着主要关注点，在一定程度上意味着大众需求；二是对词频词汇的解读，低频意味着小众人群的需求，可能是潜在的蓝海市场。

该次直播为某奶粉品牌直播间，所带货品主要为该品牌的奶粉产品，通过对高频词的观察，可得知该直播间观众的主要关注点如下：

（1）该品牌产品系列众多，该直播间观众主要关注旗帜、至臻、恬适与乐臻系列。

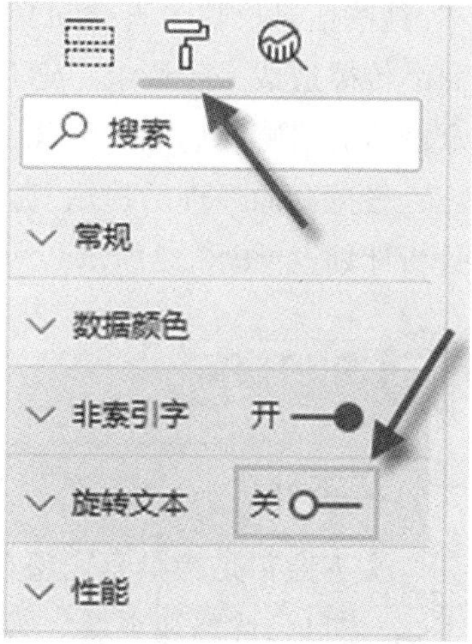

图8–20　Word Cloud设置

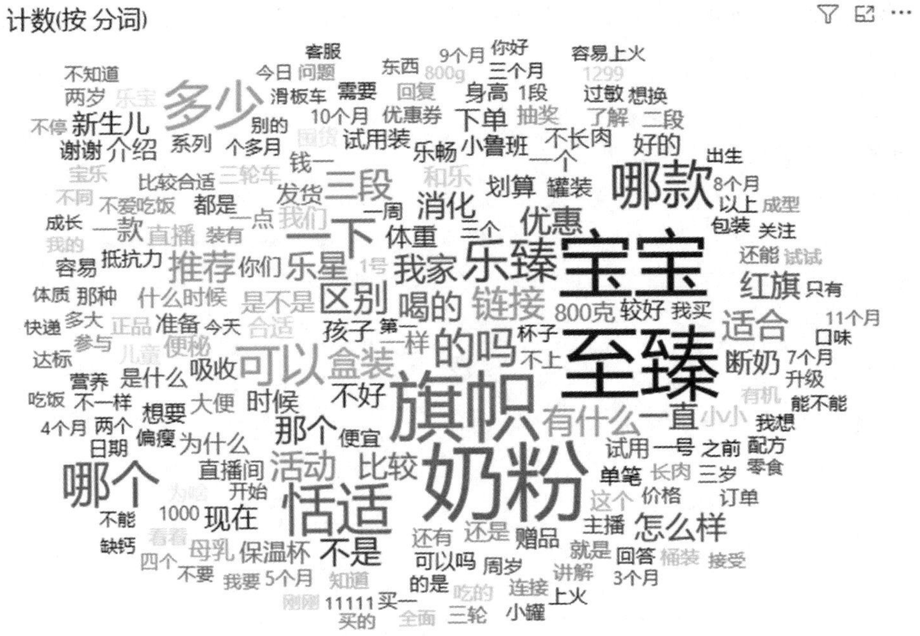

图8-21　调整后的词云图

（2）观众对产品的功效、适用情况等功能属性不了解，需要主播进行讲解。

（3）直播间观众主要关注的奶粉适用时间段为三段。

任务二　弹幕情感分析

弹幕作为一种新型社交互动方式，用户在观看直播的同时，发布简短且内容丰富的文本，这些信息反映了直播间受众对事件的关注度、看法或喜好，这种评论行为常常会对企业、商品传播造成一定影响。通过对弹幕文本进行情感分析，以正面、中性、负面情感对影视受众群体的情感表达加以区分，可为企业下一阶段的运营提供一定的数据支撑。

根据高原经理的提示，芳芳认真学习了弹幕情感分析的方法，制定了任务二的弹幕情感分析计划，如图8-22所示。

知识储备

一、文本分析

文本通常是指具有完整含义的一个句子或多个句子的组合。人类使用文字符号组成文本，表达自己情感和观点。然而，对于计算机来说，文字符号很难直接被处理。所以，在进行自然语言理论研究时，研究人员需要将文本表示成计算机便于处理的抽象形式。

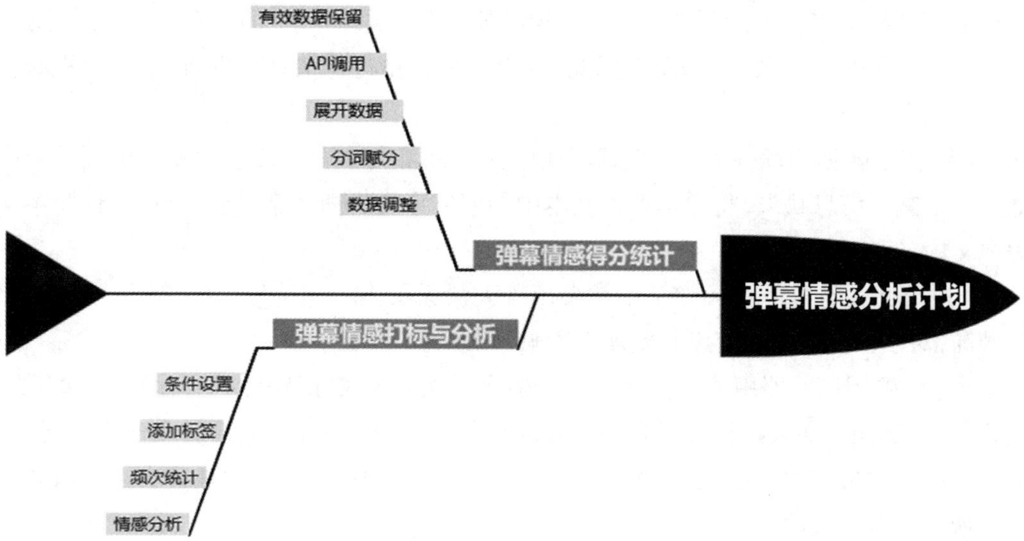

图8-22　弹幕情感分析计划

简单地说，文本分析就是一种把非结构性的数据转化为结构性数据的方法，从之前被认为难以量化的海量文本中，抽取出大量有价值的、有意义的数据或信息。非结构性数据与结构性数据是相对的一个概念，它包括所有格式的办公文档、文本、图片、Xml、Html、各类报表、图像和音频、视频信息，等等。本书所提及的非结构性数据特指文本数据，这里包括且不限于社交网络（微博、微信、QQ和脉脉等）、短视频网站（抖音、快手等）、客户反馈（客户抱怨邮件、社交媒体网站的帖子、开放式问卷调查、消费者点评等）、新闻媒体、销售人员的拜访记录等。

文本数据来源异常广泛且多样，很多时候需要搜索海量的网页。当然，只有拥有了体量极大的文本分析，才有可能得出比较可靠、有说服力的商业洞察。所以，"文本分析"常常被冠以"大数据文本分析"的全名。

"文本分析"通过分析海量的非结构性的文本（信息）数据，得出的不仅是关于"是什么"的描述性分析，更多的是回答了"为什么"，即目标用户购买和使用产品的潜在动机、真实需求。

在商业实践中，基于大数据的文本分析被广泛应用于各行各业，利用认知技术获得全新的商业洞察，解决关键的知识性问题，这被IBM称为"认知商业"。例如企业可以从客户关系数据、社交网络、新闻网站和购物网站评论等渠道获取文本数据，进而通过计算机进行自然语言处理，从而揭示出在任何非结构性文本信息中的"4W"要素，即人物（Who）、事件（What）、时间（When）、地点（Where）等，结合其中隐藏的"为什么"（Why）进行关联分析，最终得到贯穿所有业务的全新层面的商业洞见。

二、文本预处理

在线视频网站对弹幕文本要求宽松，加上用户的多样性，造成用户发送的弹幕风格差异巨大。有些用户喜欢发送口语化的弹幕，有些用户喜欢发送英文的弹幕。弹幕评论文本经常出现繁体字、英文、无关符号以及停用词。如果直接对包含这些元素的文本进行处理，会给弹幕情感分析带来一定的复杂性，从而影响到情感分类结果。而且有些信息本身对弹幕内容没有任何影响，属于冗余信息。因此，在对弹幕评论进行情感分析前，需要对视频弹幕文本进行如下预处理。

（1）繁体字转换为简体字，英文翻译成中文。弹幕文本中繁体字和英文出现的频率并不低。为了减少信息缺失，将弹幕评论文本中的繁体字转为简体字，通过翻译软件将英文翻译为中文。

（2）过滤无关符号。视频弹幕中常会出现大量无关内容的符号，比如破折号、圆括号、方括号等，对于弹幕文本内容没有实质性影响，因此将其过滤。

（3）过滤停用词。停用词是指在文本中多次出现而无实际意义的词，比如“一些”“的”“不已”“且”等词。如果在检索过程中有停用词的存在，会干扰语义的准确表达，降低搜索效率。还有像弹幕文本中出现的“你”“我”“他”“啊”这种停用词，对弹幕文本的情感分析也没有帮助，要将其过滤。

三、分词

中文分词指的是将一个汉字序列切分成一个一个单独的词。分词是文本分析中的关键步骤，只有分词准确，才能生成正确的词频矩阵，正确的分词是文本分析的最关键步骤。

中文分词的难点在于书写中文时字词之间并没有明显的间隔或划分，不像英文那样可以根据自然书写的间隔实现基本的分词（如“I am a freshman”可以直接拆分出“I”“am”“a”“freshman”）。然而，相对于英文来说，由于中文的一句话内，词与词之间并没有清晰的空格划分，所以，很多人就研究了许多算法解决这一问题。常见的中文分词方法有下面三种不同的方式。

（一）字符串匹配分词方法

字符串匹配分词方法是一种基于词典的中文分词，核心是首先建立统一的词典表，当需要对一个句子进行分词时，首先将句子拆分成多个部分，将每一个部分与词典一一对应，如果该词语在词典中，分词成功，否则继续拆分匹配直到成功。

（二）理解分词方法

理解分词方法是通过让计算机模拟人对句子的理解，达到识别词的效果。其基本思想就是在分词的同时进行句法、语义分析，利用句法信息和语义信息来处理歧义现象。它通常包括三个部分：分词子系统、句法语义子系统、总控部分。在总控部分的协调下，分词子系统可以获得有关词、句子等的句法和语义信息，来对分词歧义进行判断，即它模拟了人对句子的理解过程。这种分词方法需要使用大量的语言知识和信息。由于汉语语言知识的笼统、复杂性，难以将各种语言信息组织成机器可直接读取的形式，因此，目前基于理解的分词系统还处在试验阶段。

（三）统计分词方法

统计学认为分词是一个概率最大化问题，即基于语料库拆分句子，统计相邻的字组成的词语出现的概率，相邻的词出现的次数多，出现的概率就大，按照概率值进行分词，所以一个完整的语料库很重要。主要的统计模型有：N元文法模型、隐马尔可夫模型、最大熵模型、条件随机场模型等。

分词处理文本时，要对形容词、副词、否定词都有正确的分词；分词后，要基于情感词库、否定词库、程度副词库对这些情感词汇进行正确的赋值；最后进行情感值加权计算，才能最终分析出总的情感类别。

四、情感分类方法

情感分类是自然语言处理领域中的常见课题。通过情感分类的方法可以解决很多问题，例如通过对电影影评的分析，判断观众对电影的评价好坏；通过对微博评论分析，获取用户对热点话题的情感倾向。情感分类的方法有很多种，常见的方法有情感词典、机器学习、深度学习等。

（一）情感词典

情感词典是由不同情感色彩的词汇组成的，例如将词典分成积极情感、消极情感两类。首先，需要对语料中的词汇进行识别，提取出不同情感的词汇作为词典的语料，如将词汇分成积极与消极两种情感。情感词典的构建需要人工进行词汇分类，人力消耗非常巨大。除此之外，仅通过情感词来识别句子的情感，很容易曲解句子的语义，而且分类的好坏受限于情感词典的质量和覆盖度。在实际应用中，通常使用情感词典与语义分析相结合的方式对句子的情感进行识别，来避免语义上的歧义。

（二）机器学习

随着文本情感分类的任务越来越复杂，文本数据越来越多，机器学习方法在情感分类上展现了一定的优势。许多研究人员尝试使用机器学习方法，解决情感分类的问题。根据训练集是否包含标注结果，主要可以分为三类：有监督学习、无监督学习、半监督学习。在训练机器学习模型时，需要将训练数据输入。在训练过程中，如果训练数据是有标签的，我们称它为有监督学习。反之，没有标签的称为无监督学习。半监督学习使用部分标注数据和部分未标注数据作为数据集来训练。

（三）深度学习

深度学习是目前机器学习学科发展最蓬勃的分支，手机中的人脸识别、智能问答机器人等应用都是深度学习算法的实现。这里只作简要说明，对这方面的内容有研究兴趣的，可以进行深入探究。

五、弹幕情感分析

弹幕的情感分析与传统中文文本的情感分析紧密相关，但其领域性更强，且弹幕评论会随着视频内容变化而不断变化，因此，不能像处理商品评论一般直接根据评论内容判断视频的情感极性。

对用户舆情进行情感分析，主要是分析具有情感成分的词汇的情感极性（即情感的正性、中性、负性）和情感强烈程度，然后计算出每个语句的总值，判定其情感类别。还可以综合全文本中所有语句，判定总舆情数据样本的整体态度和情感倾向。

情感分析是判断文本的情感得分，正面得分越高，表示客户对产品或服务更满意；负面得分越高，表示客户对产品或服务更不满意。

情感分析同样需要使用API接口实现，没有纯免费的接口，可使用商业接口的免费调用次数。商业接口可以在API集市申请，本例使用http：//106.13.102.102/query的接口。

接口地址：http：//106.13.102.102/query。

返回格式：json。

请求方式：http get/post。

任务操作

弹幕情感分析

一、弹幕情感得分统计

（一）API接口说明

弹幕情感分析同样使用API接口实现，本案例使用的API接口说明如下。

情感分析接口说明如下：

（1）接口地址：http：//106.13.102.102/query；

（2）返回格式：json；

（3）请求方式：http get/post；

（4）请求示例：http：//106.13.102.102/query?key=你好笨；

（5）示例返回结果：[{"text"："你好笨"，"sentiment_label"：0，"sentiment_key"："negative"，"positive_probs"：0.278，"negative_probs"：0.722}]。

接口参数说明如下：

（1）lsentiment_label表示情感偏向，0表示消极，1表示积极；

（2）lpositive_probs表示积极的可能性；

（3）lnegative_probs表示负面的可能性。

（二）保留少量数据

在Power Bi界面，单击【主页】选项卡中的【转换数据】选项，进入Power Query编辑器界面。在查询列表中单击“情感分析”，单击【主页】选项卡中【保留行】选项，在下拉框中单击【保留最前面几行】。在弹出的对话框中将保留的行数设置为“10”，随后单击【确定】。出于对API服务器并发性能的考虑，此处仅用10行数据进行后续的情感分析。

（三）调用API接口

单击【添加列】选项卡中的【自定义列】选项。

在弹出的对话框中键入公式：

“Function.InvokeAfter(()=>Json.Document(Web.Contents("http：//106.13.102.102/query?key="&[弹幕内容])),#duration(0, 0, 0, 1))”，并将新的列名命名为“情感分析”，如图8-23所示。

图 8-23　键入 API 调用公式

小贴士：

M 函数说明：

Function.InvokeAfter：经过持续时间 delay 后，返回调用 function 的结果。

Json.Document：返回 JSON 文档的内容。

Web.Contents：以二进制形式返回从网页下载的内容。

#duration：从表示天、小时、分钟和秒（小数）的数值创建持续时间值。

Web.Contents 函数用于从 API 接口中获取数据，在 API 接口的说明中提及情感分析所用的接口返回的数据为 Json 格式，因此需用 Json.Document 函数来解析返回的内容。

不断地调用 API 接口是一个不断向 API 接口服务器发送请求的过程，而 API 服务器的处理性能是有限的，因此该 API 接口对于两次请求之间的最小时间间隔有限制，避免过于频繁的请求会使得服务器崩溃，API 接口会对过于频繁的请求返回 “error” 的结果，影响最终的文本分析结果。

出于对服务器并发性能的考虑，此处采用 Function.InvokeAfter 函数来实现延时请求的效果，由于该函数要求第一个参数类型必须为 function 类型，因此通过创建自定义空函数的方式将 Json.Document 函数返回的 list 类型的结果转变为 function 类型。该函数的第二个参数要求为持续的时间段，因此用 #duration 函数创建一个持续 1 秒钟的时间间隔。

最终达成的效果就是每隔 1 秒向 API 接口发送一次请求并将获取到的数据存储到 “情感分析” 字段中，调用结果如图 8-24 所示。

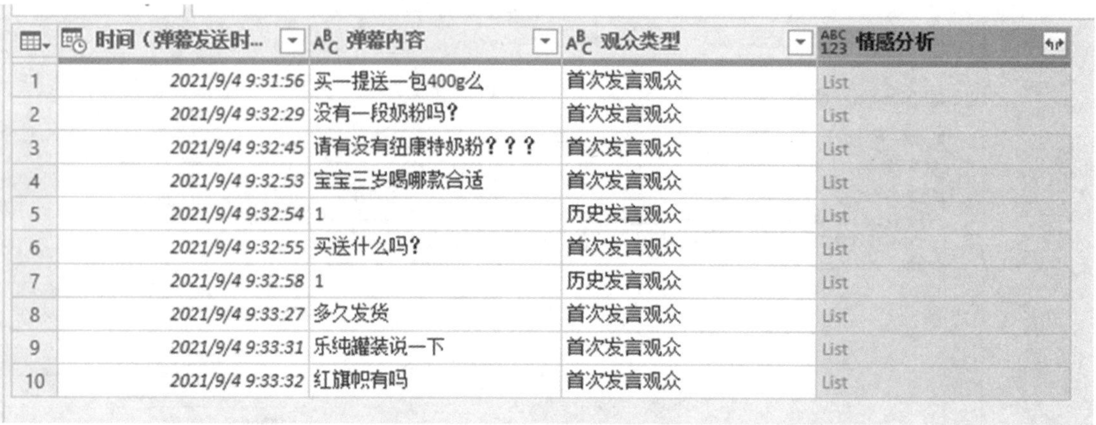

	时间（弹幕发送时...	弹幕内容	观众类型	情感分析
1	2021/9/4 9:31:56	买一提送一包400g么	首次发言观众	List
2	2021/9/4 9:32:29	没有一段奶粉吗？	首次发言观众	List
3	2021/9/4 9:32:45	请有没有纽康特奶粉？？？	首次发言观众	List
4	2021/9/4 9:32:53	宝宝三岁喝哪款合适	首次发言观众	List
5	2021/9/4 9:32:54	1	历史发言观众	List
6	2021/9/4 9:32:55	买送什么吗？	首次发言观众	List
7	2021/9/4 9:32:58	1	历史发言观众	List
8	2021/9/4 9:33:27	多久发货	首次发言观众	List
9	2021/9/4 9:33:31	乐纯罐装说一下	首次发言观众	List
10	2021/9/4 9:33:32	红旗帜有吗	首次发言观众	List

图8-24　调用API接口结果

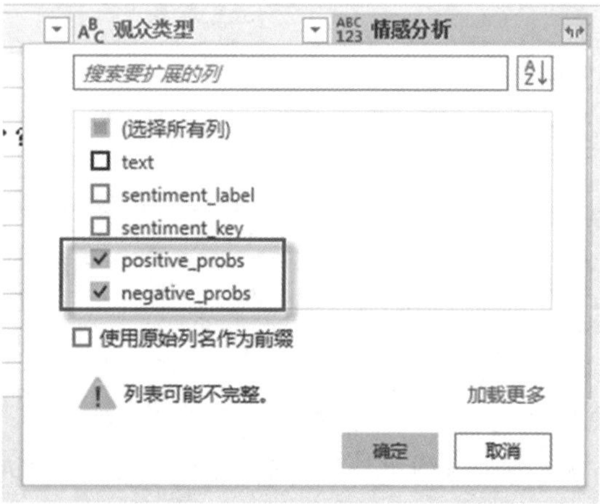

图8-25　扩展到新行操作界面

（四）展开数据

获取数据后，单击“情感分词”字段的展开按钮，点击【扩展到新行】。

再次单击“情感分析”字段的展开按钮，仅勾选“positive_probs”列与“negative_probs”列，同时取消勾选【使用原始列名作为前缀】，随后单击【确定】。设置界面如图8-25所示。

将扩展后得到的“positive_probs”列与“negative_probs”列分别重命名为“正面得分”与“负面得分”，调整后效果如图8-26所示，可以看到部分字段的数据类型不正确。

用组合快捷键【Ctrl+A】全选所有的字段，并在【转换】选项卡中单击【检测数据类型】选项，批量调整字段的数据类型，调整后效果如图8-27所示。

	时间（弹幕发送时...	弹幕内容	观众类型	正面得分	负面得分
1	2021/9/4 9:31:56	买一提送一包400g么	首次发言观众	0.1088	0.8912
2	2021/9/4 9:32:29	没有一段奶粉吗？	首次发言观众	0.0238	0.9762
3	2021/9/4 9:32:45	请有没有纽康特奶粉？？？	首次发言观众	0.0109	0.9891
4	2021/9/4 9:32:53	宝宝三岁喝哪款合适	首次发言观众	0.9487	0.0513
5	2021/9/4 9:32:54	1	历史发言观众	0.5413	0.4587
6	2021/9/4 9:32:55	买送什么吗？	首次发言观众	0.0982	0.9018
7	2021/9/4 9:32:58	1	历史发言观众	0.5413	0.4587
8	2021/9/4 9:33:27	多久发货	首次发言观众	0.0575	0.9425
9	2021/9/4 9:33:31	乐纯罐装说一下	首次发言观众	0.4642	0.5358
10	2021/9/4 9:33:32	红旗帜有吗	首次发言观众	0.1448	0.8552

图8-26　重命名后的新列

	时间（弹幕发送时...	弹幕内容	观众类型	1.2 正面得分	1.2 负面得分
1	2021/9/4 9:31:56	买一提送一包400g么	首次发言观众	0.1088	0.8912
2	2021/9/4 9:32:29	没有一段奶粉吗？	首次发言观众	0.0238	0.9762
3	2021/9/4 9:32:45	请有没有纽康特奶粉？？？	首次发言观众	0.0109	0.9891
4	2021/9/4 9:32:53	宝宝三岁喝哪款合适	首次发言观众	0.9487	0.0513
5	2021/9/4 9:32:54	1	历史发言观众	0.5413	0.4587
6	2021/9/4 9:32:55	买送什么吗？	首次发言观众	0.0982	0.9018
7	2021/9/4 9:32:58	1	历史发言观众	0.5413	0.4587
8	2021/9/4 9:33:27	多久发货	首次发言观众	0.0575	0.9425
9	2021/9/4 9:33:31	乐纯罐装说一下	首次发言观众	0.4642	0.5358
10	2021/9/4 9:33:32	红旗帜有吗	首次发言观众	0.1448	0.8552

图 8-27　处理后的情感得分数据

二、弹幕情感打标与分析

得到单个弹幕的情感得分之后，还是无法得知该次直播整体的情感偏向，需要通过对每个弹幕进行打标，随后统计正面与负面情感的标签数量来判断整体的情感偏向。

（一）添加标签列

单击【添加列】选项卡中的【条件列】选项。

在弹出的对话窗口中添加条件设置，判断条件为“if[正面得分]>[负面得分]then 1 else if[正面得分]=[负面得分]then 0 else −1”，即：

正面得分大于负面得分则输出“1”，等于负面得分则输出“0”，小于负面得分则输出“−1”。

其中“1”代表正面情感，“0”代表中立情感，“−1”代表负面情感，设置如图 8-28 所示。

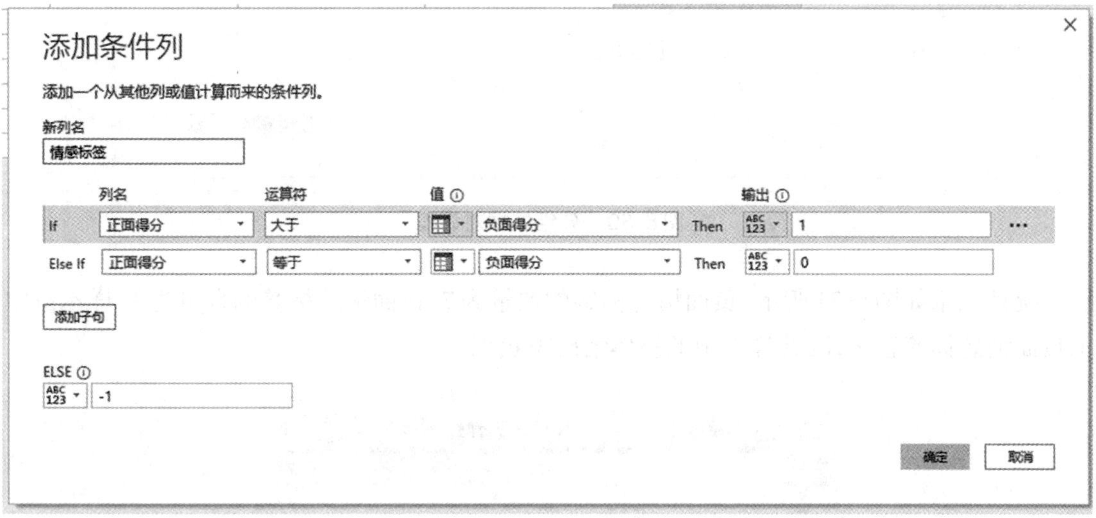

图 8-28　条件列设置

添加标签列后，将列名重命名为“情感标签”，效果如图 8-29 所示。

```
= Table.AddColumn(更改的类型1, "情感标签", each if [正面得分] > [负面得分] then 1 else if [正面得分] = [负面得分] then 0 else -1)
```

	时间（弹幕发送时...	弹幕内容	观众类型	正面得分	负面得分	情感标签
1	2021/9/4 9:31:56	买一提送一包400g么	首次发言观众	0.1088	0.8912	-1
2	2021/9/4 9:32:29	没有一段奶粉吗？	首次发言观众	0.0238	0.9762	-1
3	2021/9/4 9:32:45	请有没有纽康特奶粉？？？	首次发言观众	0.0109	0.9891	-1
4	2021/9/4 9:32:53	宝宝三岁喝哪款合适	首次发言观众	0.9487	0.0513	1
5	2021/9/4 9:32:54	1	历史发言观众	0.5413	0.4587	1
6	2021/9/4 9:32:55	买送什么吗？	首次发言观众	0.0982	0.9018	-1
7	2021/9/4 9:32:58	1	历史发言观众	0.5413	0.4587	1
8	2021/9/4 9:33:27	多久发货	首次发言观众	0.0575	0.9425	-1
9	2021/9/4 9:33:31	乐纯罐装说一下	首次发言观众	0.4642	0.5358	-1
10	2021/9/4 9:33:32	红旗帜有吗	首次发言观众	0.1448	0.8552	-1

图 8-29　标签列命名

（二）标签频次统计

为了得到弹幕整体的情感倾向，需要对情感标签进行频次统计，即比较正面情感与负面情感标签的频次大小。

单击【主页】选项卡中的【分组依据】选项，基于“情感标签”列进行频次统计，设置如图 8-30 所示。

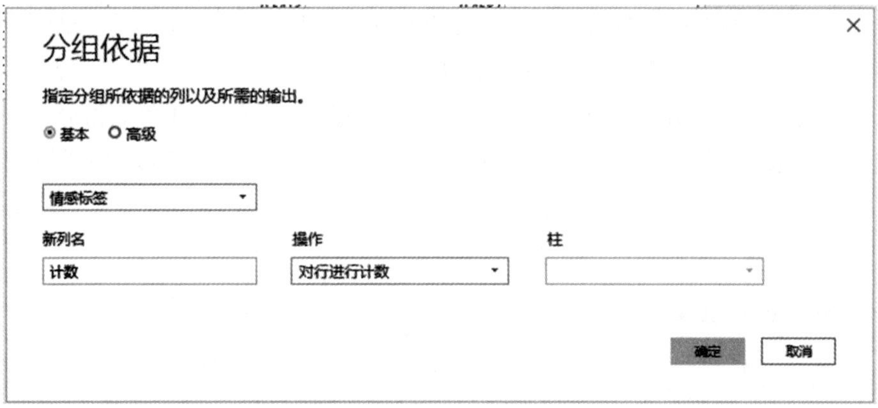

图 8-30　分组依据对话框

统计结果如图 8-31 所示，负面情感标签的数量为 7，正面情感标签的数量为 3，样本量中的负面情感标签较多，因此样本中的整体情感偏负面。

	情感标签	计数
1	-1	7
2	1	3

图 8-31　分组依据对话框

在实际分析中，将分析的样本量从 10 条扩大到整个直播间全时段的弹幕数据，即可得到该次直播的整体情感倾向。

要点归纳

（1）借助弹幕数据分析进行直播精细化运营、把握直播间舆论导向是团队运营与个人品牌成长的必修课。

（2）采集直播间的弹幕评论数据，通过计算弹幕词频，借助Power BI视觉对象词云图，将数据可视化处理，可高效地实现对直播用户的解读。

（3）通过情感分析API接口的调用，进行弹幕文本情感判断，可以有效地把握直播舆情，辅助企业运营策略调整，提高精准运营效能。

（4）只有对直播间全时段弹幕数据的情感标签统计频次，方能得到单次直播的整体情感倾向。

任务拓展

项目经理高原：

芳芳，你成长得很快呀，不仅分析问题、解决问题的能力增强了，而且养成了把握舆情动向的意识，有了借助数据进行科学运营的职业思维。你知道吗，随着5G技术的快速发展，网民越来越倾向于采用音视频方式进行信息交流，舆论所关注的话题内容和侧重点也呈现出实时流动的变化特征。企业在借助新媒体运营时，要重视民意走向，及时发现，持续追踪，动态分析，更要秉持实事求是的态度，去伪存真，公正发声，营造并维护清朗的网络环境。

实习生芳芳：

经理，我明白了。网络并非法外之地，在自媒体时代，企业借助新媒体开展运营活动时，更要加强法律意识，自觉遵守平台秩序，这样才能实现企业和用户的双赢。

项目经理高原：

说得太好了。你看，又有新任务来了。我们服务的某运动品牌企业也开设了直播间进行销售带货，它们短期内接连推出了好几个系列的运动鞋新品，希望我们能通过专业的分析，提出有助于抓住市场动向、提升销售额的建议。这个任务，你能胜任吗？

实习生芳芳：

经理，你放心，只要能采集回来他们的直播数据，我就能从弹幕词频分析、弹幕情感分析两个方面进行数据分析，给企业提供切实可行的运营建议。

直播舆情的数据分析方法已经进行了详细介绍，请你下载实训数据，代替芳芳完成这项任务。

要求：

（1）PPT不少于6页内容（标题页和目录页除外）。

（2）要有可视化展示。

（3）要有明确的结论（可设置结论页）。

主要参考文献

[1] 吴洪贵.商务数据分析与应用[M].北京：高等教育出版社,2019.

[2] 胡华江,杨甜甜.商务数据分析与应用[M].北京：电子工业出版社,2018.

[3] 邵贵平.网店数据分析[M].北京：电子工业出版社,2017.

[4] 夏名首.网上贸易实务[M].合肥：中国科学技术大学出版社,2022.

[5] 张仲，刘瑾."新冠病毒"疫情下的中国经济：影响分析及政策建议[J].经济论坛，2020(11)：7.

[6] 中华人民共和国国家统计局.中国统计年鉴2022[M].北京：中国统计出版社,2022.

[7] 黄有璨.运营之光：我的互联网运营方法论与自白3.0[M].北京：电子工业出版社，2022.

[8] 徐小磊.运营之路：数据分析+数据运营+用户增长[M].北京：清华大学出版社，2022.

[9] 黄成明.数据化管理：洞悉零售及电子商务运营[M].北京：电子工业出版社,2021.

[10] 于洋等.游戏数据分析的艺术[M].北京：机械工业出版社,2015.

[11] 黎湘艳.数据驱动游戏运营[M].北京：电子工业出版社,2020.

[12] 孙君等.供应链数据分析[M].北京：清华大学出版社,2021.

[13] 刘宝红.供应链的三道防线：需求预测、库存计划、供应链执行[M].北京：机械工业出版社,2018.

[14] 刘宝红.需求预测和库存计划：一个实践者的角度[M].北京：机械工业出版社，2020.

[15] 陈海城.Excel电商数据分析与应用[M].北京：人民邮电出版社,2021.

[16] 邹益民.电子商务数据运营与管理[M].北京：人民邮电出版社,2020.

[17] 杨伟强，湛玉婕，刘莉萍.电子商务数据分析：大数据营销 数据化运营 流量转化[M].2版.北京：人民邮电出版社,2019.

[18] 曹蓉.网络舆情监测：基础与应用[M].北京：时事出版社,2018.

[19] 金鸣.基于弹幕情感分析和用户聚类的视频推荐[D].安徽理工大学,2020.

[20] 李云龙.网络直播平台中弹幕的舆情分析研究[D].天津理工大学,2020.

[21] 李姣.面向视频弹幕的文本情感分析研究[D].兰州交通大学,2020.

[22] 王淮.中文弹幕情感分析[J],电子技术与软件工程：2019(15)：244-255.

郑重声明

高等教育出版社依法对本书享有专有出版权。任何未经许可的复制、销售行为均违反《中华人民共和国著作权法》，其行为人将承担相应的民事责任和行政责任；构成犯罪的，将被依法追究刑事责任。为了维护市场秩序，保护读者的合法权益，避免读者误用盗版书造成不良后果，我社将配合行政执法部门和司法机关对违法犯罪的单位和个人进行严厉打击。社会各界人士如发现上述侵权行为，希望及时举报，我社将奖励举报有功人员。

反盗版举报电话　（010）58581999　58582371

反盗版举报邮箱　dd@hep.com.cn

通信地址　北京市西城区德外大街4号　高等教育出版社法律事务部

邮政编码　100120

高等教育出版社

教学资源服务指南

仅限教师索取

感谢您使用本书。为方便教学，我社为教师提供资源下载、样书申请等服务，如贵校已选用本书，您只要关注微信公众号“高职财经教学研究”，或加入下列教师交流QQ群即可免费获得相关服务。

“高职财经教学研究”公众号

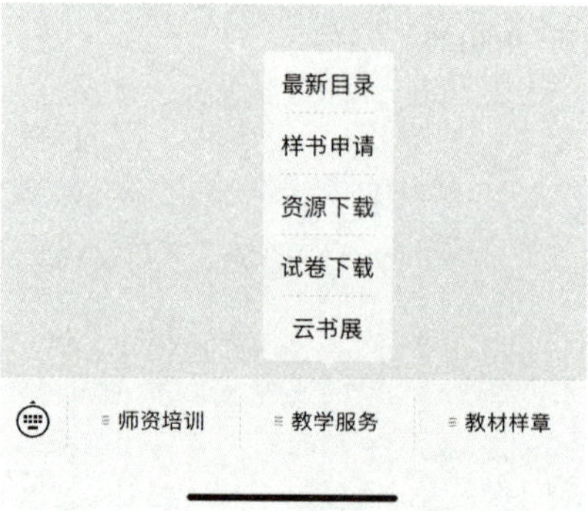

资源下载： 点击“**教学服务**”—“**资源下载**”，或直接在浏览器中输入网址（http://101.35.126.6/），注册登录后可搜索相应的资源并下载。（建议用电脑浏览器操作）

样书申请： 点击“**教学服务**”—“**样书申请**”，填写相关信息即可申请样书。

试卷下载： 点击“**教学服务**”—“**试卷下载**”，填写相关信息即可下载试卷。

样章下载： 点击“**教材样章**”，即可下载在供教材的前言、目录和样章。

师资培训： 点击“**师资培训**”，获取最新会议信息、直播回放和往期师资培训视频。

联系方式

高职营销电商教师教学交流QQ群：177267889

联系电话：（021）56961310　　电子邮箱：3076198581@qq.com